LE GUIDE DES YOUTUBERS

De Sébastien Moricard aux éditions Bragelonne :
GeekmeQuiz
GeekmeQuiz contre-attaque

www.castelmore.fr
www.facebook.com/GeekmemoreFR

Sébastien Moricard & Alain T. Puyssegur

LE GUIDE DES YOUTUBERS

DÉCOUVREZ LES MEILLEURES CHAÎNES DU WEB

CASTELMORE

Loi n° 49-956 du 16 juillet 1949 sur les publications destinées à la jeunesse

ISBN : 978-2-36231-184-0

Achevé d'imprimer en septembre 2016
Imprimé en Slovénie
Dépôt légal : octobre 2016

CASTELMORE
60-62, rue d'Hauteville – 75010 Paris
E-mail : info@castelmore.fr
Site Internet : www.castelmore.fr

REMERCIEMENTS

Je tiens particulièrement à remercier Karim Debbache, Gilles Stella et Jérémy Morvan, ainsi que François Theurel pour leur soutien à ce projet.
Alain Touffait, pour son aide inestimable et sa passion pour les tutos beauté.
Je voudrais également remercier Alexandre Astier.
Parce que c'est l'un des derniers Jedi… Et aussi parce que ça fait genre «j'le connais», alors que pas du tout… Dommage…

Sébastien

Le Guide des YouTubers a vraiment été une aventure incroyable. Je tiens à adresser des remerciements particuliers à Mathilde Auriac, pour son soutien indéfectible et ses nombreux conseils, sans lesquels la section «Mode & Lifestyle» se serait d'ailleurs résumée à une série de points d'interrogation…
Je remercie Sébastien, pour m'avoir permis de me joindre à ce projet ainsi que pour sa confiance. Un grand merci également à l'ensemble de l'équipe qui a travaillé au sein de Bragelonne pour que ce livre devienne réalité, à Bérengère Demoncy qui a relevé un défi de taille pour la maquette de cet ouvrage.
Enfin, et surtout, à tous les vidéastes qui ont accepté de participer à ce projet afin de partager leur passion et leur vision.

Alain

PRÉFACE

Le Web est une révolution culturelle sans précédent. Le phénomène des vidéastes en témoigne. Pour ceux qui sont devant l'écran, c'est la mise à disposition gratuite d'un contenu culturel d'une variété infinie, couvrant tous les centres d'intérêt, toutes les préoccupations, et réalisé avec un minimum de contraintes de format ou de ton.

Pour ceux qui sont derrière l'écran, c'est la possibilité de se passer d'un intermédiaire qui détient les moyens de production. La possibilité de se passer des normes et des standards qui font que la grande majorité des émissions de télévision se ressemblent.

Ce livre est né après que j'ai visionné la vidéo du passage de la vidéaste Natoo sur le plateau de *On n'est pas couché*, daté du 24 octobre 2015.

Après une introduction d'usage, les choses se gâtent rapidement :

« Est-ce que vous allez monter sur scène ? Parce que là, vous vous faites connaître grâce à YouTube, à Internet (…) Norman, lui, il est passé au One-man-show… »

« L'étape suivante, c'est la télé, la scène, peut-être un jour le cinéma ? »

Les médias traditionnels envisagent-ils que l'on puisse exister en dehors de leurs programmes et de leur médiamétrie ? Et, bien vite, le conservatisme cède la place à la défiance :

« Un film qui fait 2 millions d'entrées, c'est Byzance, 4 millions, c'est l'exploit, et eux, ils arrivent et ils nous annoncent 7, 8 millions, 10 millions de vues ! »

« Ces chiffres dont on nous abreuve ne veulent rien dire ! »

« Vous comptez ceux qui cliquent et qui n'aiment pas ? »

« Et il y a aussi la question de l'argent… Vous êtes payée au clic ? Parce que si ça se trouve il y a des ordinateurs et des robots qui cliquent des millions de fois… »

Consternant…

Ma réaction fut d'entreprendre l'écriture de ce livre. De faire découvrir et de partager le phénomène des vidéastes. La profusion et la diversité des contenus hébergés donnent à des sites comme YouTube ou Dailymotion leurs plus grandes richesses. Mais comment découvrir de nouvelles chaînes susceptibles de vous surprendre si vous confiez cette mission à un algorithme basé sur les vidéos que vous connaissez déjà ?

C'est la raison d'être de ce guide : vous faire découvrir d'autres talents, sans oublier les incontournables, et aussi donner la parole aux vidéastes à succès, qui, à leur tour, pourront apporter quelques conseils à celles et à ceux qui voudraient se lancer… Stay tuned…

Sébastien Moricard

Lorsque Sébastien m'a parlé de son projet, et après m'avoir confié qu'il cherchait quelqu'un avec qui écrire ce livre, je me suis immédiatement proposé. Je souhaitais faire valoir ces efforts de la part des créateurs, de nuits perdues à écrire, à créer et à rêver. Je me suis donc lancé dans une aventure incroyable, pleine de découvertes et de rencontres avec des personnes toutes aussi géniales les unes que les autres.

Le Guide des YouTubers, c'est un moyen de voir au-delà du chiffrage, des vues et des questionnements sur la légitimité des vidéastes. Sans nécessairement avoir la prétention de considérer ce livre comme celui d'une génération, il regroupe, à travers plusieurs catégories et en présentant plus de 350 créateurs de contenu, ce qui constitue aujourd'hui la consommation audiovisuelle, loin devant la télévision, d'une écrasante majorité des générations Y et Z. Il suffit de quelques clics pour tomber nez à nez avec un contenu original, créatif et d'excellente qualité. Il nous semblait absolument impensable de réaliser un tel livre sans donner la parole à ceux qui font YouTube et à ceux qui font la création sur Internet. C'est la raison pour laquelle vous trouverez plusieurs interviews au sein de chaque section. Des figures incontournables bien évidemment, à l'image de François du Fossoyeur de films, Karim Debbache, Fred & Seb du Joueur du Grenier, Sophie du Meufisme, Bruce d'e-penser, Solange te parle ou encore Benzaie, mais également d'autres moins connus.

Aux vidéastes, à ceux en devenir et à tous ceux qui souhaitent se lancer : continuez à écrire, à créer et à rêver, n'hésitez pas. Vous êtes les modèles d'une génération, vous êtes les emblèmes d'un média, Internet, symbole de liberté et d'imagination. Votre passion, votre énergie et votre enthousiasme transparaissent à chaque angle, à chaque cadrage. C'est tout simplement génial, alors continuez à nous faire rêver !

Alain T. Puyssegur

SOMMAIRE

YOUTUBERS
LES 30
CONSEILS

Si vous vous retrouvez à lire ces lignes, c'est que, quelque part au fond de vous, une voix, si petite soit-elle, ne cesse de vous souffler à l'oreille que vous lancer sur YouTube, ça pourrait être une aventure vraiment géniale ! Il faut bien avouer qu'elle a raison étant donné tout ce que vous pourrez vivre grâce à ce média. Les conseils qui vont suivre vous permettront donc de partir sereins tout en vous posant les bonnes questions.

À voir le succès des plus grands, il est effectivement facile de se faire une fausse idée de ce que représente la création audiovisuelle sur Internet et de se lancer avec des préjugés plein la tête accompagnés d'un lot de chiffres mirobolants. Grâce aux conseils des vidéastes qui ont été interviewés – conseils que nous avons choisi de développer pour vous permettre de mettre toutes les chances de votre côté –, vous pourrez partir sur de bonnes bases et avoir une vision plus terre à terre, plus réelle de comment lancer votre propre chaîne.

I
« LANCEZ-VOUS POUR LES BONNES RAISONS ! »

Conseil de Fred & Seb de la chaîne Joueur du Grenier et de… tous les vidéastes !

Cela peut sembler stupide ou inutile de le formuler, mais c'est important, essentiel même. Il ne faut pas vous lancer dans la création de vidéos avec pour objectif de gagner de l'argent et de faire des millions de vues. Cela viendra peut-être, mais plus tard, et ne doit surtout pas constituer votre motivation première. Partir sur cette base ne sera certainement pas épanouissant et enrichissant pour vous en plus de ne clairement pas plaire à votre public. Les vidéastes les plus connus le sont devenus à force de travail, de persévérance mais surtout parce qu'ils étaient passionnés et parce qu'ils avaient quelque chose à dire. Bref, faites ce que vous aimez !

2
« TROUVEZ VOTRE ORIGINALITÉ »

Conseil de Chris de la chaîne Poisson Fécond

Il existe déjà énormément de contenu sur YouTube, et plus globalement sur Internet. Il est important que vous parveniez à vous démarquer de ce qui existe déjà, de ce qui fait l'originalité d'autres vidéastes. N'ayez donc pas peur d'innover, même et encore plus si votre concept n'existe presque nulle part. Pour cela, n'hésitez pas à regarder ce que font les autres créateurs et à consommer beaucoup de contenu audiovisuel. Cela peut vous inspirer, vous donner des idées, mais en aucun cas ne doit vous pousser à entreprendre un bête copié-collé. Si vous souhaitez vous lancer dans un concept déjà existant, le plus important est d'apporter votre *touch*. En bref, il faut que vous ayez quelque chose à rétorquer à la question : « Pourquoi regarder votre contenu plutôt que celui du voisin ? »

3
« VEILLEZ À CRÉER VOTRE PROPRE UNIVERS »

Conseil de Florian de la chaîne Mamytwink

Il est important qu'en tentant de répondre à la question précédente vous cherchiez également à créer votre univers. La ligne directrice de votre chaîne – clairement énoncée dans votre « À propos » –, votre décor, votre ambiance sonore ou encore votre ton sont autant d'éléments qui doivent concourir à établir une atmosphère sur l'ensemble de votre chaîne. Grâce à cette dernière, le public pourra vous identifier, reconnaître votre identité et votre contenu. En regardant les vidéos d'autres créateurs, analysez ce qui concourt à la mise en place de leur univers et à ce qui fait que, parmi d'autres, vous les reconnaissez presque immédiatement. C'est ce vers quoi vous devez tendre progressivement en trouvant vos marques.

4
« SOYEZ VOUS-MÊME ! »

Conseil de Coline de la chaîne Et pourquoi pas Coline

Il est important que vous soyez naturel au sein de vos vidéos. Votre personnalité et ce que vous allez dégager sur YouTube sont extrêmement importants. Si vous n'êtes pas vous-même, ou si vous tentez de vous conformer à un rôle qui ne vous convient pas, cela risque de se voir et de ne pas plaire à ceux qui vous regarderont. « Ce qui est formidable, c'est que, qui que vous soyez et quoi que vous ayez à raconter, ça intéressera toujours quelqu'un ! » confie Coline. Gardez bien à l'esprit que c'est votre personnalité – et un brin d'innovation – qui pourra faire qu'un concept déjà rudement éprouvé peut encore plaire en vous permettant de construire votre propre univers.

5
« NE CHERCHEZ PAS À ÊTRE CÉLÈBRE ! »

Conseil de Julien Josselin de Suricate

Pour beaucoup, c'est très encourageant de se dire que de nombreux vidéastes sont adulés lorsqu'ils sortent dans la rue ou qu'ils se rendent en convention. Ne vous lancez clairement pas sur YouTube dans cette optique. D'abord parce que vous risquez d'être déçu – les vidéastes dont nous parlons sont en place depuis de nombreuses années –, ensuite parce que cela ne vous poussera pas nécessairement à produire un contenu de qualité. En cherchant à devenir célèbre, vous risquez effectivement de tomber dans le travers qui est de vouloir plaire à tout le monde, pour finalement manquer ce qui pourrait faire votre originalité.

6
« LANCEZ-VOUS ! »

Conseil de Ben de la chaîne Nota Bene

N'ayez pas peur de vous lancer. Si les erreurs vous effraient, autant vous prévenir tout de suite : vous en ferez dans tous les cas et c'est justement ce qui vous permettra de progresser. Vous manquerez très certainement d'assurance au début, mais il faut tourner, monter, expérimenter pour gagner cette assurance, prendre confiance en vous et en ce que vous faites afin de parvenir à réaliser de belles choses. Plus vous ferez de vidéos, plus vous essaierez, plus vous gagnerez en maîtrise et en qualité au sein de votre contenu. Si ce sont les commentaires et les retours qui vous effraient et vous empêchent de vous lancer, alors nous vous conseillons de passer sans plus tarder au point suivant !

7
« ACCEPTEZ LA CRITIQUE »

Conseil de Pauline de la chaîne Les Lectures de NiNe

En vous lançant sur Internet, vous vous exposez à la critique ouverte, directe et pas toujours très juste. Les commentaires constructifs, même s'ils sont négatifs, doivent vous permettre de progresser et d'améliorer ce qui est améliorable. Être à l'écoute de ce type de commentaires – sans pour autant vous éloigner de ce qui fait ce que vous êtes – peut être très enrichissant et vous permettre de voir ce que vous n'aviez pas vu.
À l'inverse, il vous faudra des épaules solides et un mental d'acier pour faire face aux commentaires haineux totalement gratuits. Comme vous ne feriez pas grand cas des insultes d'un gamin dans la rue, ne portez pas grande attention à ce genre de propos. Gardez à l'esprit qu'une bonne partie de votre public va constituer ce que l'on nomme la « majorité silencieuse », c'est-à-dire celle qui ne réagit pas, ne *like* ou ne *dislike* pas et ne poste aucun commentaire.

8
« FIXEZ-VOUS DES OBJECTIFS À ATTEINDRE ! »

Conseil d'Alexandre de la chaîne Frigiel

N'ayez pas peur d'avoir de grandes ambitions pour votre chaîne – tout en gardant les pieds sur terre bien évidemment. En plus de vous fixer des objectifs, vous fixer de grands objectifs vous poussera toujours plus vers la recherche de la qualité et l'investissement personnel. N'essayez pas pour autant d'aller trop vite dans le développement de votre chaîne et de griller des étapes. Ne faites notamment pas l'erreur de favoriser le développement de partenariats ou de sponsors au détriment de votre contenu. Votre ambition doit avant tout être de vous concentrer sur vos vidéos, et seulement sur vos vidéos. Il faut que vous ayez un certain recul vis-à-vis de votre chaîne. Voir sur le long terme, en ayant des objectifs précis, pourrait ainsi être très utile.

9
« LES FILLES, SI VOUS AVEZ ENVIE DE FAIRE DES VIDÉOS, PAR PITIÉ, FAITES-LES ! »

Conseil d'Antoine de la chaîne Antoine Daniel

Comme le précise si bien Antoine, cela peut faire beaucoup plus peur à une femme de se lancer sur YouTube. Il faut bien avouer qu'Internet en est encore au stade primal en ce qui concerne de nombreux domaines et qu'une personne du sexe féminin ne manquera pas de se faire juger sur son physique de prime abord. « Beaucoup de filles ont envie de produire du contenu mais se retiennent parce que… ça fait peur, putain ! » constate le vidéaste. Il est donc nécessaire de faire évoluer les mentalités en France et de vous faire entendre sur Internet. Pour affronter les haters, barricadez-vous derrière votre passion et la qualité de votre contenu.

10
« COMPRENEZ VOTRE MÉDIA »

Conseil de Karim Debbache, créateur des émissions *CROSSED* et *CHROMA*

Il est important de comprendre et de cerner la plate-forme sur laquelle vous allez produire. Nous parlons d'Internet, qui est un média spécifique et qui possède des codes précis qui ont déjà été établis, travaillés et usés par d'autres. Vous n'allez pas nécessairement vous adresser à votre public comme un journaliste le ferait dans une émission télévisée. De la même manière, vous n'emploierez pas forcément le même ton en fonction du domaine dans lequel vous allez vous lancer. Vous pouvez vous amuser à déconstruire les codes déjà existants pour mieux servir votre contenu, mais cela implique que vous devez – encore une fois – avoir beaucoup vu de vidéos, mais surtout bien assimilé le fonctionnement d'autres créateurs.

11
« FAITES LA VIDÉO QUE VOUS VOUDRIEZ VOIR ! »

Conseil de Benzaie de la chaîne BenzaieTV

Il faut absolument que, tout en créant, vous redeveniez spectateur afin de regarder différemment votre vidéo. Lorsque vous avez terminé cette dernière, mettez-vous à la place de votre public et demandez-vous si, en tombant par hasard sur cette vidéo, vous accrocheriez, et pas seulement parce que c'est vous qui l'avez produite. Si c'est un exercice que vous ne parvenez pas à faire, parce que vous êtes trop dur avec vous-même par exemple, n'hésitez pas à montrer votre création à des proches ou à des personnes de confiance qui pourront vous aider, vous encourager, vous aiguiller et vous ouvrir les yeux sur des choses que vous n'auriez pas vues.

12
« PRENEZ DU RECUL PAR RAPPORT AUX "MODES" ET AU CULTE DE LA RAPIDITÉ »

Conseil de François de la chaîne Le Fossoyeur de films

Il y a tout type de contenu sur YouTube : des formats courts, des formats longs, des formats très courts, des formats très longs. Cependant, on ne peut que remarquer une certaine prédominance du format court, voire très court. Ce « culte », comme le nomme si bien François, ne doit pas vous empêcher d'envisager des formats différents pour votre contenu. Bien sûr, nous sommes sur Internet, où la rapidité est une règle d'or. Pour autant, cela ne signifie pas qu'il faille se limiter à des formats ne dépassant pas les dix minutes. Bien évidemment, c'est vous qui jugerez de l'adéquation du format avec votre propos : un sketch de vingt-cinq minutes sera sûrement trop long tandis qu'une émission de vulgarisation de moins de deux minutes pourra peut-être sembler trop courte…

13
« FAITES ATTENTION À LA "DICTATURE DE L'HUMOUR" ! »

Conseil d'Antoine de la chaîne Antoine Daniel

Beaucoup de personnes pensent que pour parvenir à attirer un public et à plaire il est nécessaire de mettre de l'humour partout, tout le temps. « Si vous voulez faire un court-métrage ou une émission culturelle, n'hésitez pas à ne pas mettre de pointe humoristique, précise Antoine. Vous vous sentirez plus en accord avec vous-même et cela s'en ressentira. » Si vous avez envie d'être triste, soyez triste, si vous voulez exploser de joie ou vous énerver, n'hésitez pas : faites ce qui vous semble le plus en accord avec vous-même.

14
« GARDEZ LES ACCIDENTS ! C'EST LA VIE ! »

Conseil d'Ina de la chaîne SolangeTeParle

« N'essayez pas de faire un objet tout lisse et stérile ! C'est bien quand ça crépite, que c'est spontané et inattendu ! » s'amuse Ina. Ne cherchez pas la perfection, et encore moins dès le début. Dites-vous que quasiment aucun vidéaste n'est totalement satisfait de ce qu'il crée et qu'il verra toujours des éléments à améliorer. Et nous ne parlons même pas des toutes premières vidéos que certains créateurs regardent avec beaucoup d'autodérision ou… suppriment purement et simplement. Dites-vous qu'il y aura presque toujours des accidents et qu'ils feront ressortir votre aspect humain à votre communauté.

15
« RESPECTEZ VOTRE COMMUNAUTÉ »

Conseil de Julien de la chaîne Siphano

Il est impératif que vous soyez honnête et sincère avec ceux qui vous regardent. C'est votre communauté qui va faire vivre votre chaîne. Surtout ne lui mentez pas : elle va le ressentir ou le découvrir d'une manière ou d'une autre. Le lien de confiance risque de mettre un certain temps à s'établir entre vous et votre public, ne risquez donc pas de le perdre car il sera très difficile à recouvrer. Julien insiste sur l'aspect humain de cette relation : « N'oubliez jamais que ce ne sont pas que des chiffres, mais aussi des vraies personnes derrière. Il faut les respecter comme des amis. » Prenons l'exemple des partenariats ou des sponsors : même si c'est un procédé qui est encore mal perçu en France, il le devient beaucoup moins si le vidéaste prend la peine de prévenir son public de sa démarche. En étant totalement transparent, vous ne donnerez pas l'impression de manipulation que laisse un partenariat dissimulé.

16
« FAITES ATTENTION À VOUS… »

Conseil de Calie de la chaîne Les Topovaures

Il est impératif que vous appreniez à faire attention à vous, à votre personne et à votre intimité. S'il est intéressant de nouer un contact précieux et direct avec votre communauté, vous devez également faire attention à ce que vous dévoilez. Beaucoup de vidéastes montrent énormément de leur intimité, que ce soit à travers leur chaîne YouTube ou leurs réseaux sociaux, mais vous devez toujours avoir en tête que c'est leur choix et que ce dernier s'accompagne de conséquences qu'il faut apprendre à gérer et avec lesquelles il faut apprendre à vivre. Avant d'en dire trop, n'hésitez pas à vous projeter quelques années dans le futur, histoire d'être sûr que vous assumerez tout autant ce que vous révélez de vous aujourd'hui. En vous lançant sur Internet, vous devenez une figure publique, ne l'oubliez jamais !

17
« NE FAITES PAS L'IMPASSE SUR LES RÉSEAUX SOCIAUX »

Conseil de Pauline de la chaîne Les Lectures de NiNe

YouTube est un outil, un média qui va vous permettre de diffuser vos créations et votre contenu. S'il doit bien s'agir du cœur de votre projet, celui dans lequel vous investissez le plus d'énergie, vous ne devez pas non plus perdre de vue tout ce qui entoure celui-ci. La communication joue un rôle important, justement parce qu'elle vous permet de préserver et de faire valoir l'aspect humain dont nous venons de parler. N'ayez donc pas à l'esprit une communication purement marketing, où vous demandez partout, n'importe où et à n'importe qui de venir regarder, « liker » et partager votre contenu. Soyez cohérent et gardez toujours à l'esprit que tel ou tel réseau social n'a pas la même fonction, le même rythme et le même public qu'un autre.

18
« SOYEZ PATIENT ! »

Conseil de Sophie de la chaîne Le Meufisme

Avoir de grandes ambitions, se fixer des objectifs et voir loin sont une chose, mais il faut également que vous développiez votre patience. De nombreux vidéastes, parmi les plus populaires et les plus connus, ont dû attendre plusieurs années avant que leurs concepts plaisent et que leur communauté se développe. Il faut que vous gardiez cela à l'esprit et que vous ne partiez pas en vous disant que tout va se faire tout seul, et surtout tout de suite. Certains caps sont difficiles à franchir, mais certaines expériences prouvent qu'après plusieurs mois de galère il est tout à fait possible que votre chaîne décolle à grande vitesse et rencontre le succès qu'elle mérite.

19
« PERSÉVÉREZ ! »

Conseil de Simon de la chaîne Captain Tabouret

Se lancer est une chose, tenir en est une autre. Beaucoup d'embûches vous attendent sur le chemin, et pas des moindres. La première – et sûrement l'une des plus difficiles – sera le découragement. Comme il a été dit précédemment, il peut s'écouler un très gros laps de temps avant que votre chaîne se fasse connaître, plusieurs mois… voire plusieurs années. C'est pour cela que la passion est si importante et que vous ne devez pas perdre de vue les objectifs que vous vous êtes fixés. Nous vivons dans une société qui considère les erreurs comme des échecs, et les échecs comme des erreurs. Pourtant, il y a énormément à apprendre, alors, surtout, persévérez ! Même dans les moments les plus difficiles.

20
« ENTOUREZ-VOUS DE BONNES ÉNERGIES »

Conseil de Sophie de la chaîne Le Meufisme

Comme nous le disions en introduction, c'est vraiment une aventure incroyable qui vous attend sur YouTube si tant est que vous vous y investissiez à 100 % et pour les bonnes raisons. Entourez-vous et gardez sur le long terme de bonnes énergies dans tout ce que vous faites. Cela se ressentira dans vos vidéos, dans les cadres que vous aurez choisis ainsi que dans vos propos. La persévérance est importante, mais elle est intrinsèquement liée à cette question d'énergies. Ne soyez pas envieux, méprisant ou autre, soyez vous-même, triste ou joyeux. Rayonnez !

21
« GÉREZ UN MAXIMUM DE CHOSES SEUL »

Conseil de Pierre de la chaîne Pierre Croce

De nombreux vidéastes fonctionnent avec des networks qui leur permettent de débloquer des possibilités et qui les aident dans leur développement en échange d'un pourcentage de leurs revenus. Cependant, il est essentiel que vous vous lanciez sur votre chaîne avec une première volonté qui est de gérer seul tout ce que vous pouvez : votre communauté, votre développement ou encore vos partenariats. Cela demande bien évidemment d'être assez carré, d'avoir pas mal de rigueur, mais vous permettra surtout de tenir les rênes de votre projet, et de gagner en autonomie et en liberté. N'oubliez pas que vous êtes le créateur, et donc le seul décideur.

22
« SOYEZ UN MINIMUM CARRÉ ! »

Conseil de Bruce de la chaîne e-penser

Dès le début, et alors que l'on ne parle pas encore de professionnalisation, de profits ou de chiffres énormes, soyez organisés et prenez votre chaîne très au sérieux. C'est un réflexe qu'il est nécessaire de développer très rapidement et qui vous sera extrêmement utile par la suite. On ne s'en rend effectivement pas forcément compte en tant que public, mais la gestion d'une chaîne qui a décollé demande un minimum d'organisation. Auto-entreprenariat, société, déclaration de revenus et impôts font partie des activités – pas nécessairement fun – que de nombreux vidéastes doivent entreprendre à partir d'un certain stade de développement de leur chaîne. Plus vous prendrez de bonnes habitudes, mieux vous forgerez l'avenir de votre chaîne.

23
« SOIGNEZ VOTRE SON ! »

Conseil d'Ana de la chaîne Ana D.

Le son est extrêmement important au sein de vos créations. Essayez de regarder une vidéo dont le son est mal enregistré, mal réglé ou tout simplement de piètre qualité : le verdict ne se fera pas attendre. Il sera toujours plus intéressant de regarder un contenu dont la vidéo est peut-être de mauvaise qualité mais dont le son est intelligible. « On pardonne aisément une vidéo qui n'est pas en HD ou dont les ISO sont mal réglés, mais on ferme très vite l'onglet d'une vidéo inaudible », prévient Ana. Plusieurs solutions existent pour vous permettre d'obtenir un bon son : micro ou encore micro-cravate, à vous de voir ce que votre bourse vous permet, mais c'est là l'un des premiers investissements que vous devez envisager.

24
« PRODUIRE, TOUJOURS, TOUT LE TEMPS ! »

Conseil de Davy Mourier de la web-série *NerdZ* et du *Golden Show*

Internet est incontestablement un média continuellement en renouvellement et où tout peut aller très vite. Pour cette raison, il faut que vous puissiez montrer à votre communauté que vous êtes présents, que vous n'avez pas déserté la plate-forme. Certains préfèrent s'imposer un rythme strict de publication, afin d'instaurer une régularité précise et une habitude auprès du public. D'autres vidéastes ne publient qu'à partir du moment où ils considèrent la vidéo suffisamment bonne, suffisamment aboutie, en n'annonçant pas forcément de deadline. À vrai dire, tout va dépendre du type de contenu que vous produisez, de sa longueur mais également de sa qualité. Vous pouvez expérimenter en vous lançant, afin de trouver la régularité qui vous convient. Néanmoins, à partir d'un certain temps, tentez autant que possible d'assumer et de rester fidèle au rythme – ou au non-rythme – qui sera le vôtre.

25
« SORTEZ DE VOTRE ZONE DE CONFORT ! »

Conseil de Safia de la chaîne Safia Vendome

Au cours du développement de votre chaîne, faites en sorte de ne pas vous enfermer dans un concept. C'est une grosse erreur qui aura pour conséquence de vous essouffler ainsi que de lasser votre public. Il s'agit d'un écueil que Safia a très bien cerné : « Quelle saleté cette zone de confort ! Je crois que c'est à la fois motivant pour soi mais aussi pour les autres que de faire des choses qui changent ! » Être fidèle à ce que vous proposiez à l'origine est excellent, mais vous pouvez également expérimenter, essayer de nouvelles choses, innover et, peut-être, parvenir à toucher un autre public.

26
« ATTENTION À LA QUESTION DES COPYRIGHTS »

Conseil d'Ockam de la chaîne Ockam Razor

Depuis quelque temps déjà, la question des copyrights prend de l'importance sur YouTube. Les contenus sont de plus en plus protégés, ce qui handicape parfois la créativité de certains vidéastes. Abstenez-vous autant que possible d'utiliser un contenu qui ne vous appartient pas et pour lequel vous n'avez pas les droits, même si cela ne représente que trois secondes au sein de votre vidéo. Cette dernière peut purement et simplement se retrouver démonétisée dans le meilleur des cas. YouTube va effectivement détecter automatiquement certains contenus protégés, alors restez attentif.

27
« NE DÉPENSEZ PAS TOUT VOTRE ARGENT ! »

Conseil de Margaud de la chaîne Margaud Liseuse

N'ayez pas dès le début la folie des grandeurs et n'allez pas vous ruiner. Ce n'est pas parce que vous achèterez immédiatement un matériel professionnel, haut de gamme et hors de prix que vous serez professionnel. Voyez dans un premier temps si faire des vidéos sur Internet est vraiment votre truc, puis si vous souhaitez poursuivre et si vous pensez pouvoir tenir sur le long terme. Petit à petit, vous pourrez commencer à investir – et avant toute chose dans le son ! – sans pour autant griller les étapes. Il est important que vous appreniez à bien vous servir de votre matériel, à le comprendre et à utiliser toutes ses capacités. Pour cela, n'hésitez pas à faire des tests et surtout – surtout – à regarder les tutoriels qui pullulent sur Internet. Il est possible de faire de grandes choses avec peu de moyens.

28
« ÉTABLISSEZ DES CONTACTS AVEC D'AUTRES VIDÉASTES ! »

Conseil de Ben de la chaîne Nota Bene

Au début, vous allez sûrement vous lancer seul et apprendre seul. Pour autant, cela ne doit pas vous empêcher par la suite de vous rapprocher d'autres vidéastes afin d'établir des liens avec eux. Ben, ancien président de la vidéothèque d'Alexandrie, l'a bien cerné : « Quand on est seul on est vulnérable, on peut vite se démotiver ou se perdre. Développer des contacts avec les autres permet réellement de travailler dans de meilleures conditions et parfois même de rencontrer de futurs collègues qui travailleront avec nous ! » N'hésitez donc pas à vous entourer, mais faites-le intelligemment !

29
« FAITES ATTENTION AUX COLLABORATIONS ! »

Conseil d'Antoine de la chaîne Antoine Daniel

Vous devez cependant être attentif à vos collaborations avec d'autres vidéastes. Il faut que ces dernières aient un sens au sein de votre vidéo, et plus globalement sur votre chaîne. L'idéal étant que cette collaboration soit totalement naturelle car logique au regard de ce que vous produisez, de votre thématique, de votre univers et de votre identité. « Ne vous entourez que de personnes dont vous vous sentez proche amicalement ou artistiquement. Pour qu'un caméo fonctionne il faut que celui-ci marche même si l'on ne connaît pas la personne qui apparaît », conseille Antoine.

30
« FAITES DES EFFORTS POUR TENDRE LA MAIN À VOTRE PUBLIC »

Conseil de Simon de la chaîne Captain Tabouret

Il se peut qu'au cours de vos vidéos vous soyez amené à parler de choses que votre public ne connaîtra pas, ou mal. Vous devez en être conscient et ne pas hésiter à en tenir compte dans vos propos. Pour Simon, c'est un point important : « N'oubliez pas que vous parlez peut-être d'un domaine que beaucoup de gens ne connaissent pas. Si vous faites des efforts pour leur tendre la main, vous pourrez emmener plus de monde avec vous. » Sans sombrer dans la simplification à outrance, proposez un contenu didactique.

De plus, il faut que vous ayez également conscience de la portée de ce que vous allez dire. Beaucoup de personnes risquent de vous croire sur parole, d'appliquer vos recommandations, vos conseils. Il faut donc éviter de dire n'importe quoi et vérifier vos propos. Si certains ne maîtriseront pas le sujet dont vous parlez, ce ne sera peut-être pas le cas d'autres qui le connaîtront sur le bout des doigts : soyez rigoureux et ayez conscience de votre impact.

Si chaque conseil est dispensé par un vidéaste en particulier, dites-vous bien qu'ils sont nombreux à partager ces avis et que ce sont leurs réponses et leurs expériences qui ont permis d'aboutir à cette liste.

Lancez-vous maintenant, immédiatement, dans la minute, à écrire, à préparer, à anticiper et à rêver.

GLOSSAIRE DE YOUTUBE

ASK & FAQ

De nombreux vidéastes se prêtent aux Ask et aux FAQ. Ils répondent en vidéo à plusieurs questions que leur posent les membres de leur communauté.

CAMÉO

Il correspond à l'apparition fugace au sein d'une vidéo d'une personnalité connue ou d'un autre vidéaste par exemple.

COVER

Une cover correspond à la reprise d'un morceau de musique par un autre interprète que son créateur.

DEEP WEB

Le *Deep Web*, également appelé le Web profond ou invisible, désigne la face cachée d'Internet, celle qui n'est pas référencée par les moteurs de recherche classiques et que beaucoup souhaiteraient ne jamais découvrir. Âmes sensibles s'abstenir.

DO IT YOURSELF (DIY)

Comme sa traduction française l'indique, « faites-le vous-même », le DIY consiste à proposer un guide qui permet de reproduire chez soi quelque chose, comme des créations artistiques ou des astuces pratiques.

E-SPORT

L'e-sport désigne le fait de pratiquer régulièrement un jeu vidéo multijoueur sur un PC ou sur une console de jeu. Au même titre que les sports traditionnels, il regroupe tournois et événements.

LET'S PLAY

Un let's play est une vidéo commentée présentant généralement un jeu de son début jusqu'à sa fin. Il se concentre sur l'expérience du vidéaste et ne propose pas, à l'inverse d'un walkthrough, un guide pas à pas.

GASHAPON

C'est du Japon que sont originaire les gashapons. Le terme désigne tout autant un distributeur de jouets que les jouets eux-mêmes.

GLITCH

Un glitch correspond à une anomalie dans le moteur de gestion de la physique d'un jeu vidéo. Il est généralement exploité par les joueurs pour tricher ou effectuer des actions inattendues.

HAUL

Les vidéos dites haul mettent en scène l'ouverture face caméra d'achats récents. Elles consistent à présenter les objets en donnant le plus d'informations possible à leur sujet.

LOOKBOOK

Il s'agit d'une vidéo au sein de laquelle une YouTubeuse présente plusieurs tenues qu'elle porte au quotidien afin de donner des idées à ses abonnés.

MEET-UP

De nombreux vidéastes, notamment des YouTubeuses beauté, organisent des *meet-up*. Il s'agit d'événements lors desquels les vidéastes se rendent à la rencontre de leurs abonnés.

NAIL ART

Le nail art, que l'on peut traduire par « l'art de décorer les ongles », est une méthode de maquillage avancée qui consiste à utiliser ses ongles comme supports de création et de décoration.

NETWORK

Sur YouTube, un network correspond à un réseau de chaînes qui propose au créateur un certain nombre de services en échange d'un pourcentage de l'argent touché grâce à la monétisation des vidéos.

PVP

Le PvP, Player versus Player, désigne dans un jeu vidéo l'affrontement de joueur à joueur. À l'inverse existe le PvE, Player versus Environment, où le joueur affronte un personnage géré par le jeu lui-même.

SKILL

Dans l'univers du jeu vidéo, on définit le plus souvent le talent d'un joueur par son skill, ses compétences.

STREAM

Le stream, ou streaming, correspond à la diffusion en ligne d'une vidéo. Ce terme est souvent utilisé par les vidéastes spécialisés dans le jeu vidéo qui proposent des sessions en direct.

SWAP

Il s'agit d'un échange de cadeaux entre deux vidéastes. Un montant est défini afin que chacun puisse réaliser un « menu » que l'autre devra suivre au cours de sa vidéo unboxing.

TAG

Les tags représentent des défis que les vidéastes se lancent, principalement les YouTubeuse beauté. Il peut également s'agir d'un thème de vidéo imposé.

TWITCH

Il s'agit très certainement de la plate-forme de streaming la plus populaire au monde. De nombreux streamers de jeux vidéo proposent continuellement des directs sur une grande variété de titres.

TWITTOSPHÈRE

Propre à l'univers de Twitter, elle désigne la communauté des twitteurs ainsi que l'ensemble des tweets.

UNBOXING

Il pourrait se traduire par « déballage ». Il s'agit d'une vidéo où il est question de l'ouverture et de la présentation en détail d'un produit ou d'un colis.

VLOG

Contraction des mots « blog » et « vidéo », il désigne une vidéo présentant le quotidien ou un moment exceptionnel de la vie d'un YouTuber. Il est question de daily vlogs lorsque ceux-ci sont journaliers.

HUMOUR

LOL

AVEC LES INTERVIEWS DE

Antoine Daniel

Pierre Croce

Julien Josselin

Davy Mourier

ANTOINE DANIEL //

ÉMISSION & CRITIQUE DE VIDÉOS // PUBLICATION IRRÉGULIÈRE

LOL

Antoine Daniel est le créateur à l'origine de la très célèbre émission humoristique *WHAT THE CUT*, qu'il a démarrée en 2012. À travers chaque épisode, le vidéaste examine et critique trois vidéos tirées du Web qui sont insolites, étranges ou tout simplement drôles. Son humour et son personnage déjanté, légèrement vulgaire et hyperactif, ont clairement participé à son succès. Le format initial des vidéos, d'une moyenne de cinq minutes, a beaucoup évolué depuis les origines. Les épisodes sont aujourd'hui beaucoup plus longs, notamment introduits par un court-métrage de qualité. Dans «Le 29 avec Antoine Daniel», il est purement question d'une émission FAQ. En 2015, Antoine Daniel a lancé une seconde chaîne, La Mezzanine, où il propose des vidéos qui selon lui n'ont pas à figurer sur sa chaîne principale car moins travaillées. Avec l'émission *Chaos*, il répond à une question précise, comme de savoir quelles sont les limites qu'il impose à son humour.

INTERVIEW !

QUI ES-TU ET QUEL EST TON PARCOURS ?

Mon prénom c'est Antoine et mon nom c'est Daniel. Je suis né le 23 avril 1989 et j'ai 27 ans au moment où je te parle. J'habite à côté de Paris. On me connaît surtout parce que je fais l'émission *WHAT THE CUT* sur YouTube depuis le 1er mars 2012. Globalement je fais des vidéos sur Internet et j'y passe beaucoup de temps. À la base je suis ingénieur du son et compositeur. J'aime plein de trucs.

J'ai toujours aimé la création et j'ai commencé à faire des vidéos quand j'avais 10 ans avec la caméra de mon père. J'ai commencé à faire du montage vidéo lorsque j'avais 14 ans avec mon ordinateur. J'ai globalement appris ça tout seul, même si en études supérieures j'ai fait deux ans à l'ESRA, qui est une école d'audiovisuel à Paris où je n'ai finalement pas tant appris ; enfin, j'ai appris comment ça se passait sur les tournages. J'étais peut-être un peu jeune à l'époque puisque je sortais de mon bac. Ensuite je me suis redirigé, parce que j'étais vraiment plus dans la musique à ce moment-là, vers un BTS audiovisuel et ingénieur du son.

J'ai toujours fait des vidéos à droite à gauche avec des amis, et quand Dailymotion et YouTube ont commencé à monter on a posté dessus. Je faisais ça avec des amis pour me marrer. *WHAT THE CUT* était un de ces projets, juste comme ça, et qui a fini par prendre.

> « UNE FOIS QUE TU AS GOÛTÉ À CETTE LIBERTÉ SUR INTERNET, TU AS BEAUCOUP DE MAL À T'EN DÉTACHER. »

OÙ VAS-TU ?

Vers Internet dans tous les cas. Le plus longtemps possible sur Internet. Je n'ai pas envie de faire de la télévision, le cinéma ne me tente pas plus que ça. En fait, une fois que tu as goûté à cette liberté que tu as sur Internet, tu as vraiment beaucoup de mal à t'en détacher. Donc, vraiment, sur Internet, pour essayer de faire évoluer le média sur lequel je me trouve et démontrer qu'en venant de nulle part, comme c'est mon cas, puisque j'ai commencé *WHAT THE CUT* avec une webcam HD dans ma chambre, tu peux faire quelque chose.

« Lorsque j'ai démarré *What The Cut* je n'ai pas du tout eu l'impression de démarrer une carrière. »

Je sais que beaucoup de gens pensent qu'à l'heure actuelle ce n'est plus possible tout ça, qu'il faut nécessairement vendre son âme ou faire des tops, mais clairement pas. Si tu produis toujours un contenu de qualité, malgré les algorithmes pourris et renforcés de YouTube, tu trouveras quand même un public. Ça prendra peut-être juste un peu plus de temps qu'avant, mais tu pourras peut-être t'installer.

Et, en tout cas, je souhaite faire toujours ce que je veux, que ce soit de la création vidéo, à mon rythme, de la création musicale à mon rythme, enfin plein de trucs. Plein de projets, principalement dans de la fiction, en tout cas c'est ce qui m'intéresse le plus à l'heure actuelle.

Quel est le plus beau jour de ta vie ?

Je pense que depuis toujours j'en ai deux en tête. Il y en a un qui n'a rien à voir avec la création, donc moyen intéressant. L'autre pour le coup est plus proche. Lorsque j'avais 12 ans, j'ai fait un tout petit peu de théâtre. En fait, il y avait la mère d'une des élèves avec laquelle j'étais en cours qui était chorégraphe de danse et qui mettait en scène des spectacles qui étaient diffusés dans LA grande salle de spectacle de ma ville. Elle voulait que dans sa pièce de fin d'année il y ait des passages de chorégraphie et des passages joués en tant que comédie pour lesquels il fallait deux jeunes garçons. Du coup, elle nous avait pris mon pote et moi pour faire ça et on avait été coachés par un ancien élève du Cours Florent.

On avait fait deux représentations, deux soirs de suite, et de voir toutes cette effervescence et tous ces artistes, ces comédiens, ces danseurs, le public, tout ça m'a fait un choc. Je m'étais toujours intéressé à la création, surtout qu'à cette époque-là je découvrais vraiment plein de trucs niveau musical, niveau jeu vidéo. Ce moment a vraiment été un déclic où je me suis dit qu'il fallait que je fasse ça de ma vie, parce que c'est vraiment ce que je suis et ce qui me plaît. Peu importe la forme que ça aurait, je me suis dit que j'avais besoin de faire ça. Ça m'a tellement marqué que c'est très certainement l'un des jours les plus importants de ma vie.

Quel est ton pire cauchemar ?

Il y a beaucoup de choses que je n'aimerais pas. Sombrer dans le coma pour me réveiller cinquante ans plus tard m'angoisse beaucoup. C'est-à-dire me retrouver avec cinquante ans de vide dans ma vie.

Quelles sont les passions qui t'animent ?

La création en général, la création vidéo, raconter des histoires et faire de la musique. J'aime beaucoup la géographie aussi, même si ça n'a rien à voir.

Ton pire défaut ?

Je suis « procrastinateur ». Ce n'est pas tant ça qui fait que les vidéos mettent longtemps à venir, mais il faut dire que ça n'aide pas. Il y a ce côté de remettre un peu au lendemain ce que je pourrais faire là, aujourd'hui. Au final, c'est horrible la procrastination parce que ce n'est pas si marrant que ça, c'est un problème et je ne sais pas trop d'où ça vient. C'est vraiment le fait que je m'empêche de faire des trucs parce que je me dis que je le ferai plus tard alors que j'aime le faire. J'ai plein de défauts, mais la flemme est l'un des trucs majeurs que je devrais corriger chez moi. Je ne suis pas pour autant un branleur, quand je travaille sur un projet je m'y mets vraiment à fond et je donne beaucoup.

Ta citation favorite ?

C'est plus par rapport au fait que je suis très lent à faire des vidéos sur Internet et que je suis extrêmement perfectionniste. Il ne s'agit pas de celle qui me définit le plus, mais je l'apprécie, je la dois au créateur de *Mario*, Shigeru Miyamoto. Il parle des jeux qui sont retardés : « Il ne faut pas avoir peur de sortir un jeu vidéo en retard, parce qu'à partir du moment où il est sorti, s'il est mauvais, il est mauvais pour toujours. » Je trouve que cette phrase est trop bien et qu'elle s'adapte à toute forme de création.

Quels sont les vidéastes, créateurs, personnalités qui inspirent le plus ce que tu fais ?

Il y en a beaucoup ! Edgar Wright, un réalisateur britannique dont je suis archi fan. Il a vraiment inspiré en termes de réalisation et de narration les dernières intros de *WHAT THE CUT*, notamment du 35 et du 36. J'aime le vidéaste britannique TomSka, qui fait beaucoup d'humour absurde, plein de vidéos que je trouve excellentes. Il parle de sa façon de penser sur sa chaîne secondaire et je me retrouve dedans. J'aime le compositeur de musique électronique Deadmau5. Ce qu'il fait d'un point de vue musical me plaît vraiment, mais je l'apprécie encore plus en tant que personne.

Il y a tellement d'artistes et de créateurs que j'aime énormément… Nobuo Uematsu, qui est le créateur des musiques de *Final Fantasy*. Il est pour moi le meilleur artiste au monde. Le mangaka Naoki Urasawa, qui est un scénariste de génie et qui a un trait de fou. Beaucoup de cinéastes : Stanley Kubrick, Les frères Coen, Wong Kar-Wai, Park Chan-Wook. Trent Reznor, qui est celui qui a fait le groupe Nine Inch Nails ainsi que des OST pour David Fincher. Il fait tout tout seul et c'est quelque chose que j'apprécie énormément. C'est le cas de Toby Fox qui a créé *Undertale*, et me dire qu'il est plus jeune que moi et qu'il a créé un jeu aussi poussé, seul, est incroyable.

Du point de vue des vidéastes, il y en a beaucoup que j'aime bien mais ce n'est pas pour autant qu'ils m'inspirent dans ce que je fais, dans ma façon de penser et de me projeter. Dans les vidéastes du Net français je pourrais en citer quatre : DirtyBiology, Karim Debbache, François Descraques, Mathieu Sommet.

Quand tu t'es lancé sur Internet, est-ce que tu avais une idée précise de ce que tu souhaitais faire ?

Pas du tout. Le truc marrant, c'est que, lorsque j'ai démarré *WHAT THE CUT*, je n'ai pas du tout eu l'impression de me « lancer » et de démarrer une carrière. À l'époque, j'avais une très vague idée du fait que c'était possible d'en vivre et que c'était quelque chose que Norman parvenait à faire. Ça m'était plus ou moins étranger. Je m'étais plus dit que, si ça plaisait aux gens qui m'entouraient, j'allais continuer. Je ne pensais pas du tout que ça prendrait cette ampleur et ça m'a ouvert les portes de plein de trucs. Je n'avais aucune idée de quoi que ce soit en fait.

> « Je ne pensais pas du tout que ça prendrait cette ampleur et ça m'a ouvert plein de portes. »

Est-ce que tu as hésité à te « lancer » sur le Web au début ? Ou peut-être as-tu été poussé par quelqu'un ?

Pour ma part, j'ai toujours mis des choses sur Internet. En revanche, pour *WHAT THE CUT*, c'était la première fois où j'étais seul à l'image, et face caméra. J'ai mon meilleur ami de l'époque, avec lequel je n'ai plus de contact hélas, qui m'a incité à partager mon premier épisode sur Facebook, ce qui a permis que d'autres le partagent également. J'avais assez peur de ça. Cette personne m'a donc poussé sur le moment, et je l'en remercie infiniment.

Comment est-ce que *WHAT THE CUT* a évolué et s'est construit au cours du temps ?

Un peu comme tout projet je pense, petit à petit. Avec des idées, avec la réaction des gens, de mon entourage, mes réactions à moi. Je découpe en fait *WHAT THE CUT* en plusieurs périodes, mais c'est seulement dans ma tête. De l'épisode 1 à l'épisode 9 inclus, la première période de l'émission, ils étaient tous un peu dans le même genre, dans le noir et tout. Ensuite il y a la période de l'épisode 10 à l'épisode 21, période où j'ai commencé à avoir une lumière et où l'émission était un peu plus développée, avec l'arrivée entre autres de Richard et de Samuel.

Il y a l'épisode 22, qui est une période à lui tout seul, où je suis passé à la HD et où j'ai tenté de faire des scènes illustrées en dehors de ma chambre. Puis il y a la période de l'épisode 23 à l'épisode 29 inclus, pendant laquelle la chaîne a vraiment décollé et où les gens ont commencé à me connaître avec les vidéos les plus cultes. De l'épisode 30 à l'épisode 33, c'est à partir de là que le générique a changé, avec une très légère intro avant et où j'ai travaillé un peu plus les épisodes. Enfin, à partir de l'épisode 34, j'ai commencé à faire une véritable intro, et pour moi qui souhaite faire de la fiction j'ai trouvé ça vraiment génial. Avec les épisodes suivants, tout a vraiment changé, que ce soit au niveau du format ou de la chaîne YouTube, vu que les vidéos sont plus rares.

VIDÉO À NE PAS MANQUER

LE 29 AVEC ANTOINE DANIEL #16

DANS TES DERNIÈRES VIDÉOS TU CONSACRES BEAUCOUP PLUS DE PLACE À TON UNIVERS, NOTAMMENT AVEC LES INTRODUCTIONS. TU PEUX NOUS PARLER DE CETTE ÉVOLUTION ?

Je ne sais pas comment j'en suis arrivé là. J'ai toujours voulu faire de la fiction. J'ai commencé à faire de petites intros et, à partir de l'épisode 34, je parlais avec mon ami Nyo de l'introduction et il m'a dit qu'il avait un pote qui pouvait nous permettre de tourner sur un terrain d'airsoft avec de fausses armes. Du coup on a écrit le scénario à deux – c'est l'une des seules fois où j'ai écrit avec quelqu'un – et en faisant ça je me suis dit que c'était un bon terrain d'expérience. Cela me donnait la possibilité de faire des choses nouvelles, différentes et de gagner de l'expérience en tant que réalisateur.

QUEL EST TON AVIS SUR LA RÉGULARITÉ DES VIDÉOS ?

Tout dépend de tes priorités. La régularité est une bonne chose. Les bons côtés, c'est que cela fidélise le public à ta chaîne. Cela fait grimper drastiquement ton nombre d'abonnés, donc ton nombre de vues, donc l'argent que tu gagnes. Ce n'est pas tant la faute des créateurs, mais plutôt de YouTube et de ses algorithmes. YouTube veut que l'on fasse des vidéos tous les jours parce que ça leur fait gagner plus d'argent.

Je suis donc d'accord pour dire que des vidéos comme celles-là doivent exister, mais le problème réside dans le fait qu'avec ce système il y a finalement très peu de place pour les autres vidéos, celles qui prennent du temps à être faites, fignolées. J'aimerais bien pour ma part que tout existe et soit favorisé de la même façon. On est effectivement face à un fonctionnement qui fait que, si tu ne sors pas de vidéos tout le temps, tu ne vas peut-être pas pouvoir manger, tout simplement. Faire des vidéos aussi nombreuses et aussi vite peut clairement abaisser leur qualité. En plus, le public est ultrahabitué à ce qu'il y ait des vidéos tout le temps et que ça pompe en permanence. Au final, tu peux être très démoralisé à cause de ça. Pour ma part, j'ai vécu des périodes d'énormes déprimes parce que je ne me sentais pas encouragé dans ce que je voulais faire. Je pensais que le public était là pour soutenir une personne dans ses projets, et au final ça a brisé pas mal de mes illusions, parce que non. La majorité du public m'a soutenu, mais une minorité tout de même nombreuse et très bruyante, non. Le public ne veut pas spécialement de la qualité, mais du contenu. On est en train de répéter ce qui se passe à la télévision. On dit qu'on est sur Internet et que l'on fait ce qu'on veut, mais au fond c'est faux. Si les gens faisaient vraiment ce qu'ils voulaient, on n'aurait pas une uniformité des contenus et des sorties aussi souvent. Là, ce dont nous parlons, c'est 99 % de YouTube. Au final, on est face à des créateurs qui, à cause du système, « doivent » sortir des vidéos.

Quel est ton avis sur les différents financements des vidéastes ? Sponsors, publicités, publicités déguisées, financements participatifs, *Tipeee*...

Dans tous les cas il n'y a aucun modèle qui est 100 % bien. Il y a un gros manque dans la législation publique. On dépend intégralement d'entreprises privées, que ce soit par YouTube, AdSense ou par les autres biais. Ce manque au niveau de la législation est très certainement l'un des grands défis pour le futur. MisterJDay en parle beaucoup également. Moi j'ai beaucoup de mal avec la pub. On est abreuvés de pubs tout le temps.

Ce que je trouve bien avec le financement participatif c'est que quelqu'un comme Usul, qui sort très peu de vidéos – une tous les trois ou quatre mois, mais elles sont ultra-longues, très travaillées avec beaucoup de renseignements –, ne pourrait jamais faire ça s'il dépendait de la pub. Sa page Tipeee lui permet de se consacrer à ça pour produire un contenu de qualité, bien monté et bien rythmé. Je suis plus un partisan du financement participatif, je trouve ça plus sain, mais ça reste aussi imparfait.

VIDEO À NE PAS MANQUER

QUELLES SONT MES LIMITES – CHAOS #1 – ANTOINE DANIEL

Est-ce que tu fonctionnes avec un network et pourrais-tu nous en parler ?

J'ai effectivement un network. Il m'aide sur de nombreux points, par exemple lorsque j'ai un *claim* sur une vidéo, lorsqu'une vidéo est démonétisée ou si je me retrouve avec un problème de droits. Ils peuvent aussi me proposer des opés, des placements de produits, ce genre de choses. Mon network est très à l'écoute et sait parfaitement ce que je fais et ce que je souhaite faire. Il ne me propose que des choses qui m'intéressent. Il s'occupe de choisir et de placer les publicités avant mes vidéos, afin qu'elles soient intelligemment ciblées et afin que le CPM, c'est-à-dire le « coût par mille », permette

« On est en train de répéter ce qui se passe à la télévision. On dit qu'on est sur Internet et que l'on fait ce qu'on veut, mais au fond c'est faux. »

une rémunération plus intéressante. Il est également à l'initiative de quelques événements. J'ai notamment fait une conférence au Forum des images à Paris, et c'est assez intéressant.
Après tous les networks ne se valent pas. Il y en a qui ont des pratiques dégueulasses et d'autres qui sont plus propres. Il y a à boire et à manger, et il faut faire très attention à ce que l'on signe. Pour moi, c'est très important de connaître les personnes avec lesquelles on travaille. Il faut se voir et boire des coups ensemble afin de fonctionner sainement.

Que penses-tu du fait que l'on vous appelle les YouTubers ?

Moi, vraiment, je me bats tous les jours pour essayer de faire en sorte que notre forme d'expression ne soit pas associée à une marque. Je trouve ça dommage que ce soit toujours employé. J'ai un petit peu de mal avec le fait que notre forme d'expression soit forcément associée à une marque privée américaine. Le terme «YouTuber» fait vraiment effet de mode. Si jamais YouTube disparaît, comment est-ce qu'on va les appeler les créateurs ?
C'est vraiment une mode, ça ne représente pas du tout cet essor. Ce qui est incroyable, c'est que je ne sais pas trop comment ce terme est apparu étant donné que YouTube ne l'utilise jamais. Lorsque tu vas dans le YouTube Space, ils ne te parlent jamais de YouTubers, ils parlent constamment de créateurs. Je pense qu'à un moment donné il faudrait peut-être arrêter d'utiliser ce terme. Quelqu'un qui fait des vidéos sur France 3, on ne l'appelle pas un FranceTroiseur… Il ne faut pas sombrer dans la facilité, je pense, et choisir plutôt de dire que l'on fait des vidéos sur Internet ou que l'on est vidéaste.

Quel est ton lien avec Mathieu Sommet ?

Il y a un sous-entendu dans cette question ? Ah ah ! C'est très marrant parce que, Mathieu, je l'ai connu lorsque je commençais à faire des vidéos. Je ne connaissais pas *Salut les Geeks* et des gens m'ont dit que je plagiais cette émission. Du coup, je me suis demandé ce que c'était et je suis allé voir. Effectivement, le concept était carrément le même à la base et je lui ai envoyé un message sur Facebook pour lui présenter ce que je faisais et lui expliquer que je ne le plagiais pas. Il m'a répondu qu'il n'y avait pas du tout de souci et, le soir même, on a discuté sur Skype.
Par la suite on s'est retrouvés à la Japan Expo et un soir on a pris une énorme cuite ensemble ! On est quand même assez différents sur de nombreux points, mais on a également des points communs qui sont finalement plus forts que ces différences. Putain, ça sonne comme une chanson nulle à chier dit comme ça ! On est souvent d'accord sur de nombreuses choses, même si on a quelques désaccords. C'est un très bon pote. Et donc, non, on ne couche pas ensemble ! On joue de notre fausse rivalité-amour un peu nulle !

Quels sont les vidéastes que tu aimerais faire découvrir au plus grand nombre ?

Every Frame a Painting pour les chaînes en anglais. Ce sont vraiment des analyses sur le cinéma extrêmement intéressantes et sous-titrées en français. Il n'y a aucune raison de rater ça.
Pour les Français, il y a LeGrabuge, DanyCaligula, Laurine Sassano, Lily Adams, ET BIM, Yes vous aime, PILOTE, Histoire Brève, Sofyan Boudouni, AYEAH!, Marc Papeghin, Sammy Paul, Nexus VI, Bill Wurtz, L'Originale. Et plein d'autres…

Vidéo à ne pas manquer

WHAT THE CUT #37 - TEMPLE, CÉRÉMONIE ET COSMOS

\\ CYPRIEN

PUBLICATION MENSUELLE \\ PODCASTS & COURTS-MÉTRAGES

VIDÉOS À NE PAS MANQUER : CYPRIEN – LA CARTOUCHE // CYPRIEN – DRAW MY LIFE // CYPRIEN – LES RÉUNIONS //

Cyprien, également connu sous le nom de MonsieurDream, pseudonyme avec lequel il s'est lancé à l'époque sur son blog, est le premier vidéaste français toutes catégories confondues. Il occupe une place de choix dans le YouTube francophone en raison de la qualité de ses vidéos, mais surtout de sa propension à proposer des contenus très diversifiés. Cyprien ne se contente effectivement pas de produire des podcasts sur de nombreux sujets, il réalise également des courts-métrages faisant montre d'une écriture et d'un travail beaucoup plus considérables. Il s'est d'abord fait remarquer avec «Technophobe» avant de frapper un grand coup avec «La Cartouche», sa plus longue création. Il est également le fondateur de CyprienGaming. À la fin 2015, il a publié sa première BD, *Roger et ses humains*, où il raconte les aventures d'un robot cohabitant avec un jeune couple.

NORMAN FAIT DES VIDÉOS //

PODCASTS // PUBLICATION MENSUELLE

VIDÉOS À NE PAS MANQUER : NORMAN – ASSASSIN DES TEMPLIERS (FT SQUEEZIE) 4K // NORMAN – MAINTENANT J'AI GOOGLE (VIDÉO CLIP) // NORMAN – MA VIE EN DESSIN //

Norman est un vidéaste spécialisé dans le podcasting. Il réalise des vidéos courtes et dynamiques où il traite des sujets de la vie de tous les jours. Son air de geek sorti tout droit de sa grotte ainsi que ses célèbres «Faux !» en font l'une des sommités du YouTube français. Il a tourné pendant longtemps ses vidéos dans son appartement, proposant une ambiance intimiste, extrêmement colorée et atypique, avant de passer dans un studio. Plusieurs vidéos ont fait son succès, notamment le clip «Maintenant j'ai Google» et «Luigi Clash Mario». «Norman - Assassins des templiers», en lien avec le jeu *Assassin's Creed*, produite avec Ubisoft et avec la présence de Squeezie a également connu un énorme succès. Outre son activité sur YouTube, Norman est également à l'origine d'un spectacle humoristique : *Norman sur scène*.

\\ NATOO

PUBLICATION HEBDOMADAIRE \\ PODCASTS

VIDÉOS À NE PAS MANQUER : LES GENS SALES – NATOO // LA CHANSON DES LICORNES – NATOO // LES VACANCES RATÉES – NATOO //

Natoo compte parmi les vidéastes françaises les plus populaires. C'est grâce à une vidéo de Bapt&Gael que la jeune femme s'est fait remarquer avant d'ouvrir sa propre chaîne. Elle parle de nombreux sujets à travers ses podcasts, dans un univers décalé, parfois enfantin et toujours très drôle. En 2015, elle a publié *Icônne by Natoo*, un magazine de beauté satirique où elle critique ouvertement la presse féminine et ses codes. La vidéaste fait également partie du Studio Bagel ainsi que du Latte Chaud. Beaucoup d'abonnés soupçonnent que Le petit monde d'Eglandine lui appartient mais, malgré sa ressemblance avec ladite Eglandine, Natoo nie tout lien avec cette chaîne…

ANDY //

PODCASTS // PUBLICATION MENSUELLE

VIDÉOS À NE PAS MANQUER : ▶ SI BARBIE ÉTAIT VIVANTE – ANDY // ▶ PETITS PROBLÈMES DE FILLES – ANDY // ▶ LES DIFFÉRENTS TYPES D'AMIS – ANDY //

Première vidéaste féminine française, Andy parle sur sa chaîne de trucs de filles sans pour autant s'adresser uniquement à la gent féminine. Son humour dépasse effectivement les genres pour traiter, à travers des podcasts et une certaine maturité, des sujets variés. Candidate à Miss France 2007, et participante de la toute première saison de *Secret Story*, cet ancien mannequin a su se créer une identité forte sur YouTube. Il paraîtrait qu'un petit être maléfique, son chien, Reese, aurait d'une certaine manière participé à son succès. Membre à part entière de la Why Tea Fam, Andy effectue également de nombreuses apparitions dans les vidéos des autres membres de la *team* tels Le Rire Jaune ou encore Les clichés de Jigmé. Elle possède également une chaîne beauté, So Andy, sur laquelle elle a annoncé qu'elle ne posterait plus rien mais dont le contenu reste disponible. Elle a publié en 2016 un livre, *Princesse 2.0*, une fiction où la quête du prince charmant se révèle plus compliquée qu'il n'y paraît.

\\ LE RIRE JAUNE

PUBLICATION MENSUELLE \\ PODCASTS

VIDÉOS À NE PAS MANQUER : ▶AVOIR UN FRÈRE - LE RIRE JAUNE // ▶ FAIRE UN RÉGIME - LE RIRE JAUNE // ▶LE BAC - LE RIRE JAUNE //

Derrière Le Rire Jaune se cachent deux frères, Kevin et Henry, qui réalisent des podcasts humoristiques sur une foule de sujets. Leurs créations sont dynamiques et suivent une écriture bien menée. Leur complicité et leur complémentarité apportent beaucoup à la chaîne. Les deux vidéastes sont proches de leur communauté, répondant aux questions et présentant également en fin de vidéos les dessins qu'ils reçoivent. En parallèle de cette première chaîne, Kévin en a lancé en 2015 une seconde, Le Show Jaune, qui analyse chaque semaine dans un format plus court plusieurs vidéos amusantes du Web.

LES CLICHÉS DE JIGMÉ //

PODCASTS // PUBLICATION HEBDOMADAIRE

VIDÉOS À NE PAS MANQUER : ▶ SI TOUT DURAIT 6 SECONDES - LES CLICHÉS DE JIGMÉ // ▶ LES APPEULE STORE - LES CLICHÉS DE JIGMÉ // ▶ RÉUSSIR À L'ÉCOLE - MDR#5 //

Membre de la fameuse Why Tea Fam, Jigmé est un vidéaste humoriste. Il a débuté sur YouTube grâce à sa chaîne Les clichés de Jigmé sur laquelle il propose plusieurs podcasts portant sur les préjugés. Jeux vidéo, vie en couple, racisme ou encore drogue sont des exemples des thématiques traitées. Depuis 2016, Jigmé est en revanche plus actif sur sa seconde chaîne, Les carnets de Jigmé, où il met en scène tous les mercredis les commentaires laissés par les internautes sur des sujets précis. Par ailleurs, il est actif sur Twitch et réalise avec son ami William des lives sur divers jeux vidéo sous le nom de Gawiji.

SEB //

PODCASTS // **PUBLICATION MENSUELLE**

VIDÉOS À NE PAS MANQUER : ▶ JEREMY - QUAND JE JOUE AUX JEUX VIDÉO // ▶ JEREMY – JE SUIS LE SEUL ? // ▶ LA BOUFFE – JEREMY //

Seb, plus connu sous le nom de Seb la Frite, est un jeune podcaster réputé pour son caractère bien trempé, ses critiques et son humour sans tabous. S'il réalise des podcasts humoristiques, les biens connus « Ce mec… », c'est aussi grâce à ses critiques musicales que le vidéaste a gagné en popularité. Dans ces vidéos satiriques, il décortique effectivement de nombreux clips musicaux, sur leur forme comme sur leur fond, afin d'en extraire le moindre défaut. Le vidéaste est par ailleurs adepte de l'autodérision, il a notamment réalisé une vidéo où il clashe son propre personnage. Seb possède également une chaîne secondaire, SeblaFriteBonus, où il poste des vidéos complémentaires à sa chaîne principale.

\\ AZIATOMIK

PUBLICATION MENSUELLE \\ **PODCASTS**

VIDÉOS À NE PAS MANQUER : ▶ #ASKAZIATOMIK N°1 // ▶ AZIATOMIK - L'ACNÉ // ▶ AZIATOMIK - LA NOTORIÉTÉ //

Bien que ses toutes premières vidéos ne soient plus disponibles, c'est en 2007 qu'Aziatomik, membre de la Why Tea Fam, a débuté sur YouTube. Il réalise de nombreux podcasts mais propose également d'autres types de vidéos sur sa chaîne.
Il est ainsi possible de regarder des bêtisiers ou des making of, des «AskAziatomik» où le vidéaste répond aux questions de ses abonnés, ainsi que les vidéos coproduites avec la Why Tea Fam, «Why Tea Fight» et «Why Tea Fam Bloopers». Au même titre que la plupart des vidéastes de la *team*, il participe à plusieurs *meet-up* où il va à la rencontre de ses fans.

PAT LA RÉALISATION //

PODCASTS // **PUBLICATION MENSUELLE**

VIDÉOS À NE PAS MANQUER : ▶ PAT - JE SUIS NOIR (FT. AVNER & JEREMY) // ▶ PAT - AVOIR UN ENFANT (FT. ANDY & NAD) // ▶ LGDP - UNE RENCONTRE INATTENDUE //

Pat, ou Patoche pour les intimes, est un vidéaste d'origine sénégalaise très proche de Jérémy, de LaChaineDeJeremy, avec lequel il s'était à l'origine lancé sur YouTube. « Pour faire court, un Black, de l'humour, donc des conneries ! » Pat n'y va pas par quatre chemins pour présenter sa chaîne. Le « Noir tout noiiiiiiiir mangeur de manioc » – c'est encore lui – est un véritable adepte de l'autodérision. Il le démontre clairement avec ses vidéos « Je suis noir », « Je suis toujours noir » ou encore avec son format de vidéos plus récent « LES G.A.L.E.R.E.S DE P.A.T ». Il fait par ailleurs partie du collectif de la Why Tea Fam. « Cordialement, Patoche. »

KEMAR //

PODCASTS // **PUBLICATION HEBDOMADAIRE**

VIDÉOS À NE PAS MANQUER : ▶ KEMAR – DRAW MY LIFE // ▶ KEMAR – LE DOIGT // ▶ KEMAR – QUESTIONS //

Kemar a commencé sa carrière sur Internet en s'associant avec Norman fait des vidéos et Hugo Tout Seul après que ces derniers eurent lancé sur Dailymotion la chaîne Le Velcrou. Au même titre que les deux autres vidéastes, il a ensuite monté sa propre chaîne sur laquelle il poste principalement des podcasts. Kemar est en parallèle membre du Studio Bagel et a notamment participé à la vidéo « Le Bizutage » en compagnie de Jérôme Niel. Il dispose aussi d'une chaîne secondaire, KemarBonus, sur laquelle il est bien moins actif et où il poste de courts délires. Kemar est également connu pour être en couple avec l'une des vidéastes françaises les plus connues : Natoo. Il a publié en 2016 un livre parodique, *Le Livre dont vous êtes le zéro*.

\\ LACHAINEDEJEREMY

PUBLICATION MENSUELLE \\ **PODCASTS**

VIDÉOS À NE PAS MANQUER : ▶ JEREMY - QUAND JE JOUE AUX JEUX-VIDÉO // ▶ JEREMY - JE SUIS LE SEUL ? // ▶ LA BOUFFE – JEREMY //

Jeremy est un podcaster membre de la Why Tea Fam. Il a débuté à l'origine avec des vidéos gaming avant de se lancer dans des podcasts humoristiques en compagnie du vidéaste Pat. Plusieurs vidéos ont permis à sa chaîne de se lancer, notamment « Se battre », « Les jeux vidéo » ou encore « Les préservatifs ». Jeremy réalise un contenu bien monté, bien écrit et franchement agréable à regarder. Il a par ailleurs participé à de nombreux projets : la parodie de « Plouf » avec Seb, Cortex, Squeezie ainsi qu'Andy sur la chaîne TheVerywatch, la web-série *Ça glisse à Morzine*, encore avec des membres de la Why Tea Fam, ou encore « Rendez-vous à Paris ». Il est également présent dans de nombreuses vidéos des membres de la Why Tea Fam.

FLORIAN NGUYEN // PUBLICATION MENSUELLE

PODCASTS & COURTS-MÉTRAGES /

VIDÉOS À NE PAS MANQUER : ▶ DRAW MY LIFE (MA VIE EN DESSIN) - FLORIAN NGUYEN // ▶ LES FILLES - FLORIAN NGUYEN (FEAT. AZIATOMIK) // ▶ QUI GAGNE ? - FLORIAN NGUYEN //

Vidéaste d'origine vietnamo-portugaise, Florian Nguyen est spécialisé dans les podcasts ainsi que dans les courts-métrages. Grand passionné d'arts martiaux acrobatiques, il a lancé sa chaîne en 2008 en postant une vidéo de « tricks », une succession de figures, qui n'a hélas pas très bien fonctionné. Lorsqu'il se lance en 2011 dans le podcast, le succès arrive bien plus rapidement. Sa chaîne est pour lui l'occasion de partager ses délires et tout ce qu'il entreprend au niveau audiovisuel. Il propose ainsi un contenu varié qui bénéficie d'une production et d'un montage soignés. Florian fait partie de la célèbre Why Tea Fam. Son rêve ? Devenir acteur ! Et cela se ressent dans chacune de ses vidéos.

NAD RICH'HARD //

PODCASTS // **PUBLICATION HEBDOMADAIRE**

VIDÉOS À NE PAS MANQUER : ▸ PARTIR EN VACANCES AVEC DES GARÇONS - NAD RICH' HARD // ▸ KIKOO VS REAL LIFE - NAD RICH' HARD // ▸ CHERCHER L'AMOUR - NAD RICH' HARD //

Nad Rich' Hard, ou Nadia, c'est un peu la grande sœur qui s'adresse aux ados, tout du moins, c'est de cette manière qu'elle définit elle-même ce qu'elle entreprend sur le Web. La «YouTubeuse de trucs de filles qui plaisent aussi aux garçons» n'a effectivement pas la langue dans sa poche et aborde des sujets tantôt légers et drôles, tantôt sérieux afin de sensibiliser son public. Nad a débuté en réalisant des podcasts, ce qu'elle continue à faire tout en proposant des contenus plus poussés tels que des sketchs ou des séries de sketchs à l'image de ses récents «Docteur Love». Elle est membre de la Why Tea Fam et a réalisé de nombreuses vidéos avec les autres vidéastes de ce collectif.

\\LE PETIT MONDE D'EGLANDINE

PUBLICATION MENSUELLE \\ **PODCASTS & SKETCHS**

VIDÉOS À NE PAS MANQUER : ▸ LES SPONSORS : LE COUP DE GUEULE D'EGLANDINE !! // ▸ TUTO CONTOURING - EGLANDINE (MA 1RE VIDEO !!!) // ▸ WHISPER CHALLENGE DE FOLIE !! EGLANDINE FEATURING THIERRY PELOUSE //

Vous recherchez des tutos beauté incontournables ? Alors passez votre chemin, car ce n'est clairement pas Eglandine – étrange sosie de la célèbre Natoo – qui vous apportera les meilleurs conseils. À moins de vouloir finir avec les ongles en charpie ou avec un phallus dessiné sur le visage, il est conseillé de ne pas suivre les recommandations de cette savoureuse et talentueuse personne. Eglandine ravira à coup sûr vos soirées et vous transportera sur un petit nuage pailleté. Marques et sponsors, tenez-le-vous pour dit : la vidéaste cherche assidûment – elle met beaucoup d'énergie pour cela – à devenir une égérie. N'attendez plus et devenez un glandie, un vrai !

MISTER V //

PODCASTS // **PUBLICATION MENSUELLE**

VIDÉOS À NE PAS MANQUER : ▸ MISTER V - LA POLICE // ▸ MISTER V - LE RAP // ▸ MISTER V - AVOIR UN GOSSE //

C'est avec sa chaîne principale, proposant des podcasts, que Mister V s'est fait connaître. Il y traite de nombreux sujets tels que «dormir», «le R'nB», «la danse» ou encore «être célibataire». Il a par la suite créé la chaîne LesBonusDeMisterV consistant en des compilations de ses Vine/Instagram ainsi que des bêtisiers. Chanteur en plus d'être humoriste, il a également monté la chaîne MisterVMusic où il propose ses créations musicales. Il est par ailleurs une figure emblématique du Studio Bagel, puisqu'il a participé à sa création. Il a aussi fondé en 2014 Le Woop, un collectif réalisant des spectacles dans toute la France.

PIERRE CROCE //

PODCASTS & SKETCHS // PUBLICATION QUOTIDIENNE

LOL

Alors qu'il tenait le pari de faire rire les gens grâce à un one-man show basé sur un PowerPoint, la « PowerPoint Comedy », l'humoriste Pierre Croce s'est lancé en parallèle sur Internet. Bien que sa chaîne existe depuis quelques années, le vidéaste a connu un succès très rapide entre 2015 et 2016, quand, en l'espace de quelques mois, sa chaîne a littéralement explosé. Il faut bien dire que le personnage est assez atypique avec un humour qui apporte un peu de fraîcheur et, surtout, beaucoup de dynamisme. En janvier 2016, le vidéaste a notamment relevé le défi de réaliser une vidéo humoristique par jour pendant un mois. Ses vidéos, dépassant rarement les cinq minutes, traitent de nombreuses thématiques et sont franchement très drôles.

INTERVIEW !

QUI ES-TU ?

Je m'appelle Pierre Croce. Je suis originaire de Lorraine. J'ai fait mes études un peu à Nancy, un peu à Dijon. Ensuite je suis arrivé à Paris pour faire des stages et je suis également allé aux États-Unis pour finir mes études. C'est en rentrant des États-Unis, alors que j'étais encore en stage, que j'ai commencé à faire des toutes petites vidéos où je ne montrais pas ma tête.

LE PLUS BEAU JOUR DE TA VIE ?

Je ne saurais pas répondre à ça. Il n'y a pas de jour particulier. L'idée, c'est plus de ne pas nécessairement avoir une belle journée en particulier, mais plutôt d'avoir une belle vie.

CINQ PASSIONS QUI T'ANIMENT ?

La scène, se filmer soi-même, c'est-à-dire l'idée de créer soi-même et de ne pas avoir d'équipe, de poser sa caméra, de trouver l'angle et de se lancer. J'aime bien de manière générale tout ce qui est matériel technique également, tout ce qui sert sur ma chaîne et qui me permet d'innover. Le basket et j'aime bien faire du vélo dans Paris.

QUEL EST TON HUMORISTE PRÉFÉRÉ, QU'IL SOIT MORT OU VIVANT ?

Demetri Martin aux États-Unis !

POURQUOI CET AMOUR DES PRÉSENTATIONS POWERPOINT ?

École de commerce, où je les utilisais beaucoup. Je me disais : *tout le monde est sérieux en faisant sa présentation, est-ce qu'on n'irait pas plus loin ?* C'était aussi le moyen de combler le manque de travail en me disant que, si je faisais marrer le prof et la classe, je ne pourrais pas avoir une sale note. Et c'était le cas. Même en faisant moins de travail, le fait de faire une bonne prestation faisait que le prof et les élèves étaient un peu conquis.

> « LE *PROCESS* DE TRAVAIL D'ALEXANDRE ASTIER M'INTÉRESSE. JE SUIS PASSIONNÉ PAR LES GENS QUI FONT TOUT EUX-MÊMES. »

QUELS SONT LES VIDÉASTES OU PERSONNALITÉS QUI INSPIRENT LE PLUS TON TRAVAIL ?

Il y a plein de gens qui m'inspirent. Sur scène, cela a beaucoup été le courant absurde. Parce que ce que je fais sur scène a été beaucoup plus absurde que ce que je fais maintenant. Quand j'ai commencé, j'ai beaucoup aimé François Rollin, forcément, mais aussi Alexandre Astier – même si je n'ai pas beaucoup regardé *Kaamelott* – ou encore l'humoriste Ben. Après, petit à petit, j'ai un peu migré, j'ai commencé à écouter beaucoup sur Spotify les humoristes américains, c'est là où j'ai découvert Demetri Martin, que je ne connaissais pas lorsque j'ai réalisé mon spectacle. Pourtant plusieurs personnes me disaient qu'il y avait une ressemblance dans ce qu'on faisait. Quand je l'ai découvert, j'ai beaucoup aimé son humour imagé.

Qu'est-ce qui t'inspire le plus chez Alexandre Astier ?

Je ne suis pas un fan à proprement parler d'Alexandre Astier, je ne connais pas toute son œuvre. C'est son genre de personnalité, sans forcément connaître son travail sur le bout des doigts ; s'il y a une interview de lui, je vais la regarder. C'est son *process* de travail qui m'intéresse en fait. Je suis passionné par les gens qui font tout eux-mêmes, donc quand on sait que pour *Kaamelott* il fait tout de A à Z, c'est vraiment inspirant. Il y a aussi le côté de maîtriser son œuvre comme personne. Je trouve le personnage assez fort. Il donne cette impression de pouvoir aller où il veut à partir du moment où il maîtrise le domaine où il va.

Quand tu t'es lancé, tu avais une idée précise de ce que tu souhaitais faire ?

J'avais une idée précise parce que j'avais un spectacle. Et puis au bout d'un moment, alors que je regardais beaucoup YouTube et les autres YouTubers, j'observais que, lorsqu'on se mettait dans un format et qu'on s'y tenait pendant des mois, c'était dur d'en sortir. C'est ce que je me suis dit avec mon PowerPoint. Je me suis dit que si je ne faisais que ça sur YouTube, au bout d'un moment j'allais en devenir victime parce que c'est un peu chiant de ne faire que du PowerPoint. J'ai décidé de tester d'autres formats, qui ont tout aussi bien pris voire plus.
Du coup, maintenant, ma chaîne, c'est un peu au gré de mes envies et de mes humeurs. Je fais ce que je veux. Je me réveille le matin, je fais une vidéo sur le thème dont j'ai envie, sur la forme que j'ai envie de faire. Si j'ai envie de faire des PowerPoint, je fais des PowerPoint, si j'ai envie de faire des lectures de commentaires des gens, je fais des lectures de commentaires des gens. C'est ça qui est super important aujourd'hui et que surtout tu ne retrouves pas ailleurs que sur Internet.

Vidéo à ne pas manquer

LE PRÉSIDENT DE RÊVE - PIERRE CROCE

Au sein de tes vidéos, tu abordes des thèmes qui ne s'adressent pas nécessairement aux plus jeunes, je pense notamment à ta visite dans un studio de production de films pour adultes qui se lance dans la réalité virtuelle. Est-ce que tu penses que les vidéastes ont sur YouTube une responsabilité vis-à-vis de leur public, sachant qu'il peut être très jeune ?

Je considère qu'on a une responsabilité, nous, parce qu'on a beau dire que les parents n'ont qu'à vérifier ce que leurs enfants font, dans la réalité ce n'est pas le cas. Un jeune va toujours pouvoir cacher ça à ses parents et il y aura une relation de confiance qui va plus facilement

s'établir avec le YouTuber qu'avec les parents, parce qu'on a un peu plus ce côté « pote ». C'est assez courant d'en voir qui arrivent dans la rue et qui nous disent, alors qu'ils nous voient pour la première fois, « j'ai l'impression de te connaître ». C'est parce qu'ils me voient au quotidien.

Après, c'est sûr qu'il y a une part de responsabilités. Je considère que ce que je fais est toujours correct, même lorsqu'il y a des thématiques un peu adultes. Je fais toujours en sorte que ce soit abordable pour tout le monde, même pour un public plus jeune. Je n'ai jamais incité les gens, quand j'ai fait des vidéos avec des actrices de films X, à aller voir des images choquantes ou autres. J'ai même demandé à ces actrices de faire attention pendant un certain temps sur leur Twitter parce que beaucoup de jeunes allaient se rendre sur leur page après avoir vu mes vidéos.

Il y a une prise de conscience. Après, je sais que lorsque j'avais 15-16 ans et que Cauet faisait venir sur son plateau Clara Morgane et qu'il faisait des vannes sur ce milieu-là, ça me faisait marrer alors qu'il ne montrait rien. Donc j'avais un peu ce souvenir-là en tête où ce n'était pas choquant de voir une actrice sur un plateau. C'est peut-être un peu moins le cas maintenant avec le Web qui part un peu loin. Mais moi, j'essaie d'en faire un truc marrant sans inciter les jeunes à faire des choses qu'il ne faut pas. Quand je passe devant un collège je ne suis pas trop connu, mais quand je passe devant un lycée c'est déjà plus le cas.

Je suis content que des personnalités comme Cyprien puissent être influentes auprès des gens justement parce qu'il est responsable. Je trouve ça bien qu'une part de l'éducation des jeunes puisse passer par des personnes responsables.

VIDÉO À NE PAS MANQUER

QUAND LES PROFS CORRIGENT LES COPIES - PIERRE CROCE

POUR TOI, YOUTUBE EST UN VECTEUR D'ÉDUCATION ?

Ah bah, oui ! On a chacun notre part de responsabilités, après, à partir du moment où quelqu'un regarde notre vidéo, tout va être important. Par exemple, moi, je ne fume pas et je ne vais pas me mettre à fumer juste pour me donner une image un peu *bad boy*. Ce que je fais, c'est aussi de montrer mon implication et que, pour arriver où j'en suis, j'ai beaucoup travaillé. Je le fais un peu moins que Tibo inShape par exemple, qui motive vraiment les jeunes, mais j'essaie de montrer à ma manière comment on peut améliorer les choses.

J'essaie également aussi de m'impliquer dans le fait que, sur Internet, lorsque tu critiques quelqu'un, cette personne va le voir. Ce n'est pas évident, parce que c'est tout de suite un peu sérieux et ça donne l'image de celui qui ne veut pas être critiqué. C'est simplement qu'il y a une véritable éducation à développer autour de ça. Ce ne sont pas les profs qui vont inculquer ça aux jeunes. J'aimerais bien trouver une solution pour sensibiliser les gens à ça, parce qu'au final c'est comme lorsqu'une fille se fait siffler dans la rue, ce n'est pas parce qu'elle ne réagit pas qu'elle ne l'entend pas. Nous, on a beau ne pas répondre, on lit la critique, on l'assimile et elle est là.

QUEL EST TON POINT DE VUE CONCERNANT LE RYTHME DE PUBLICATION ?

Je considère qu'aujourd'hui sur YouTube il faut montrer que l'on est présent. Quand j'ai fini mon mois de défis où je postais une vidéo par jour, j'ai été invité pour une conférence afin de présenter justement comment j'étais parvenu à faire ça, et même les gars de chez YouTube ont été impressionnés. Un tweet est parti avec une citation de ce que je disais durant la conférence et Antoine Daniel a réagi, parce que pour lui la vidéo est prête lorsqu'elle est prête. Moi, c'est plutôt l'inverse, c'est parce que je me motive et que je me force que je parviens à la sortir. Du coup, on a un avis un peu différent et je me dis qu'il faut s'imposer un rythme de publication. Dire aux gens que c'est régulier et à une heure précise, c'est essentiel.

Que penses-tu de la télévision en comparaison de YouTube ?

Il y a plein de différences, il y a plein de similitudes. Je n'ai pas de critiques à faire vis-à-vis de la télé, ce n'est pas un milieu qui m'intéresse. J'ai déjà eu beaucoup de propositions, mais ça ne m'intéresse pas parce que je souhaite pouvoir faire les choses moi-même. Cependant, quand tu regardes Bref, Bloqués et même Lolywood, tu te rends compte que ce sont des formats du Web qui sont diffusés à la télé. Il y a de plus en plus de ponts qui sont en train de se créer entre les deux médias.

Si c'est fait intelligemment, ces ponts peuvent être intéressants et les créateurs sur le Web s'en rendent compte. Le truc c'est que souvent la télé détériore l'image d'un créateur sur Internet. À partir du moment où il part en télé, le Web le considère un peu comme un traître. Sauf si c'est intelligemment construit et plus construit pour le Web, comme Lolywood notamment. Pour le coup, ce sont des petites chaînes qui acceptent ça, ou Canal, mais ça serait bien que d'autres chaînes, comme TF1 ou France 2, s'y mettent aussi.

Si tu devais donner des conseils aux jeunes vidéastes qui voudraient se lancer, quels seraient-ils ?

Le premier conseil c'est la technique. On peut avoir une super idée, mais si le son est pourri et que l'image n'est pas propre ça ne prendra pas. Il faut que ce soit bien éclairé et avec un bon son, c'est ce qui va faire toute la différence. Une bonne idée transformée en bonne vidéo, c'est la clé.

VIDÉO À NE PAS MANQUER

PUB DE L'APPLE WATCH EN VERSION HONNÊTE

> « On a chacun notre part de responsabilités, après, à partir du moment où quelqu'un regarde notre vidéo. »

Après il ne faut pas chercher à cartonner tout de suite. Il y a beaucoup de gens qui cherchent à faire des millions de vues alors que ce qui est important, c'est de construire son audience et d'entretenir avec elle une relation. En 2015, tu as des personnes qui ont fait des vidéos sur Facebook à 1 million de vues et qui ont cru que c'était bon alors qu'en fait c'est plus compliqué que ça.

Regarder beaucoup ce qui se fait, sans copier, sans plagier ni sans trop s'inspirer c'est important. C'est un peu comme un courant musical à l'image du R'nB. Il y a beaucoup de choses, que ce soit en France ou à l'étranger, qui sont inspirantes. Un musicien n'a pas honte de dire qu'il bouffe de la musique 24 H / 24.

Maîtriser son matos est essentiel aussi. Lorsque tu as une nouvelle caméra, il faut que tu apprennes à la comprendre.

Enfin, gérer un maximum de choses seul. Pour ma part je ne travaille pas avec un *network*, ça ne m'intéresse pas trop. Un *network* va te trouver des opérations publicitaires un peu plus souvent peut-être, mais j'ai un avis assez tranché là-dessus. Je fais des opés qui me plaisent ou que j'ai moi-même demandées en contactant la marque. C'est important parce que c'est la vidéo que je voulais faire et pas celle que l'on m'impose. Je me débrouille tout seul.

LE WOOP //

PODCASTS // **PUBLICATION TOUS LES 2 OU 3 JOURS**

VIDÉOS À NE PAS MANQUER : ▶ LA NOTICE - SÉCHER LES COURS // ▶ LA NOTICE - COMMENT GAGNER LA COUPE DU MONDE // ▶ LA NOTICE - À LA SALLE DE SPORT //

Plusieurs noms très connus se cachent derrière Le Woop. Originellement créé par MisterV, ce collectif de sept vidéastes et humoristes regroupe notamment Hugo Tout Seul ou encore Yousstube. Réalisées avec l'ensemble de l'équipe, les vidéos respirent la bonne entente et la complicité. La chaîne propose des podcasts ainsi que les bonus associés à ces derniers. Au-delà de YouTube, Le Woop se produit également sur scène à travers toute la France dans un spectacle mêlant sketchs solos, collectifs, stand-up, rap et danse.

\\ HUGO TOUT SEUL

PUBLICATION MENSUELLE \\ **PODCASTS**

VIDÉOS À NE PAS MANQUER : ▶ QUAND J'SAIS PAS QUOI FAIRE // ▶ LA RENTRÉE // ▶ LES GENS CHIANTS //

C'est au côté de Norman fait des vidéos qu'Hugo s'est lancé dans la réalisation de vidéos sur Internet. En 2008, ils ont créé sur Dailymotion une chaîne commune, Le Velcrou, où ils postaient des vidéos humoristiques. Ils sont rejoints quelques mois plus tard par Kemar. Les trois vidéastes ont par la suite pris la décision de se séparer afin de monter leur chaîne solo. Hugo Tout seul propose plusieurs podcasts avec des sujets tels que l'égalité homme-femme, la rentrée ou les parents. Il était présent lors des deux « Zapping Amazing » de Norman au Grand Rex, et a également participé à plusieurs épisodes de « Very Bad Blagues » du Palmashow. Hugo est l'un des fondateurs du collectif d'humoristes Le Woop.

LA FERME JEROME //

PODCASTS // **INACTIVE**

VIDÉOS À NE PAS MANQUER : ▶ JEROME VS JUSTIN BIEBER - ÉP. 19 // ▶ TUTO ÉPILATION // ▶ JEROME - LE KEBAB //

À l'origine, il était question de La Ferme Jerome, une chaîne pleine de podcasts où le créateur, Jérôme, avait la particularité de se rendre directement sur le terrain pour réaliser ses vidéos. S'il est inactif depuis deux ans sur cette chaîne, c'est que le vidéaste a suivi un parcours très riche. Fort de la qualité de ses œuvres, il a été démarché par MTV pour réaliser un autre type de vidéos, disponibles sur la chaîne La Ferme Jerome sur MTV, où il se moque de chanteurs et de clips musicaux : Justin Bieber, Rihanna ou encore Section d'Assaut, peu ont échappé à sa verve acérée. Grâce à la web-série *Groom Service*, il s'est ensuite fait remarquer par Canal+ et réalise avec eux *Les Tutos*, devenus cultes avec le célèbre « Salut bande de salopes ! ». Incarnant un personnage complètement déjanté, excessif et sans limites, Jérôme présente des tutos à la manière des DIY. Il fait également partie du Studio Bagel. Et surtout n'oubliez pas : « Paillettes et cétacés, je vous aime, putain ! »

JIMMYFAITL'CON //

PODCASTS // PUBLICATION MENSUELLE

VIDÉOS À NE PAS MANQUER : LES FILLES !!! // JIMMY - DRAW MY LIFE // JIMMY - VIVRE SEUL //

Adepte des délires et d'un humour à toute épreuve, Jimmy en fera rire plus d'un. Ce vidéaste est spécialisé dans le podcast face caméra et a déjà traité une foule de sujets. « La chaleur» vous rappellera à coup sûr vos expériences d'étés caniculaires tandis que les gamers se retrouveront certainement dans « Les consoles nextgen ». Andy, Pat la réalisation et Jeremy, de LaChaineDeJeremy apparaissent souvent sur ses vidéos. Jimmy est effectivement membre de la Why Tea Fam et est aussi présent dans de nombreuses vidéos des créateurs associés à ce collectif.

\\ JHON RACHID

PUBLICATION HEBDOMADAIRE \\ PODCASTS & CLIPS

VIDÉOS À NE PAS MANQUER : LAISSE PAS TRAÎNER TON FILM #1 LE CINÉMA FRANÇAIS // J'AI MAL AU RAP #2 - MAÎTRE GIMS // LA VIE DE KARIMA //

Des parodies, des podcasts, des clips, des séries et des programmes courts : Jhon Rachid, humoriste et vidéaste franco-maghrébin, évoque un « milk-shake artistique » lorsqu'il parle de sa chaîne, et il n'a pas totalement tort. Ce féru de rap, qui n'a pas manqué de clasher MC Solar au cours d'une de ses vidéos, ne vous laissera certainement pas de marbre. De nombreux « J'ai mal au... » ou « J'ai PAS mal au... » qui sauront vous plonger dans son univers unique. Ses « J'ai mal au rap » comptent parmi les vidéos les plus populaires de sa chaîne. Il revient au cours de celles-ci, sans aucune pincette et avec des punchlines du tonnerre, sur les artistes qu'ils ne jugent pas à la hauteur du Rap avec un grand « R ».

KÉVIN RAZY //

PODCASTS & SKETCHS // PUBLICATION MENSUELLE

VIDÉOS À NE PAS MANQUER : PETITE DISCUSSION ENTRE RAZY #HYPERSEXUALISATION // TELLEMENT GRAVE - JE SUIS NOBLE ET MA FEMME EST CAISSIÈRE // BWEF. LA VERSION ANTILLAISE DE BREF.

Kévin Razy est un humoriste et comédien que vous avez très certainement croisé à de nombreux endroits : télévision avec D8, publicité, et même sur scène à travers ses nombreux one-man shows. Sur YouTube, ses clips parodiques ont contribué à son succès avec notamment « Sexion d'homo », « Ben Ali of my life » ou encore « Creeze ». Il propose également des sketchs ainsi que ses vidéos « Petite Discussion Entre Razy », qui prennent le plus souvent la forme d'un podcast où il débat d'un sujet sérieux, d'actualité ou plus léger.

STUDIO VRAC //

PODCASTS // PUBLICATION HEBDOMADAIRE

VIDÉOS À NE PAS MANQUER : ▶ #5 VOUS VOUS COUCHEREZ MOINS CONS QUIZZ INSOLITE // ▶ #6 VOUS NE TROUVEREZ JAMAIS FT. DOC SEVEN QUIZZ IMPOSSIBLE // ▶ #10 DANS QUOI ILS SONT MORTS ? QUIZZ HALLOWEEN //

Le concept de Studio Vrac se veut librement inspiré du *Good Mythical Morning*, une émission américaine présentée sur YouTube. La chaîne ne porte pas son nom par hasard puisqu'il y est question de beaucoup de choses : des expériences, des quiz, des défis, des *blind tests* et plein d'autres choses, le tout en vrac. Ce sont Cyril et Thomas, que l'on voit systématiquement en face caméra, qui présentent les vidéos. Leur marque de fabrique repose véritablement sur des réactions naturelles et sur la complicité qui s'établit entre les deux présentateurs. Leurs vidéos sont franchement bien réalisées, colorées, dynamiques et diablement divertissantes.

\\ AWESOMENESSTV FRANCE

PUBLICATION QUOTIDIENNE \\ PODCASTS

VIDÉOS À NE PAS MANQUER : ▶ PERSONNALISE TA COQUE IPHONE (AVEC SOURBANGIRL & TINKABEBEAUTY) - FASHION DETECTIVE #05 // ▶ Y A-T-IL UN ÂGE MINI OU MAXI POUR ÊTRE YOUTUBER ? // ▶ GIRLS VS BOYS #2 - LA CUISINE (AVEC SOURBANGIRL ET ANTHONIN) //

AwesomenessTV France, c'est l'occasion de rejoindre une nouvelle génération de YouTubers. Reprenant un format déjà éprouvé aux US, la chaîne regroupe un grand nombre de jeunes vidéastes autour de publications régulières. On y trouve notamment des challenges, des talk-shows sur des sujets d'actualité, des délires, des DIY avec les « Fashion Detective », des make up et encore plein d'autres choses. Les concepts sont très variés, au même titre que les vidéastes, ce qui permet à tout un chacun de trouver le contenu qui lui convient.

LE LATTE CHAUD //

SKETCHS // PUBLICATION HEBDOMADAIRE

VIDÉOS À NE PAS MANQUER : ▶ LE LATTE CHAUD #1 / RYAN GOSLING // ▶ LES PARISIENNES - LE LATTE CHAUD // ▶ LE LATTE CHAUD AU MANOIR DE PARIS //

Le Latte Chaud est une chaîne où vous pourrez retrouver Natoo, Léa Camilleri, Marjorie Le Noan, Juliette Tresanini et Audrey Pirault à travers une émission riche en calcium ! Parodie permanente, humour qui déchire, cette chaîne est un véritable vent de fraîcheur plein de délires hyperactifs. Vous pourrez ainsi retrouver Ryan Gosling sur la chaîne, découvrir à quoi peut ressembler la révolution des Barbie et même profiter de la sortie des vidéastes au Manoir de Paris. La réalisation est vraiment très soignée, les sketchs bien pensés et le combo de toutes ces YouTubeuses magistral. À ne pas rater !

HUGOPOSAY //

PODCASTS // PUBLICATION TOUS LES 2 OU 3 JOURS

VIDÉOS À NE PAS MANQUER : ▸ ESSAYEZ DE NE PAS RIRE ! - VIDÉO DRÔLE (LE VENDREDI DES VRAIS !) // ▸ TOP 10 : TRUCS DRÔLES & INCROYABLES ! - (LE VENDREDI DES VRAIS !) // ▸ CET HOMME SE NOIE SUR YOUTUBE. (COMPILATION DE JEUX GRATUITS) //

HugoPOSAY est un vidéaste assez hybride. S'il a démarré son activité sur YouTube à travers des vidéos multigaming, qu'il réalise encore aujourd'hui, il s'est également lancé dans l'humour grâce à un format de vidéos différent. Calme, « posay, comme d'habitude » et toujours débordant d'énergie, il propose notamment « le Vendredi des Vrais » où il parle de nombreux sujets, allant même jusqu'à se perdre dans le Deep Web ou à subir le « doigt de la honte ». Ses vidéos « Essayez de ne pas rire » sont les plus populaires de la chaîne.

\\ TIM

PUBLICATION HEBDOMADAIRE \\ **PODCASTS**

VIDÉOS À NE PAS MANQUER : ▸ 12 CLICHÉS SUR LA BRETAGNE – TIM // ▸ LES MEILLEURS MÊMES DU MONDE ! – TIM // ▸ 20 CONNERIES À FAIRE EN COURS – TIM //

Tim est un jeune podcaster breton dont la composition organique réunit de l'humour et du fun. Son contenu est assez varié puisqu'il propose des podcasts classiques en face caméra, des sketchs ou encore des tops. « 12 clichés sur la Bretagne », « Quand t'es en voiture » ou encore des « techniques pour devenir intelligent », bref, il y en a clairement pour tous les goûts. Sur TimEnPlus, sa chaîne secondaire, il propose des bonus, making of, vlogs et autres vidéos délires. Tim est par ailleurs membre du collectif Youbros.

MONSIEURFUN //

PODCASTS // PUBLICATION HEBDOMADAIRE

VIDÉOS À NE PAS MANQUER : ▸ QUAND LES ÉLÈVES REÇOIVENT LEUR CONTRÔLE ! // ▸ LES PLUS GROS CLICHÉS SUR LES YOUTUBEURS ! // ▸ LES PIRES TECHNIQUES DE DRAGUE ? //

MonsieurFun, ou Nicolas, est un jeune vidéaste adepte du podcast et membre du collectif Youbros. Malgré son jeune âge, ses vidéos bénéficient d'une très bonne réalisation ainsi que d'une écriture franchement drôle. Seul ou avec ses potes, il traite de sujets le plus souvent liés à l'adolescence et parvient à transmettre les malheurs comme les bonheurs de sa génération. Si vous aussi vous vous êtes fait larguer par SMS, pas d'inquiétude : il a sûrement trouvé des cas pires que le vôtre pour l'une de ses vidéos ! Sa motivation première est de s'amuser lui-même tout en faisant rire ses abonnés.

THÉO GORDY //

PODCASTS // **PUBLICATION HEBDOMADAIRE**

VIDÉOS À NE PAS MANQUER ▸ ATTENTES VS RÉALITÉ : LA VIE RÉELLE DES YOUTUBEURS // ▸ CE QUE JE FAIS QUAND JE SUIS SEUL CHEZ MOI // ▸ LES MUSIQUES AMERICAINES VERSION FRANÇAISE //

Théo Gordy est un véritable YouTube addict. Il se donne à fond sur sa chaîne afin de proposer un contenu régulier – tous les samedis à 18 heures – où il parle de tout et de rien, de sa vie et de ses délires. Si certaines de ses productions tendent plus vers le *lifestyle*, il réalise avant tout un contenu divertissant et posé. Il est souvent accompagné au cours de ses vidéos par sa meilleure amie, Leila. Théo dispose aussi d'une chaîne secondaire, Encore Théo, qu'il a lancée avec ses «VLOGTOBRE» et où il poste des vlogs, des bonus, des parodies et bien d'autres choses. Il est par ailleurs présent sur AwesomenessTV France.

\\ DYLAN DEL REY

PUBLICATION HEBDOMADAIRE \\ **PODCASTS**

VIDÉOS À NE PAS MANQUER : ▸ LES 13 MORTS LES PLUS INSOLITES DE L'HISTOIRE ! - DYLAN DEL REY // ▸ CANULAR TÉLÉPHONIQUE QUI FINIT MAL … - AVEC TIM // ▸ 15 LOIS TOTALEMENT INSOLITES DE NOTRE MONDE ! - DYLAN DEL REY //

Dylan Del Rey est un podcaster «kidnappé par la connerie depuis son plus jeune âge», du moins c'est ce qu'il prétend ! Il réalise de nombreuses vidéos où il fait part de ses états d'âme à travers une grande variété de thématiques. Le vidéaste n'a pas sa langue dans sa poche et n'hésite pas à maltraiter, avec gentillesse et affection, son public. En découlent des vidéos vraiment personnelles, délirantes et pleines de punch. Dylan est proche d'autres vidéastes qui apparaissent de temps à autre sur ses vidéos, particulièrement Tim et MonsieurFun. Il fait d'ailleurs partie, avec ces derniers, du collectif Youbros.

ANTHONIN //

PODCASTS & SKETCHS // **PUBLICATION TOUS LES 2 OU 3 JOURS**

VIDÉOS À NE PAS MANQUER : ▸ LES 6 SECONDES LES PLUS PERTURBANTES // ▸ 20 EXCUSES POUR ARRIVER EN RETARD EN COURS // ▸ MA GRAND-MÈRE RÉAGIT À NOTRE GÉNÉRATION ! //

Anthonin n'a qu'une devise : être positif et le transmettre au sein de ses vidéos. Ce jeune YouTuber a créé, en collaboration avec Théo Gordy et MademoiselleGloria, la chaîne WiVie en 2014. Cette dernière n'est plus active, tous trois ayant migré depuis sur AwesomenessTV France pour rejoindre de nombreux autres vidéastes. Sur sa chaîne personnelle, Anthonin propose principalement des podcasts. Il lui arrive également de réaliser des sketchs à l'image de «Ma vie est une téléréalité». Le vidéaste participe également à de nombreux challenges et défis qui permettent de rentrer dans son univers et d'en savoir un peu plus sur lui.

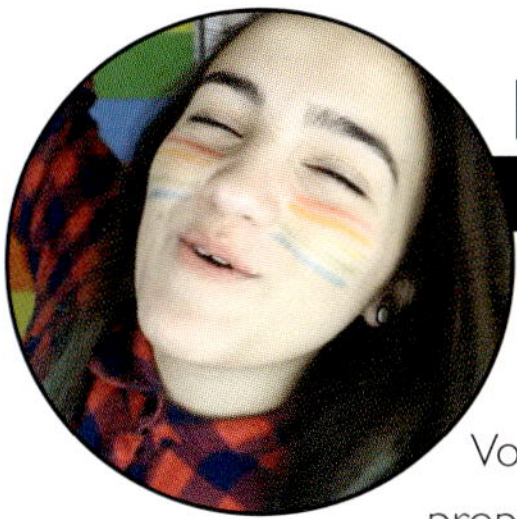

ADELINEVIDEOS //

PODCASTS & SKETCHS / **PUBLICATION HEBDOMADAIRE**

VIDÉOS À NE PAS MANQUER : ▸ COUPLES VS CÉLIBATAIRES // ▸ J'AIME LA BOUFFE ! X) (MY AMERICAN MARKET) // ▸ 12 FAITS TRES BIZARRE SUR MOI //

Vous avez l'habitude des YouTubeuses qui vous proposent des tutos beauté propres et bien dans les clous ? Oubliez un peu ça quelques instants et frottez-vous au caractère bien trempé et sans faux-semblants d'Adeline. Si elle traite de sujets que l'on peut croiser sur d'autres chaînes, elle le fait à sa façon et n'hésite pas à rentrer dans le lard. Il faut dire que la jeune fille déborde littéralement d'une énergie qu'elle ne manquera pas de vous communiquer. Principalement, elle réalise des podcasts, bien qu'il lui arrive de varier sa production avec des sketchs. Si toi aussi tu aimes la bouffe, cela vous fait déjà un bon point commun !

\\ LÉA CAMILLERI

PUBLICATION MENSUELLE \\ **PODCASTS & SKETCHS**

VIDÉOS À NE PAS MANQUER : ▸ LÉA & NATOO - CRASH TEST // ▸ LÉA CAMILLERI – FAQ // ▸ LÉA ENCORE JUNIOR - LES JEUX DE SOCIÉTÉ

Anciennement connue sous le nom de « Léa Encore Junior », Léa Camilleri est une humoriste et vidéaste présente sur YouTube depuis 2012. Elle propose essentiellement des podcasts ainsi que des sketchs sur sa chaîne. Léa est également membre du Latte Chaud, auquel Natoo, l'une de ses plus proches amies, participe également. Vous avez aussi pu croiser cette hyperactive et adepte du café – il paraîtrait qu'elle en avalerait 150 par jour – dans d'autres productions, du Studio Bagel, de Bapt&Gael ou encore de Golden Moustache.

MASCULIN SINGULIER //

PARODIES / **PUBLICATION TOUS LES 2 OU 3 JOURS**

VIDÉOS À NE PAS MANQUER : ▸ LE MEILLEUR DES SWAP W/ HORIA // ▸ TAG DRAW MY LIFE - MASCULIN SINGULIER // ▸ DES FAITS AMUSANTS SUR LES USA... - MASCULIN SINGULIER //

Il faut bien avouer que l'univers de la mode et de la beauté ne regorge pas d'hommes. Guilhem, de la chaîne Masculin Singulier, est l'une des rares exceptions. Méfiance toutefois ! C'est un grand adepte de la parodie des YouTubeuses beauté. À travers des épisodes assez courts, il n'hésite pas à entrer dans le lard des clichés et à critiquer ouvertement ce qui lui semble choquant. S'il est aujourd'hui lui-même « l'arroseur arrosé », rapport à son succès, il propose des vidéos avec toujours autant d'humour et traite même de sujets plus vastes tels que des thèmes d'actualité. Guilhem est également présent sur une seconde chaîne, Le Club, avec son ami Pierre, où ils proposent tous les mardis une revue sur des sujets qui leur ont plu.

LOL =D

JULIEN JOSSELIN //

PODCASTS, SKETCHS & COURTS-MÉTRAGES / PUBLICATION MENSUELLE

LOL

Julien, plus connu sur le Web sous le nom de Julfou, est un comédien, auteur et réalisateur de vidéos. Il est l'un des trois membres de Suricate, rattaché au Golden Moustache, avec Raphaël Descraques et Vincent Tirel. Il est omniprésent sur cette dernière mais dispose également de sa chaîne personnelle. Il y propose notamment les vidéos auxquelles il a participé, qu'il s'agisse de celles du Golden Moustache ou d'autre chose, mais en réalise aussi en solo : compilations de ses Vine, podcasts, discussions en FaceCam. Débordant d'imagination, de créativité et d'humour, Julien Josselin met énormément d'énergie dans ses vidéos et cela se ressent par leur qualité, qui est excellente.

INTERVIEW !

QUI ES-TU ?

Je m'appelle Julien Josselin et je suis comédien, scénariste et réalisateur grâce à Internet et les gens qui l'utilisent !

LE PLUS BEAU JOUR DE TA VIE ?

Demain. Sauf si je meurs. C'est que c'était aujourd'hui.

DES PHOBIES ? OU DES TOC DE VIDÉASTE ?

Houla ! Des phobies. Oui : Ne pas réussir à retranscrire ce que tu as dans le cerveau, faire quelque chose d'incompris, faire quelque chose qui ne plaît pas, faire quelque chose d'idiot, réussir à faire quelque chose qui te ressemble, malgré toutes les phobies précédentes.

CINQ PASSIONS QUI T'ANIMENT ?

Le cinéma, la musique, les histoires, la nuit, les femmes.

TON PIRE DÉFAUT ?

Je fais partie de ces gens pas foutus de savoir quel est leur plus gros défaut… donc ça doit être ça justement. Problème d'ego peut-être… Je suis plein de défauts, mais j'essaie de casser la gueule de ceux qui prennent trop de place chaque fois.

SI TU N'AVAIS PAS ÉTÉ VIDÉASTE ET HUMORISTE, À QUOI TE DESTINAIS-TU ?

J'ai toujours voulu faire ça. Mais si jamais tout se casse la gueule demain, je pense que j'irai vendre des DVD d'occase, dans un truc genre *Cash Express*. J'adore ça. C'est plein de vieilles séries B à 2 euros. Le kif !

TA CITATION FAVORITE ?

« S'il va sur l'autoroute, il est mort. On a plus de puissance. » – Le méchant Allemand dans *Taxi*.

PARMI TOUTES TES VIDÉOS ET CELLES AUXQUELLES TU AS PARTICIPÉ, QUELLE EST CELLE QUE TU PRÉFÈRES ET POURQUOI ?

Les Dissociés. Parce que c'est un putain de long-métrage, sur Internet, gratuit, accessible partout dans le monde, sous-titré en plusieurs langues par les fans. Je suis trop fier qu'on ait eu la force de le faire. C'était un rêve de gosse. Maintenant c'est fait, qui plus est avec deux amis que je respecte énormément, Vincent Tirel et Raphaël Descraques. Et, cerise sur le gâteau, le film a plu à des gens.
Depuis *Les Dissociés*, je suis beaucoup plus heureux dans ma vie. Plus apaisé. Ça y est. C'est fait.

QUELS SONT LES VIDÉASTES OU PERSONNALITÉS QUI INSPIRENT LE PLUS TON TRAVAIL ?

Je consomme beaucoup, beaucoup de choses. Je suis bon public. J'ai grandi en regardant les Inconnus, les Nuls, Kad et O, le Splendide, Jean Dujardin, Benoît Poelvoorde, Pierre Richard, de Funès, etc., mais aussi et surtout les comédies d'aventures : *Retour vers le futur*, *Shaun of the dead*… Les personnalités auxquelles je m'identifie le plus sont celles qui sont parties de rien, à faire des vidéos dans leur jardin comme Peter Jackson avec *Bad Taste*.

Il y a quelques années j'ai découvert Louis C.K. Je suis un grand fan de son travail. Il m'inspire beaucoup. J'adore sa manière de faire rire tout en nous aidant à prendre du recul sur qui nous sommes, ce que nous faisons. Pour moi, c'est un humoriste-philosophe. C'est beau d'arriver à faire ça.

QUAND TU T'ES LANCÉ, AVAIS-TU UNE IDÉE PRÉCISE DE CE QUE TU SOUHAITAIS FAIRE SUR LE NET ?

Je suis né en même temps qu'Internet. Il était donc difficile d'anticiper. J'ai toujours fait des vidéos dans mon jardin. Avec mon père, avec des potes de collège… Un jour, Dailymotion est arrivé. C'était pratique pour montrer les vidéos que je faisais à mes potes. Quelques années plus tard, c'est devenu un métier. Tout ça s'est passé très vite. J'ai été très chanceux.

VIDÉO À NE PAS MANQUER

JULFOU - LES SÉRIES US

JULFOU, SURICATE, GOLDEN MOUSTACHE : EST-CE QUE TU PEUX NOUS FAIRE UN POINT SUR TOUT CE À QUOI TU PARTICIPES ?

Je peux essayer. « Julfou » est le personnage que j'interprète pour mes FaceCam. Ce sont des chroniques sur différents sujets. C'est par ce format que beaucoup m'ont découvert. Depuis j'ai participé au lancement de la chaîne Golden Moustache, financée par M6, qui regroupe plein d'humoristes d'Internet. Au sein de cette chaîne, j'ai cocréé le groupe Suricate.

Et aujourd'hui je participe à trop de projets différents pour tous les catégoriser. Disons que je suis comédien, scénariste et réalisateur. Quelquefois les trois en même temps.

« JE SUIS TROP FIER QU'ON AIT EU LA FORCE DE FAIRE *LES DISSOCIÉS*. C'ÉTAIT UN RÊVE DE GOSSE. »

Au cours d'un brainstorming, pour Suricate ou Golden Moustache, tu es plutôt quel type de personnalité ?

Je suis l'optimiste de la bande en général. J'aime bien ces moments. Il m'arrive d'être fatigué et donc de participer assez peu. Mais, globalement, j'adore rebondir sur les idées des autres et voir les autres faire de même avec les miennes, c'est comme ça que naissent les meilleures idées selon moi : la collaboration. La plupart de mes projets sont coécrits.

Quel que soit le support, on sent qu'il y a dans ton contenu et celui auquel tu participes une réelle volonté de qualité ; qu'il y a avant tout le désir de raconter quelque chose. D'où vient selon toi cette envie de réaliser et de raconter sur le Net ?

Oui. Je n'ai jamais été quelqu'un de très productif. Mais quand je me lance dans quelque chose j'y vais à fond et je suis exigeant. Je m'attaque souvent à un projet qui me dépasse. C'est Alexandre Astier qui disait qu'il se plaisait à « péter plus haut que son cul » car il n'y avait aucun intérêt à « péter au niveau de son cul ». J'aime bien cette idée. C'est aussi ce que je recherche chez les personnes avec lesquelles je travaille : l'ambition, la rigueur et l'exigence. Tout en s'amusant bien sûr. C'est parfois difficile de concilier rigueur et plaisir, mais c'est essentiel. On fait aussi ce métier pour ça. Et, de toute façon, l'ambiance de tournage va se ressentir sur l'œuvre.

Quand j'étais jeune, j'ai d'abord cherché à faire rire. Un peu plus tard, j'ai compris que rire parce qu'on comprend le personnage, qu'on a de l'empathie pour lui, c'était plus fort que juste rire. J'ai ensuite pris goût à l'art d'écrire des scénarios. C'est une véritable science. Mais une science qu'on peut réinventer tous les jours. C'est passionnant. Avec Raphaël Descraques, on peut passer des soirées à ne parler que de ça, à s'envoyer des liens YouTube d'interviews de scénaristes, d'analyses de films, etc.

VIDÉO À NE PAS MANQUER

JULFOU - 6 SECONDES !

Depuis longtemps, Internet est envisagé comme l'allié de la liberté. Cependant, au fil des ans, les contraintes se font de plus en plus nombreuses sur YouTube, notamment à cause des droits liés aux musiques ou aux extraits vidéo. Quel est ton avis sur ces évolutions ?

Avec Valentin Vincent, on a fait un documentaire sur YouTube qui s'appelle *Nos Petites Histoires* et on aborde cette question. C'est gênant, en effet. Je pense en fait que, pour les contenus ayant besoin de l'accord d'un artiste tiers, certains arriveront à l'obtenir, comme le fanfilm *Dragon Ball Z: The Fall of Men*, les autres seront obligés d'utiliser une plateforme vidéo moins regardante sur les droits que YouTube à l'heure actuelle : Facebook, Vimeo, Twitter, etc. Mais ces vidéos pourront continuer d'exister sur Internet. De mon côté, j'ai presque toujours fabriqué du contenu n'incluant que de la création originale, donc je suis assez peu exposé à ces problèmes.

Tu as réalisé un documentaire, *Nos Petites Histoires*, avec Valentin Vincent, qui porte sur la création sur YouTube et sur les vidéastes. Quel regard portes-tu sur cette plate-forme, ses créations, ses créateurs et ce qui apparaît de plus en plus comme la marque d'une génération ?

J'ai pu réaliser mon rêve grâce à Internet. J'ai eu la chance d'être parmi les premiers à pouvoir exploiter cette nouvelle façon de fabriquer du contenu. Je suis donc tout ça de l'intérieur. Je pense que *Nos Petites Histoires* montre bien l'amour que je porte à la création de vidéos sur Internet – même si, dans le documentaire, nous n'abordons que la partie humour/fiction en France.

« C'est parfois difficile de concilier rigueur et plaisir, mais c'est essentiel. »

L'apparition d'un film sur YouTube, je parle bien évidemment de *Dissociés*, c'est assez exceptionnel. Bien sûr, des web-séries existent depuis de nombreuses années sur le Net, mais un long-métrage de cette qualité semble vraiment marquer une nouvelle étape. Qu'en penses-tu ?

On a essayé de montrer que c'était possible de faire un long-métrage avec un budget très limité, et qui soit disponible gratuitement sur Internet. Je suis fier qu'on ait réussi et j'espère qu'on a donné envie à d'autres artistes de se lancer dans des projets similaires.

Comment fais-tu pour mener tous tes projets de front ? Tu dois effectivement être très sollicité et, vu la qualité des vidéos, on se doute que cela prend un temps fou à réaliser…

Les projets que je porte sont de plus en plus ambitieux. Ils sont donc de moins en moins nombreux puisque, en effet, tout ça prend du temps. Je dois donc faire des choix, j'essaie de toujours aller vers les projets qui m'excitent le plus. Et quelquefois je fais des Vine où je vais jouer le comédien pour des copains ; c'est plus spontané et ça fait du bien.

Que penses-tu de la télévision ?

Je ne la regarde plus depuis sept ans. À part quelques programmes en replay, de temps en temps. La plupart des choses qui y sont diffusées ne me plaisent pas. Mais, contrairement à certains, je pense que la télé a encore de belles années devant elle. J'espère juste qu'elle saura me séduire de nouveau. Même si j'en doute car j'ai pris goût au fait de pouvoir choisir ce que je veux regarder quand je le veux. Je n'aime plus regarder un simple « flux » que l'on m'impose.

Y a-t-il une vidéo que tu souhaites réaliser depuis longtemps ?

Il y a beaucoup de vieilles idées auxquelles je pense régulièrement, oui. Ces derniers temps, je pense beaucoup à « JAM », un concept de vidéo que j'ai créé sur Golden Moustache il y a deux ans. J'aimerais bien le relancer.

Quels sont les vidéastes que tu aimerais faire découvrir au plus grand nombre ?

Every Frame a Painting et D4Darious. Deux très bonnes chaînes qui parlent de cinéma.

VIDÉO À NE PAS MANQUER

GAME OF THRONES (NO SPOILER)
JULFOU #17

KRISS PAPILLON //

PODCASTS & SKETCHS // PUBLICATION TOUS LES 2 OU 3 JOURS

VIDÉOS À NE PAS MANQUER : ▶ MINUTE PAPILLON #39 PERSONNALITÉ MULTIPLE FT SALUT LES GEEKS // ▶ MINUTE PAPILLON #41 BONNE CONDUITE (FEAT MARIO ET VITE FAIT LUIGI) // ▶ MINUTE PAPILLON #21 LES SCHTROUMPFS DE L'OMBRE //

Kriss Papillon, aussi connu sous le pseudonyme LangueDePub, pour ses parodies de pubs, ainsi que pour ces « Minutes Papillon », est un véritable ovni parmi les vidéastes. S'il se présente lui-même comme différent des autres créateurs présents sur le Web, le constat est encore plus frappant une fois ses vidéos lancées, lorsqu'on se rend compte qu'il n'y va pas par quatre chemins et qu'il ne prend pas de pincettes. Au sein de sa chaîne, il propose des vidéos sur des sujets extrêmement sérieux, tels qu'une question d'actualité ou de politique, mais aussi des choses beaucoup plus posées. Au sein de ses « Minute Papillon », au rythme endiablé et comprenant une multitude de personnages à la voix aiguë, le vidéaste nous propulse dans un univers décalé et déjanté.

\\ SERHAT MORE

PUBLICATION MENSUELLE \\ PODCASTS

VIDÉOS À NE PAS MANQUER : ▶ LA FAMILLE TURQUE // ▶ LES COURS // ▶ LES KEBABS //

Progressivement, Serhat More est parvenu à se faire une place parmi les humoristes de YouTube. Ce podcaster d'origine turque traite de nombreux sujets de la vie de tous les jours, son enfance, les cours, les kebabs ou encore la flemme, à sa façon, avec un humour qui lui est propre et un ton posé. Les nombreuses anecdotes qu'il raconte à propos de sa vie sont l'occasion d'en apprendre plus sur lui ainsi que sur ses origines. Les vidéos où il est question de la famille turque ou des Turcs en général comptent d'ailleurs parmi les plus populaires de sa chaîne. En outre, il parvient à aborder des thèmes sensibles, tels que le surpoids, avec beaucoup de légèreté et une décontraction franchement bienvenue.

LE GRAND JD //

PODCASTS & CLIPS // PUBLICATION HEBDOMADAIRE

VIDÉOS À NE PAS MANQUER : ▶ J'AIME LES LICORNES (FEATURING ORELSAN) //
▶ MAN VS VILLE (PARODIE MAN VS WILD) //
▶ LA FORET D'AOKIGAHARA (SUICIDE FOREST) - (LES ÉTRANGES EXPÉRIENCES) //

C'est un certain Julien, blogueur, humoriste et vidéaste suisse, qui est à l'origine de la chaîne Le Grand JD. La première vidéo qui lui a permis de se lancer, et qui comptabilise un véritable record sur l'ensemble de sa production, est une parodie de la série *Bref* : « Bref, j'ai joué à Call of Duty avec Diabl0x9 », qui enregistre plus de 10 millions de vues. Les clips vidéo qu'il a produits, notamment « J'aime les licornes » avec Orelsan, comptent également parmi ses productions les plus populaires. Il se prête aussi à des défis loufoques avec ses « étranges expériences » et dévoile, au fil de ses vidéos, son esprit déjanté et aventurier.

STUDIO BAGEL //

SKETCHS & COURTS-MÉTRAGES / **PUBLICATION TOUS LES 2 OU 3 JOURS**

VIDÉOS À NE PAS MANQUER : TUTO CUPCAKE // PUB YOP PARODIE - STUDIO BAGEL // LA FRIENDZONE - STUDIO BAGEL //

Avec le Golden Moustache, le Studio Bagel compte certainement parmi les collectifs d'humoristes les plus populaires en France. Créée en 2012, la chaîne a rencontré un succès phénoménal grâce à des figures bien connues du Web telles que Natoo, Jérôme Niel, Monsieur Poulpe, Mister V ou encore Kemar. Rapidement la chaîne a été approchée par Canal+ afin de réaliser « Le Dézapping du Before », « Les Tutos » et « Pendant ce temps ». Les vidéos bénéficient d'une réalisation professionnelle et parfaite. Par la suite, Studio Movie avec des sketchs spécialisés dans le cinéma, et Studio Gaming, même concept pour les jeux vidéo, ont également vu le jour et rencontré un vif succès.

\\ GOLDEN MOUSTACHE

PUBLICATION HEBDOMADAIRE \ **SKETCHS & COURTS-MÉTRAGES**

VIDÉOS À NE PAS MANQUER : SURICATE - MOVIES VS. LIFE // SURICATE - THE SUPERHEROES HANGOVER // SURICATE - LE FANTÔME DE MERDE / SHITTY GHOST //

Avec le Golden Moustache, « pas de panique, vous êtes sur Internet ». C'est en 2012 que la chaîne a vu le jour, et il faut bien avouer qu'elle a beaucoup grandi depuis. Plus que d'une chaîne, c'est de plate-forme qu'il faudrait parler étant donné l'énorme collectif que le Golden Moustache réunit et le contenu considérable qu'il propose. Il y a effectivement de nombreuses vidéos sur la chaîne : des courts-métrages, tels que « Le Fantôme de merde », qui a connu un franc succès, des sketchs plus courts, et même un film, *Les Dissociés*. Golden Moustache, c'est aussi des guests, tels qu'Alexandre Astier, Antoine Daniel ou SolangeTeParle. Le célèbre trio d'humoriste Suricate est également rattaché à cette plate-forme. Un humour et du talent à toute épreuve !

FRENCHBALL //

SKETCHS & WEB-SÉRIES / **PUBLICATION HEBDOMADAIRE**

VIDÉOS À NE PAS MANQUER : THE MISSION² (THE MISSION SQUARE) // ÉP. 1 - LE SECRET DES BALLS – LE MYSTÈRE // ÉP. 1 - LA THÉORIE DES BALLS – ATOMES CROCHUS //

FrenchBall est la chaîne YouTube officiel de Frenchnerd Production, société créée par François Descraques et qui est notamment à l'origine de la célèbre web-série *Le Visiteur du futur*. Fort de ce premier succès, mais aussi animée par une volonté de réaliser des concepts plus spontanés, l'équipe d'origine a décidé de proposer ce qu'elle souhaitait faire au départ avec Frenchnerd, une chaîne regroupant séries de fiction, émissions débiles, sketchs, etc. *La Théorie des balls* est la web-série phare de cette chaîne. Mitch, DRH dans une entreprise, crée la théorie des balls, prétendument scientifique et destinée à expliquer le comportement des gens à travers les « balls », des particules quantiques. Du Frenchnerd délirant hyperqualitatif.

BAPT&GAEL //

SKETCHS / **PUBLICATION HEBDOMADAIRE**

VIDÉOS À NE PAS MANQUER : LA TRANSFORMATION - BAPT&GAEL FEAT NATOO ET LÉA CAMILLERI // FUMER TUE - BAPT&GAEL // DRAW MY LIFE - BAPT&GAEL //

Avant l'avènement de la chaîne Bapt&Gael, il y avait 10minutesaperdre, concept avec lequel Baptiste et Gaël ont commencé à prendre leurs marques sur Internet. Autant jouer la franchise, l'humour des deux vidéastes n'est pas pour les saintes nitouches : totalement obscènes – ils assument à 100% –, ils se complaisent dans des blagues « pipi, caca », fondement aujourd'hui de leur identité. Ils produisent de nombreux sketchs, appuyés par une réalisation et une écriture impeccables. Si leur humour ne sera pas forcément du goût de tous, autant dire que ceux qui apprécieront deviendront à coup sûr accros !

\\LOLYWOOD

PUBLICATION TOUS LES 2 OU 3 JOURS \ **SKETCHS**

VIDÉOS À NE PAS MANQUER : MON NOUVEAU PAPA // BEAU-PÈRE VS BEAU-FILS // PATRON VS EMPLOYÉ //

Avant que n'apparaisse Lolywood, il y avait la chaîne WonderFools, un collectif d'humoristes qui, au même titre que les biens connus Studio Bagel et Golden Moustache, proposait des sketchs et courts-métrages franchement bien réalisés. Après un certain temps d'absence, Manu, Ugo et Choopa, les créateurs, sont finalement passés sur D17 en proposant également leur contenu sur YouTube, et ont ainsi créé Lolywood. Proposant un sketch tous les dimanches, les trois vidéastes traitent de la thématique de l'« adulescente », comme ils le disent eux-mêmes. Couple, quotidien, séduction, emploi, rapport homme-femme… tout y passe pour le plus grand plaisir des abonnés. Le trio fait effectivement preuve d'un humour en béton servi par une réalisation aux petits oignons.

JORDI ET MARTIN //

SKETCHS / **PUBLICATION BIMENSUELLE**

VIDÉOS À NE PAS MANQUER : MYTHO ÉCOLE - CANAL BIS // MASH UP VIGIPIRATE DES CARAÏBES - CANAL BIS // BLOQUÉ DANS VINE – CANALBIS

C'est principalement grâce à Canal+ que Jordi et Martin se sont fait connaître. Ce duo décoiffant a effectivement réalisé avec la chaîne de télévision les vidéos « CANAL BIS », dont la mise en garde se veut simple mais efficace : « Attention, l'usage de CANAL BIS peut réduire les capacités intellectuelles. » Avec un humour franchement efficace, les deux comédiens ont par la suite rempilé avec un nouveau concept : « Mash Up ». Il s'agit de vidéos courtes qui, comme le nom l'indique, mélangent des thématiques. On peut ainsi se retrouver avec une Joséphine ange gardien façon gardien de prison, ou encore les « One Direction Assistée ». Le tout conduit inéluctablement à des scènes clairement incongrues et donc hilarantes.

THE FANTASTIQUES //

SKETCHS // PUBLICATION HEBDOMADAIRE

VIDÉOS À NE PAS MANQUER : LES MALADIES DE L'INTERNET // STAR WARS : LE SOMMEIL DE LA FORCE // RETOUR VERS LE TURFU //

The Fantastiques, comme le laisse supposer le pluriel, ce n'est pas un mais plusieurs vidéastes. Il s'agit effectivement d'un collectif qui réunit avant tout des passionnés de jeux vidéo. Pour autant, la chaîne propose de nombreux programmes qui ne s'adressent pas uniquement aux fans de la manette. De nombreux sketchs, liés à l'univers pop culture et geek, sont effectivement postés régulièrement sur la chaîne. Amixem et Sup3r Konar comptent parmi les vidéastes les plus présents, mais la chaîne est truffée de caméos. Les vidéos dépotent, littéralement, et avec elles vous ne verrez plus vos classiques de la même façon.

\\ SKIZZ FAMILY

PUBLICATION HEBDOMADAIRE \\ SKETCHS

VIDÉOS À NE PAS MANQUER : SKIZZ FAMILY - T'AS PAS DE PARENTS // BOYS VS GIRLS - VERSION SKIZZ ZOUK // LES SKIZZ EN COURS

La Skizz Family, c'est une bande de potes, presque une famille, qui propose des blagues, des sketchs, bref des délires qu'ils réalisent avec beaucoup de plaisir et de complicité. Au final, ils ne sont pas moins de dix à mettre leurs talents et leur humour en commun au sein de leurs vidéos. Beaucoup d'esprit ainsi qu'une bonne réalisation pour de la qualité. Il est même possible de les retrouver en musique sur quelques-unes de leurs créations. N'hésitez plus et rejoignez cette grande famille pour passer de bons moments avec elle !

JOJO BERNARD //

PODCASTS & SKETCHS // PUBLICATION HEBDOMADAIRE

VIDÉOS À NE PAS MANQUER : LE COUP DE GEULE DE JOJO BERNARD // JOJO BERNARD DRAGUE UNE BONASSE (PAMELA) // FAQ JOJO BERNARD NUE MAIS ROT 2

Est-il possible de pousser l'autodérision plus loin ? Difficile à dire, très difficile même puisque Jojo Bernard place la barre extrêmement haut entre son strabisme prononcé, ses vêtements bien ringards et sa façon de parler vraiment particulière. Bien évidemment, nous parlons d'un personnage, créé de toutes pièces et que l'on pourrait même qualifier de « troll ». Pour autant, et même si le contenu du vidéaste ne plairait pas nécessairement à tous, nous ne pouvons qu'en saluer la réalisation, les idées et l'humour. Jojo est effectivement parvenu à créer quelque chose d'unique. Cela se ressent d'autant plus sur ses fameuses vidéos de drague, où il donne la possibilité au spectateur de décider de la suite de l'histoire par un habile système de choix. Un personnage qui sait se plaindre et qu'il ne faut pas rater !

DAVY MOURIER //

SKETCHS // PUBLICATION TOUS LES 2 OU 3 JOURS

LOL

Avec la chaîne de Davy Mourier, attendez-vous clairement à du pur délire et à un humour bien rodé ! Cet acteur, scénariste, réalisateur, animateur et auteur de bandes dessinées est un ancien de chez Nolife, cofondateur du collectif Une case en moins et créateur de la web-série *NerdZ*. Aux côtés de Monsieur Poulpe et de François Descraques, il a également développé l'émission de sketchs et de parodies *Le Golden Show*. En pénétrant dans son sanctuaire, vous allez pouvoir le découvrir vous parlant de sa vie de geek, de ses sketchs, des bandes dessinées qu'il réalise, de jeu vidéo et au final de pas mal d'autres choses. Il paraîtrait même que, parfois, il serait à poil… Prenez tout de même garde à Jean Foutre ! En 2013, il a notamment sorti une première bande dessinée, *La Petite Mort*, qui met en scène l'enfance du fils de la Mort.

© *Vincent Anceaume*

INTERVIEW !

QUI ES-TU ?

Je m'appelle Davy Mourier. Je suis un auteur, ça veut dire que je raconte des histoires. Je raconte des histoires sur scène, en dessin, dans des BD ou alors en vidéo dans des sketchs ou des web-séries.

Mes œuvres notables sont : *NerdZ*, avec Monsieur Poulpe et Didier Richard, *Le Golden Show* avec François Descraques et Monsieur Poulpe, *La Petite Mort*, BD chez Delcourt, *Petite Dépression entre amis*, seul en scène, et *Reboot* avec Lewis Trondheim.

D'OÙ VIENS-TU ?

Je viens d'Ardèche. Je n'en suis pas fier mais je n'en suis pas mécontent.

OÙ VAS-TU ?

Je ne sais pas. Je raconte des histoires pour ne pas avoir à me poser cette question. En vrai, je vais vers la mort, c'est sûr. Donc je fais le truc qui me rend le plus content avant ça.

LE PLUS BEAU JOUR DE TA VIE ?

Quelque part en 2014.

TON PIRE CAUCHEMAR ?

Perdre l'envie de créer et ne jamais croiser à nouveau une femme-évidence.

DES PHOBIES ?

Les araignées, la mort, les autres, la foule, la fête, l'alcool, la maladie.

CINQ PASSIONS QUI T'ANIMENT ?

Lire des BD, regarder des séries, faire des BD, faire des séries, jouer aux jeux vidéo.

TON PIRE DÉFAUT ?

J'ai trop besoin d'être aimé. Demander trop aux gens et ne pas aimer qu'ils s'amusent sans moi. Envie d'être au centre de l'attention et, lorsque ce n'est pas le cas, je souhaite ne pas exister.

SI TU N'AVAIS PAS ÉTÉ VIDÉASTE ET AUTEUR, À QUOI TE DESTINAIS-TU ?

À me foutre en l'air ? J'ai été graphiste pendant dix ans. Je suppose que j'aurais continué à faire ça et j'aurais aussi continué à faire des BD et des vidéos le soir en rentrant chez moi.

Ta citation favorite ?

«J'aimerais grimper au sommet d'une grande montagne. Une fois le but atteint on doit se sentir fier de soi, on doit se sentir… l'homme le plus haut du monde ! Seulement, quand on n'a plus de but, on se sent bizarre… Il nous faut alors en retrouver un d'urgence. Sinon on meurt.» – LARCENET

Quels sont tes cinq films cultes ?

Fight Club, Little Miss Sunshine, Bernie, Le Premier Jour du reste de ta vie, Là-haut.

Parmi toutes tes vidéos, quelle est celle que tu préfères ?

Pour l'humour, «Fast and fouras» du *Golden Show*. Pour le moins humour : «J'aime plus» chez Golden Moustache.

Bien avant que YouTube permette aux vidéastes de faire leurs propres vidéos, tu en faisais déjà avec tes potes, sur des VHS notamment avec Une case en moins. Quel regard portes-tu sur YouTube et le phénomène des YouTubers ?

En vrai, je ne vois pas trop de différences avec la télévision. Le système de consommation a changé, les programmes se sont adaptés au nouveau marché, mais au final on a toujours des spectateurs qui consomment de la vidéo. Le vrai changement est pour les diffuseurs TV, qui ne comprennent pas le nouveau public, et les annonceurs pub, qui cherchent à capter les populations prêtes à consommer sur l'Internet. Mais YouTube, finalement, ce n'est qu'un producteur avec son propre système de diffusion, ce qui le rend extrêmement puissant, et, vu qu'il a le monopole du marché, il est le roi du monde. Si au tout début de YouTube les gars qui faisaient des vidéos le faisaient sans thune, aujourd'hui les boîtes de prod et les annonceurs sont partout. Ces gens venant de la télévision ont appliqué les mêmes règles au Net et aujourd'hui la différence entre une production TV ou Net n'est pas énorme – si ce n'est un budget un peu plus bas pour le Web. Le point positif avec YouTube, c'est que c'est le public qui choisit ses animateurs ou humoristes, et des gens émergent de n'importe où dans le monde sans être forcément passés avant par le moule des producteurs. YouTube aujourd'hui, c'est le TF1 moins policé de mon enfance. Je me souviens avec nostalgie du Club Do, les nouveaux adultes se souviendront avec nostalgie de Cyprien.

> « Je me souviens avec nostalgie du Club Do, les nouveaux adultes se souviendront avec nostalgie de Cyprien. »

Dans ton parcours de vidéaste, tu as connu à peu près toutes les configurations : d'Une case en moins (avec tes potes) à Reboot (avec Trondheim & France 4) en passant par *Nerdz*, *Golden Show*, Golden Moustache, Studio Bagel, etc. Pourrais-tu revenir en quelques mots sur chacune de ces périodes ?

Une case en moins :

YouTube n'existait pas. On a commencé à tourner des vidéos en Ardèche avec trois fois rien. Parfois même on inventait un sketch pour pouvoir tester un trucage After Effects que nous étions en train d'apprendre. Avec Didier Richard, Rémy et Lionel Argaud, on a fait plus de 100 vidéos, et pour qu'elles soient vues par le plus grand nombre on les a mises sur le Net. Mais YouTube n'existait pas, il n'y avait pas de «lecteur» Web.

Notre seul moyen pour diffuser les vidéos était de les compresser dans un format tout petit : le Real Media. Nous mettions les vidéos sur notre site Une case en moins, hébergé chez Wanadoo avec l'aide de notre 56K. Nous mettions des heures à uploader une vidéo de deux minutes et les gens mettaient des heures à télécharger un sketch rempli de pixels avec un son métallique. Mais nous étions parmi les premiers à faire du sketch sur le Net français et on a eu notre petit succès : parfois certaines de nos vidéos étaient téléchargées 500 fois.

Mais attention, ce n'est pas le Net qui nous a fait connaître, car à l'époque il n'y avait pas YouTube ni Google. Les moteurs de recherche étaient loin d'être optimaux et on ne nous trouvait pas… Enfin, on ne nous cherchait pas non plus. En fait, il n'y avait pas d'endroit pour s'exposer. Nous avons eu une bonne partie de notre public en diffusant nos sketchs dans des conventions comme Cartoonist ou Japan Expo. C'est là où nous avons rencontré des gens qui faisaient des vidéos comme nous, des collaborateurs de demain.

Début 2000, un site français a ouvert : Mouviz, qui regroupait des tonnes et des tonnes de courts-métrages. C'était l'ancêtre de YouTube et ça nous a permis de nous faire connaître aussi. Mais la grosse avancée pour Une case en moins, ça a été la diffusion de nos sketchs sur Game One et dans les films faits à la maison de Canal+.

NERDZ :

Avec l'aventure Une case en moins on a croisé Monsieur Poulpe dans des festivals, il faisait comme nous des films faits à la maison qu'il balançait sur le Net pour être vu, pour être entendu. On a accroché et on a commencé à bosser ensemble. En 2007, Alex Pilot et Sébastien Ruchet, que nous avions croisés eux aussi dans des festivals, lançaient leur chaîne ADSL : Nolife. Ils nous ont demandé de les aider à produire des programmes, on a accepté tout de suite et parmi tous les projets lancés il y avait *Nerdz*.

Avec Monsieur Poulpe et Didier Richard, nous écrivions les aventures plutôt sales et vulgaires d'une colocation avec des geeks dedans. Le concept a accroché le public et les gens enregistraient le programme sur Nolife et le balançaient sur YouTube après. Au début nous avons essayé de faire interdire les vidéos volées, mais on s'est rendu compte que nous avions rapidement 50 000 vues. C'était énorme pour l'époque. Les saisons suivantes, nous les mettions nous-mêmes sur YouTube.

VIDÉO À NE PAS MANQUER

TELLEMENT TROP VRAI - SON CHIEN C'EST TOUTE SA VIE

Enfin, en vrai, au début, on a eu un partenariat WAT après avoir été refusés par Dailymotion, mais déjà à l'époque YouTube devenait quasiment incontournable. Notre série est même sortie en DVD avec son petit succès et nous avons été repérés par Manu et Tot, d'Ankama, qui ont accepté de produire la dernière saison de *Nerdz*. Nous avions enfin un petit budget pour filmer nos bêtises mais Ankama avait à l'époque son propre site et son propre lecteur de vidéos.

La saison 4 de *Nerdz* vu qu'elle était produite, a mis plus de temps à être réalisée. Avant, le public attendait seulement six mois les nouveaux épisodes, là ils ont attendu un an et devaient voir les épisodes sur le lecteur d'Ankama. Si les vidéos se retrouvaient sur YouTube, elles étaient détruites. Grosse erreur de la part d'Ankama et de la nôtre, nous avons perdu beaucoup de notre public à cause de tout ça.

GOLDEN SHOW :

Ankama a été notre mécène. Lorsque nous avons lancé la saison 4 de *Nerdz*, nous avions repéré avec Poulpe une nouvelle web-série : *Le Visiteur du futur*. Nous avons invité François à une avant-première, mais c'était un traquenard parce que nous pensions déjà bosser avec lui. J'avais écrit une autre web-série et je voulais qu'il la réalise, mais les choses se sont passées autrement.

François a intégré l'équipe pour nous aider sur *J'irai loler sur vos tombes*, notre talk-show geek, mais nous avions déjà en tête de lancer notre Saturday night live à nous. Personne ne faisait de sketchs du type court-métrage sur le Net, et en TV il n'y avait plus de sketchs shows depuis des années. Nous en avons parlé à Ankama et ils nous ont laissé une liberté totale sur le projet. Je pense qu'artistiquement c'est la meilleure

année de ma vie. C'était fou. Nous étions six dans une cave, enfin sept puisque nous avions recruté un stagiaire assez rapidement – un petit gars du nom de FloBer auquel nous croyions beaucoup.
On a aussi donné son premier rôle à Adrien Ménielle. On fabriquait un sketch show de vingt-cinq minutes par mois que nous mettions sur YouTube cette fois. Ankama nous a produits à perte pendant trois ans, juste parce que ça les faisait marrer, et je suis vraiment fier d'avoir pu vivre ça. C'était magique. Encore merci à eux de nous avoir permis de vivre ça.
Dès la première émission, le programme a marché. C'était épuisant mais bandant à mort. On inventait tout le temps, on fabriquait tous les jours. Le public était à fond et pour une fois même les professionnels de la TV nous ont remarqués… pour le meilleur et pour le pire. Très vite nous avons eu des RDV avec de grosses chaînes de TV. Nous étions reçus, mais les gens ne comprenaient pas vraiment pourquoi ce que nous faisions marchait. On nous écoutait à moitié et on essayait de nous mettre dans des boîtes, mais l'humour ça ne marche pas comme ça. Suite à des quiproquos malheureux, Poulpe et moi nous sommes fâchés avec Ankama. C'est ce qui a mis fin au *Golden Show*.

VIDÉO À NE PAS MANQUER

LE SAVIEZ-TU #20 - CHEZ YOUTUBE

GOLDEN MOUSTACHE ET STUDIO BAGEL :

Production comme à la TV. Pendant que Monsieur Poulpe et moi tentions de voir si juridiquement nous pouvions reprendre le *Golden Show* – et après avoir essuyé plusieurs refus TV plutôt épuisants –, des boîtes de prod et des chaînes de TV se sont intéressées au phénomène *Golden Show* sur YouTube. M6 a donc lancé son Golden Moustache, sans nous demander si on était contents ou non de l'utilisation du mot Golden dedans, sans nous donner de chèque non plus d'ailleurs.
YouTube proposait une somme d'argent pour des créations de chaînes YouTube et Studio Bagel s'est créé à ce moment précis. Nous avons été approchés par les deux groupes. Poulpe et moi n'avions pas le même avis à ce moment-là ; je trouve la direction artistique de

« JE NE FAIS PAS DES VIDÉOS POUR MANGER, JE FAIS DES VIDÉOS PARCE QUE C'EST VITAL POUR MOI, PARCE QUE J'AI BESOIN DE M'EXPRIMER. »

Golden Moustache plus intéressante, plus saine que ce que je voyais chez Studio Bagel. Nous avons eu une grosse discussion pour savoir où nous allions aller et on a décidé de couper la poire en deux. Nous ferions des sketchs chez Golden Moustache produits par Alexandre Astier et nous serions directeurs artistiques de Studio Bagel.

Mais je ne me sens pas bien chez Studio Bagel, trop de bling-bling, trop de cerveaux pour écrire un sketch, des auteurs, des comédiens, des DA dans tous les sens et… et le premier sketch qui est sorti chez eux était tiré d'une de mes idées mais… il avait été déformé, transformé et ne ressemblait pas du tout à ce que j'avais imaginé. Il y avait mon nom au générique et j'ai eu honte. J'ai décidé de ne pas reconduire mon contrat chez Studio Bagel, Poulpe, lui, a préféré rester là-bas et quitter Golden Moustache.

Ensuite j'ai continué à faire des sketchs en solo chez Golden Moustache. Après un an de diffusion sur le Net, la lune de miel était finie. Tous les groupes qui s'étaient lancés sur le Net en croyant que les pubs YouTube allaient payer les factures se sont rendu compte que YouTube vivait très bien de leurs vidéos et qu'eux se retrouvaient avec des miettes. Golden Moustache et Studio Bagel, pour ne citer que les plus gros, ont dû chercher l'argent ailleurs.

Peu à peu on nous a demandé de faire des sketchs de moins en moins chers, d'intégrer des produits à l'intérieur, d'écrire des pubs, de faire un humour plus « large » pour pouvoir vendre en TV et toucher le plus de monde possible. Je ne me suis plus du tout retrouvé dans cette philosophie, je ne fais pas des vidéos pour manger, je fais des vidéos parce que c'est vital pour moi, parce que j'ai besoin de m'exprimer. Je ne suis pas un publicitaire, je ne suis pas un auteur qui écrit sur commande. J'ai été soûlé par ces systèmes-là et j'ai décidé d'arrêter les sketchs sur Internet – de toute façon la production de sketchs était devenue trop riche –, et je me suis remis à la web-série.

Reboot :

Le diffuseur TV produit pour le Web. Studio 4 Nouvelles Ecritures lance tous les ans des appels à projets pour découvrir de nouveaux talents. J'ai participé à leur appel d'offres sur les « Robots » et je l'ai remporté. Là nous sommes très loin du Net et de YouTube. Tout se passe comme à la TV ; il y a un petit budget, un producteur, des relectures du diffuseur, un tournage et un rendu des épisodes. La seule différence, c'est que nous ne sommes pas diffusés en TV mais sur le Net.

J'adore bosser pour Nouvelles Ecritures, j'ai l'impression de retrouver la liberté que j'avais chez Ankama. On nous permet d'être fous et on nous donne ce qu'il faut pour l'être. Le seul problème pour le moment, c'est que le studio est un peu jeune et il y a peu d'abonnés YouTube, les vues ne sont pas faramineuses. Les utilisateurs sont plutôt feignants et ne vont pas forcément chercher des nouveaux programmes, mais plutôt regarder les mêmes chaînes.

Mais je sais que, dans l'avenir, le nombre d'abonnés va grandir parce qu'ils proposent des programmes intelligents et différents.

Quelle influence a eue ta collaboration avec Alexandre Astier sur ton travail ?

Il nous a expliqué et montré qu'il ne fallait pas nous prostituer et ne faire une chose que si on en a vraiment envie. Depuis que j'ai travaillé avec lui, je ne m'embarrasse plus en réflexions ; si je ne me sens pas bien, je me barre.

VIDÉO À NE PAS MANQUER

LE COUPLE - MODE D'EMPLOI ?

\\ STUDIO GAMING

PUBLICATION HEBDOMADAIRE \\ PODCASTS & JEUX VIDÉO

VIDÉOS À NE PAS MANQUER : ▸ DRAW MY LIFE - SONIC PAR GREG GUILLOTIN // ▸ PSY GAMING : LARA CROFT (AVEC MADY & KEMAR) // ▸ HARDCORE VS. CASU //

C'est en 2015 que Studio Bagel Prod décide de se lancer dans l'humour lié aux jeux vidéo avec la chaîne Studio Gaming. Toutes les semaines, il est ainsi possible de découvrir un nouveau sketch ayant trait à cet univers. Les têtes les plus connues du Studio Bagel sont présentes, ainsi que de nouveaux talents. L'équipe de Studio Gaming réalise des contenus très originaux avec notamment « Psy Gaming », qui consiste en la séance chez le psy d'un héros du jeu vidéo, ou encore le concept « Draw my life » appliqué aux plus grandes figures du gaming. L'excellence de la réalisation associée à un ton et une écriture parfaitement maîtrisée aboutissent à un résultat vraiment bon et divertissant.

STUDIO MOVIE //

SKETCHS & CINÉMA / PUBLICATION HEBDOMADAIRE

VIDÉOS À NE PAS MANQUER : ▸ LE LABYRINTHE - MISTER V & LUDOVIK // ▸ KINGSMAN : NATOO VS KEMAR // ▸ VIDÉOCLUB : X-MEN – MADY //

Comme il lançait Studio Gaming, le Studio Bagel a également choisi de lancer Studio Movie, une chaîne humoristique spécialisée dans le cinéma. Toutes les semaines, un nouveau sketch est mis en ligne et permet de retrouver les figures les plus connues du Studio Bagel. Plusieurs types de vidéos sont proposées sur la chaîne : des parodies de bandes-annonces, des sketchs sur des thématiques précises ou encore « Imaginons que », qui met en scène des situations parodiques, Comme pour l'ensemble de la production du studio, toujours autant de bonnes idées servies par une réalisation impeccable.

\\ MATHIEU SOMMET

PUBLICATION HEBDOMADAIRE \\ ÉMISSION & CRITIQUE DE VIDÉOS

VIDÉOS À NE PAS MANQUER : ▸ INTERNET J'SUIS TON ENFANT - MATHIEU SOMMET - HORS SÉRIE // ▸ RONALD LE CLOWN IMMORAL - SLG N°88 - MATHIEU SOMMET // ▸ PROPAGANDE SELON JÉSUS - SLG N°72 - MATHIEU SOMMET //

C'est avec son émission humoristique *Salut Les Geeks,* aussi connue sous l'abréviation *SLG*, que Mathieu Sommet s'est fait connaître sur la Toile. Au cours de ses réalisations, Mathieu commente plusieurs extraits de vidéos étranges voire totalement loufoques qu'il a dénichées sur le Web. Extrêmement dynamiques, enchaînant les séquences avec rapidité et proposant des *punchlines* inoubliables, les épisodes de *SLG* frisent la perfection. Le vidéaste s'appuie sur un concept à part où il incarne successivement des personnages très différents qui interagissent entre eux, développant ainsi un peu plus leur histoire à chaque vidéo. Du jeune geek innocent au panda chanteur en passant par un patron pervers et totalement masochiste, l'univers de Mathieu Sommet est véritablement unique et délectable.

ON A TOUS //

SKETCHS // PUBLICATION HEBDOMADAIRE

VIDÉOS À NE PAS MANQUER : ▸ ON A TOUS CASSÉ NOTRE TÉLÉPHONE ! // ▸ ON A TOUS PRIS DE LA DROGUE ! // ▸ ON A TOUS TRICHÉ EN COURS ! //

On a tous fait beaucoup de choses – beaucoup de choses que beaucoup d'autres gens ont également faites –, à savoir tricher en cours, exploser son téléphone, choper en soirée ou encore jouer à Pokémon. Ça nous fait de nombreux points communs avec de parfaits inconnus et ça, Tim, Charlène et Léo l'ont bien compris. ON A TOUS revient sur quelque chose que vous avez sûrement déjà fait en le mettant en scène. Là où Tim passe pour un gamin un peu ignare, Léo se la joue plus expérimenté tandis que Charlène se pose un peu comme la voix de la raison. Un trio qui décoiffe et qui n'est pas près de manquer de sujets d'inspiration.

\\ MOZINOR

PUBLICATION HEBDOMADAIRE \\ PARODIES

VIDÉOS À NE PAS MANQUER : ▸ LE CLASH DES ANNEAUX ® PARODIE MOZINOR (LE RAP C'ÉTAIT MIEUX AVANT) // ▸ LE SYNDROME DE BAMBI ® PARODIE MOZINOR // ▸ GRAVITOX ® PARODIE MOZINOR

Mozinor compte très certainement parmi les plus anciens détournements de vidéos sur Internet puisque son aventure a débuté en 2004. Après quelques déboires, sa première chaîne YouTube ayant été détruite en 2006, il est par la suite passé sur Dailymotion avant de revenir, en 2012, sur YouTube. Afin de réaliser ses parodies, Mozinor s'appuie sur tout type de vidéo : extrait de film, bulletin météo, clip musical, émission télé, etc. Plusieurs de ses créations sont devenues cultes. Cet autodidacte réalise toutes ses vidéos seul et ne manquera pas de vous faire rire en faisant notamment référence à des sujets d'actualité au cours de ses parodies.

AVNER //

SKETCHS, ÉMISSION & WEB-SÉRIES // PUBLICATION MENSUELLE

VIDÉOS À NE PAS MANQUER : ▸ L'HONNÊTETÉ DES GENS- EXPÉRIENCE SOCIALE CAMÉRA CACHÉE // ▸ AVOIR UN CONCEPT - DERRIÈREYOUTUBE ÉP. 1 // ▸ MES COMPOSITEURS PRÉFÉRÉS ! AVNER AU PIANO

Démarrant à l'origine sa chaîne avec des podcasts, Avner a vraiment évolué et son contenu s'est diversifié au fil des ans. Il a fait énormément de caméras cachées, souvent humoristiques, mais dévoilant aussi parfois les qualités des gens, par exemple leur honnêteté, à travers une expérience sociale. Passionné de musique, il a également choisi de se tourner vers le classique au sein de vidéos pleines de détails et bien écrites, se focalisant notamment sur Mozart, Beethoven, Chopin ou encore Bach. Avec sa web-série *Derrière YouTube*, le vidéaste raconte l'histoire d'un YouTuber et des problèmes qu'il rencontre. À la fin 2015, il s'est lancé dans une nouvelle aventure avec Road to Saiyan, une chaîne dédiée au sport où il présente notamment ses régimes à travers des vlogs.

GOLDEN SHOW //

SKETCHS & ÉMISSION // PUBLICATION TERMINÉE

VIDÉOS À NE PAS MANQUER : ▶ LE GOLDEN SHOW #7 // ▶ LE GOLDEN SHOW #2 // ▶ BREF, J'AI UNE VOIX OFF (GOLDEN SHOW #3) //

C'est à partir d'octobre 2011 que le *Golden Show* a commencé à être diffusé par Ankama et par la chaîne Nolife. Les créateurs à l'origine de cette émission sont Davy Mourier, Monsieur Poulpe et François Descraques. Chaque épisode du *Golden Show* dure en moyenne vingt-cinq minutes et propose une série de sketchs présentés en direct au cours d'une soirée sur la péniche *Antipode* à Paris. L'humour est essentiellement construit autour de la culture geek et de la pop culture et a permis au *Golden Show* de rencontrer un véritable succès. De nombreux invités sont apparus au cours de cette émission comme Joueur du Grenier, Alexandre Astier, Arnaud Tsamere ou encore Raphaël Descraques. À partir de 2013, le *Golden Show* est proposé sur la chaîne Golden Moustache, dans un format plus court et produit par Alexandre Astier.

\\ RÉMI GAILLARD

PUBLICATION MENSUELLE \\ CAMÉRAS CACHÉES

VIDÉOS À NE PAS MANQUER : ▶ MARIO KART (RÉMI GAILLARD) // ▶ FOOT 2007 (REMI GAILLARD) // ▶ MOUTON (RÉMI GAILLARD) //

« C'est en faisant n'importe quoi qu'on devient n'importe qui », une phrase qui a fait le tour de la Toile, en passant même par l'étranger. Voilà maintenant plusieurs années – ses premières réalisations datant de 1999 – que le vidéaste s'est lancé sur Internet avec ses vidéos mêlant imposture et caméra cachée. Elles ont été vues plusieurs dizaines de millions de fois, démontrant l'intérêt du public pour son concept particulier. Rémi Gaillard ne verse effectivement pas dans la timidité et ose tout, ou pratiquement. Il est par ailleurs grand amateur de football, certaines de ses vidéos parmi les plus populaires présentant des figures impressionnantes qu'il a réalisées.

LE MONDE À L'ENVERS //

SKETCHS & PARODIES // PUBLICATION BIMENSUELLE

VIDÉOS À NE PAS MANQUER : ▶ SUPER TATY - LE MONDE À L'ENVERS // ▶ UN REPAS PRESQUE PAS FAIT - LE MONDE À L'ENVERS // ▶ SOS MA FAMILLE EST EN DÉTRESSE - LE MONDE À L'ENVERS //

Jenny et Valentin sont les créateurs de la chaîne Le Monde à L'Envers, un univers à elle toute seule. Les deux vidéastes réalisent effectivement de nombreuses vidéos parodiques, des sketchs ainsi qu'une web-série. Dans leur monde, la terre a été la victime d'un subit retournement, raison pour laquelle tout se retrouve parodié. Parmi les plus fameuses se trouvent bien évidemment les parodies de télé-réalité où les émissions les plus connues passent à la machette d'un humour bien aiguisé. Les personnages créés sont fichtrement caricaturaux mais apportent beaucoup à l'ambiance globale de la chaîne, qui ne fait pas dans la demi-mesure. Les deux comparses sont par ailleurs extrêmement actifs sur l'ensemble des réseaux sociaux.

LOL

NOU //

CAMÉRAS CACHÉES / **PUBLICATION HEBDOMADAIRE**

VIDÉOS À NE PAS MANQUER : PRANQUE : LES SOSIES DE L'IMPOSSIBLE / PRANK : IMPROBABLE FRENCH STARS DOPPLEGÄNGERS // PRANQUE : COUP DE FOUDRE ENTRE HOMMES EN ESCALATOR / LOVE ESCALATOR PRANK // L'ANNIVERSAIRE / THE BIRTHDAY (FEAT. NATOO) //

Il y en a qui n'ont peur de rien, et encore moins du ridicule. Puisque ce dernier ne tue pas, Nou a décidé d'y aller à fond. La chaîne propose principalement des « pranque », un nouveau genre de caméras cachées. À la tête de tout ça, on trouve Grégoire Guillotin, l'un des membres du Studio Bagel. Si vous vous demandez ce que caresser la main d'un homme dans un Escalator peut provoquer comme réaction ou encore ce qui pourrait se passer si vous déclenchiez un film X au beau milieu d'une bibliothèque, alors vous n'avez plus besoin de chercher. Grégoire et son équipe sont là pour vous répondre, vous surprendre et réaliser l'impensable.

\\ JUSTE POUR RIRE LES GAGS

PUBLICATION TOUS LES 2 OU 3 JOURS \ **CAMÉRAS CACHÉES**

VIDÉOS À NE PAS MANQUER : STATIONNÉ DANS LA PISCINE D'ENFANTS // CAMÉRA CACHÉE - TÊTE CONGELÉE // IL Y A UN CROCODILE DANS LE LAC ! //

Comme des YouTubers se retrouvent à migrer vers la télévision, l'effet inverse peut également se produire. C'est le cas de *Juste pour rire les gags*, une émission de télévision canadienne humoristique bien connue qui propose près d'un millier de vidéos sur YouTube. Le principe est simple : des caméras cachées en pagaille, des situations drôles voire embarrassantes et donc beaucoup de rigolades. Les vidéos sont courtes, le concept a peut-être un peu vieilli mais reste tout de même efficace et divertissant.

GONZAGUETV //

CAMÉRAS CACHÉES / **PUBLICATION HEBDOMADAIRE**

VIDÉOS À NE PAS MANQUER : MARIO SE FAIT GRILLER PAR SA MEUF SUR FACEBOOK // CORTEX PIÉGÉ PAR GONZAGUE ET ANDY // PAYER AVEC DES CENTIMES //

Gonzaguetv, c'est du culot à l'état pur et des défis totalement impensables. Le principe de la chaîne est extrêmement simple : un internaute propose un défi et Gonzague décide s'il le relève ou non. Les productions sont un véritable travail de collaboration puisque, après sélection du défi, une annonce est postée sur Facebook afin de décider de ce qui peut être fait. La chaîne est également très connue pour ses vidéos « sur Facebook », qui parodient le fonctionnement de Facebook avec Mario, Hollande et Sarkozy ou encore des thèmes comme « J'ai accepté mon père ». Gonzague dispose également d'une chaîne secondaire, Gonzague Vlog, où il est possible de voir les coulisses de ses tournages ainsi que d'autres vidéos.

TOPITO //

TOPS // **PUBLICATION TOUS LES 2 OU 3 JOURS**

VIDÉOS À NE PAS MANQUER : ▸ TOP 10 DES TRUCS QUE VOUS NE SAVIEZ PAS SUR LES SIMPSONS // ▸ TOP 8 DES FIGURANTS DE CINÉMA QUI FONT N'IMPORTE QUOI // ▸ TOP 10 DES RECORDS LES PLUS IDIOTS DE L'HISTOIRE //

À la base, Topito est un site Internet de divertissement spécialisé dans les classements en tout genre. En parallèle de ce site a donc été lancée la chaîne YouTube, qui reprend plusieurs classements – des « tops » – afin de les présenter en vidéo. Ce foisonnement de tops touche des sujets extrêmement variés et permet à coup sûr de s'amuser et même de s'instruire ! D'autres types de vidéos, telles que des micros-trottoirs, des parodies ou encore des critiques de vidéos, sont également présents sur la chaîne.

\\ TAUPE10

PUBLICATION HEBDOMADAIRE \\ **TOPS**

VIDÉOS À NE PAS MANQUER : ▸ TOP 10 DES LIEUX LES PLUS HANTÉS DU MONDE // ▸ TOP 10 DES LÉGENDES FLIPPANTES D'INTERNET // ▸ TOP 10 DES PHOTOS FAKE QUI ONT TROMPÉ TOUT LE MONDE //

Taupe10, chaîne tenue par un certain Thomas, est l'occasion rêvée de se coucher moins bête tout en passant un bon moment de détente. Comme son nom l'indique, le concept de la chaîne repose sur une seule chose : des tops. Le « TOP 10 des hallucinations auditives », le « TOP 10 des illusions d'optique » ou encore le « TOP 10 des dinosaures les plus bizarres » ne sont qu'une poignée d'exemples parmi les vidéos déjà disponibles. « Instructif, incroyable ou totalement débile », un slogan provenant de la bouche du vidéaste lui-même, qui résume plutôt bien la chose. Les vidéos bénéficient d'une excellente réalisation, avec des extraits vidéo et sonores toujours choisis à la perfection afin d'instiller une pointe d'humour.

LE TOP INAMBOUR //

TOPS // **PUBLICATION MENSUELLE**

VIDÉOS À NE PAS MANQUER : ▸ 5 BUGS DE JEUX-VIDÉOS RÉTRO (FEAT LAUPOK) // ▸ 5 HACKS ATYPIQUES (FT. KULTURE-MOI) // ▸ TOP 5 DES MENACES POUVANT CAUSER LA FIN DE L'HUMANITÉ D'ICI 100 ANS //

S'il est possible de croiser de nombreux tops sur la Toile, il faut bien dire que Le *Top* Inambour – et c'est tout indiqué – parvient à se démarquer par une mise en scène loufoque. Vous aurez donc compris que nous ne parlons pas ici d'une chaîne de cuisine spécialisée dans les tubercules. Adeptes du « je prends tout au premier degré », nous vous recommandons de passer votre chemin. Ici règne effectivement l'humour noir et l'absurde, appuyés par une domination contrôlée des mèmes. Assurément il y a pas mal de choses à apprendre, mais il ne faut pas perdre de vue que c'est avant tout une chaîne de divertissement.

ZAP2SPION //

ZAPPING // **PUBLICATION HEBDOMADAIRE**

VIDÉOS À NE PAS MANQUER : LE ZAP DE SPION.COM N° 303 // LE ZAP DE SPION.COM N° 288 // LE ZAP DE SPION.COM N° 274

Le Zap de Spi0n, ce n'est pas un vidéaste, mais un concept. Il s'agit effectivement du zap le plus connu et le plus populaire d'Internet. Chaque vidéo est en fait une compilation de plusieurs vidéos étonnantes et insolites que l'on peut trouver sur le Net. Délire, fous rires et surprises garantis ! Chaque épisode dure en moyenne une trentaine de minutes et propose systématiquement une compilation de plus d'une centaine de vidéos. C'est sur la plate-forme Dailymotion que les vidéos sont disponibles, mais il est également possible de les visualiser sur le site spi0n.com.

\\ PAROLE DE CHAT

PUBLICATION MENSUELLE \\ **MONTAGES & CHATS**

VIDÉOS À NE PAS MANQUER : OUVRE-MOI - PAROLE DE CHAT // DANSONS LA CAPUCINE - PAROLE DE CHAT // LES GROS MOTS - PAROLE DE CHAT

Tout le monde s'est déjà demandé au moins une fois ce que son greffier pouvait bien penser, ou ce que cela donnerait s'il pouvait parler. Noël Chanat a quant à lui poussé le concept encore plus loin : il a littéralement donné sa langue au chat. Le concept – diablement efficace – de Parole de chat repose effectivement sur le montage de la voix du vidéaste sur des vidéos courtes mettant en scène des chats, qu'il a trouvées sur le Web ou que des internautes lui ont envoyées. Le résultat est terriblement poilant et en a déjà conquis plus d'un : « Dansons la capucine », où deux chats se tapent les pattes, a été vu près de 10 millions de fois.

WEB-SÉRIES & FILMS

AVEC LES INTERVIEWS DE

FABIEN FOURNIER DE *NOOB*

FRANÇOIS DESCRAQUES DE *LE VISITEUR DU FUTUR*

SOPHIE GARRIC DE *LE MEUFISME*

NOOB //

WEB-SÉRIE // PUBLICATION EN COURS

Noob est une web-série qui a débuté en 2008 et qui a été diffusée pour la première fois sur la chaîne Nolife. Elle compte cinq saisons complètes ainsi que deux films. Après avoir vu une publicité pour le MMORPG *Horizon 1.0*, une joueuse, Gaea, décide de se lancer dans l'aventure et d'acheter le jeu. Là elle va faire la rencontre de Sparadrap, un soigneur d'une naïveté et d'une maladresse déconcertantes, qui va lui proposer de rejoindre la pire guilde du serveur, la Guilde Noob. Avec Arthéon, le chef de ladite guilde, ancien guerrier de niveau 100 qui s'est fait supprimer son personnage, et Omega Zell, un assassin incontestablement macho et sûr de lui, elle va tenter de progresser dans le monde d'Olydri. Avec une telle équipe de bras cassés, c'est mal parti. La web-série est véritablement délirante et a gagné en qualité et en profondeur au cours du temps. Délires, « noobismes » et bons moments en perspective.

INTERVIEW !

QUI ES-TU ?

Je suis Fabien Fournier, auteur transmédia toulonnais, créateur notamment de *Noob* et de *Neogicia*.

LE PLUS BEAU JOUR DE TA VIE ?

Le 27 juillet 2013, jour de mon mariage avec Anne-Laure (Gaea dans *Noob*).

DES PHOBIES ? OU DES TOC DE VIDÉASTE ?

L'obsession de tout faire pour ne pas avoir de regrets plus tard.

CINQ PASSIONS QUI T'ANIMENT ?

L'écriture, la réalisation, les mangas et animés japonais, les séries et le cinéma américains, les jeux vidéo.

TON PIRE DÉFAUT ?

Je m'engage dans des projets parfois trop ambitieux, au détriment de ma santé.

SI TU N'AVAIS PAS ÉTÉ VIDÉASTE, À QUOI TE DESTINAIS-TU ?

Si on suit la logique de mes études, j'aurais été juriste en droit des médias et propriété intellectuelle.

FABIEN FOURNIER - CRÉATEUR DE *NOOB*

TA CITATION FAVORITE ?

« Rien qu'une seconde, s'enflammer comme un éclair ! » de Poppu dans *Dragon Quest Daï no Daiboken*. Il s'agit d'un de mes mangas favoris. Je l'ai lu pile au bon âge et ce passage représente toute la quintessence du shōnen qui m'est si cher.

PARMI TOUTES VOS VIDÉOS, QUELLE EST CELLE QUE TU PRÉFÈRES ?

Ma préférence va à la trilogie *Noob*, symbole d'une belle aventure, passage d'un nouveau palier technique, artistique et conclusion d'un cycle après huit ans de travail.

Avec *Noob*, on parle de MMORPG, alors est-ce que tu pourrais nous dire quel est LE MMORPG, le véritable et indétrônable ?

World of Warcraft, sans hésiter. Déjà, parce que les faits parlent d'eux-mêmes, il est au sommet depuis des lustres, il a inspiré ses pairs, a résisté aux assauts de tous les MMORPG souhaitant la place de numéro un et, surtout, parce que son univers transmédia est immensément riche et habilement mené.

Si tu avais dû être un autre personnage dans *Noob*, de qui se serait-il agi ?

Mon jeu d'acteur ne m'aurait pas laissé beaucoup de choix, mais, si on devait oublier ce paramètre, alors Omega Zell. C'est le personnage shōnen par excellence. Sa progression est à la mesure de sa détermination.

Le plus gros boss de ta vie ?

Les Armes Émeraude et Rubis dans *Final Fantasy VII*. Les vaincre n'a pas été facile, mais le jour où on y est parvenus avec les copains on a réellement exulté.

Quels sont les vidéastes ou personnalités qui ont inspiré le plus votre travail ?

Il y en a deux. D'abord Alex Pilot, créateur des Bitoman, puis cocréateur de la chaîne Nolife. C'est lui qui m'a donné envie de me lancer dans le film amateur lorsque j'ai découvert ses premières vidéos dans le cadre du concours annuel organisé par le festival Cartoonist de Toulon. Cette bande de copains avait l'air de s'amuser et c'était communicatif. J'adorais la perspective d'incarner des personnages issus de mondes de l'imaginaire, d'envoyer des boules de feu en effets spéciaux, de sauver le monde en cosplay, etc. Dessinant des mangas et écrivant des nouvelles depuis que j'étais en CM2, c'est tout naturellement que je me suis lancé dans la vidéo sous l'impulsion du travail d'Alex. J'ai toujours aimé découvrir et raconter des histoires via différents supports.

Ensuite, Ruddy Pomarede, créateur de *Damned* puis de *Flander's Company*, m'a donné envie d'aller plus loin que la parodie en créant un univers original. C'est de cette manière qu'est né *Lost Levels*, l'ancêtre de *Noob*, qui se déroule dans un MMORPG en réalité virtuelle avec des joueurs bloqués dans le jeu. C'était en 2001, nous étions précurseurs sur ce thème sans en avoir conscience.

> « Nous voulons nous rapprocher le plus possible du niveau professionnel et, même si la route est encore longue, on va continuer à progresser. »

Qu'est-ce qui vous a poussé à créer cette série ?

Pour comprendre la création de *Noob*, il faut revenir en 2001, date de l'écriture et des tournages de *Lost Levels 1*. À cette époque, il n'y avait pas de MMORPG mondialement connu, c'était un milieu très confidentiel, dédié à des niches de joueurs et moi-même je le connaissais très mal. Je voulais mettre en scène un monde mélangeant les genres. Je voulais de la magie, de la technologie, du monde réel, du virtuel, etc., le tout sans avoir à créer sans cesse de nouveaux projets. J'ai donc décidé de placer l'action au cœur d'un jeu vidéo pour justifier cet étrange mix. Étant un grand joueur de RPG, j'ai opté pour ce style, mais j'avais un problème. Les personnages non joueurs étaient limités dans leurs actions. J'ai donc décidé de les remplacer par d'autres humains en intégrant la notion « en ligne ».

Ensuite, un peu de réalité virtuelle pour une immersion totale et le tour était joué ! J'avais mon concept. Les années ont passé, entre-temps, le MMORPG a réellement explosé, on est nous-mêmes devenus joueurs et, en 2007, à la fin de *Lost Levels*, on a décidé d'en faire un reboot plus contemporain. On voulait du format court, une charte graphique impliquant les codes propres à ce genre de jeu et des anecdotes réellement vécues avec les copains dans divers MMO, dont *World of Warcraft*. En 2008, *Noob* était né !

« Sur Internet, il est important de noter que la Fantasy et la science-fiction sont impossibles à financer à l'échelle audiovisuelle. »

Comment votre projet a-t-il évolué au fil des ans ? Vous vous êtes notamment professionnalisés, incluant par exemple des musiques originales dans votre série. Pouvez-vous évoquer avec nous cette progression ?

Noob saison 1 et *Noob* saison 8 n'ont rien à voir en termes de qualité, ça se voit immédiatement. Cela est dû à du meilleur matériel acquis grâce aux fans, l'arrivée de créatifs compétents désireux d'apporter leur pierre à l'édifice et un gain d'expérience à force de travail. En revanche, rien n'a changé en coulisses. Nous tournons toujours les week-ends et *Noob* n'est pas devenu notre métier. On est restés fidèles à l'aventure humaine du début à la fin, sans pour autant utiliser notre bénévolat comme excuse. Nous voulons nous rapprocher le plus possible du niveau professionnel et, même si la route est encore longue, on va continuer à progresser.

Après *Noob*, certains projets seront peut-être produits à l'échelle professionnelle mais d'autres resteront des loisirs, c'est certain. Je doute que la vidéo devienne mon métier à part entière un jour. Peut-être une activité rémunérée de temps en temps, effectivement, mais ce que j'aime, c'est tourner avec mes potes, sans contraintes, juste pour le fun. Mon boulot, c'est d'être auteur de romans, bandes dessinées, mangas, comics. Je suis un raconteur d'histoires transmédia, la vidéo étant un support parmi d'autres à mes yeux. À partir de la saison 6, il est question de «film».

Pourquoi ce basculement de format ? Que vous a-t-il permis et comment a-t-il été accueilli ?

Après le format web-série, BD franco-belge, roman, je voulais tenter un long-métrage. Avec l'explosion du crowdfunding, j'ai tenté le pari fou de créer carrément une trilogie ! Une expérience encore jamais tentée sur Internet, surtout s'agissant d'audiovisuel axé science-fantasy. Là, c'est l'auteur transmédia qui s'est emballé et, même si ça m'aura épuisé et altéré la santé, je ne regrette pas ce choix déraisonnable. Déjà, parce que j'ai pu offrir aux fans cinq heures de vidéo au lieu de l'heure et demie initialement prévue. Ensuite, ça m'a permis de faire coup double en testant à la fois le format long et le format trilogie. Enfin, j'ai pu terminer le cycle originel de *Noob* dans des conditions royales.

Cela a été très bien accueilli par les fans, les retours sont très positifs, on a même pu avoir trois fois le Grand Rex au complet, et je ne vous parle pas des diffusions en festival. Des ambiances folles et des retours très touchants se sont succédés. Le film 1 est même devenu notre première vidéo à avoir dépassé le million de vues sous un seul lecteur streaming. Après, les observateurs extérieurs à l'aventure *Noob* n'ont pas toujours compris nos choix ni le phénomène. J'ai discuté avec pas mal de monde en désaccord avec notre vision des choses, j'ai pu entendre leurs arguments, expliquer en quoi notre cas est à part ; ce fut très enrichissant, mais nous avons aussi essuyé des attaques. Rien de grave cependant, ça reste de la fiction sur Internet et le positif l'emporte largement. Tout ce qui compte, c'est que notre communauté soit satisfaite.

Comment en êtes-vous venus à proposer des romans ainsi que des BD ? Avec plus de recul aujourd'hui, quel regard portez-vous sur le fait de s'étendre hors de la sphère d'Internet ?

C'est en étant moi-même consommateur de transmédia via les mangas, jeux vidéo et animés japonais que j'ai souhaité reproduire le schéma avec *Noob*. Je regrettais qu'en France les créatifs soient souvent cantonnés à un seul support en étant soit scénaristes, soit réalisateurs, soit dessinateurs, etc. Je voulais offrir à mon univers toutes ces choses à la fois, à travers un scénario conçu pour, avec des aventures indépendantes et complémentaires à la fois. Je ne pensais pas pouvoir le faire à l'échelle professionnelle via le roman et la bande dessinée à l'époque ; j'avais modestement préparé de quoi poster tout ça sur Internet, comme les épisodes, mais les éditions Octobre puis Soleil m'ont donné ma chance et, depuis, je m'épanouis pleinement.

Sur Internet, il est important de noter que la Fantasy et la science-fiction sont impossibles à financer à l'échelle audiovisuelle. Même à la télévision et au cinéma, il est très rare de voir ces genres mis en scène par des Français avec des producteurs derrière. Notre bénévolat nous permet de créer une web-série de science-fantasy, mais on reste limités et le transmédia permet de pallier ces entraves en montrant ce qui ne peut l'être en vidéo, faute d'effets spéciaux et de logistique adéquats.

Je pense qu'on est un certain nombre à se demander comment est Sparadrap dans la vraie vie...

Si vous parlez du personnage de Sparadrap IRL, il est pareil que dans le jeu. Naïf mais incroyablement gentil, avec des valeurs saines. Si vous parlez de l'acteur, c'est un showman. C'est un gars bourré d'énergie, drôle et un ami sur lequel vous pouvez compter. Après, je vous rassure, il n'est pas aussi simplet que Sparadrap, quoique...

Avez-vous de nouveaux projets en gestation ? La série semble encore promise à un bel avenir...

Noob va avoir droit à une seconde jeunesse à travers *Reroll*, au format light novel et manga, *Rush* au format web-série et *Fluxball* en bande dessinée. Sans oublier la bande dessinée *Noob*, qui est loin d'être terminée. Le monde d'Olydri va continuer via *Neogicia* en romans, bandes dessinées et sûrement mangas et web-série à terme. Enfin, il y a *Warpzone Rebirth* en web-série et comics en préparation. Toutes ces licences sont des saisons 1 et n'ont absolument pas besoin de l'héritage de *Noob* pour être comprises. Ce sont des licences indépendantes issues d'un univers étendu, comme cela se fait de plus en plus dans les mondes de l'imaginaire.

VIDÉOS À NE PAS MANQUER

NOOB : SAISON 1 INTÉGRALE - 1H57
-
NOOB : SAISON 2 INTÉGRALE - 2H19
-
NOOB : SAISON 3 INTÉGRALE - 2H34

WARPZONE PROJECT //

WEB-SÉRIE // PUBLICATION EN COURS

VIDÉOS À NE PAS MANQUER : **WARPZONE PROJECT - S01 ÉP01 - UN AUTRE MONDE – // WARPZONE PROJECT - S01 ÉP02 - LES BROUILLEURS - // WARPZONE PROJECT - S01 ÉP03 - LES RECRUES – //**

WarpZone Project est une web-série créée par Fabien Fournier et Olydri Studio – également à l'origine de la série *Noob*. Avec *WarpZone Project*, vous devez oublier tout ce que vous croyez savoir sur le monde dans lequel vous vivez. Les comics, les mangas, les jeux vidéo, les films, bref, tout ce qui touche à l'univers de la pop culture pourraient bien narrer des histoires et des aventures plus réelles et plus vraisemblables qu'il n'y paraît. Hanté toutes les nuits par des personnages de comics, entendant d'étranges voix provenant de ses BD et de ses jeux vidéo, Téo va voir son existence basculer lorsqu'un supervilain et un super-héros vont débarquer dans son appartement pour lui faire des révélations incroyables. Sith, ou Jedi ? Serpentard ou Gryffondor ? Peut-être n'êtes-vous pas prêts…

\\ FLANDER'S COMPANY

PUBLICATION TERMINÉE \\ WEB-SÉRIE

VIDÉOS À NE PAS MANQUER : **FLANDER'S COMPANY SAISON 1 ÉPISODE 1 LE MAILLON FAIBLE // FLANDER'S COMPANY SAISON 1 ÉPISODE 2 KITTY KAT // FLANDER'S COMPANY SAISON 1 ÉPISODE 5 CINDY //**

« Bienvenue au merveilleux bureau des candidatures spontanées de la Flander's Company ! Lieu de joie, d'harmonie, d'ulcères et d'infarctus… » Une introduction qui résume plutôt bien le caractère totalement délirant et atypique de cette web-série qui a initialement démarré en 2008 sur Nolife. Les super-héros ont des superpouvoirs, des supercostumes, mieux, des superslips, mais ils ne seraient rien sans des supervilains, cruels et dégoulinants de charisme. C'est la raison pour laquelle la Flander's Company recrute, forme et gère les carrières de ces méchants en puissance. Reléguez les bons sentiments, les belles armures high-tech et les belles organisations vengeresses, l'avenir, ce sont les *bad guys* !

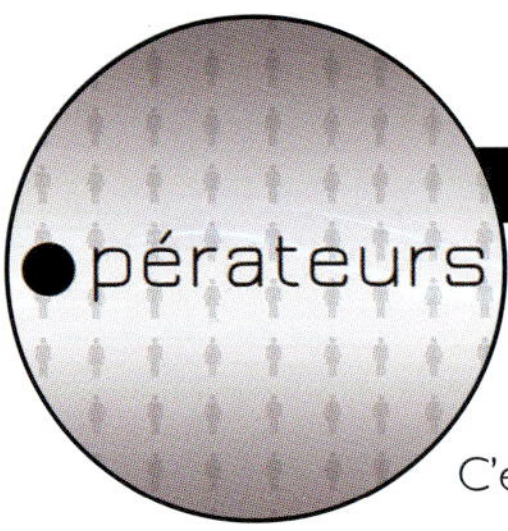

LES OPÉRATEURS //

WEB-SÉRIE // PUBLICATION TERMINÉE

VIDÉOS À NE PAS MANQUER : **LES OPÉRATEURS - 1X01 - LE PREMIER JOUR // LES OPÉRATEURS - 1X02 - LES PETITES BOÎTES // LES OPÉRATEURS - 1X03 - LE MÉDECIN //**

C'est sur la plate-forme Dailymotion qu'il est possible de trouver *Les Opérateurs*, une web-série créée, écrite et réalisée par François Descraques et Slimane-Baptiste Berhoun. C'est en tant qu'« opérateur référent » que le jeune Slim a été embauché dans l'entreprise [•], une multinationale. Son premier jour de travail va se dérouler bizarrement, surtout à partir du moment où il va rencontrer Fran, sa collègue de bureau. Elle va effectivement le mettre en garde contre la boîte qu'il vient d'intégrer, pointant du doigt le fait que Slim ne sache pas en quoi consiste son travail et qu'elle-même, après six mois de présence, n'ait toujours pas saisi son rôle ou l'activité de l'entreprise. Qu'est-ce que [•] cache réellement ?

HELLO GEEKETTE //

WEB-SÉRIE // **PUBLICATION TERMINÉE**

VIDÉOS À NE PAS MANQUER : ▸ HELLO GEEKETTE S1E01 FANTASMES //
▸ HELLO GEEKETTE S1E03 WORLD OF WARCRAFT VS SECOND LIFE //
▸ HELLO GEEKETTE S1E05 GEEKS VS BOBOS //

Hello Geekette a démarré en 2008 sur Dailymotion et a été créée par Julien Pichard, Nicolas Ramade et Jérôme Gallioz. La web-série raconte la vie de Valérie, une geekette vivant dans son univers imaginaire plein d'histoires fictives. Greg est son total opposé : à 1 000 bornes de tout ce qui peut concerner un geek, il est beaucoup plus attiré par la séduction que par une manette ou un jeu vidéo. Deux personnages que tout oppose, qui ne se seraient pas calculés en vrai… à moins de vivre en colocation. Et c'est là que ça cloche étant donné que leur appartement va devenir le ring d'une joute où les amis geeks, les nerds, les gothiques et les métalleux de l'une vont se confronter aux bobos, traders et séducteurs de l'autre. Dès le premier épisode, vous risquez de voir le célèbre Chewbacca d'un autre œil…

\\ BEFORE

PUBLICATION EN COURS \\ **WEB-SÉRIE**

VIDÉOS À NE PAS MANQUER : ▸ [LA SÉRIE DE L'ÉTÉ] ACTION OU VÉRITÉ OU TU BOIS SÉRIE BEFORE S1E01 AVEC FAIRESET // ▸ LE PIGEON DE NÖEL (BEFORE S1E02) //
▸ DES BOUTEILLES DANS UNE BOUTEILLE (BEFORE S1E03) //

Before est une web-série qui a vu le jour sur la chaîne YouTube Rendez-vous à Paris en 2012 et qui a été réalisée en partenariat avec l'agence CAPA. À travers des épisodes très courts, très dynamiques, extrêmement bien réalisés et bénéficiant d'un bon jeu d'acteurs, on se retrouve propulsé dans un appartement d'étudiants entre quelques bouteilles et des jeux d'alcool. *Before*, c'est un titre qui renvoie au moment où les jeunes boivent tranquillement chez eux avant de sortir en soirée, histoire de penser moins. Attendez-vous donc à une ambiance assez intimiste, pleine de nombreux délires, de complicité et d'amitié, mais aussi de disputes et d'idées totalement loufoques. Jérôme, le pigeon de Noël qui boit des gin-tonic, n'attend que vous…

ROXANE, LA VIE SEXUELLE DE MA POTE //

WEB-SÉRIE // **PUBLICATION TERMINÉE**

VIDÉOS À NE PAS MANQUER : ▸ FEMME FATALE - #1 ROXANE LA VIE SEXUELLE DE MA POTE //
▸ LOVE ETC. - #2 ROXANE LA VIE SEXUELLE DE MA POTE //
▸ LES PRÉJUGÉS - #3 ROXANE LA VIE SEXUELLE DE MA POTE //

Roxane, la vie sexuelle de ma pote est une série télévisée composée de deux saisons et 47 épisodes initialement diffusée sur Chérie 25 en 2012, mais qui est aujourd'hui intégralement disponible sur la chaîne Rendez-vous à Paris et adopte un format totalement «Web». Roxane, célibataire et immature, est une femme pleine de contradictions : elle cherche le Grand Amour, l'homme qui changera irrémédiablement sa vie, mais elle souhaite également s'éclater sexuellement parlant et a du mal à se poser des limites. Son ami d'enfance, Yannis, écoute le récit de ses tribulations et va tenter de lui apporter des conseils tant la jeune femme a du mal à saisir les hommes et leur fonctionnement. Une web-série annoncée comme étant destinée aux trentenaires, mais qui plaira tout autant aux autres.

EN PASSANT PÉCHO //

WEB-SÉRIE // PUBLICATION EN COURS

VIDÉOS À NE PAS MANQUER : «EN PASSANT PÉCHO» ÉPISODE 1 : LE FILM DE BOULE EST-IL UNE DROGUE? // «EN PASSANT PECHO» LEVEL BONUS: COKEMAN FAIT DES VIDÉOS // «EN PASSANT PECHO» ÉPISODE 2 : À PROPOS DE MOJO //

En Passant Pécho est une « bonne grosse série de shlags » réalisée par Ken & Ryu et qui a vu le jour en 2015. Pour la petite histoire, *En Passant Pécho* raconte les aventures – mais surtout les déboires – d'une bande de dealers parisiens qui sont complètement à côté de leurs pompes. De la drogue et du sexe sur fond de culture pop et de musique rap, avec des personnages atypiques à l'image de Cokeman – pas besoin de faire un dessin sur sa principale occupation – aboutissent à un résultat absolument inoubliable. Les répliques sont cultissimes, l'esthétique unique et l'aspect trash et bourrin tout bonnement jubilatoire. Guettez les clins d'œil musicaux, ne plongez surtout pas le nez dans la schnouff et passez un super moment avec cette série allumée.

\\ LIMITE-LIMITE

PUBLICATION EN COURS \\ WEB-SÉRIE

limite-limite

VIDÉOS À NE PAS MANQUER : UNE VOISINE COQUINE / LIMITE-LIMITE // RÉGIME RÉVOLUTIONNAIRE / LIMITE-LIMITE // SPAGHETTI / LIMITE-LIMITE //

Depuis 2010, la chaîne LIMITE-LIMITE propose mensuellement des vidéos humoristiques. Le concept de base est extrêmement simple : la mise en scène de blagues populaires que vous avez peut-être déjà entendues au moins une fois dans votre vie et qui, vous vous en doutez, sont des blagues limites-limites, tendancieuses, parfois lourdingues. Une bonne partie du contenu s'adresse donc à un public averti. Pour les autres, vous risquez très certainement d'esquisser ne serait-ce qu'un sourire. Dépassant rarement la minute, les vidéos sont bien réalisées, dynamiques et utilisent des personnages récurrents.

THE KIDULTS //

WEB-SÉRIE // PUBLICATION EN COURS

VIDÉOS À NE PAS MANQUER : TUTO MAQUILLAGE | THE KIDULTS FEAT. LOLLA WESH // LA SOIRÉE CHEZ LA FERME JEROME ! | THE KIDULTS // CHIBRE | THE KIDULTS //

The Kidults est une série qui a été lancée en 2014 et qui se concentre sur le quotidien de quatre colocataires parisiens, de véritables « adulescents » avec des relents d'enfance. Particularité cependant, vous les suivrez dans leur salle de bains comme si vous pouviez les observer à travers un miroir sans tain, présent au beau milieu de leur intimité. Vous allez ainsi découvrir comment fonctionne la cohabitation entre des personnages un peu gamins, pas totalement adultes mais très réalistes. Entre délires, déboires, dérision et une sensation d'improvisation, le tout paraît effectivement très vraisemblable. En outre, la série est dotée d'un côté *gay-friendly* voulu par Arthur, le réalisateur, qui confère ainsi une dimension très décomplexée à la série. Bonne nouvelle, vous pouvez commencer cette web-série à l'épisode que vous souhaitez, elle n'est pas linéaire !

RAPTUS //

WEB-SÉRIE // **PUBLICATION EN COURS**

VIDÉOS À NE PAS MANQUER : RAPTUS #07 // RAPTUS #01 // RAPTUS #03 //

Dans le jargon médical, un « raptus » est une forte perturbation du champ de la conscience, une pulsion puissante affectant brusquement le comportement. Sur YouTube, à présent, il s'agit d'une série humoristique qui reprend globalement cette définition au mot près et qui met en scène des situations surprenantes. À chaque nouvel épisode, c'est une nouvelle histoire, totalement indépendante de la précédente, où seul demeure le personnage central. Préparez-vous, car ce que vous allez voir va peut-être vous sembler totalement absurde, délirant et ubuesque. La réalisation est excellente, l'écriture vraiment très intéressante et il y a de quoi passer un très bon moment.

\\ DRH

PUBLICATION TERMINÉE **WEB-SÉRIE**

VIDÉOS À NE PAS MANQUER : DRH ÉPISODE 01 : RECRUTEMENT // ÉPISODE 1 : NOUVEAU BUREAU // DRH ÉPISODE 1 : PLAN DE CARRIÈRE //

DRH est une web-série humoristique qui a commencé à être diffusée sur internet en 2007. Créée par François Muller et Alban Taravello, elle comporte 50 épisodes répartis sur trois saisons. On y découvre Nicolas Bertier, un arriviste sans aucune morale, et son quotidien en tant que directeur des ressources humaines dans une multinationale, où il apprécie exercer son pouvoir avec autorité. On a beau se trouver dans la caricature, les deux créateurs se sont à l'origine inspirés de leur quotidien au bureau alors qu'ils venaient tout juste d'intégrer le monde du travail. Entretiens d'embauche, vie dans un open space, plans sociaux et licenciements… : le cycle du travail est abordé dans son intégralité.

J'AI JAMAIS SU DIRE NON //

WEB-SÉRIE // **PUBLICATION TERMINÉE**

VIDÉOS À NE PAS MANQUER : [ÉP1] - J'AI JAMAIS SU DIRE NON - NON AUX CONSÉQUENCES ! // [ÉP2] - J'AI JAMAIS SU DIRE NON - NON À L'INCRUSTE ! // [ÉP3] - J'AI JAMAIS SU DIRE NON - NON AUX SEXTOYS ! //

Il y a des moments où l'on se retrouve coincé dans la vie, un peu au pied du mur, et puis il y a ceux qui ne savent pas dire non, et qui sont littéralement coincés tout le temps. *J'ai jamais su dire non*, web-série humoristique écrite et réalisée par Slimane-Baptiste Berhoun, est rattachée au groupe Frenchnerd. Dans cette série, Tom est un jeune à la volonté quasi inexistante qui ne sait pas dire non aux autres. Après avoir couché – malgré lui – avec sa patronne, Roxanne, sa petite amie, Emma, le quitte. Seul et en plein désespoir, Tom va voir son ami Mitch débarquer pour entamer une coloc. Ce dernier va alors appliquer sa nouvelle méthode, la Psycho-Balls Therapy. Une première étape pour Tom, qui décide de reprendre sa vie en main. La série a été suivie par deux spin-off : *La Théorie des balls* et *Le Secret des balls*, qui sont centrées sur le personnage de Mitch.

LE VISITEUR DU FUTUR //

WEB-SÉRIE & TRANSMÉDIA // PUBLICATION TERMINÉE

Le Visiteur du futur est une web-série créée, écrite et réalisée par François Descraques, qui a débuté en 2009 sur Dailymotion. La série qui compte au total 57 épisodes répartis en quatre saisons est aujourd'hui terminée.
Alors qu'il s'apprête à tenter un banal tir de canette dans une poubelle en compagnie de deux amis, Raph, un jeune homme sans histoire interprété par Raphaël Descraques, va connaître un bouleversement dans sa vie. Un personnage qui prétend venir du futur, le Visiteur, va effectivement le mettre en garde contre ce jet de canette et contre les conséquences apocalyptiques que son geste pourrait entraîner. Cette intrusion n'est que la première parmi de nombreuses autres, et survient avant l'intervention de la Brigade temporelle, qui cherche à savoir ce que manigance le Visiteur. Raph va rapidement se rendre compte que le futur a besoin de lui…

INTERVIEW !

QUI ES-TU ?
François (Maxime) Descraques.

VIDÉOS À NE PAS MANQUER

LE VISITEUR DU FUTUR - S01E01 (EN/RUS SUBTITLES AVAILABLE)
-
LE VISITEUR DU FUTUR - S01E02 (EN/RUS SUBTITLES AVAILABLE)
-
LE VISITEUR DU FUTUR - S01E03 (EN/RUS SUBTITLES AVAILABLE)

D'OÙ VIENS-TU ?
Principalement de Paris. Mais aussi de Marseille, de Dijon, de Fougamou au Gabon et de Nouakchott en Mauritanie. *No joke*.

OÙ VAS-TU ?
Vers l'avant.

LE PLUS BEAU JOUR DE TA VIE ?
La naissance de mon premier-né. Ce n'est pas encore arrivé à ce jour mais j'imagine que ça sera ça.

TON PIRE CAUCHEMAR ?
Perdre des proches pendant l'apocalypse. Et aussi être à court de Doliprane.

DES PHOBIES ?
Les courants d'air.

CINQ PASSIONS QUI T'ANIMENT ?
Séries, films, jeux vidéo, livres, les salades de fruits.

TON PIRE DÉFAUT ?
L'impatience.

Si tu n'avais pas été vidéaste et auteur, à quoi te destinais-tu ?

Je serais dans la merde.

Ta citation favorite ?

« Fais-le, ou ne le fais pas. Il n'y a pas d'essai. » – Maître Yoda.

Quels sont tes cinq films cultes ?

Fight Club, *Forrest Gump*, *Retour vers le futur*, *Ratatouille*, *Punch Drunk Love*.

Parmi toutes tes vidéos, quelle est celle que tu préfères ?

La dernière.

Tu es acteur, réalisateur et scénariste. Quelle casquette portes-tu le mieux ?

Pas celle d'acteur.

Comment décrirais-tu ton univers ?

Descraquien. Ou Descraquesque. #Humilité

Te revendiques-tu de la culture geek ?

Oui, monsieur l'agent.

Courts-métrages, web-séries, télévision, émissions et publicité… tu as tourné dans toutes sortes de configurations. Le Net permet aujourd'hui à de jeunes créateurs de s'affranchir de la propriété des moyens de production. Chacun peut proposer son émission avec comme seul critère de réussite l'adhésion du public et le nombre de vues. Quelles vertus offrent ces nouvelles perspectives ?

La spontanéité, la créativité, l'inventivité, le partage, l'amour.

Quels écueils cela pourrait-il engendrer ?

La compétition aux vues, l'autoformatage des vidéos, la recherche de la reconnaissance absolue, le sida.

Est-ce que tes créations auraient été les mêmes sans tes études d'audiovisuel ?

Dans le fond, oui. Dans la forme, elles auraient été moins maîtrisées.

Quel regard portes-tu sur YouTube et le phénomène des YouTubers ?

YouTube n'existait pas quand j'ai commencé. Je suis ça avec intérêt mais avec une distance.

Accordes-tu une grande importance au nombre de vues sur tes vidéos ?

Pas trop, non. Ceux qui financent mes vidéos, peut-être qu'ils le font plus.

Quels sont les vidéastes ou YouTubers que tu suis ?

RedLetterMedia, Nostalgia Critic, James Rolfe, Every Frame A Painting, WTC, e-penser, Axolot, Joueur du Grenier, Benzaie, L'Originale, Karim Debbache, Le Fossoyeur de Films, Adrien Menielle, Suricate, FloBer, Ludovik, Bonjour Tristesse, Waxx, PV Nova et tant d'autres…

Que penses-tu de la télévision ?

Capable du pire comme du meilleur. Comme tous les médias en fait.

BREF //

WEB-SÉRIE // PUBLICATION TERMINÉE

VIDÉOS À NE PAS MANQUER : ▶ BREF. JE ME SUIS FAIT AGRESSER. // ▶ BREF. IL Y A DES GENS QUI M'ÉNERVENT. // ▶ BREF. JE REMETS TOUT À DEMAIN. //

Bref est une série télévisée culte diffusée à l'origine par Canal+ et également disponible sur Internet. Extrêmement originale par son concept et sa réalisation, cette série a connu un succès retentissant. La série est composée de trois saisons : une première de 40 épisodes, une deuxième de 40 épisodes et une dernière qui permet de conclure la série à travers deux épisodes. Elle raconte la vie d'un homme ordinaire dont on ne connaît pas le nom. Dans la vie, au début on naît, à la fin on meurt, et pendant ce temps il se passe des trucs. *Bref*, c'est la vie de cet homme pendant « ce temps-là ». Parisien trentenaire, chômeur et surtout célibataire, il va rencontrer une fille lors d'une soirée et ne va plus avoir qu'un désir : la revoir.

\\ BLOQUÉS

PUBLICATION EN COURS \\ WEB-SÉRIE

VIDÉOS À NE PAS MANQUER : ▶ BLOQUÉS #1 - SI J'ÉTAIS RICHE // ▶ BLOQUÉS #7 - LES MEUFS // ▶ BLOQUÉS #29 - LE PETIT CHAT //

« En attendant qu'il se passe quelque chose, ils ont décidé de ne rien faire » résume globalement plutôt bien la série *Bloqués*, diffusée par Canal+ depuis 2015 et créée par Bruno Muschio, Kyan Khojandi et Harry Tordjman de la célèbre série *Bref*, et mettant en scène les rappeurs Gringe et Orelsan. À travers de courts épisodes, deux hommes sont posés sur leur canapé et discutent de tout et de rien sur fond de jeux de mots, de théories étranges, voire totalement abracadabrantesques, ou encore de réflexions plus sérieuses. C'est drôle, souvent stupide et décalé, et vous fera à coup sûr passer un agréable moment, affalé sur votre canapé en attendant vous aussi qu'il se passe quelque chose…

PALMASHOW //

WEB-SÉRIE // PUBLICATION TERMINÉE

VIDÉOS À NE PAS MANQUER : ▶ CA M'VÉNÈRE – PALMASHOW // ▶ QUAND ON EST MARIO ET LUIGI – PALMASHOW // ▶ QUAND ILS SONT EN GARDE À VUE – PALMASHOW //

À l'origine du *Palmashow* se trouvent Grégoire Ludig et David Marsais. Ce duo comique a fait ses débuts sur Dailymotion avant d'avoir l'occasion de réaliser son propre programme sur la chaîne de télévision Direct 8. Depuis 2010, année de leur première collaboration avec la chaîne, plusieurs types d'émissions se sont succédé : *La Folle Histoire du Palmashow*, émission parodique où ils incarnent deux personnages embauchés par erreur sur D8, *Very Bad Blagues*, qui demeure l'une de leurs créations la plus connue avec un format court et diablement efficace, *Palmashow l'émission*, qui propose de nouveaux sketchs et enfin deux épisodes de *La folle soirée du Palmashow*, prime time mélangeant l'ensemble de leurs productions. La majeure partie de leurs créations sont disponibles sur YouTube. Leur humour, l'excellence de leur écriture et l'ensemble des personnages qu'ils ont construits font de l'ensemble de leur création un incontournable.

FRENCH FOOD PORN //

WEB-SÉRIE // PUBLICATION EN COURS

VIDÉOS À NE PAS MANQUER : ▶ FRENCH FOOD PORN #3 - LE BURGER AU FOIE GRAS //
▶ FRENCH FOOD PORN #4 - LES SPACE COOKIES //
▶ FRENCH FOOD PORN #5 - LA BIÈRAUBEURRE //

French Food Porn, disponible sur StudioUha, propose des vidéos mêlant gastronomie, sensualité et moustache, accompagnées d'un bon brin d'obscénité. Attention, du coup, le contenu de cette série est destiné à un public majeur, averti et décomplexé ! C'est avec Jean-Junior, auteur et interprète de la série, que vous allez découvrir la cuisine sous un tout nouvel angle. Un BB-8 cake, un BroCake Alien ou encore des space cookies, autant de succulentes recettes proposées avec une voix suave, une mise en scène plongeant dans l'érotisme et des bruitages bien choisis. Le vidéaste est souvent accompagné au sein de ses vidéos par Le Fossoyeur de films, qui vient agrémenter tous ces délires de sa personnalité pimentée.

\\ LES KASSOS

PUBLICATION EN COURS \\ WEB-SÉRIE

VIDÉOS À NE PAS MANQUER : ▶ PTIRIPOU - ASPÉGIX ET GRODÉBILIX - LES KASSOS #26 //
▶ HELLO KIKI - LORD OF THE BOYARD - LES KASSOS #19 //
▶ AIMANTO & MISSTRIQUE - YU GI UNO - LES KASSOS #29 //

« Les KaKa, Les SoSos, Les KaKa, Les SoSos », pour reprendre le générique, c'est un condensé de parodies et d'humour pas très catholique produit et diffusé par Canal+, également disponible sur YouTube. Le concept est simple : les figures les plus emblématiques de la pop culture – dessins animés, films, séries, jeux vidéo, etc. – rendent visite à une assistante sociale. Dans un format court mais hyperactif, bénéficiant d'une réalisation parfaite, les plus grands personnages se retrouvent littéralement démystifiés.

NERDZ //

WEB-SÉRIE // PUBLICATION TERMINÉE

VIDÉOS À NE PAS MANQUER : ▶ NERDZ SAISON 1 - ÉPISODE 1 //
▶ NERDZ SAISON 1 - ÉPISODE 2 // ▶ NERDZ SAISON 1 - ÉPISODE 3 //

NerdZ est une série de 93 épisodes qui a été lancée par Davy Mourier, Monsieur Poulpe et Didier Richard en 2007. Elle a été diffusée sur Nolife jusqu'en 2011. On y retrouve DarkAngel64, un geek de 24 ans dont on suit la vie et les aventures peu rocambolesques, qui se résument en quelques mots : jeux vidéo, Internet et écran télévisé. Ce nolife de carrière, afin de subvenir à ses besoins, sous-loue son appartement à Caroline, une belle étudiante écervelée, et à Jérôme, un graphiste cultivé et amoureux de sa propre personne. Et puis il y a Régis-Robert, indéfinissable, étrange et difficile à comprendre, le seul ami de Dark, qui zone souvent au sein de l'appartement.

LE MEUFISME //

WEB-SÉRIE // PUBLICATION EN COURS

Sur *Le Meufisme*, avant tout, il y a d'la meuf. On peut même dire que c'est un ensemble de sketchs fait par, pour et avec des meufs. « Game is ovaire », donc, messieurs, vous voilà prévenus : vous entrez dans un domaine où le féminisme est roi. Pas de langue de bois, d'hypersexualisation ou de contes mirifiques et pailletés, ici c'est la réalité, mise en scène avec humour sans pour autant se noyer dans la caricature. Le harcèlement de rue, le maquillage, les ex, les déboires féminins – *big up* aux règles – sont des thématiques que Camille et Sophie souhaitent traiter du point de vue d'une « meuf lambda ». S'il n'était question au début que de sketchs, la chaîne tend aujourd'hui vers la web-série avec une saisonnalité et des vidéos qui se suivent. La réalisation manucurée et l'écriture bien épilée aboutissent à un résultat excellent. La princesse imparfaite existe, et pour elle : Plus on est d'founes, plus on rit !

INTERVIEW !

Qui es-tu ?

Sophie Garric, créatrice de la web-série *Le Meufisme*, dans laquelle j'officie en qualité d'auteure-réalisatrice, comédienne et graphiste.

Le plus beau jour de ta vie ?

Oh là là ! J'ai jamais su répondre à cette question. Parce que je vois toujours le verre à moitié plein et que, souvent, les pires journées se trouvent être les souvenirs les plus drôles à raconter. Maintenant, si on s'imagine que le plus beau jour de ma vie serait celui que je pourrais revivre en boucle comme dans un jour sans fin, alors ce serait sans nul doute celui où mon fils m'a appelée maman pour la première fois en tendant les bras vers moi, ou notre premier fou rire… Ou alors notre première grasse mat, tous les quatre, avec son père et le chat… Ou alors… une soirée arrosée avec TOUTE la famille… et les potes. Raaaaah, je ne peux pas choisir.

> « On ne se reconnaissait pas dans l'image des femmes véhiculée par les média, et sur l'internet français nous n'étions pas du tout représentées. »

Cinq passions qui t'animent ?

Écrire, réaliser, interpréter, cuisiner pour la mifa et les potes, la musique, toutes les musiques.

Ton pire défaut ?

La ponctualité. Que j'ai de moins en moins, et je n'en suis pas fière du tout.

Ta citation favorite ?

« Je ne perds jamais. Soit je gagne, soit j'apprends. » – Nelson Mandela

Parmi toutes tes vidéos et celles auxquelles tu as participé, quelle est celle que tu préfères ?

Très égoïstement « Meuf By Night », que j'ai réalisée, et parce que très personnelle et le début d'une belle histoire. Mais sinon « Le Département », pour Internet. J'adore l'humour absurde et subtil de ses auteurs.

Féminisme ou meufisme ? Pourquoi cette position et que représente-t-elle pour toi ?

Le Meufisme, à la base, c'est un coup de gueule de meuf. Ce que fait le féminisme depuis toujours, on est d'accord, mais c'est trop sérieux. Or, nous, on voulait faire marrer, et désacraliser la lutte des sexes. *Le Meufisme*, il faut le voir comme un éveil et/ou une réflexion sur le féminisme et ses conséquences quand il est éprouvé au quotidien par une meuf tout ce qu'il y a de plus lambda. Donc pleine de paradoxes.

Quels sont les vidéastes, créateurs, personnalités ou œuvres qui inspirent le plus ce que l'on trouve sur *Le Meufisme* ?

Alors un quintal de choses, parfois il s'agit d'une musique, *Budapest* de Poni Hoax, *Bad Girls* de M.I.A. ou plus récemment *Makeba* de Jain, d'un clip époustouflant, dernier *Up&Up* en date signé Galmuggia et Vania Heymann, d'un tableau, *La Madone* de Munch, ou encore du coup de gueule d'une anonyme sur les réseaux sociaux. J'essaie au maximum d'être stimulée tous les jours, j'ouvre les yeux, je fouine, j'attise ma curiosité, qui est un merveilleux défaut pour qui veut stimuler son imaginaire.

Pour la liberté de ton, l'absurde ancré dans le réel et les personnages taillés à la serpe mais sincères, il faudrait regarder du côté des séries US telles que *Malcolm*, *Scrubs* ou encore *My Name Is Earl*. Et si l'on regarde du côté du septième art je pourrais être intarissable, tant je ne compte plus les films qui m'ont bouleversée et donné l'envie de contenter vos mirettes à mon tour. Cependant je n'oserais « namedropper » des figures du cinoche, tant je souffrirais la comparaison. J'ai encore beaucoup de chemin à faire pour atteindre un art de la mise en scène qui me rendrait fière.

Je considère l'Internet, et mon espace sur YouTube, comme une antichambre, un laboratoire créatif mû par tout ce qui me fait vibrer, où je teste et j'éprouve toutes mes idées. Des plus farfelues aux plus géniales en passant par les plus bancales. Pour conclure, je citerai seulement quelques-unes des femmes qui m'inspirent quotidiennement de par leur talent : Kristen Wiig, Amy Schumer, Houda Benyamina, Christiane Taubira, Daphné Bürki, ma daronne, ma pote Jessie Varin, qui dirige *La Nouvelle Seine*..., etc.

VIDÉO À NE PAS MANQUER

EP 2.6 : HOMMELETTE - LE MEUFISME

Est-ce que tu pourrais nous dire comment sont nés le projet du Meufisme et son concept ?

Dans le salon de Camille, j'étais de mauvais poil parce qu'un peu trop sifflée dans la rue ce jour-là, parce que complexée par toutes les images de meufs croisées sur mon trajet. Des bombasses photoshopées toutes en courbes et en sourire *white*. On buvait des coups, elle mangeait du fromage, je fumais. Elle était en plein déboire sentimental, on venait toutes les deux de fermer un gros chapitre professionnel, alors tant qu'à faire on s'est dit qu'on allait parler un peu de nous et de nos poils, pour une fois.

Depuis vos débuts, vous traitez beaucoup du quotidien des femmes, de leurs déboires, des inégalités, préjugés et regards auxquels elles sont soumises. Pourquoi est-ce si important pour toi et Camille d'en parler à travers des vidéos et avec de l'humour ?

Parce qu'on ne se reconnaissait pas dans l'image des femmes véhiculée par les médias et que, sur l'Internet français, nous n'étions pas du tout représentées. À part une majorité de YouTubeuses beauté, il existait peu de créatrices de fiction quand nous avons commencé sur le Web. Et que si, dans notre métier, l'audiovisuel et le cinéma, la misogynie est évidemment présente nous voulions coup-de-gueuler sans aigreur, ni amertume et avec beaucoup d'humour. Seuls 20 % des films sont réalisés par des femmes en France. Pas de saucisses, on a hâte de bouleverser les stats !

« Une web-série faite par, pour et avec des meufs », mais pas que, au final. Est-ce que tu pourrais nous parler de la cible de votre chaîne ? Il paraîtrait qu'un bon pourcentage d'hommes vous regarde... S'agit-il d'un objectif atteint ?

La cible, à la toute base, c'était les mecs. Parce que c'est à eux qu'on voulait s'adresser, leur ouvrir les yeux en désacralisant la meuf d'une part et leur démontrer combien être une meuf aujourd'hui, même en France, est encore très compliqué. Bien sûr, au début, on était suivies par 95 % de meufs, mais très vite les poilus se sont incrustés dans notre audience. Désormais ils en constituent 35 %, voire 40 % pour certains épisodes. Des meufs nous ont même avoué qu'elles avaient découvert la série grâce à leur mec !

Vidéo à ne pas manquer

ÉP 2.8 : TA MÈRE LA - LE MEUFISME

Une bonne part du contenu YouTube peut être envisagé comme du divertissement, mais également comme un vecteur d'éducation, qu'il s'adresse à un public très jeune - et très présent - comme à un public plus adulte. Quelle place occupe *Le Meufisme* là-dedans selon toi ?

D'une manière générale, j'ai du mal – je veux dire intellectuellement – avec le contenu totalement gratuit qui ne défend rien, et n'ouvre pas à la réflexion ou au débat. Souvent, les messages les plus sombres traduits avec humour permettent de toucher une plus large audience. Concernant *Le Meufisme*, comme je le disais, il s'agit d'un éveil au féminisme et/ou d'une réflexion sur lui.

Peux-tu nous dire quels sont selon toi les préjugés ou raccourcis qu'il faut absolument éviter lorsqu'on évoque le féminisme ?

Que le féminisme est un truc de bonne femme. Ça concerne autant les mecs que les meufs cette histoire…

Est-ce que tu peux faire le point avec nous sur la web-série, qui a tout de même évolué depuis ses débuts. Où est-ce que vous en êtes ?

On a débuté avec des épisodes courts, à sketchs et très indépendants, pour conclure cette troisième saison avec une vraie arche narrative et une histoire singulière… Parce qu'au fond c'est ce qui m'anime, raconter des histoires ; je commençais à me sentir à l'étroit dans le format très court, qui était auparavant de quatre minutes. Cette année nos épisodes étaient plus longs, plus dialogués et j'ai adoré approfondir mes personnages.

Il y a des trucs en préparation pour l'avenir ? Vous avez des projets en tête ?

Oh ! plein de choses, du long, du moins long, du papier, peut-être de la musique…, mais là, depuis deux ans et demi que *Le Meufisme* a débuté, je n'ai pas pris de vacances et j'ai fait un bébé au milieu sans congé maternité. Pas bien, pas recommandé, vraiment j'ai honte, mais j'ai pas eu le choix. Alors on va étudier toutes ces promesses cet été en prenant du recul sur l'aventure, et je croise les doigts pour qu'à la rentrée on fasse les bons choix. Quoi qu'il en soit, une chose est sûre, j'ai envie de continuer à exister sur Internet !

« La cible, à la base, c'était les mecs. Parce qu'on voulait leur ouvrir les yeux en désacralisant la meuf d'une part et leur démontrer combien être une meuf aujourd'hui, même en France, est encore très compliqué. »

Quel est ton point de vue concernant la télévision, notamment en comparaison de YouTube ?

J'ai travaillé longtemps pour la télé, certes la production y est beaucoup moins éclectique, plus formatée et parfois terriblement surannée, mais elle reste toutefois un média surpuissant, à l'économie beaucoup plus attrayante que celle, balbutiante, d'Internet. Elle permet ainsi l'éclosion de très beaux projets tels que *Broadchurch* ou *Les Revenants*, saison 1 – quel dommage de devoir le spécifier – par exemple. Des séries qui n'auraient jamais pu éclore sur YouTube. Enfin, je suis à cheval entre deux générations totalement opposées, je suis dans le fossé. Ainsi, si j'adore Internet et suis fascinée par toutes les nouvelles formes de communication qu'il impose, j'aime encore avoir quelques rendez-vous avec ma télé. J'aime le zapping foireux du dimanche soir, où je tombe sur des choses improbables. J'adore la nouvelle édition sur C+ et feu *Le Petit Journal* par exemple.

Y a-t-il une vidéo que vous souhaitez réaliser depuis longtemps avec Camille ?

Il y a plein de vidéos que j'ai en tête, que je souhaite réaliser, oui. Notamment du travail plus graphique et plus poétique, pour des clips aussi. J'adore cet exercice. Et surtout il y a mes projets de long-métrage, qui me tiennent beaucoup à cœur. Avec Camille ou non ; nous sommes un couple libre !

Comment se passe la création d'un épisode, du début jusqu'à la publication ?

Dans ma cuisine ! Ah ah ! Sérieusement, je commence chaque saison par définir tous les thèmes que je souhaite aborder, et j'en parle avec Camille. À moins d'un veto, je me lance, en général dans ma cuisine, parce que ça me permet de m'isoler du reste de la maisonnée. Je l'écris, Camille le produit, on le réalise et en général je m'occupe de sa publication et de la communication qui l'accompagne. Tout cela bien sûr après validation de nos coproducteurs.

Quels sont les vidéastes que tu aimerais faire découvrir au plus grand nombre ?

Récemment j'ai découvert « Beard Club », de Pablo Pinasco et Sébastien Nadaud. SUBLIME. Une vraie leçon de photo et de mise en scène. Sinon j'adore les gens de « Like-Moi ». Ils sont très connus au Québec mais pas encore assez en France. Les mecs de *La débande* aussi, très bons.

VIDÉO À NE PAS MANQUER

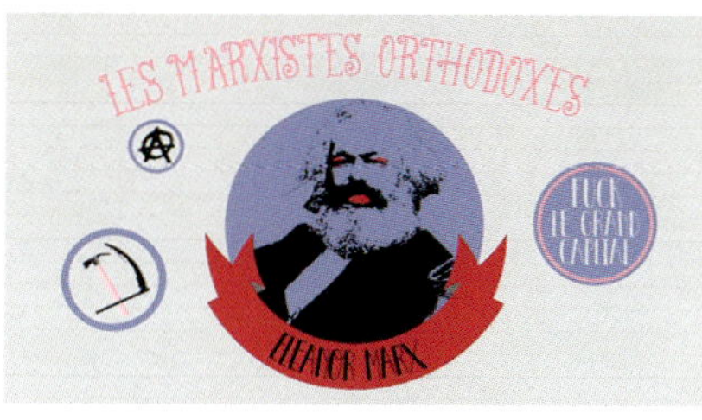

ÉP. 3.3 : F POUR FEMINA - LE MEUFISME (FEAT NATOO)

SPEED RATING //

WEB-SÉRIE // PUBLICATION EN COURS

VIDÉOS À NE PAS MANQUER : ▸ SPEED RATING - SAISON 01 - ÉPISODE 01 // ▸ SPEED RATING - SAISON 01 - ÉPISODE 02 // ▸ SPEED RATING - SAISON 01 - ÉPISODE 06 //

« Ding ! » *Speed Rating*, jeu de mots à traduire par « se prendre un râteau rapidement », est une web-série humoristique franco-belge qui parodie le *speed dating*. Un concept qui réserve son lot d'histoires cocasses et d'anecdotes croustillantes à exploiter – il paraîtrait qu'une base de 1 000 sketchs existerait, ce qui laisse de belles perspectives. Le format court, moins de quatre minutes par épisode, n'a qu'un objectif : vous faire rire « tout de suite ». Le but étant d'aller droit… au but, d'être compréhensif, mais surtout de déclencher l'hilarité. Une rencontre, un coup de sonnette et l'objectif de séduire la personne qui se trouve en face, mais malheureusement cela ne se passe pas toujours comme prévu…

\\ UTK - WENSERIE

PUBLICATION EN COURS \\ WEB-SÉRIE

VIDÉOS À NE PAS MANQUER : ▸ UTK ÉPISODE 01 - UN NOUVEAU MONDE - WEB SÉRIE 2016 // ▸ UTK ÉPISODE 02 - LE BIENFAITEUR - WEB SÉRIE 2016 // ▸ UTK ÉPISODE 03 - LE SENS DU SACRIFICE - WEB SÉRIE 2016 //

Commencée en janvier 2016, la web-série *UTK* nous propulse dans un monde dévasté par un virus où des personnes tentent de survivre coûte que coûte. Les événements de la série se déroulent à notre époque, mais, à la suite d'une succession d'explosions qui ont répandu le fameux virus, presque toute la population mondiale a été infectée. Les gens ne sont pas devenus des zombies, mais des personnes aux capacités physiques décuplées qui n'ont pas conscience de ce qu'elles sont et qui tuent les humains normaux. Un scientifique, en créant un vaccin, a permis à une infime partie de la population de survivre retranchée. Il existe cependant des humains qui tentent de vivre en dehors de ces murs érigés en plein Paris, des humains dotés de capacités hors du commun…

TÊTES À CLAQUES //

WEB-SÉRIE // PUBLICATION EN COURS

VIDÉOS À NE PAS MANQUER : ▸ LES CANARDS - TÊTES À CLAQUES // ▸ LE WILLI WALLER 2006 - TÊTES À CLAQUES // ▸ LA VOISINE VAMPIRE - TÊTES À CLAQUES - SAISON 2 - ÉPISODE 17 //

« T'aimes ça manger des patates ? » est très certainement devenue l'une des phrases les plus cultes du Web depuis ces dix dernières années. C'est aux fameuses *Têtes à claques* qu'on les doit, et plus particulièrement à l'épisode sur le « Willi Waller 2006 ». Cette série humoristique québécoise, lancée en 2006 et qui a connu un succès phénoménal, propose de courts épisodes mettant en scène des personnages pour le moins atypiques et bénéficiant d'une animation unique. L'accent de nos lointains cousins est tout bonnement délectable et l'humour clairement omniprésent. À l'origine relativement courts, les épisodes se sont étoffés et dépassent maintenant les vingt minutes. Aucune hésitation à avoir : d'un simple clic, décollez pour un univers totalement délirant et déjanté pour suivre les aventures du vol DC-132, de Gabriel et Samuel, d'Oncle Tom ou encore de Johnny Boy.

DEDANS ALLOCINÉ //

WEB SÉRIE // **PUBLICATION TERMINÉE**

VIDÉOS À NE PAS MANQUER : ▶ DEDANS ALLOCINÉ - S1E1 : « COUP DE PUB » //
▶ DEDANS ALLOCINÉ - S1É2 : « COMITÉ D'ACCUEIL » //
▶ DEDANS ALLOCINÉ - S1É3 : « SAN GRÉGOU » //

Ce sont Kévin Sardet et Anthony Barthélémy, les créateurs de *Merci Qui ?* et *Faux Raccord*, qui sont à l'origine de *Dedans AlloCiné*. Cette web-série raconte la vie un peu délirante et atypique au sein de l'entreprise d'AlloCiné. Grégoire, patron relativement incompétent, un brin demeuré et somme toute assez excentrique, évolue au côté de Kévin, son directeur-assistant général intransigeant et aussi aimable qu'une porte de prison, qui impose son joug tyrannique sur Hugo, le stagiaire. Avec 15 épisodes répartis en deux saisons, *Dedans AlloCiné* vous fera considérer différemment le plus célèbre site lié au cinéma.

\\ CONFESSIONS D'HISTOIRE

PUBLICATION EN COURS \\ **WEB-SÉRIE**

VIDÉOS À NE PAS MANQUER : ▶ CONFESSIONS D'HISTOIRE - LA PREMIÈRE CROISADE //
▶ CONFESSIONS D'HISTOIRE : D'ALEXANDRIE À ACTIUM //
▶ CONFESSIONS D'HISTOIRE : ALIÉNOR & CONSÉQUENCES (OU LA DEUXIÈME CROISADE) //

Confessions d'Histoire est une chaîne qui réussit le tour de force de donner – enfin – la parole aux plus grands personnages de l'histoire. Avec beaucoup d'humour et une réalisation très soignée, chaque épisode revient ainsi sur les événements les plus marquants de l'histoire, comme la première croisade, à travers le témoignage de ceux qui les ont vécus. Les témoignages sont tournés à la manière de ce que l'on peut voir à la télévision, au sein des émissions de télé-réalité, ce qui confère une dissonance humoristique très forte à cette web-série. Malgré tout, au-delà de l'aspect divertissant de ces vidéos, leurs créateurs apportent un grand soin à documenter leurs travaux et à rester fidèles à la réalité historique. Il est d'ailleurs possible d'en apprendre un peu plus sur l'événement traité au sein des descriptifs des vidéos. L'histoire comme vous ne l'avez jamais vue !

CHASSEUR DE FANTÔMES //

REPORTAGES & PARANORMAL // **PUBLICATION EN COURS**

VIDÉOS À NE PAS MANQUER : ▶ CHASSEUR DE FANTÔMES - S02 ÉP03 : TANAÏS - NUITS 2, 3 & 4 (GIRONDE - JUILLET/AOÛT 2015) // ▶ CHASSEUR DE FANTÔMES - S02 ÉP04 : LE CHATEAU FANTÔME (FRANCE - SEPTEMBRE 2015) //
▶ CHASSEUR DE FANTÔMES - S02 ÉP06 : UNE DERNIÈRE DEMEURE (FRANCE - MAI 2016) //

C'est grâce à des vidéos portant sur le jeu *Minecraft* que GussDX s'est fait connaître. Depuis, sa chaîne a pris un véritable tournant puisqu'il se concentre aujourd'hui uniquement sur sa série de reportages *Chasseur de Fantômes*. Seul, le vidéaste part en quête de réponses à propos de l'existence d'une vie après la mort. Équipé de plusieurs caméras et de divers instruments servant à enregistrer les phénomènes paranormaux, il se rend dans des lieux généralement supposés hantés. Que vous croyiez ou non à ce genre de choses, Guss parvient à vous emporter dans une atmosphère tout à fait unique, souvent oppressante à travers des vidéos longues, professionnelles et bien montées.

LES DISSOCIÉS //

FILM /

SURICATE - LES DISSOCIÉS / THE NOBODIES //

Les Dissociés est le premier film réalisé par le collectif Suricate, rattaché au Golden Moustache, et qui est sorti sur YouTube à la fin 2015. Un matin, Lily et Ben vont voir leur vie de jeune couple parisien tranquille littéralement basculer lorsqu'ils se rendent compte qu'ils ne se sont pas réveillés dans leurs corps. Un groupe de « Dissociés », des humains qui ont la capacité d'échanger leur corps avec celui d'autres personnes, les leur ont subtilisés. Lily et Ben ne sont pas au bout de leurs peines : sur le chemin menant à la reconquête de leur enveloppe corporelle, ils vont effectivement se confronter à Milo, un Dissocié dangereux qui a l'incroyable capacité de contrôler le corps de quelqu'un d'autre sans quitter le sien. Magalie, une fillette de 5 ans, va aider le couple dans son entreprise alors qu'elle se trouve dans le corps d'un homme de 30 ans…

\\ HARD CORNER : LE FILM

\ FILM

HARD CORNER : LE FILM - 1080P - SPÉCIAL ANNIVERSAIRE - BENZAIE, GANESH2, BOB LENNON & MARC-EDOUARD ! //

Hard Corner : le Film a été réalisé par Benzaie, de la chaîne BenzaieTV. À travers cette première création longue, le vidéaste revient sur les origines de son personnage phare du Hard Corner. Benzaie n'a effectivement pas toujours travaillé dans sa célèbre boutique. À une époque, il était l'employé d'un certain Jean-Guillaume, un personnage tyrannique qui le martyrisait déjà durant son enfance. Quotidiennement humilié par son patron, Benzaie ne s'épanouit pas dans son travail chez Jean Gaming, où il doit vendre des jeux grand public à des ignorants. Un jour, il va décider de se rebeller contre « Jean-Gui » et va démissionner. En discutant avec Alpha Man, son personnage fictif préféré, il a alors l'idée de monter son propre magasin de gaming, destiné aux vrais hardcore gamers. Reste encore qu'il doit annoncer tout ça à Bibiche, sa copine…

MODE & LIFESTYLE

AVEC LES INTERVIEWS DE

Safia Vendome

Et pourquoi pas Coline

Audrey Marshmaloo

Cynthia Dulude

Alexandre Calvez

SAFIA VENDOME //

BEAUTÉ, VOYAGES, MODE & BIEN-ÊTRE / PUBLICATION TOUS LES 2 OU 3 JOURS

Safia Vendome est bien connue pour avoir constitué durant plusieurs années un duo avec la YouTubeuse Caroline sur la chaîne CarolineSafia. En 2016, elle a pris un nouveau départ en fondant sa propre chaîne avec laquelle elle souhaite resserrer les liens avec sa communauté et proposer de nouveaux types de contenu. Elle porte un grand intérêt au bien-être dans tous ses états : végétarienne, elle s'intéresse beaucoup au fonctionnement à zéro déchets et à tout ce qui a trait à un mode de vie plus respectueux de la nature et de soi-même. Elle apparaît comme une véritable ambassadrice du bien-être. Adepte de voyages, elle fournit de nombreux conseils et astuces à ses abonnés. Safia est également présente sur sa chaîne de vlog Safia Vendome Vlog. Fondamentalement positiviste, Safia est une source de bonne humeur et d'énergie à l'état pur.

INTERVIEW !

QUI ES-TU ?

Je suis une jeune femme de 25 – bientôt 26 – ans passionnée de voyages, de découvertes et d'échanges. Je m'appelle Safia et je vis à Barcelone.

Aujourd'hui, je suis YouTubeuse, blogueuse, plus généralement « influenceuse », et j'essaie de jouer mon rôle au mieux pour véhiculer des messages qui font du bien.

LE PLUS BEAU JOUR DE TA VIE ?

Certainement le jour où je suis allée à Rome pour la première fois. J'étais en cinquième et j'ai été éblouie par cette ville. Je me suis toujours dit que c'était un musée ouvert et que ça devait être dingue de vivre là. Avant ça, c'était la première fois où je suis allée à Disney… j'avais 7 ans.

> « MAINTENANT, AU BOUT DE TROIS ANS ET DEMI, J'AI ENVIE DE FAIRE DES CHOSES DIFFÉRENTES. »

DES PHOBIES ? OU DES TOC DE VIDÉASTE ?

J'ai longtemps eu la phobie des limaces et des vers de terre. Aujourd'hui je suis guérie. Je suis passée à un truc encore plus étrange : les amas de boules. C'est assez difficile à expliquer, mais tous ces objets formés à base de plusieurs boules collées les unes aux autres…, ça me dérange vraiment très fort !

CINQ PASSIONS QUI T'ANIMENT ?

Les voyages ! Je bouge beaucoup, beaucoup, beaucoup pour le travail ou le plaisir personnel. Je trouve que cela nous nourrit et nous rend meilleurs. La première fois que je suis partie seule j'avais 18 ans et je suis allée vivre cinq mois en Colombie. C'est là que j'ai pris conscience de l'importance des voyages et, comme je sais que beaucoup n'ont pas ma chance, j'essaie toujours de revenir de mes expériences avec des récits, des vidéos, qui les embarquent.

TON PIRE DÉFAUT ?

Bordélique ! Alors ça, oui… Je trouve toujours des excuses à mon chantier mais, en vrai, je sais que c'est ma faute et qu'il faut que je m'améliore.

Si tu n'avais pas été YouTubeuse, à quoi te destinais-tu ?

J'ai fait des études de marketing et communication digitale mais, à vrai dire, je ne sais pas ce que j'aurais fait si je n'avais pas été YouTubeuse. J'aurais adoré être organisatrice de mariages, ou du moins, dans l'événementiel.

Ta citation favorite ?

« Faisons en sorte d'être la meilleure version de nous-même. »

Parmi toutes tes vidéos, quelle est celle que tu préfères ?

Je les aime toutes. Sinon je ne les posterais pas, c'est certain. Mais je pense que celle où je me prépare pour mon (faux) mariage est la plus représentative de ce que j'aime, de ce que je veux faire…

Tu as beaucoup voyagé au cours de ta vie : est-ce que tu pourrais nous dire quel est le voyage qui t'a le plus marquée et pour quelles raisons ?

Chaque voyage est différent et apporte son lot de surprises. Cependant, je pense que mon voyage en Colombie a été le plus marquant. C'était la première fois que je partais seule et surtout que je partais longtemps. Je ne connaissais rien de ce pays et on en entendait souvent parler en mal. J'ai vite compris que ce n'était pas du tout le cas.

Quels sont les YouTubers, YouTubeuses ou personnalités qui inspirent le plus ton travail ?

Depuis que j'ai découvert les blogs, je suis très inspirée par ce que fait Coline d'Et pourquoi pas Coline. Je trouve sa démarche juste et équilibrée. Elle est aussi hypercréative, elle a tout à mon sens. Je m'inspire aussi beaucoup de Margot de la chaîne You Make Fashion qui est un exemple dans sa proximité avec ses lectrices et sa simplicité. Dans la mesure où je les trouve « vraies », elles m'inspirent.

Quand tu t'es lancée, avais-tu une idée précise de ce que tu souhaitais faire sur le Net ?

Pas du tout ! J'avais juste envie de faire quelques vidéos de temps en temps. Je n'aurais jamais cru que cela prendrait cette ampleur. Je suis très prudente et me dire que je pourrais être mon propre patron avec toute la liberté et toutes les responsabilités que cela entraîne… jamais.

As-tu demandé ou suivi des conseils de proches ou de viewers pour faire évoluer ton contenu ?

Aujourd'hui beaucoup plus qu'avant, oui !
Au début on est tout feu tout flamme, on se lance tête baissée sans vraiment évaluer ce qui est bon ou moins bon. Maintenant, au bout de trois ans et demi, j'ai envie de faire des choses différentes et je demande toujours l'avis de mon entourage parce qu'ils sont aussi une grande source d'inspiration.

Tu vis depuis le début de l'année une période de transition puisque tu as décidé de te lancer maintenant en solo. Est-ce que tu peux nous parler de cette volonté et de ce que tu souhaites mettre en œuvre à travers ta nouvelle chaîne ?

Cela faisait plusieurs mois que j'avais envie de traiter d'autres sujets, de faire les choses autrement, avec encore plus de cœur et moins d'objectifs chiffrés. J'aurais voulu que les choses se passent différemment pendant cette transition, mais, aujourd'hui, je suis à la place que je me suis cherchée. Je suis épanouie et encore plus libre.
J'ai envie de créer du contenu différent – sans pour autant tout abandonner de ce que je faisais avant, là n'est pas le propos. J'ai envie de faire des

Vidéo à ne pas manquer

QUAND ON EST À CUBA !!!

vidéos plus artistiques, plus travaillées, des choses que l'on ne voit pas sur YouTube beauté. J'ai la volonté, aussi, de parler de sujets plus sensibles comme l'humain, l'écologie, la santé… Il n'est plus question de se cacher derrière de fausses perfections youtubesques, j'ai envie de « vrai » et de « bon » !

Tu te positionnes effectivement comme la défenseuse de plusieurs causes et d'un mode de vie plus serein, plus en accord avec soi-même. D'où cela te vient-il ?

J'imagine que cela vient de mon éducation. Ma mère m'a toujours enseigné à être bonne avec les personnes et tout ce qui m'entoure. Elle ne m'a pas appris à me battre mais à chercher des solutions pacifiques.
Et puis j'ai voyagé, compris comment des gens étaient heureux en agissant différemment de nous. En étant unis, humbles et en harmonie. Ça m'a donné envie.
Je suis curieuse, j'ai envie de comprendre comment être meilleure chaque jour, comment laisser une empreinte positive sur cette planète parce que nous ne sommes rien et que si nous ne faisons que passer dans cette humanité, la planète, elle, sera toujours là et nous devons en prendre soin.

Une grande partie de ton public est assez jeune et tu lui prodigues des conseils et tutos sur de nombreux sujets. Qu'est-ce que cela fait d'être un peu la grande sœur de tout ce petit monde ?

Je ne me rends pas compte. Je suis en perpétuel contact avec mon audience via les réseaux sociaux, mais je ne mesure pas. C'est comme si j'avais des centaines de milliers de copines et que c'était normal. Je sais que j'ai un rôle à jouer et que je dois être responsable dans mon travail, mais cela est le cas dans toutes les relations que j'entretiens, alors je fais mon petit bout de chemin sans trop penser à ce rôle que l'on peut me donner sur le Web.

Quels sont tes objectifs pour l'avenir ? Comment souhaites-tu les atteindre ?

Aujourd'hui j'ai envie de trouver exactement ma voie. De savoir parfaitement vers où je me dirige. Ces dernières semaines ont précipité pas mal de choses et je me suis retrouvée à devoir reconstruire ma vie professionnelle sans l'avoir vraiment anticipé.
Alors voilà, il me faut me replacer et rendre mon travail pérenne, mais tout cela est très motivant et émouvant. Ce renouveau est une grande bouffée d'oxygène et, bien que je reste prudente, je sens que de grandes choses arrivent bientôt.

VIDÉO À NE PAS MANQUER

ZÉRO DÉCHET: LA BOUFFE EN MIEUX !

Comment organises-tu la vie de tes deux chaînes ? Est-ce que tu programmes beaucoup de choses à l'avance ou est-ce que tu travailles plus à l'instinct ?

Je programme beaucoup. Entre mes deux chaînes, mon blog, mes réseaux sociaux, mes mails, mes déplacements, les événements que je veux organiser, je n'ai pas d'autre choix que d'être extrêmement organisée. Mes vidéos sont prévues en moyenne un mois à l'avance et le tournage se fait la semaine avant la publication. Ce n'est qu'une infime partie de mon activité.
L'instinct joue davantage son rôle pour les réseaux sociaux. Je fais comme je l'entends, sur le moment, sans prise de tête.

Que penses-tu de la télévision ?

Cela peut être un bon divertissement. Mais j'avoue que je n'ai pas de télévision et je n'en ai jamais eu depuis que j'ai quitté la maison de mes

« JE SUIS CURIEUSE, J'AI ENVIE DE COMPRENDRE COMMENT ÊTRE MEILLEURE CHAQUE JOUR, COMMENT LAISSER UNE EMPREINTE POSITIVE SUR CETTE PLANÈTE. »

parents. Je ne sais pas quand j'aurais le temps de la regarder et surtout ce que je regarderais. Je préfère passer sur du replay, ça, j'adore !

Y A-T-IL UNE VIDÉO QUE TU SOUHAITES RÉALISER DEPUIS LONGTEMPS ?

Oui. J'ai envie de travailler avec des jeunes sourds. Je n'ai pas encore trouvé le comment ni le quand… J'y pense !

BEAUCOUP DE VIDÉASTES ONT STOPPÉ LEURS ÉTUDES EN COURS DE ROUTE POUR SE CONSACRER ENTIÈREMENT À YOUTUBE. CE N'EST PAS TON CAS, TU AS MENÉ TES ÉTUDES JUSQU'À UN MASTER 2. QUELS SERAIENT TES CONSEILS SUR CE POINT ?

C'est primordial ! Je comprends parfaitement que certains aient pris ce chemin mais je trouve cela vraiment, vraiment dommage.
Je ne vous cache pas que ma dernière année d'études a été très difficile car j'avais l'école, mon alternance et YouTube. Soit trois vies en une. Mais j'ai réussi et je suis heureuse de ne pas avoir lâché ! On évolue dans un monde un peu à part mais il n'en reste pas moins basé sur des principes réels et classiques. Finir ses études nous ouvre l'esprit et nous permet de savoir réellement gérer notre chaîne YouTube, nos médias sociaux, notre blog… Du moins, c'est ainsi que je le vis.
Et puis YouTube est une école de la vie. Pour en tirer le meilleur, il faut être prêt, et je ne pense pas que l'on puisse s'y épanouir sans être bien armé. Alors… finissez vos études avant tout.

VIDÉO À NE PAS MANQUER

GET READY SPÉCIAL PRINTEMPS À PARIS

ENJOYPHOENIX //

BEAUTÉ & MODE / PUBLICATION TOUS LES 2 OU 3 JOURS

VIDÉOS À NE PAS MANQUER : [DIY N° 6] : 10 DIY À FAIRE ABSOLUMENT ! // [GRWM N° 31] : SPRING NIGHT ROUTINE | 2016 // [TUTORIEL MAQUILLAGE N° 32] : LE MAQUILLAGE QUI ME RASSURE ! //

EnjoyPhoenix, également connue par son prénom, Marie, est assurément la YouTubeuse française spécialisée en mode, beauté et *lifestyle* la plus populaire. Elle propose sur sa chaîne principale de nombreux tutos, des conseils, des tags, des DIY et des *hauls*. Elle organise des rencontres avec ses abonnées et reste extrêmement proche de sa communauté. Elle a publié un livre en 2015, *#EnjoyMarie*, qui se situe entre l'autobiographie et le guide pour adolescentes. La même année, elle est sortie du seul cadre d'Internet en participant à la sixième saison de *Danse avec les stars*. Elle est également très active sur sa chaîne secondaire, EnjoyVlogging, et poste plus occasionnellement des conseils de cuisine sur sa chaîne Enjoy Cooking. Elle est aussi la présentatrice de l'émission *Soy Luna : Le Mag sur Disney Channel*.

\\ CAROLINE

PUBLICATION TOUS LES 2 OU 3 JOURS \ **BEAUTÉ, VOYAGES, MODE & BIEN-ÊTRE**

VIDÉOS À NE PAS MANQUER : QU'ON S'EN AILLE ! CLIP OFFICIEL - CAROLINESAFIA FT. BODYTIME // LES ASTUCES DE LA COQUETTE SALE ! // ROUTINE FITNESS + ÉVOLUTIONS SPORTIVES ! //

Caroline est une Française qui habite à Valencia, en Espagne, et qui est bien connue pour ses nombreux voyages à l'étranger. Si elle propose des vidéos beauté, mode et bien-être, toujours d'excellente qualité, l'atmosphère globale de sa chaîne est particulière puisque, en parlant de sport, de yoga et de nutrition, elle prodigue de très bons conseils de vie. Au début, il était question de CarolineSafia qui présentait l'histoire d'une amitié fusionnelle. En 2016, les deux jeunes femmes se sont orientées vers des contenus et des intérêts différents, ce qui les a poussées à monter leur chaîne en solo. Caroline dispose par ailleurs d'une chaîne de vlogs, Caroline Vlog, sur laquelle elle partage ses nombreuses expériences et voyages. Le style de Caroline vous plaira à coup sûr !

HORIA //

BEAUTÉ & MODE / PUBLICATION TOUS LES 2 OU 3 JOURS

VIDÉOS À NE PAS MANQUER : LA FILLE NORMALE VS LA YOUTUBEUSE ! (PARODIE) – HORIA // DRAW MY LIFE – HORIA // GET THE LOOK : TRANSFORMATION EN BLAIR WALDORF ! – HORIA //

Horia s'est lancée en 2012 sur YouTube sous le nom d'UnMondeAuFéminin. Débordante d'une joie de vivre contagieuse, elle propose principalement des tutos et des conseils beauté. Pourtant, elle ne se départit pas d'un franc-parler et n'hésite pas à se moquer des clichés liés à la beauté sur YouTube. En 2014, elle a créé la chaîne Palmcakes, où elle réalisait des délires et des défis aux côtés de Lilith Moon Fr et d'Alexandre Calvez. Horia tient au contact avec sa communauté, et pour cela organise régulièrement des *meet-up* afin d'en rencontrer les membres et de discuter avec eux. Et surtout n'oubliez pas : « Olive You », comme Horia le dit si bien !

EMMY //

MAQUILLAGE & MODE / **PUBLICATION TOUS LES 2 OU 3 JOURS**

VIDÉOS À NE PAS MANQUER : ▶ MAQUILLAGE EFFETS SPÉCIAUX : FRONT ARRACHÉ SUR MISTER V // ▶ LES COURSES – EMMY // ▶ MAQUILLAGE DÉBUTANTE : YEUX //

La chaîne d'Emmy était anciennement connue sous le nom d'EmmyMakeUpPro et, comme son nom l'indique, il y est principalement question de maquillage. Emmy est effectivement maquilleuse professionnelle et délivre au cours de ses vidéos de nombreux conseils et astuces beauté, look et effets spéciaux. Elle est aussi très connue pour sa « Semaine de l'horreur », qui a lieu chaque année au moment de Halloween et où elle dévoile plusieurs maquillages monstrueux plus vrais que nature. Sa chaîne a pris un nouveau tournant en 2016 puisqu'elle a commencé à réaliser avec ses amis des podcasts humoristiques. Emmy dispose par ailleurs d'une chaîne secondaire, Just'Emmy, où elle partage ses délires, ses vlogs et les interviews qu'elle réalise. En vous abonnant, vous deviendrez l'un de ses « petits *warriors* ».

\\ JENESUISPASJOLIE®

PUBLICATION HEBDOMADAIRE \\ **BEAUTÉ & MODE**

VIDÉOS À NE PAS MANQUER : ▶ 10 ASTUCES BEAUTÉ QUI CHANGENT LA VIE ! //
▶ DIY : DÉCO FACILES ET RAPIDES POUR VOTRE CHAMBRE ! //
▶ RÉUSSIR SES EXAMS QUAND ON EST NULLE ! //

C'est en référence à la campagne publicitaire de Kookaï, « Je ne suis pas jolie, je suis pire ! », que Léa a nommé sa chaîne. Cette Montpelliéraine propose essentiellement des tutos, des DIY, des podcasts, des *unboxings*, bref, une foule de vidéos différentes et variées. Léa gère aussi une seconde chaîne, Jenesuispasbavarde, où elle partage ses instants de vie, voyages et humeurs. En 2016, elle a publié son propre livre, *Je ne suis pas jolie, c'est vous les plus belles*. Son petit ami, Samuel, ainsi que sa cousine, la YouTubeuse Push Your Pink®, sont souvent présents sur ses vidéos et partagent avec elle une véritable complicité.

SANANAS //

BEAUTÉ & MODE / **PUBLICATION TOUS LES 2 OU 3 JOURS**

VIDÉOS À NE PAS MANQUER : ▶ LA BROSSE DAFNI LISSAGE TOP CHRONO (1RES IMPRESSIONS) //
▶ DANS LA VIE RIEN N'EST IMPOSSIBLE SANANAS //
▶ MORNING ROUTINE UN MATIN PLUTÔT COOL ! //

C'est après qu'elle a laissé tomber son poste d'assistante manager que Sanaa, de son vrai nom, a pu se consacrer entièrement à sa passion : une chaîne YouTube spécialisée dans la mode et la beauté. Elle poste deux vidéos par semaine, dont le contenu peut être très diversifié. Elle réalise effectivement des tutos make-up, revient sur ses produits favoris du mois, parle de ses derniers achats, teste de nouveaux produits et répond même aux questions de ses abonnés à travers des FAQ. Sananas a collaboré avec de nombreuses marques très connues telles qu'Yves Saint Laurent, Thierry Mugler ou encore NYX. Elle a même gravi les marches du Festival de Cannes en 2015 afin de représenter L'Oréal. Elle a par ailleurs créé sa propre ligne de bougies pour la marque L'Aurore. La YouTubeuse DJulicious apparaît souvent dans ses vidéos.

MADEMOISELLE GLORIA //

BEAUTÉ & CONSEILS DE VIE / **PUBLICATION BIMENSUELLE**

VIDÉOS À NE PAS MANQUER : ▸ MES PENSÉES EN COURS ! // ▸ MES MOMENTS EMBARRASSANTS ! // ▸ JE TE PARLE DE MES CHEVEUX //

MademoiselleGloria a littéralement explosé sur YouTube en l'espace d'une année. Joyeusement hyperactive sur ses vidéos, elle a même été surnommée par la presse la « porte-parole de la jeunesse positive ». Pour elle, la beauté est avant tout un art et c'est avec beaucoup de passion et d'énergie qu'elle en parle au sein de sa chaîne. Gloria est très drôle et aborde, au-delà de son contenu dédié à la beauté, des thèmes plus globaux liés à sa vie de tous les jours, ainsi que des défis qu'elle réalise avec d'autres personnes. Elle se dévoile donc beaucoup à ses abonnés, qu'elle est parvenue à fédérer grâce à son naturel et à sa joie de vivre. En 2016, la YouTubeuse était nommée pour le Prix Spécial melty Talents House, une pépinière de jeunes talents.

\\ SANDREA

PUBLICATION TOUS LES 2 OU 3 JOURS \ **BEAUTÉ & MODE**

VIDÉOS À NE PAS MANQUER : ▸ SWAP AVEC ENJOYPHOENIX // ▸ APPRENDRE À PARLER ANGLAIS COURAMMENT/ MON HISTOIRE // ▸ LES TRUCS CHELOUX AUX USA //

La première chaîne de Sandrea, Sandrea26ed, présentait des tutos beauté en anglais. La jeune femme maîtrise effectivement parfaitement cette langue et habite aux États-Unis depuis 2012. C'est la même année qu'elle choisit de ne se consacrer qu'à sa seconde chaîne, Sandrea26France. La YouTubeuse est bien connue pour sa bonne humeur, son sourire et son côté pétillant. Enceinte en 2015, elle a beaucoup parlé de son expérience. Elle dispose également d'une chaîne de vlogs, Sandrea26Vlog. Au-delà du sujet de la maternité, elle parle avant tout de beauté, de mode et de *lifestyle*. Elle est aussi membre du collectif Rose Carpet et réalise pour lui toutes les vidéos en lien avec les USA.

EMMA CAKECUP //

BEAUTÉ & MODE / **PUBLICATION TOUS LES 2 OU 3 JOURS**

VIDÉOS À NE PAS MANQUER : ▸ #ASKCUPCAKE N°1 : YOUTUBE, MA BISEXUALITÉ, JEREMSTAR ETC // ▸ JE TESTE DES PRODUITS POUR LES HOMMES // ▸ 10 CONSEILS : ANTI STRESS //

Tutos, *hauls*, podcasts et tags : Emma propose le contenu que l'on retrouve en règle générale sur une chaîne *lifestyle*. Pour autant, la YouTubeuse a su se démarquer et créer sa propre identité sur YouTube. D'une *positive attitude* à toute épreuve, son caractère, ses délires et son brin de folie en font l'une des YouTubeuses les plus appréciées. Bisexuelle, elle assume et revendique son orientation amoureuse au sein de ses vidéos, apportant de nombreuses informations sur l'acceptation de soi et l'ouverture d'esprit. Emma fait par ailleurs partie du collectif Rose Carpet, pour lequel elle a interviewé des personnalités bien connues, et pour lequel elle réalise également des DIY.

SHERA KERIENSKI //

BEAUTÉ & MODE // **PUBLICATION TOUS LES 2 OU 3 JOURS**

VIDÉOS À NE PAS MANQUER : MES PLUS GROS DOSSIERS !!! // ANDY RACONTE EN SHERACURLY (BOUCLES ET VOLUME SUR CHEVEUX LISSES) // DEVINE LA PUB ! (FEAT LOLA DUBINI) //

Shera est considérée par beaucoup comme l'une des YouTubeuses françaises les plus influentes. Entre ses billets d'humeur et tous ses conseils, elle a su rapidement toucher un grand nombre de personnes. On peut dire que son caractère bien trempé y a sûrement été pour quelque chose, au même titre que ses cheveux, qui sont entrés dans la légende. La jeune femme d'origine russe et algérienne s'est lancée sur Internet, sur l'insistance de l'une de ses amies, avec pour volonté de parler de tout ce qui a trait à la beauté et à la mode. Vous l'avez peut-être également croisée dans l'émission *Touche pas à mon poste !* sur D8, où elle est devenue chroniqueuse à la suite de son succès sur Internet. Shera est proche de nombreux autres YouTubeuses telles qu'Andy, Sweetie, Horia ou encore Kihou.

\\ CLARA CHANNEL

PUBLICATION HEBDOMADAIRE \\ **BEAUTÉ & MODE**

VIDÉOS À NE PAS MANQUER : VLOG JE CHANTE AU ZÉNITH ! // TAG TRUTH OR LIES ? W/ENJOYPHOENIX // STOLE THE SHOW - KYGO COVER BY CLARA CHANNEL //

Pour Clara Channel, le lancement de sa chaîne YouTube a véritablement constitué un nouveau départ dans la vie. À un moment où elle se sentait assez isolée, elle a décidé de se laisser porter par sa passion pour la mode et le maquillage en postant des vidéos qui ont progressivement trouvé leur public. C'est au côté de Marie, de la chaîne EnjoyPhoenix, et de Marine, de PerfectHonesty, que Clara a par ailleurs réalisé des vidéos pour la chaîne Rose Carpet avant de rejoindre l'équipe en 2015. Clara est passionnée par beaucoup de choses, notamment par la musique. Alors qu'il lui arrivait de proposer des reprises sur sa chaîne ou sur Vine, elle a réalisé en 2016 un duo avec le chanteur Corentin Grevost pour le single *Parle-moi*.

DANAËMAKEUP //

BEAUTÉ & MODE // **PUBLICATION HEBDOMADAIRE**

VIDÉOS À NE PAS MANQUER : [THE AMERICAN CORNER] DÉGUSTATION+CONCOURS EN BARRE D'INFO !!! // L O O K B O O K 2 0 1 6 // [REVUE] ESSENCE PRODUCTS ! //

Danaë est une jeune YouTubeuse beauté dont l'envie principale est de partager avec ses abonnés ses conseils et astuces. Bien qu'elle ne soit pas professionnelle – elle le précise elle-même –, son contenu tend de plus en plus vers une qualité qui l'en rapproche. Elle parle de tout : ses envies, ses goûts, ses cosmétiques favoris, son quotidien, ses musiques préférées, et ne manque pas d'accompagner le tout de sa personnalité vive et passionnée. Danaë est également très présente sur la plupart des réseaux sociaux, notamment Instagram, plate-forme grâce à laquelle elle s'est lancée sur Internet en proposant quelques astuces avec une amie.

KIHOU //

BEAUTÉ & MODE / **PUBLICATION MENSUELLE**

VIDÉOS À NE PAS MANQUER : DRAW MY LIFE | KIHOUU // MA CONNERIE CAPILLAIRE … // *WHAT'S IN MY BAG?! * //

En japonais, *kihou* signifie «bulle», et c'est bien parce que Laura, la créatrice de la chaîne, a souvent été considérée comme vivant dans sa bulle qu'elle a choisi ce nom. Spontanée et profondément attachante, elle publie des vidéos au gré de ses envies. Sa chaîne est une zone de partage où elle prodigue des conseils à sa communauté autant qu'elle en reçoit. Passionnée par le chant et les films d'animation, elle rêve de pouvoir un jour prêter sa voix à un personnage d'une création de Disney. Kihou fait partie de la chaîne UNICON et réalise des vidéos aux côtés d'Et pourquoi pas Coline, de Lilith Moon ou encore de Natacha Birds. En vous abonnant à sa chaîne, vous ferez partie de sa «PikaFamily».

\\ ELSAMAKEUP

PUBLICATION TOUS LES 2 OU 3 JOURS \ **BEAUTÉ & MODE**

VIDÉOS À NE PAS MANQUER : MON HISTOIRE // SPRING MORNING ROUTINE // CONSEILS POUR UN SOMMEIL (PRESQUE) PARFAIT ! //

C'est alors qu'elle était lycéenne qu'Elsa s'est lancée sur YouTube avec la volonté de partager sa passion pour l'univers des cosmétiques et d'offrir de nombreuses astuces. Elsa s'est véritablement épanouie sur YouTube depuis 2010. Devenue paraplégique à la suite d'une opération, elle a surmonté cette épreuve avec une énergie et une force d'âme impressionnantes; elle a notamment pu compter sur le soutien de sa communauté lors de sa convalescence. Elsa a créé sa propre ligne de cosmétiques, Elsamakeup, et a également choisi de s'engager pour la cause de l'éducation des jeunes filles. Elle a notamment encouragé ses abonnés à participer à l'action de la Flamme Marie Claire. Elle dispose d'une chaîne secondaire, Elsalifeandvlogs. En 2016, elle a publié le livre de conseils beauté *Elsa Make up : mes secrets*.

SWEETIE //

BEAUTÉ & MODE / **PUBLICATION TOUS LES 2 OU 3 JOURS**

VIDÉOS À NE PAS MANQUER : DRAW MY LIFE : BESOIN DE VOUS EN DIRE UN PEU PLUS SUR MOI. // DESSINE MOI UNE LICORNE FT. LITTLEJBEAUTY // MIAOUBOX DE MARS : LUNA A VOLÉ LA PELUCHE DE GARFIELD :O ! //

Sweetie, c'est avant tout de la bonne humeur, de l'énergie et une volonté folle de donner systématiquement le sourire aux autres. Gwen est passionnée par beaucoup de choses : les chats, le maquillage, la mode, mais aussi les jeux de société ! En 2014, dans sa vidéo «Draw My Life», elle confie avec beaucoup d'émotion vivre avec un cancer, qu'elle parvient à combattre en 2015. Elle a reçu beaucoup de soutien de la part de sa communauté. Sweetie a pris conscience de l'importance de vivre l'instant présent et de profiter à fond de tout ce que la vie peut apporter. C'est un trait de sa personnalité qui ressort beaucoup à travers ses vidéos et qui fait d'elle une YouTubeuse très attachante.

NOÉMIE MAKE UP TOUCH //

BEAUTÉ & MODE / **PUBLICATION TOUS LES 2 OU 3 JOURS**

VIDÉOS À NE PAS MANQUER : ▸ LES PIRES TOC D'UNE FILLE !! // ▸ LE QUOTIDIEN D'UNE FILLE … // ▸ 8 CHOSES À FAIRE POUR ÊTRE DU MATIN //

Déjà toute petite, Noémie était attirée par tout ce qui avait trait à l'univers de la beauté. C'est sur YouTube qu'elle a choisi de se lancer à la fin 2010 afin de partager ses conseils mode, beauté et bien-être, ses expériences, mais aussi son quotidien et ses coups de cœur. Elle publie des vidéos trois fois par semaine : le lundi, le mercredi et le vendredi. Noémie est également présente sur sa chaîne de vlogs, Noémie TVChannel, où elle propose notamment des vidéos de ses voyages. En mai 2016, elle a sorti un livre, *Journal d'une YouTubeuse*, qui prend la forme d'un journal intime où elle propose des astuces et des conseils mode, mais où elle se dévoile également un peu plus à son public.

\\ GEORGIASECRETS

PUBLICATION TOUS LES 2 OU 3 JOURS \ **BEAUTÉ & MODE**

VIDÉOS À NE PAS MANQUER : ▸ #GETSEXY BRULEUR DE GRAISSE / PERTE DE POIDS // ▸ MES ÉTUDES : DISPUTE AVEC MES PARENTS, PRIX SCIENTIFIQUE, MON MÉTIER ! (1RE PARTIE - 1/2) // ▸ MORNING ROUTINE & SUPER-POUVOIRS : ET SI LE MONDE N'ÉTAIT PAS CE QU'IL EST ? //

Georgia détonne à sa manière dans l'ensemble de la sphère *lifestyle*. Avec son accent marseillais prononcé, elle rayonne sur YouTube à travers de nombreuses vidéos aux concepts connus qu'elle personnalise : tutos maquillage, mode, coiffure, DIY et autres. Elle prodigue également de nombreux conseils afin de rester en forme, avec notamment des exercices physiques. Cependant, ce qui fait sa particularité, c'est qu'elle est aussi, et avant tout, une personne engagée et en quête de sens. Georgia possède une véritable éthique de vie : végétalienne depuis plusieurs années, elle est très sensible à la cause animale et rejette toutes les marques qui ne sont pas *cruelty-free*. En revenant sur ses propres expériences, elle invite ses abonnés à trouver leur propre voie, à vivre leurs rêves et à rester dans la joie.

PERFECTHONESTY //

BEAUTÉ & MODE / **PUBLICATION TOUS LES 2 OU 3 JOURS**

VIDÉOS À NE PAS MANQUER : ▸ TAG WHAT'S IN MY MOUTH ? W/ ENJOYPHOENIX // ▸ GET UNREADY : NIGHT ROUTINE PERFECTHONESTY // ▸ 5 PRODUITS DRUGSTORE DU MOMENT PERFECTHONESTY //

Ce que Marine, la créatrice de la chaîne PerfectHonesty, aime avant tout avec YouTube, c'est la communauté et la possibilité d'échanges qu'elle peut avoir avec celle-ci. Passionnée par l'univers de la beauté et du *lifestyle*, c'est en découvrant ce que proposaient les YouTubeuses, alors qu'elle était elle-même une fan inconditionnelle, qu'elle a décidé de se lancer dans l'aventure. Son premier souhait était d'être avant tout utile aux autres jeunes filles grâce à des vidéos conseils et des tutos où elle est finalement à la fois très douce et très didactique. Meilleure amie d'EnjoyPhoenix, elle fait également partie de l'équipe de Rose Carpet.

ET POURQUOI PAS COLINE //

BEAUTÉ, MODE & BIEN-ÊTRE / PUBLICATION TOUS LES 2 OU 3 JOURS

Pour beaucoup, Coline de la chaîne Et pourquoi pas Coline est un véritable modèle. Très passionnée, elle transmet beaucoup de ses astuces autour de la mode et de la beauté. Ses DIY permettent quant à eux de réaliser soi-même ses propres produits de maquillage. L'esthétique de sa chaîne et de son site Internet, etpourquoipascoline.fr, est très reconnaissable par son aspect épuré. La YouTubeuse est très engagée : végétarienne, elle est adepte de l'alimentation bio et équilibrée, et en parle au sein de ses vidéos. Elle porte un grand intérêt à la fabrication des produits cosmétiques dont elle se sert et qu'elle souhaite principalement bio. Sa chaîne YouTube ainsi que son site sont d'ailleurs de véritables plates-formes d'échanges, et certains commentaires sont également très instructifs. Coline est appréciée pour son caractère très drôle mais aussi pour sa maturité et sa spontanéité.

INTERVIEW !

Qui es-tu ?

Je m'appelle Coline et je vais sur mes 30 ans. Je vis dans l'est de la France, dans la belle région de la Moselle avec mon mari, notre fille, nos deux chats et notre chien, et je suis une «fille d'Internet» depuis 2007 à travers ma chaîne YouTube, mon blog et mes multiples réseaux sociaux.

Le plus beau jour de ta vie ?

Le jour où j'ai atteint les 200 000 abonnés ! Je plaisante ! Je vais la jouer classique et dire le jour où ma fille est venue au monde.

Des phobies ? ou des TOC de vidéaste ?

Pas vraiment de phobies, non… et encore heureux car je suis une grande angoissée qui s'inquiète de tout un tas de choses inutiles, voire surréalistes.

Ton pire défaut ?

Je suis extrêmement sensible. Je pense que c'est une qualité autant qu'un défaut mais cette sensibilité me rend parfois très vulnérable et… très susceptible !

Si tu n'avais pas été YouTubeuse, à quoi te destinais-tu ?

Avant de pouvoir vivre de mes activités sur le Web, je voulais reprendre mes études et me diriger vers le droit. À l'époque j'aurais adoré être avocate ! Mais aujourd'hui, si je devais me reconvertir, je me tournerais plutôt vers la naturopathie… ou j'ouvrirais une auto-école !

« Je tiens beaucoup à Unicon, au projet, à toutes les personnes qui travaillent dessus. »

Ta citation favorite ?

«Regretter, c'est deux fois souffrir.»

Parmi toutes tes vidéos, quelle est celle que tu préfères ?

Difficile de choisir mais je crois que celle qui m'émeut le plus est la vidéo que j'ai réalisée suite à mon premier voyage aux États-Unis. Je continue à la regarder régulièrement, elle me rappelle tellement de bons souvenirs ! Je suis aussi très fière du montage, qui avait dû me prendre, au bas mot, vingt-huit heures, ah ah !

Quels sont les YouTubers, YouTubeuses ou personnalités qui inspirent le plus ton travail ?

Pour le montage j'adule littéralement CaseyNeistat. Son contenu est assez redondant (daily vlogs) mais il a un talent de réalisation et de montage fou, ce qui rend toutes ses vidéos géniales. Estée Lalonde et Ingrid Nilsen m'inspirent aussi énormément. Je les suis depuis des années et je suis toujours très admirative de leurs parcours, de la façon dont elles ont réussi à évoluer, à grandir, tout en continuant à faire du super boulot et à inspirer les autres.

Quand tu t'es lancée, avais-tu une idée précise de ce que tu souhaitais faire sur le Net ?

Quand je me suis lancée, personne ne vivait de son blog ou de sa chaîne YouTube. Pour moi c'était une façon de passer un peu le temps, de m'amuser et d'échanger sur des sujets un peu légers.

Tu es active sur YouTube, mais tu l'es beaucoup aussi sur ton blog personnel. Comment en es-tu arrivée à utiliser ces deux médias ? Qu'est-ce que chacun t'apporte et lequel préfères-tu ?

En fait, je fais des vidéos depuis presque aussi longtemps que j'ai mon blog ; à l'époque elles étaient postées sur Vimeo. Mais je n'ai ouvert ma chaîne YouTube qu'en 2011 ! La vidéo s'est très rapidement imposée à moi, principalement au départ, quand j'ai eu envie de parler de beauté. Je trouvais ce format bien plus sympa qu'un long texte accompagné de photos. Aujourd'hui, c'est vraiment mon média favori. Les vidéos accentuent le sentiment de proximité ; c'est plus vivant, plus riche. Mais, même si j'ai clairement une préférence pour la vidéo, mon blog reste un espace que j'adore, où je peux parler de tout et n'importe quoi, montrer des looks, partager des photos, parler de mes voyages, etc. C'est vraiment comme mon bébé et j'y tiens énormément !

Vidéo à ne pas manquer

FOODVORIS #2 | LES FAVORIS QUI SE MANGENT | COLINE

Beaucoup de choses semblent t'inspirer. Je pense notamment au mode de vie plus naturel, plus bio et respectueux de son corps qui semble t'attirer particulièrement. Peux-tu nous parler de ton intérêt pour tout cela ?

Ça fait partie de moi depuis toujours. J'ai grandi dans une famille très axée sur le « naturel » et, forcément, ça laisse des traces ! Quand j'attendais ma fille, j'ai commencé

« Je pense que oui. Internet est un monde assez dur où les gens ont le jugement et la méchanceté faciles. »

« À L'HEURE ACTUELLE, J'AI LE SENTIMENT QUE LES BLOGS SONT UN PEU EN TRAIN DE S'ESSOUFFLER. À L'ÈRE DE SNAPCHAT ET COMPAGNIE, LES GENS VEULENT DE L'IMMÉDIAT... »

à manger bio et à faire attention aux cosmétiques que j'utilisais et c'est resté. Depuis plusieurs années maintenant, ça fait partie intégrante de ma vie et c'est un peu un combat quotidien : s'améliorer, essayer de réduire ses déchets, se soigner le plus naturellement possible et essayer de transmettre un peu tout ça autour de moi, que ce soit auprès de mes proches comme de ma communauté. Je pense que c'est important d'en parler, de dire qu'on peut faire des efforts au quotidien, qu'on peut devenir une meilleure version de soi-même, faire un peu moins de mal à la planète sans pour autant aller vivre dans une yourte sans électricité. Je tiens beaucoup à l'idée que nous sommes tous perfectibles sans pour autant devoir chercher à atteindre LA perfection.

VIDÉO À NE PAS MANQUER

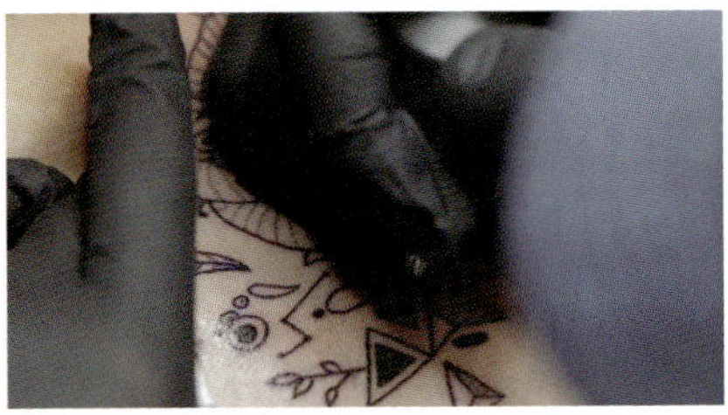

GET TATTOOED WITH ME | COLINE

À L'INVERSE DE NOMBREUSES AUTRES YOUTUBEUSES, TU PARLES TRÈS PEU DE TA VIE PRIVÉE. CONSIDÈRES-TU QUE CETTE DÉLIMITATION ENTRE VIE PRIVÉE ET VIE PUBLIQUE EST NÉCESSAIRE LORSQU'ON TRAVAILLE SUR INTERNET, ET POURQUOI ?

Je pense que oui. Internet est un monde assez dur où les gens ont le jugement et la méchanceté faciles. Pour moi, c'est clairement un moyen de me protéger et de contrôler ce que les gens savent de moi et de ma vie. Évidemment, ça n'empêche pas les haters et les jugements mais au final ils jugent quelque chose ou quelqu'un qu'ils ne connaissent pas réellement ; ils extrapolent, se font des films et sont beaucoup dans la projection. Sans oublier que sur Internet les communautés en veulent toujours plus. Ils veulent tout savoir de toi, où tu vis, comment s'appelle ton gosse, depuis combien de temps tu es mariée, à quelle heure tu fais pipi le matin, etc. Personnellement, je trouve ça assez malsain. Pour moi, on frôle parfois la téléréalité.

TU TRAVAILLES BEAUCOUP EN SOLO, COMME ON LE VOIT À TRAVERS TON BLOG ET TA CHAÎNE YOUTUBE, MAIS IL T'ARRIVE ÉGALEMENT DE COLLABORER AVEC D'AUTRES PERSONNES, NOTAMMENT AU SEIN D'UNICON. QU'EST-CE QUE CELA FAIT, APRÈS TANT D'ANNÉES PASSÉES À TRAVAILLER SEULE, DE MONTER QUELQUE CHOSE AVEC D'AUTRES YOUTUBEUSES ?

En toute franchise, j'ai eu très peur de me lancer dans UNICON. Principalement parce que je bosse en solo depuis des années !

J'avais peur de ne pas trouver ma place, d'être mal à l'aise, que ça ne me corresponde pas, de ne pas aimer les vidéos. Mais en fait il s'avère que c'est sûrement une des meilleures décisions que j'ai pu prendre ! Je tiens beaucoup à UNICON, au projet, à toutes les personnes qui travaillent dessus. Ça m'apporte énormément, aussi bien professionnellement qu'humainement, et je suis très fière de ce projet. On est comme une grande famille et ça c'est top !

Quel regard tes proches portent-ils sur tout ce que tu entreprends ? N'est-ce pas parfois compliqué d'expliquer en quoi consiste ton métier ?

Ça fait bientôt dix ans, mes proches sont parfaitement calés sur le sujet, ah ah ! Ils sont très fiers de ce que je fais et de mon parcours et me soutiennent à 200 % ! Par contre, quand il s'agit d'expliquer ce que je fais à de parfaits inconnus pas vraiment au courant de tout ce petit monde... c'est une autre histoire ! De prime abord, les gens pensent toujours que je vends des choses, que j'ai une boutique en ligne ou quelque chose comme ça. Ce n'est pas évident de résumer mon métier, principalement parce que c'est très multitâche et que je suis amenée à faire des tas de choses différentes.

Comment envisages-tu l'évolution de ton métier ? Tu as de nouveaux projets en tête ?

À l'heure actuelle, j'ai le sentiment que les blogs sont un peu en train de s'essouffler. À l'ère de Snapchat et compagnie, les gens veulent de l'immédiat, ils veulent consommer et passer à autre chose, alors les blogs et leurs torrents de mots... En toute franchise, ça fait quelque temps maintenant que je me concentre bien plus sur les vidéos que sur les posts de blog. De mon point de vue, c'est plus intéressant, que ce soit pour moi comme pour ma communauté, et je pense vraiment que YouTube a un bel avenir ! Pour ce qui est des projets, évidemment j'en ai ! Mais évidemment je ne peux pas en parler.

Que penses-tu de la télévision ?

Ce n'est pas du tout un média que j'apprécie. Bien entendu, si on cherche un peu, il y a de très bons programmes, mais pour moi la télé est un média assez abrutissant. À l'heure actuelle, on devrait pousser les gens à réfléchir, à se poser des questions, pas à regarder des émissions de télé-réalité vides de sens ou des infos qui ne font qu'étaler toute la misère du monde entre deux coupures pubs pour des multinationales douteuses.

Quels sont les vidéastes que tu aimerais faire découvrir au plus grand nombre ?

Je vais revenir à la charge avec CaseyNeistat, même si déjà plus de trois millions de personnes le connaissent ! Chaque vidéaste en herbe a beaucoup à apprendre de lui et de son talent pour raconter des histoires, monter et garder son public hyperimpliqué du début à la fin.

J'ai aussi envie de parler de ma copine Pastel, parce qu'elle a le talent de faire les choses différemment de la plupart des YouTubeuses. Ses vidéos sont courtes, rythmées, drôles et elle peut vous scotcher devant votre écran pendant cinq minutes rien qu'en donnant des friandises à son chien ou en vous parlant d'une coloration rose pour les cheveux !

Et enfin Sonia Sélaire, plus pour le message qu'elle fait passer que pour la réalisation pure. C'est une personne qui a énormément à dire, qui est intelligente, sensible, positive et pleine de bon sens. Le temps passé devant ses vidéos devrait être remboursé par la Sécu !

VIDÉO À NE PAS MANQUER

MOINS DE DÉCHETS DANS LA SALLE DE BAIN! #GOGREEN | COLINE

THE DOLLBEAUTY //

BEAUTÉ & MODE / **PUBLICATION TOUS LES 2 OU 3 JOURS**

VIDÉOS À NE PAS MANQUER : ▶ MA ROUTINE PENDANT LE RAMADAN ! //
▶ DRAW MY LIFE | THEDOLLBEAUTY //
▶ TAG | J'SUIS CHELOU COMME MEUF – THEDOLLBEAUTY //

TheDollBeauty, également connue par son prénom, Maroua, est une YouTubeuse d'origine algérienne spécialisée dans la beauté. Elle réalise des vidéos très variées : tags, tutos, « blablatages », où elle se confie à ses abonnés, *hauls* ou encore bêtisiers. Elle peut aussi bien parler de sujets légers que de matières sérieuses, comme elle l'a fait en traitant de la question de l'orientation scolaire, où elle évoque sa propre expérience. Maroua est vraiment très proche de sa communauté et n'hésite pas à se filmer, même lorsqu'elle subit la souffrance de l'épilation. Ses abonnés apprécient sa sincérité et son naturel et se revendiquent de la #DollierFamily.

\\ LUFYMAKESYOUUP

PUBLICATION TOUS LES 2 OU 3 JOURS \ **BEAUTÉ & MODE**

VIDÉOS À NE PAS MANQUER : ▶ LUFY - CE QUI ÉNERVE LES FILLES! //
▶ LUFY - SQUELETTE - MAQUILLAGE HALLOWEEN FACILE - SKELETON MAKE UP - LADY GAGA BORN THIS WAY // ▶ LES MENSONGES INSTAGRAM! – //

Lufy est considérée comme la première YouTubeuse beauté belge. Également présentatrice TV, elle s'est à l'origine lancée sur YouTube à la demande de plusieurs personnes qui la suivaient et échangeaient avec elles sur les réseaux sociaux. Loin de se prendre au sérieux, la YouTubeuse est pourtant très professionnelle. Elle use beaucoup d'autodérision au sein de ses vidéos afin de détruire par l'humour le cliché de la fille futile et superficielle. Elle s'investit énormément sur sa chaîne et souhaite avant tout diversifier son contenu afin d'éviter l'essoufflement : bons plans, mode, *lifestyle* et délires sont autant de fragments de son aventure.

PUSH YOUR PINK® //

BEAUTÉ & MODE / **PUBLICATION HEBDOMADAIRE**

VIDÉOS À NE PAS MANQUER : ▶ SWAP AVEC JENESUISPASJOLIE ! //
▶ CHAGRIN D'AMOUR : MODE D'EMPLOI ! // ▶ DIY: DIFFUSEUR DE PARFUM //

À l'origine, Juliette, alias Push Your Pink®, n'était censée faire que quelques apparitions dans les vidéos de sa cousine, Léa, de la chaîne Jenesuispasjolie®. C'est donc appuyée par cette dernière, et après l'avoir parodiée avec complicité sur Instagram, qu'elle a décidé de se lancer sur YouTube. Pour réaliser ses vidéos, elle s'inspire de ce qu'elle vit au quotidien, de ses goûts ainsi que de ses expériences. Elle tient par-dessus tout à sa proximité avec ses abonnés, qui lui apportent conseils et encouragements, tout comme sa famille à qui elle est très attachée. Extrêmement optimiste, elle propose un univers très *girly* plein de *swaps*, tutos, *playlists*, DIY et autres vlogs.

ANNARVR //

BEAUTÉ & MODE // **PUBLICATION HEBDOMADAIRE**

VIDÉOS À NE PAS MANQUER : ▸ JE LIS MON JOURNAL INTIME // ▸ MA PIRE BÉTISE DE SOIRÉE // ▸ MES FAVORIS DU MOMENT //

«*Hi bitches !*» Anna est une jeune Lyonnaise qui s'intéresse à tous les sujets féminins sur sa chaîne. Avec le caractère qui est le sien, un soupçon de folie, beaucoup de délire et un franc positivisme, elle propose un contenu varié et travaillé : *playlists, hauls*, favoris, *wishlists, lookbooks*… Elle est également une adepte de l'autodérision et n'hésite pas à revenir sur ses petites hontes personnelles telles que ses vieux posts Skyblog ou encore ses pires statuts Facebook. Anna traite également de sujets plus globaux, qui ne portent pas seulement sur la mode et la beauté, et n'hésite pas à se dévoiler et à se confier à sa communauté.

\\ LITTLEJBEAUTY

PUBLICATION TOUS LES 2 OU 3 JOURS \\ **BEAUTÉ & MODE**

VIDÉOS À NE PAS MANQUER : ▸ SWAP DE NOËL AVEC JENESUISPASJOLIE !!! // ▸ 7 SECONDS CHALLENGE ENTRE COPINES YOUTUBEUSES! // ▸ LITTLEJ - SPRING HAUL //

LittleJBeauty est une jeune YouTubeuse qui s'est lancée sur la Toile en 2011. Elle a rapidement gagné en popularité grâce à son entrain et son enthousiasme. La «Queen J» – référence à son prénom, Jeanne – propose un contenu assez riche entre *lookbooks*, favoris, *hauls, unboxings*, etc. Il lui arrive d'être absente durant un certain temps, au grand dam de ses abonnés. Malgré tout, ses bons plans ainsi que les opérations qu'elle met en place avec ses partenaires seront sûrement des occasions en or pour certains.

SARA SABATÉ //

BEAUTÉ & MODE // **PUBLICATION TOUS LES 2 OU 3 JOURS**

VIDÉOS À NE PAS MANQUER : ▸ CHIGNON DIVA 60S // ▸ BIARRITZ | TRAVEL DIARY // ▸ TUTO DÉCO : COMMENT FAIRE DES FLEURS EN PAPIER //

Sara Sabaté est une YouTubeuse mais, avant de se lancer sur la célèbre plateforme, elle a débuté en 2010 sur le Net avec un blog, secretsdescoquettes.com, afin de parler mode, beauté, voyage et style de vie. Espagnole, elle a suivi une amie à Paris après avoir terminé ses études de maquillage et stylisme photo et alors qu'elle ne parlait pas un seul mot de français. Passionnée par l'apprentissage des langues, elle a rapidement su s'adapter à son nouveau milieu et c'est la raison pour laquelle vous trouverez ses vidéos en deux langues sur sa chaîne. Elle a la chance de pouvoir collaborer avec des grands noms tels que Givenchy, Shiseido, Dior ou encore L'Oréal. Entre ses tutos, ses conseils, ses favoris, ses *hauls* mais aussi ses carnets de voyage, elle apporte un véritable vent de fraîcheur à ses «coquettes».

LILITH MOON FR //

CONSEILS & COIFFURES // **PUBLICATION HEBDOMADAIRE**

VIDÉOS À NE PAS MANQUER : ▸ TRESSE ÉPI DE BLÉ TUTO COIFFURE FACILE À FAIRE SOI MÊME // ▸ TRESSE CASCADE CRISS CROSS TUTO COIFFURE FACILE À FAIRE SOI MÊME // ▸ TUTO COIFFURE SOIRÉE/MARIAGE/FÊTES/JOUR DE L'AN, CHEVEUX LONGS FT. ENJOYPHOENIX //

Lilith est une YouTubeuse spécialisée dans la réalisation de coiffures. À travers ses vidéos, elle propose de nombreux tutos pour apprendre à faire soi-même des coiffures magnifiques et bluffantes. Tresses en cascade, chignons de soirée, boucles et extensions… Grâce à ses vidéos, les cheveux deviennent de véritables œuvres d'art. La YouTubeuse se veut réellement didactique dans son contenu et apporte tous les conseils et toutes les astuces nécessaires à la réalisation des coiffures qu'elle présente. À côté de sa chaîne principale, Lilith est également membre du collectif de YouTubeuses UNICON.

\\ KAYEHHEY

PUBLICATION TOUS LES 2 OU 3 JOURS \\ **BEAUTÉ & MODE**

VIDÉOS À NE PAS MANQUER : ▸ [LIFESTYLE] OOTD: TENUE DU JOUR #1 //
▸ MON SECRET POUR GARDER UN VISAGE DE BÉBÉ //
▸ [CONSEIL] COMMENT COMPRENDRE SON ACNÉ ? //

C'est Kelly, une jeune Montpelliéraine, qui est à l'origine de la chaîne KayEhHey.
Elle s'est prise au jeu de YouTube en 2012 avec le besoin de prendre la parole afin de proposer ses conseils beauté, santé et forme. Les astuces qu'elle propose portent sur des sujets très nombreux et très variés. La YouTubeuse est bien connue pour ne pas avoir la langue dans sa poche ; elle se dévoile beaucoup, donne énormément de sa personne et fait part à ses abonnés de ses expériences ainsi que de ses erreurs. Elle a aussi beaucoup parlé de sa grossesse, du fait d'être mère et de la chirurgie esthétique. Le tabou n'est clairement pas son domaine et elle est appréciée pour son honnêteté.

NATAMELIE //

BEAUTÉ & MODE // **PUBLICATION BIMENSUELLE**

VIDÉOS À NE PAS MANQUER : ▸ MY MORNING ROUTINE //
▸ SPRING MAKEUP / MAKE-UP POUR LES NULLES // ▸ TOUT SUR MON BRONZAGE ! //

Natamelie a la réputation d'être la *fashion* maman de la Toile. Cette jeune Lausannoise déborde d'énergie et profite de ses vidéos pour donner une foule de conseils à travers des tutoriels de maquillage, de coiffure et de beauté. Dynamique et passionnée, elle présente également ses préparations avec ses « Get ready with me » et confie ainsi de nombreuses astuces afin d'être rayonnante. L'ensemble de sa chaîne s'appuie sur deux univers différents : l'un qui porte principalement sur des vidéos réservées au maquillage, et l'autre qui s'intéresse tout particulièrement à la coiffure. En parlant de sa grossesse, elle en a profité pour rappeler à quel point il était possible de rester féminine durant cet épisode de la vie.

ROSE CARPET //

BEAUTÉ & MODE, COLLECTIF / **PUBLICATION TOUS LES 2 OU 3 JOURS**

VIDÉOS À NE PAS MANQUER : **DÉFI D'EMMY ET MARIE ACTION CHICHE OU VÉRITÉ ? // DIY - MERINGUES DE LICORNES AVEC EMMA ET ALINE // [DÉFI] SMOOTHIE CHALLENGE - SPÉCIAL RÉVISION ! //**

« Bonjour les roses ! », si vous êtes en quête de conseils beauté, de DIY, de rencontres, de tutos, bref de tout ce que regroupe le *lifestyle*, alors Rose Carpet n'attend que vous ! On pourrait même dire que le concept de cette chaîne créée par M6 va bien au-delà de ce que l'on trouve sur beaucoup de chaînes beauté étant donné qu'il est aussi possible d'y croiser des interviews de personnalités connues ainsi que des vlogs de sorties inédites, à Disneyland Paris par exemple. Mais Rose Carpet, c'est avant tout un collectif qui regroupe des YouTubeuse bien connues : Emma CakeCup, Sandrea, PerfectHonesty, Clara Channel, Elsamakeup et Yoko-Nailart.

\\ MADMOIZELLE.COM

PUBLICATION QUOTIDIENNE \ **BEAUTÉ, MODE ET BIEN-ÊTRE**

VIDÉOS À NE PAS MANQUER : **NATOO RACONTE SON PASSÉ, SON JOB DE POLICIÈRE ET SES PROJETS ! // LES POINTS NOIRS, CES GROS BÂTARDS // LOLA DUBINI - UMBRELLA (RIHANNA COVER) //**

Madmoizelle.com est la chaîne YouTube dédiée du magazine en ligne éponyme, le premier en France à se destiner aux jeunes femmes qui ne sont plus vraiment ados mais pas non plus encore tout à fait femmes. Sur cette chaîne, vous pourrez retrouver l'ensemble des vidéos du site. Le contenu de MadmoiZelle.com est vraiment considérable et permettra certainement à n'importe quelle jeune femme – ou même moins jeune – de trouver son bonheur : *street styles*, sessions acoustiques, interviews, tutoriels en tout genre, reportages, vlogs, chroniques, etc., il y en a clairement pour tous les goûts.

UNICON //

BEAUTÉ & MODE, COLLECTIF / **PUBLICATION TOUS LES 2 OU 3 JOURS**

VIDÉOS À NE PAS MANQUER : **∞SERIAL TESTEUSES∞ BOMBES DE BAIN LUSH (AVEC KIHOU, SHIU LI ET PASTEL) // DÉGUSTATION DE PRODUITS ASIATIQUES (AVEC KIHOU, SHIU LI ET LILITH MOON) // ON SE FAIT TATOUER ! //**

Avec UNICON, vous retrouverez sur une même chaîne Kihou, Et Pourquoi pas Coline, Lilith Moon, Pastel, Shiu Li, Madison Ramaget, SoUrbanGirl, Natacha Birds et Estelle blog mode. Elles sont toutes différentes, et c'est ce qui fait leur fierté puisqu'elles se complètent en restant elles-mêmes. C'est avant tout une grande famille. Avec ce collectif de YouTubeuses, vous découvrirez, à travers une vidéo postée tous les mardis et vendredis, des tutos make-up, coiffure, des *lookbooks*, des tests de produits, mais aussi des DIY, des astuces, et encore bien d'autres choses. Un seul mot d'ordre : « Faites comme nous, cultivez le talent d'être vous-même ! »

CHAKEUP //

MODE, BEAUTÉ & PODCASTS / **PUBLICATION HEBDOMADAIRE**

VIDÉOS À NE PAS MANQUER : ▶ 10 ASTUCES A DISNEYLAND // ▶ 5 CONSEILS DE GRANDE SOEUR ! // ▶ J'AI OSÉ PORTER ÇA ... #DOSSIER //

C'est presque par hasard que Charlène a lancé sa chaîne Chakeup un jour qu'elle s'ennuyait et n'avait pas d'occupations particulières. Petit à petit, elle y a rapidement pris goût et a continué à poster des vidéos. Si vous lui aviez dit il y a quelques années qu'elle se retrouverait à parler beauté sur Internet, elle ne vous aurait peut-être pas cru, puisqu'elle se définit elle-même comme un garçon manqué. Amusante, pétillante et même vivifiante, elle donne de nombreux conseils, dans l'univers de la beauté notamment, bien qu'elle ne veuille pas être définie seulement par ça puisqu'elle propose également de nombreuses autres vidéos, plus généralistes. Elle pourra ainsi vous donner « 5 conseils de grande sœur » ou encore « 5 astuces à savoir sur YouTube ». Elle est également présente sur sa chaîne secondaire, ChakeupVlog, ainsi que sur ON A TOUS avec Léo Attali et TIM.

\\ STYLE TONIC

PUBLICATION HEBDOMADAIRE \ **BEAUTÉ & MODE**

VIDÉOS À NE PAS MANQUER : ▶ RETOUR À LA RÉALITÉ ! // ▶ ON VOUS EMMÈNE À PARIS ! // ▶ TESTONS MA CULTURE GÉNÉRALE ! //

Laure, qui a créé la chaîne Style tonic, est une jeune YouTubeuse qui aime avant tout parler de sa vie, de ses expériences et de ses goûts, et qui se confie donc beaucoup à ses abonnés. C'est au final cette proximité avec sa communauté, outre son humour, son côté un peu déjanté et son énergie pétillante, qui fait sa particularité. Au sein de ses vidéos, elle apparaît vraiment comme « la bonne copine » dont on apprécie de recevoir des nouvelles, des conseils ainsi que des anecdotes. La YouTubeuse est très proche d'Anna, de la chaîne AnnaRvr, qui apparaît souvent au sein de ses vidéos et avec laquelle elle partage de nombreux délires.

AMELIECARADI //

BEAUTÉ & MODE / **PUBLICATION HEBDOMADAIRE**

VIDÉOS À NE PAS MANQUER : ▶ [SWAP]: SWAP D'ANNIVERSAIRE W/ KNOETZIE // ▶ PARODIE- LES COURS DE CHINOIS ! FEAT LOYNAPHE & OVERANDOVER04 // ▶ [EXPECTATION VS REALITY]: LES GALÈRES DES ONGLES ! //

Amélie est une YouTubeuse passionnée par le monde de la beauté qui a démarré sa chaîne relativement jeune. Elle partage de nombreux moments de sa vie et n'hésite pas à se confier à ses abonnés. Elle est effectivement une grande adepte des vlogs et particulièrement appréciée pour son naturel et sa franchise. Amélie propose également d'autres types de vidéos comme des *hauls,* des dégustations, des revues où elle traite de sujets en particulier, des favoris où elles parlent de ses produits phares, ainsi que de nombreuses autres vidéos.

ALLYFANTAISIES //

BEAUTÉ & MODE / **PUBLICATION TOUS LES 2 OU 3 JOURS**

VIDÉOS À NE PAS MANQUER : RECETTE : GÂTEAU KITKAT & MM'S : FACILE & COLORÉ // DRAW MY LIFE – ALLYFANTAISIES // 5 ROUGES À LÈVRES ROUGES À AVOIR ABSOLUMENT //

Allison, qui se trouve derrière AllyFantaisies sur YouTube, est une enthousiaste de nature. Elle propose des explications en tout genre vraiment très complètes. Selon ses propres mots, le tout se résume plutôt rapidement : « Farandole de rouges à lèvres sur son lit de fond de teint. » Un menu qui conviendra assurément au plus grand nombre entre *ask*, favoris, *hauls*, conseils, routines et DIY. Elle parle de ses produits préférés, teste plusieurs marques, mais propose également des vidéos de cuisine. C'est tous les dimanches aux alentours de 13 heures que vous pourrez la retrouver à travers une nouvelle vidéo. Elle dispose également d'un site très complet : allyfantaisies.com. Au final beaucoup de couleurs et beaucoup d'amour !

\\ SISSY MUA

PUBLICATION TOUS LES 2 OU 3 JOURS \ **BEAUTÉ, CONSEILS ET PROGRAMMES SPORTIFS**

VIDÉOS À NE PAS MANQUER : UNE JOURNÉE DANS MON ASSIETTE ! // SÉANCE D'ABDOS POUR UN VENTRE PLAT & ABDOS DESSINÉS // GROSSES ERREURS FITNESS / MUSCULATION !!! //

Si vous avez décidé de vous reprendre en main d'un point de vue santé et physique, Sissy Mua va clairement pouvoir vous aider. Si la YouTubeuse s'intéresse à la beauté, elle est avant tout connue pour ses légendaires programmes sportifs « Bikini avec Sissy ». Outre ces programmes très complets, Sissy Mua a également l'avantage de proposer des vidéos traitant de nutrition, ses « Une journée dans mon assiette », où elle détaille son alimentation bio, mais surtout végétalienne. Il ressort de tout son contenu beaucoup de qualité, les séances sollicitant l'ensemble du corps et se déroulant comme au côté d'une bonne amie. Sissy a d'ailleurs monté un groupe d'entraide Facebook afin que les Sissy girls se soutiennent durant leur programme Entraide, fitness & diet.

BEAUTYSYMPHONY //

BEAUTÉ & MODE / **PUBLICATION HEBDOMADAIRE**

VIDÉOS À NE PAS MANQUER : GETTING READY SAINT VALENTIN // HAUL SOLDES 2016 // 5 COIFFURES RAPIDES : DU LUNDI AU VENDREDI #4 //

BeautySymphony est passionnée de mode et beauté, mais c'est avant tout une grande amoureuse de la coiffure. Cela se ressent beaucoup à travers sa chaîne, qui propose essentiellement des tutoriels coiffure, tutoriels qui comptent parmi les vidéos les plus populaires sur l'ensemble de son contenu. Elle vous apprendra ainsi à réaliser des coiffures rapides, des tresses, des chignons, des demi-queues-de-cheval ou encore des coiffures avec des accessoires comme le bandana. Bien évidemment, la YouTubeuse réalise également des vidéos DIY, des *lookbooks*, et en profite pour partager ses découvertes.

AUDREY MARSHMALOO //

MODE & BEAUTÉ // PUBLICATION TOUS LES 2 OU 3 JOURS

Audrey Marshmaloo est une YouTubeuse expatriée à Bruxelles qui a fondé sa chaîne il y a quelques années déjà. Responsable marketing digital pour une société de diététique, c'est tout naturellement qu'elle s'est tournée vers YouTube et la vidéo, un milieu qui lui a apporté de l'assurance, mais qui lui a également permis de rencontrer énormément de monde, de partager et même parfois d'aider grâce à ses conseils et son expérience. Audrey transmet effectivement à travers ses vidéos un message fondamentalement positif et plein de bonté. Pour elle, « le plus beau make-up d'une femme est son sourire », et elle souhaite par-dessus tout que chaque membre de sa communauté se rende compte que son propre bonheur est unique et qu'il n'a pas besoin d'idéaliser celui d'une autre personne. Ses tutoriels, ses vlogs, ses revues, ses sujets bien-être et toutes ses autres vidéos vous feront passer un très bon moment.

INTERVIEW !

QUI ES-TU ?

Je m'appelle Audrey, j'ai 34 ans et je suis expatriée à Bruxelles. Je suis créatrice de contenu digital.

LE PLUS BEAU JOUR DE TA VIE ?

Je pense que cela va faire cliché, mais je dirais le jour de mon mariage ; c'était très symbolique pour moi malgré le fait que je ne pense pas que le mariage soit une preuve d'amour.

DES PHOBIES ? OU DES TOC DE VIDÉASTE ?

J'ai très peur du noir, je regarde des films d'horreur depuis mes 10 ans, et je pense que j'ai nourri cette peur en continuant à regarder ce genre de film. En tant que YouTubeuse, ma peur extrême est de faire une vidéo, mais d'avoir oublié de mettre « enregistrement ».

CINQ PASSIONS QUI T'ANIMENT ?

La toute première je dirais la vidéo, créer et m'amuser à monter. La beauté vient en deuxième puis le cinéma, les jeux vidéo, les voyages.

> « MA MOTIVATION PROFONDE (...) EST DE MONTRER AUX GENS QU'ILS DOIVENT CROIRE EN EUX. »

TON PIRE DÉFAUT ?

Mon manque de confiance en moi, mais je travaille dur dessus.

SI TU N'AVAIS PAS ÉTÉ YOUTUBEUSE, À QUOI TE DESTINAIS-TU ?

Je pense que j'aurais continué dans le marketing digital strategy, ce qui était mon métier il y a encore peu. Je me lance tout fraîchement à plein-temps dans ma passion, qui est devenue mon métier.

TA CITATION FAVORITE ?

« Je voudrais voir le monde dans un grain de sable, Et le paradis dans une fleur sauvage, Tenir l'infini dans la paume de ma main, Et voir l'éternité durer une heure. » Elle est tirée du film *Tomb Raider*, que j'ai beaucoup aimé. À l'origine, on la doit à William Blake.

PARMI TOUTES TES VIDÉOS, QUELLE EST CELLE QUE TU PRÉFÈRES ?

Je n'aime pas une vidéo en particulier, mais j'aime celles que je fais avec mon chéri, mes amies ou ma communauté, car ce sont des souvenirs tellement forts que ce sont celles que j'aime le plus.

Tu es très sincère et adorable au sein de tes vidéos. Si on te demandait, là maintenant, de dire quelque chose à la personne qui lit ces lignes, sans la connaître, qu'est-ce que ce serait ?

Je lui dirais qu'elle est une personne unique et que j'espère qu'elle en est consciente. Beaucoup de personnes s'oublient de nos jours et c'est dommage.

Quels sont les YouTubers, YouTubeuses ou personnalités qui inspirent le plus ton travail ?

Je suis très inspirée par la mentalité et la communauté anglo-saxonne, qui est de se soutenir plutôt que de se tirer dans les pattes. Je dirais donc Zoella, Klaire de Lys, et bien d'autres. Pour les Françaises, j'admire le travail de Sananas2106, que j'ai la chance de connaître – j'aime sa positivité –, ainsi que de mes amies Sandrea26France et Noemiemakeuptouch.

Quand tu t'es lancée, avais-tu une idée précise de ce que tu souhaitais faire sur le Net ?

Non, j'ai commencé juste pour partager, ce que je continue de faire ; je voulais pouvoir discuter, et, en toute honnêteté, jamais je n'aurais pensé pouvoir en faire mon métier. Je suis très chanceuse.

VIDÉO À NE PAS MANQUER

VLOG DE LIFE #22: MON COMBAT CONTRE L'OBÉSITÉ, MES DÉCISIONS !

Quelle est la motivation sous-jacente à ta chaîne ? On sent effectivement que tu envoies beaucoup d'ondes positives à tes abonnés...

Ma motivation profonde, au-delà du partage simple et pur, est de montrer aux gens qu'ils doivent croire en eux, qu'ils doivent comprendre que malgré tout ce qu'on voit sur le Net ou à la télé ils existent, qu'ils ne doivent pas prendre le bonheur des autres pour une chose universelle. Nous avons tous notre propre définition du bonheur et de la réussite, ce qui arrive à Paul n'est pas forcément ce qui nous arrivera, mais nous n'avons pas pour autant raté notre vie. Je voudrais que les gens soient simplement heureux.

As-tu demandé ou suivi des conseils de proches ou de viewers pour faire évoluer ton contenu ?

Oui, bien entendu, j'aime apprendre ; évoluer est dans ma conception de l'avancement de ma vie, et je le souhaite à chacun d'ailleurs. J'écoute beaucoup les envies de ma communauté, et je prends tous les conseils possibles dans la vie.

Qu'est-ce que ta chaîne représente pour toi ? Et qu'est-ce qu'elle a apporté dans ta vie ?

Ma chaîne c'est une histoire d'amour, un bébé on va dire, et elle m'a apporté de bonnes comme de mauvaises choses. Mais la vie c'est un peu ça, on sait reconnaître le bonheur

VIDÉO À NE PAS MANQUER

SWAP ÉMOTION AVEC MON AMIE SANDREA26FRANCE

« Je respecte trop mes abonnés, la valeur de l'argent et aussi mon intégrité pour faire n'importe quoi. »

quand on a connu des choses douloureuses, c'est un peu comme le yin et le yang. J'ai appris à prendre confiance en moi, à m'ouvrir, et surtout à créer une communauté de passionnés en or.

Tu t'es engagée pour l'éducation des jeunes filles et des femmes. Est-ce que tu peux nous en parler ? C'est un sujet qui te tient particulièrement à cœur ?

Oui c'est la deuxième année pour laquelle je m'engage auprès de l'association Toutes à l'école. Cela me touche car de nos jours beaucoup de personnes oublient la chance que nous avons d'avoir accès à l'éducation, c'est devenu « banal » et « normal » dans notre société, mais n'oublions pas que ce n'est pas le cas dans d'autres pays, et de voir ces jeunes femmes vouloir apprendre, s'épanouir dans le monde avec de belles connaissances, je trouve que c'est une noble cause.

Est-ce que tu as des projets pour l'avenir ?

Oui, j'ai beaucoup de projets et je me souhaite de les réaliser en temps voulu. J'aimerais créer une marque ou une collection à mon nom, dans le domaine de la beauté ou la mode. Mais si on parle de choses concrètes et plus proches, de belles surprises vont arriver, notamment des voyages.

Travailles-tu avec des marques ? Peux-tu nous donner ton avis sur ce mode de fonctionnement sur YouTube ?

Oui, bien sûr, avec des marques mais uniquement que j'affectionne personnellement et dans lesquelles je crois. Je travaille dans le respect de ma communauté, j'ai une ligne éditoriale, et je n'en dévie jamais pour ne pas tomber dans des travers. Je respecte trop mes abonnés, la valeur de l'argent et aussi mon intégrité pour faire n'importe quoi.

Que penses-tu de la télévision en comparaison de YouTube ?

Je respecte chaque domaine, que ce soit la presse papier, la télé ou le Web, nous avons tous notre place je pense.

Y a-t-il une vidéo que tu souhaites réaliser depuis longtemps ?

Oui, une vidéo pour aider nos jeunes à croire en eux. Et en termes de collaboration je dirais avec toutes mes copines !

Quels sont les vidéastes que tu aimerais faire découvrir au plus grand nombre ?

Il y en a plein ! Je dirais Barbara F qui fait de super DIY, Alice Esmeralda, qui fait des recettes de folie, MademoiselleBlush pour la coiffure, Ariana Aceli pour son univers très pin-up… mais j'en aime tellement !

Vidéo à ne pas manquer

TUTO: INSPIRATION ALICE DE L'AUTRE CÔTÉ DU MIROIR

\\ KNOETZIE

VLOGS — **PUBLICATION TOUS LES 2 OU 3 JOURS**

VIDÉOS À NE PAS MANQUER : ▶ TEST/DÉGUSTATION N°4 : TANG FRÈRES // ▶ MA PLANTE CARNIVORE, IKEA, NOUVELLE CAMÉRA ! // ▶ BREIZH, LA CAMPAGNE, MES AMIES LES GROSSES VACHES ½ //

Knoetzie, également connue par son prénom, Astrid, est la sœur de la vlogueuse d'Ameliecara01. Elle propose elle aussi essentiellement des vlogs sur sa chaîne bien qu'à la demande de ses abonnés elle tente de diversifier son contenu. Plusieurs fois par semaine, vous aurez donc la possibilité de la suivre dans son quotidien et de partager avec elle de nombreux moments de sa vie. Il lui arrive assez souvent de réaliser des vidéos avec sa petite sœur Amélie, notamment des dégustations de produits.

DEAR CAROLINE //

BEAUTÉ & MODE // **PUBLICATION HEBDOMADAIRE**

VIDÉOS À NE PAS MANQUER : ▶ GIRL TALK #1 - POILS, ODEURS ET BOUTONS! // ▶ MARIJUANA - PARLONS-EN! *°MON EXPÉRIENCE // ▶ MAKEUP SIMPLE ET EFFICACE //

Caroline, que ses abonnés surnomment également affectueusement « Reine des chipies » ou encore « Carotte », est une YouTubeuse qui habite en Suisse italienne. C'est en découvrant par hasard ce que faisaient les YouTubeuses américaines les plus populaires qu'elle a désiré se lancer, alors même que l'intérêt pour ce genre de contenu ne faisait qu'émerger dans toute la francophonie. Elle réalisait alors des études d'audiovisuel et voyait là le moyen d'associer cette première passion à la possibilité d'apporter des conseils *girly* de beauté et de *lifestyle*. Naturelle et spontanée, elle adore échanger et interagir avec ses abonnés, et tente de créer un lien spécial avec eux. En intégrant sa communauté, vous deviendrez indéniablement l'une de ses « chipies ».

\\ TIPHAINEMAKEUP

BEAUTÉ & MODE — **PUBLICATION TOUS LES 2 OU 3 JOURS**

VIDÉOS À NE PAS MANQUER : ▶ TAG : MAQUILLE TOI SANS MIROIR & INVERSÉES MAIN GAUCHE ! // ▶ MON ACCOUCHEMENT ! // ▶ FAQ : SNAPCHAT « PARTIE 1 » //

Sur sa chaîne YouTube, Tiphaine traite de tout ce qui a trait à l'univers de la beauté et au *lifestyle*. Entre tutoriels beauté, revues, *hauls* et présentation de ses collections, elle cherche également à resserrer ses liens avec sa communauté en répondant à de nombreuses FAQ, en réalisant des tags ainsi que plusieurs vlogs. Jeune maman, elle a aussi profité de sa plate-forme afin de discuter de son expérience et de partager les joies de cet heureux événement avec ses abonnés. Tiphaine est très présente sur l'ensemble des réseaux sociaux Instagram, Snapchat, Twitter et Facebook, où il est possible de la suivre et de la retrouver quotidiennement.

RACHEL MARTINO //

BEAUTÉ & MODE / **PUBLICATION MENSUELLE**

VIDÉOS À NE PAS MANQUER : COMMENT J'AI APPRIS LE FRANÇAIS. // UNE SEMAINE DANS MA PEAU // PARIS! // GET READY: SOFT & NATUREL //

Rachel est une jeune New-Yorkaise qui réalise des vidéos en français. Elle est community manager chez Origins, une marque d'Estée Lauder, et a décidé de partager sa passion pour la beauté avec le plus grand nombre grâce à sa chaîne YouTube. L'ensemble de son contenu est très complet et permet de découvrir la vie à Brooklyn tout en profitant de son accent américain. Il y a vraiment une énergie incroyable au sein de ses vidéos, un punch qui vous donne instantanément le sourire. Rachel vous parle de ses achats, vous présente des *hauls* et des *lookbooks* et partage de nombreux moments de sa vie avec ses « Journée dans ma peau ».

\\ MISSCREATIVES

PUBLICATION TOUS LES 2 OU 3 JOURS \\ **CRÉATIONS FIMO & VLOGS**

VIDÉOS À NE PAS MANQUER : TUTO FIMO – BONBONS // TOUTES MES CRÉATIONS FIMO ! #2 // VLOG - SALON CRÉATIONS ET SAVOIR-FAIRE (MAI 2016) //

MissCreatives, ou Maeva, est une jeune YouTubeuse passionnée par les loisirs créatifs.
Elle est notamment connue pour proposer de nombreux tutoriels de créations en pâte Fimo : des bonbons, des *lollipops*, des glaces et même des délices de boulangerie, le tout dans un univers très *girly*. Énormément de couleurs, une bonne dose de créativité et de dynamisme aboutissent à une recette qui vous poussera à coup sûr à la création. MissCreatives est par ailleurs une férue de vlogs et en propose assez régulièrement, ce qui lui permet d'aborder d'autres thèmes que les loisirs créatifs. Si vous êtes attentif, vous pourrez également croiser l'un des concours qu'elle organise.

BLOND JUDE //

BEAUTÉ & MODE / **PUBLICATION MENSUELLE**

VIDÉOS À NE PAS MANQUER : LOOKBOOK • SUMMER FEELINGS (GWADA) // TAG • LA CHANSON QUI… // FAVORIS DU MOMENT (REWARD, SUSHIS…) • BLONDJUDE //

Pour Blond Jude, ou Clémence pour les intimes et les abonnés, YouTube fait intégralement partie de sa vie. C'est alors qu'elle se trouvait en cinquième que la jeune fille a décidé de concrétiser un rêve qui lui trottait dans la tête depuis pas mal de temps : lancer sa propre chaîne. Si celle-ci a beaucoup évolué depuis ses origines, notamment en termes de qualité, qui s'est améliorée, Blond Jude est restée la même. Touchante et pleine de vie, vous pourrez la découvrir à travers de nombreuses vidéos, tags, *playlists*, favoris et autres.

LECOINDELODIE //

BEAUTÉ & MODE / **PUBLICATION HEBDOMADAIRE**

VIDÉOS À NE PAS MANQUER : ▶ SNEAKERS: YEEZY BOOST, LUXE, BONS PLANS… — LECOINDELODIE // ▶ MEET-UP PARIS LECOINDELODIE // ▶ STYLING + UNBOXING: NIKE AIR PRESTO ULTRA FLYKNIT — LECOINDELODIE //

Lecoindelodie est une chaîne spécialisée en *streetwear*, beauté et déco. Les vidéos d'Élodie bénéficient d'une réalisation vraiment impeccable avec des musiques, des séquences et des plans qui frisent l'excellence. C'est d'ailleurs ce qui ressort beaucoup de sa chaîne : une qualité indéniable et un soin apporté aux détails. Élodie est consciente qu'une part de son succès sur YouTube est due à ses abonnés, et c'est pourquoi le lien qu'elle entretient avec eux est essentiel. Celui-ci débute bien évidemment au sein de ses vidéos, où elle se confie beaucoup lorsqu'elle en a l'occasion, mais également lors des *meet-up* qu'elle organise ou auxquels elle participe.

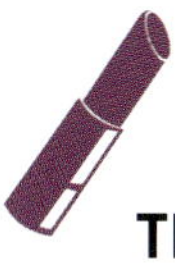

\\ SOURBANGIRL

PUBLICATION TOUS LES 2 OU 3 JOURS \\ **BEAUTÉ & MODE**

VIDÉOS À NE PAS MANQUER : ▶ 50 CHOSES SUR MOI [TAG] // ▶ J'AI GAGNÉ LE CASTING AMORAMOR ? BIENTÔT UN MEET-UP ? #FAQ // ▶ MY STORY [PHOBIE, ANXIÉTÉ, EMÉTOPHOBIE…] //

C'est Estelle, une jeune YouTubeuse au parcours sidérant, qui se cache derrière la chaîne SoUrbanGirl. Elle a construit au fil des ans son identité et est parvenue à nouer de nombreuses collaborations. Elle a notamment été l'égérie de Cacharel pour Amor Amor. Estelle est avant tout naturelle, et parle beaucoup des difficultés que l'on rencontre durant l'adolescence. Il faut dire que cette période n'a pas été facile pour elle : atteinte d'émétophobie, la phobie de vomir, elle a tout mis en œuvre pour surmonter cette peur et souhaite aujourd'hui aider les membres de sa communauté qui traversent le même genre de problèmes. La YouTubeuse est une grande passionnée d'astronomie. Elle a donc lancé une collection de vêtements qui reprend avec un univers graphique à part entière cette thématique. Il est possible de retrouver SoUrbanGirl au sein du collectif UNICON.

THEWORLDOFSISTERS //

BEAUTÉ & MODE / **PUBLICATION TOUS LES 2 OU 3 JOURS**

VIDÉOS À NE PAS MANQUER : ▶ MON RANGEMENT MAQUILLAGE – DIOZ // ▶ TUTO COIFFURE : TRESSES AFRICAINES / TRESSES COLLÉES // ▶ TAG - 25 CHOSES SUR NOUS //

TheWorldOfSisters, c'est l'histoire de deux sœurs, Dioz et Shay, qui sont séparées par la distance puisque l'une se trouve à Toulouse et l'autre à Lille. Elles ont donc choisi de se retrouver sur une chaîne commune afin de conserver un lien tout en parlant de maquillage, de beauté, de coiffure, de cuisine et même de loisirs créatifs. Les deux YouTubeuses ont su rester humbles et ne se prennent clairement pas la tête. Tout ce qu'elles font, c'est avant tout par passion et par plaisir, et leur volonté de partage ainsi que leurs avis objectifs vous procureront à coup sûr quelques instants de détente.

MANUE MAQUILLAGE //

BEAUTÉ & MODE / **PUBLICATION TOUS LES 2 OU 3 JOURS**

VIDÉOS À NE PAS MANQUER : ▸ LOOKBOOK OUTSIDE L SEXY VS DECONTRACTÉ // ▸ PLAYLIST : MES DERNIERS SHAZAM // ▸ PREMIÈRE IMPRESSION: FOND DE TEINT BORN THIS WAY TOOFACED //

Manue Maquillage, ou Manuela, est une jeune Rouennaise qui est présente sur YouTube depuis 2011. Appréciée pour sa simplicité, elle propose des tutoriels et distille des conseils make-up faciles à mettre en pratique. Littéralement, elle est une passionnée de « trucs de filles », passion qu'elle est ravie de partager avec ses abonnés, qu'elle récompense pour leur gentillesse grâce à des concours. C'est simple, elle a pris petit à petit place sur YouTube tandis que cette incroyable aventure en prenait une énorme dans sa vie et dans son cœur. Elle sera de très bon conseil grâce à ses favoris, ses tests, ses *lookbooks*, ses *playlists* musicales et toutes ses autres vidéos !

\\ MADISON RAMAGET

PUBLICATION HEBDOMADAIRE \ **BEAUTÉ & MODE**

VIDÉOS À NE PAS MANQUER : ▸ DÉMÉNAGER À LONDRES ? UN ROOMTOUR ? MA PLAYLIST // ▸ TOP 10 NYX COSMETICS ! // ▸ WHAT I EAT IN A DAY (REGULAR DAY AT HOME) //

Si elle était encore à la fac en 2016, cela n'a pas empêché Madison d'alimenter sa chaîne YouTube ainsi que son blog 101thingsgirlslike.com. C'est en 2012 qu'elle s'est lancée sur Internet en commençant par son blog. Elle ressentait alors le besoin de partager avec les autres ses centres d'intérêt, ses passions, notamment pour la mode et la beauté. Un an plus tard, elle postait sa toute première vidéo sur YouTube, toujours avec cette volonté de transmettre ce qui la motive et ce qui fait vibrer son cœur. C'est un univers vraiment frais, épuré et relaxant qu'elle propose, ce qui se ressent énormément à travers ses photos Instagram et plusieurs de ses vidéos. À elle toute seule, elle est un concentré de bons conseils et de belles découvertes. Surtout n'oubliez pas son adage : *« Do what you love, love what you do. »*

CLAIRESHADO //

BEAUTÉ & MODE / **PUBLICATION HEBDOMADAIRE**

VIDÉOS À NE PAS MANQUER : ▸ TOP 10 FILM D'AMOUR // ▸ SWAP W/ HOPECFULL // ▸ J'OUVRE MON SNAPCHAT CLAIRESHADOYTB //

C'est avec un vlog aux USA que Claire s'est lancée en 2013 sur YouTube. Elle a rapidement pris goût à la création de contenu sur la plate-forme sans nécessairement avoir de grandes ambitions pour sa chaîne. Pourtant, elle est très vite parvenue à réunir autour d'elle une communauté solide grâce à sa fraîcheur, à son punch et à sa bonne humeur. Avoir été invitée pour des événements de marques ou interviewée ne l'a pas empêchée de garder les pieds sur terre et de rester à la fois simple et accessible. Elle ne souhaite pas faire de YouTube son métier mais aimerait associer tout ce qu'elle entreprend – avec talent et énergie – à son avenir. *Hauls, swaps*, challenges, favoris, tops et autres, vous n'êtes pas près de vous ennuyer à ses côtés !

CYNTHIA DULUDE //

MODE & BEAUTÉ / PUBLICATION TOUS LES 2 OU 3 JOURS

Cynthia Dulude, une jeune Québécoise maquilleuse, artiste, mais aussi YouTubeuse et blogueuse, aime par-dessus tout donner des conseils aux femmes pour qu'elles puissent se sentir belles. Elle propose ainsi de nombreux tutoriels de maquillage ainsi qu'une multitude d'autres vidéos telles que des routines, des vlogs, des favoris, des *lookbooks* et des FaceCam sur des sujets qui lui tiennent à cœur. Rayonnante, passionnée, drôle, tout en vous aidant à vous maquiller, elle vous permettra aussi de vous sentir mieux dans votre peau. En 2016, la YouTubeuse a sorti un livre où elle donne plein de conseils et d'astuces beauté et maquillage, et où elle se confie également : *Le Petit Guide de la beauté*. Vous pouvez la retrouver aussi sur sa chaîne secondaire, Cynthia Dulude VLOGS, afin de partager avec elle ses petits moments de vie, mais surtout ses voyages.

INTERVIEW !

LE PLUS BEAU JOUR DE TA VIE ?

Il n'est peut-être pas encore arrivé ?!

DES PHOBIES ? OU DES TOC DE VIDÉASTE ?

J'ai peur des crocodiles et des requins spécialement. Je les déteste. Heureusement, il n'y en a pas dans mon coin de pays !

CINQ PASSIONS QUI T'ANIMENT ?

Spontanément : *Harry Potter*, maquiller des gens, l'Angleterre, *Pirates des Caraïbes*, me costumer et jouer des rôles !

TON PIRE DÉFAUT ?

L'orgueil, ou mon manque de confiance.

SI TU N'AVAIS PAS ÉTÉ YOUTUBEUSE, À QUOI TE DESTINAIS-TU ?

Je suis maquilleuse de formation et je fais encore de temps à autre des contrats.

TA CITATION FAVORITE ?

« *Be yourself, everyone else is already taken.* » (« Restez vous-même, car tous les autres sont déjà pris. »)

PARMI TOUTES TES VIDÉOS, QUELLE EST CELLE QUE TU PRÉFÈRES ?

PotterHead oblige, ma transformation en Harry Potter ! À voir…

SI NOUS TE DEMANDIONS D'ÉNONCER, LÀ, TOUT DE SUITE, DANS LA MINUTE ET SOUS LA PRESSION, QUELQUES CONSEILS DE MAQUILLAGE ESSENTIELS, PRIMORDIAUX, INDISPENSABLES… QUELS SERAIENT-ILS ?

Bien estomper, adapter le maquillage à ses traits et à sa personnalité, utiliser des bons outils (pinceaux, éponges…), et toujours hydrater sa peau deux fois par jour.

AURAIS-TU UNE ANECDOTE AMUSANTE SUR TOI QUI NOUS PERMETTRAIT DE CERNER PLUS PRÉCISÉMENT TA PERSONNALITÉ ?

Je suis allée deux fois à Walt Disney World dans ma vie. Chaque fois, j'ai pleuré devant le château quand les couples de princes et princesses arrivent pour valser ! C'est la musique, c'est la musique…

QUELS SONT LES YOUTUBERS, YOUTUBEUSES OU PERSONNALITÉS QUI INSPIRENT LE PLUS TON TRAVAIL ?

VIDÉO À NE PAS MANQUER

EXPRESSIONS FRANCE VS QUÉBEC AVEC LODOESMAKEUP !

Je n'ai pas beaucoup de temps pour regarder des vidéos et fouiller sur le Web… Kandee Johnson m'a pas mal inspirée au début. Sa personnalité pétillante et ses valeurs humaines la rendent super attachante.

Tu es maquilleuse de profession, tu pourrais nous parler un peu de ton parcours et de ta passion ?

À 17 ans, j'avais décidé que je voulais être maquilleuse professionnelle. Donc tout de suite après le secondaire, je me suis dirigée vers le collège Lasalle à Montréal. J'ai appris le maquillage beauté et cinéma, théâtre, télé, fantaisie. Ce qui me passionne et fascine toujours avec le maquillage, c'est la transformation. J'adore me lancer des défis – et les réussir surtout !

Ton public se partage principalement entre Québécois et Français. Tu es allée à la rencontre de chacun. Est-ce que tu peux nous parler d'eux, de ce qu'ils t'apportent et de ce que cela fait de toucher des gens par-delà l'Atlantique ?

J'ai beaucoup d'abonnées françaises à qui je rappelle leur passage au Canada. Elles disent qu'elles aiment mon accent et, dans mes vidéos, je leur apporte apparemment pas mal de joie ! Au Québec, souvent, je reçois des messages de jeunes filles qui rêvent de travailler dans la beauté ou le maquillage.

À quel point es-tu proche d'elles ? Et, surtout, à quel point c'est important pour toi de l'être ? On te surnomme effectivement « meilleure amie »…

Pour moi c'est important. Et ça l'est pour elles aussi. Si certaines s'attendent à ce qu'on joue la star une fois passé les centaines de milliers d'abonnés, d'autres sont parallèlement très surprises et contentes de voir que je leur réponds ! Pour moi, être YouTubeuse, ça implique forcément beaucoup de temps investi pour sa communauté, que ça soit en personne ou virtuellement. Il y a des abonnées qui nous aiment comme des stars, mais, sur YouTube, c'est Monsieur et Madame Tout-le-monde. On n'a pas à jouer de jeu ! J'ai du mal à comprendre ceux qui le font.

Quels sont tes objectifs pour l'avenir ? Tu as des nouveautés en tête ?

Je ne me fais pas vraiment de plans. Je vis au moment présent maintenant. J'aimerais juste continuer ce que je fais actuellement aussi longtemps que je pourrai et que j'aimerai ça !

Tu possèdes deux chaînes, Cynthia Dulude et Cynthia Dulude VLOGS. Tu ne proposes pas la même chose sur chacune d'entre elles. Est-ce que tu peux nous en parler et nous dire ce que chacune t'apporte ?

Ma chaîne de vlogs est survenue cinq ans plus tard, après beaucoup de réflexion. Je vloguais mes voyages et gros événements spéciaux sur ma chaîne principale mais j'ai décidé de séparer les deux thèmes : beauté, ma spécialité, et, pour celles qui veulent en

VIDÉO À NE PAS MANQUER

VLOG # 15 - LONDRES, MON RÊVE !

« Je prépare d'avance. Je suis flexible mais j'alterne les sujets [...]. Prise de court, je déteste. »

apprendre plus sur moi et mon quotidien, ma chaîne de vlogs !

Chacun y trouve son compte comme ça. Pour moi, filmer mon quotidien, c'est aussi en même temps une espèce de « trace » que je laisse dans le temps. C'est marrant de revenir cinq ans derrière parfois et de réaliser comment on a fait du chemin ! Je le fais aussi pour moi.

Comment organises-tu la vie de tes deux chaînes ? Est-ce que tu programmes beaucoup de choses à l'avance ou est-ce que tu travailles plus à l'instinct ?

Je prépare d'avance. Je suis flexible mais j'alterne les sujets pour ma chaîne principale : coiffure, ensuite produits, ensuite automaquillage, etc. Prise de court, je déteste. Je panique. Je me mets la barre haut pour mon contenu. Je le prépare toujours grosso modo en début de semaine pour me rassurer et mieux me préparer. Pour la nouvelle chaîne, je filme tout simplement ce que j'ai de plus amusant à filmer dans les sept jours !

En 2016, tu as sorti un livre, *Le Petit Guide de la beauté*. Tu pourrais nous en dire plus à son sujet et, surtout, la manière dont il a abouti ?

C'est un projet surprise à tout dire. J'ai été très inspirée dès le départ et je me suis lancée dans l'aventure, avec l'aide de deux autres filles dans la vingtaine ! Ma sœur graphiste et mon amie photographe. C'était quelque chose ! On a travaillé très fort tout un été mais ça en valait la peine. Je suis comblée car mes abonnés – et le public plus large – adorent le livre !

Y a-t-il une vidéo que tu souhaites réaliser depuis longtemps ?

J'aimerais prochainement faire une espèce de vidéo à la BuzzFeed où je me transformerais en différentes époques, de Cléopâtre à 1990.

Vidéo à ne pas manquer

12 LIFE HACKS : BEAUTÉ, MODE, ETC.

SOOZ //

BEAUTÉ, MODE & VOYAGES / **PUBLICATION BIMENSUELLE**

VIDÉOS À NE PAS MANQUER : ▶ NYC VLOG + SHOOTING URBAN DECAY // ▶ #ASKSOOZ : YOUTUBE ? MON MÉTIER ? LOVA LOVA ? // ▶ MES ASTUCES BONNE MINE (SANS SOLEIL) //

Mamzelle Sooz, aussi connue par son prénom, Sarah, a débuté sur Internet grâce à son blog en 2009. C'est un an plus tard qu'elle s'est lancée sur YouTube tout en conservant et en alimentant régulièrement son blog. Tout ce qui touche au quotidien d'une femme l'intéresse, soit la mode, la beauté, les voyages et plein d'autres choses encore. La YouTubeuse a également fondé en 2013 son propre site de shopping, soozfactory.com, où il est possible de retrouver des accessoires en tout genre estampillés « Sooz ». En 2016, Sarah a sorti son livre, *Rock Your Eyes*, où elle propose 25 tutoriels pour avoir un « regard qui tue ».

\\ NATACHA BIRDS

PUBLICATION BIMENSUELLE \ **BEAUTÉ & MODE**

VIDÉOS À NE PAS MANQUER : ▶ DRAW MY LIFE // ▶ ME CONNAÎTRE DE A À Z // ▶ NOTRE VOYAGE À LONDRES #1 //

Natacha Birds est une jeune maman qui est à la fois graphiste, illustratrice et blogueuse sur son site natacha-birds.fr. Son amour pour les arts graphiques se ressent énormément dans tout ce qu'elle entreprend. Pourquoi Natacha Birds ? « Birds comme les "oiseaux", une façon de voyager dans mon monde onirique ». Son travail est un véritable message de poésie et elle le réalise avec beaucoup de passion, de l'humour, mais également de l'amour. La YouTubeuse possède un e-shop qu'elle a monté avec JuliieWorldOfBeauty et sur lequel elle propose ses créations. En bref, elle vous promet un agréable voyage dans son univers très graphique et plein de fantaisie.

LYSANDRE NADEAU //

VLOGS / **PUBLICATION TOUS LES 2 OU 3 JOURS**

VIDÉOS À NE PAS MANQUER : ▶ UN TRANSSEXUEL RÉPOND À VOS QUESTIONS (ÉPISODE 2 : ZACHARRY-DAVID) // ▶ DANS 20 ANS - CHÈRE FUTURE MOI // ▶ VISUEL : UNE SEMAINE À CUBA //

Lysandre est une jeune Montréalaise qui réalise essentiellement des vlogs avec énormément de spontanéité et de naturel. Il faut bien préciser « essentiellement », puisque la YouTubeuse apprécie d'être totalement libre de ce qu'elle poste sur sa chaîne. Ses vidéos sont vraiment très drôles et sa personnalité, agréablement déjantée, rend sa chaîne véritablement unique. Puisqu'elle propose des vlogs, elle se confie beaucoup et dévoile de nombreux moments de sa vie. Lysandre ne fait pas dans la langue de bois et n'hésite pas à parler de ce qui lui chante, par exemple de sexualité. Elle se lance également souvent des défis à l'image de « trente jours sans alcool » ou encore « manger végétarien ». Surtout, en quittant ses vidéos, n'oubliez pas de prononcer son célèbre *« Full love »* !

SULIVAN GWED //

PODCASTS & VLOGS / **PUBLICATION BIMENSUELLE**

VIDÉOS À NE PAS MANQUER : ▶ **GARÇONS VS FILLES SUR LES RÉSEAUX SOCIAUX** // ▶ **JE DÉTESTE LE LYCÉE.** // ▶ **RÉPONSE AUX SNAPCHATS QUI TOURNE MAL..** //

C'est sous le pseudonyme d'Un Panda Moqueur que Sulivan Gwed était auparavant connu sur YouTube. Ce podcasteur et vlogueur est considéré comme le plus jeune YouTuber français à rassembler plus d'un million d'abonnés. Adepte de l'humour et de l'autodérision – souvent musicale –, il partage son quotidien d'adolescent sans se prendre la tête. Son style et sa personnalité assez décalés ont fortement contribué à son ascension fulgurante sur le Web. S'il réalise de nombreuses vidéos en solo, il lui arrive également de faire des challenges avec d'autres YouTubers tels que Sundy Jules, Théo Gordy ou encore Danaëmakeu p. Les membres de sa communauté, pour la plupart de son jeune âge, sont surnommés les « Sulivators ».

\\ PL CLOUTIER

PUBLICATION TOUS LES 2 OU 3 JOURS \ **VLOGS**

VIDÉOS À NE PAS MANQUER : ▶ **JE TRAVAILLE CHEZ MCDO | PLUSDEPLCLOUTIER** // ▶ **TELLEMENT PARIS | PLUSDEPLCLOUTIER** // ▶ **JE TROLL DES YOUTUBERS | PL CLOUTIER** //

PL Cloutier, ou Pierre-Luc Cloutier, est un YouTuber *lifestyle* qui réside au Québec, à Montréal. Alors qu'il faisait de la télé depuis quelques années déjà, l'annulation de son émission l'a poussé à lancer sa propre chaîne YouTube dans l'optique d'« arrêter de s'ennuyer ». Une annulation qu'il remercie finalement puisqu'il vit une incroyable aventure à travers ses vidéos défis, ses tags et toutes ses autres vidéos totalement délirantes. Il aborde avec beaucoup de décontraction son homosexualité au sein de ses vidéos, véhiculant un message pour donner de la confiance et inciter au respect. Son accent chantant – après tout il est québécois –, associé à toutes ses confidences, vous conquerra sûrement. Il possède également une chaîne secondaire, PlusDePLCloutier, où il est également très actif et propose de nombreux vlogs. Faites comme lui : prenez un verre de vin – avec modération – et lancez-vous dans son univers !

PASTEL //

BEAUTÉ & MODE / **PUBLICATION TOUS LES 2 OU 3 JOURS**

VIDÉOS À NE PAS MANQUER : ▶ **PYJAMA PARTY BABY** // ▶ **DARK DENIM HAIR** // ▶ **9 ANS DE COUPLE - 9 LEÇONS** //

S'il est une chose que vous risquez de savoir faire après être allé faire un tour sur la chaîne Pastel, c'est dompter avec talent vos cheveux. Sur cette partie de YouTube, il y a un peu de colorant, beaucoup de colorant, du colorant à la folie, partout ! La vidéaste partage sur sa chaîne ses bons plans, ses avis sur certains produits, ses tutos coiffure et coloration – forcément ! –, ainsi que des instants de sa vie. Si jamais les crottes de licorne ça te botte le train, tu as frappé à la bonne porte ! Les vidéos de Pastel sont vraiment superbement réalisées : dynamiques, sur fond musical, elles proposent des plans et ont une esthétique vraiment personnelle et agréable. Regardez un peu ses vlogs histoire de vous faire une idée.

EMY LTR //

MAQUILLAGE / **PUBLICATION TOUS LES 2 OU 3 JOURS**

VIDÉOS À NE PAS MANQUER : ▶ EMY, SHERA KERIENSKI & AVATAR // ▶ EMY & LA REVANCHE DE SCAR // ▶ CONFIDENCES ET MESSAGE IMPORTANT (RACKET, TCA, HARCÈLEMENT ET QUELQUES CONSEILS) //

Si vous souhaitez coller la trouille de sa vie à tata Jeannine pour le prochain Halloween, Emy Ltr a de quoi vous transformer totalement. Grâce à sa chaîne, vous allez pouvoir devenir un super-héros, un personnage de dessin animé, un monstre et bien d'autres choses encore. La YouTubeuse va effectivement vous apprendre comment vous maquiller de manière professionnelle pour ressembler à Scar du *Roi Lion*, à la sorcière de *Blanche-Neige*, à Hellboy ou encore à Mystique de *X-Men*. Il lui arrive également de réaliser d'autres vidéos telles que des vlogs,. Emy est également liée à la Beautiful Box, une box beauté dont elle détaille chaque mois le contenu et la manière de l'utiliser.

\\ TARTOFRAISES NAIL ART

PUBLICATION HEBDOMADAIRE \ **NAIL ART**

VIDÉOS À NE PAS MANQUER : ▶ TUTO WATER MABLE, SPIRALE PASTEL-FLUO FASHION // ▶ TUTO NAIL ART ABSTRAIT FUTURISTE, FACILE POUR DÉBUTANTS // ▶ TUTO NAIL ART PLUME ONE STROKE EN 4 COULEURS //

Tartofraises nail art est une chaîne consacrée à 100 % au *nail art* qui va faire de vos ongles de véritables œuvres d'art. S'adressant aux débutants autant qu'aux confirmés, les tutos de Tartofraises sont tout simplement bluffants. Ils demandent une certaine technique ainsi qu'un peu de matériel, mais certaines de ses vidéos restent tout de même accessibles. Ophélie est une véritable passionnée ainsi qu'une professionnelle, qui a suivi de nombreuses formations et est également formatrice free-lance dans ce domaine. Son talent, qui ressort à travers ses vidéos, ses astuces ainsi que son enthousiasme, vous poussera à réaliser les *nails arts* les plus ambitieux !

SHIU LI //

NAIL ART, BEAUTÉ & MODE / **PUBLICATION BIMENSUELLE**

VIDÉOS À NE PAS MANQUER : ▶ VLOG - JOURNÉE DANS LA PEAU DE SAPIN // ▶ GALAXY NAILS (SANS ÉPONGE // NO SPONGE) - FACILE // EASY (ENGLISH SUB) // ▶ RECETTE CUPCAKE NUTELLA // GLAÇAGE SANS BEURRE + FACILE //

Shiu Li est une jeune Franco-Chinoise qui, tout en étant dessinatrice pour la télévision et le cinéma, a choisi de se lancer sur YouTube à travers un univers très *girly*, mais avant tout très varié. Il est effectivement possible de trouver sur sa chaîne des astuces de *nail art*, des recettes de cuisine et, en fait, un peu tout ce qui lui plaît, qu'il s'agisse de mode, de maquillage, de musique, de films et même de jeux vidéo. Son naturel et son côté pétillant vous donneront certainement l'envie de devenir sa copine. Elle publie régulièrement, outre YouTube, sur tous les réseaux sociaux et crée même des hashtags spéciaux pour ses abonnés. Elle fait par ailleurs partie du collectif UNICON.

YOKO NAILART //

NAIL ART // **PUBLICATION TOUS LES 2 OU 3 JOURS**

VIDÉOS À NE PAS MANQUER : ▸ GET READY WITH ME NAIL ART MINIONS //
▸ NAIL ART FACILE - ENJOYMARIE D'ENJOYPHOENIX //
▸ 13 CONSEILS RÉUSSIR SON NAIL ART DE L'AUTRE MAIN //

Yoko Nailart compte très certainement parmi les chaînes de *nail art* françaises les plus populaires du Web. Cette jeune Parisienne, *nail artist* aguerrie, est une grande passionnée du vernis à ongles – qu'elle manie d'ailleurs avec beaucoup de talent. Sa chaîne vous donnera mille et un conseils pour que vos ongles deviennent uniques. Elle tient un blog, yokonailart.com, où elle propose des articles en lien avec sa passion. Il lui arrive également de réaliser des articles tutos pour la presse et elle a aussi mis en place des ateliers, en moyenne trois tous les mois durant les week-ends, où elle partage avec beaucoup de plaisir ses techniques. Il est également possible de retrouver Yoko avec ses copines sur la chaîne Rose Carpet.

\\ TIBO INSHAPE

PUBLICATION TOUS LES 2 OU 3 JOURS \\ **CONSEILS & MUSCULATION**

VIDÉOS À NE PAS MANQUER : ▸ COMMENT SE MUSCLER QUAND ON EST MAIGRE ? //
▸ 4 ALIMENTS À NE JAMAIS MANGER ! // ▸ COUPLE FITNESS : CLICHÉ VS RÉALITÉ ! //

Adeptes de la musculation, sachez que Tibo InShape a monté la chaîne faite pour vous. Ce Toulousain est effectivement le vidéaste musculation le plus populaire d'Europe en totalisant près de 200 millions de vues sur l'ensemble de sa chaîne. Beaucoup de contenu, notamment des conseils sur la musculation, la nutrition, la confiance en soi ou encore l'entraînement, que Thibaud accompagne d'un humour qui lui est propre. Il se consacre à 100 % à son contenu et souhaiterait bien se faire remarquer dans le domaine du fitness et lancer un jour sa propre salle de sport. Il possède par ailleurs une marque de vêtements, NO PAIN NO GAIN.

BODYTIME //

CONSEILS & MUSCULATION // **PUBLICATION TOUS LES 2 OU 3 JOURS**

VIDÉOS À NE PAS MANQUER : ▸ MOTIVATION MUSCULATION 2014 BODYTIME & TIBO INSHAPE //
▸ LA PREMIÈRE FOIS EN MUSCULATION //
▸ OMELETTE SANS OEUFS: RECETTE VEGAN PROTÉINÉ //

Alex et PJ sont deux coachs sportifs à l'origine de la création de Bodytime. Les deux hommes à la musculature parfaite présentent à travers leur chaîne des programmes de musculation, des exercices, et partagent leurs connaissances tout en s'essayant à de nouveaux types d'exercices et en testant de nouveaux outils. Leur contenu s'adresse autant aux hommes qu'aux femmes et ils ne manquent pas, lorsque le besoin s'en fait sentir, de différencier les exercices par genre. Pour Alex et PJ, il n'y a pas d'échecs : soit on réussit, soit on apprend. Les deux coachs proposent également des conseils nutritionnels santé en association avec un programme de développement.

ALEXANDRE CALVEZ //

RECETTES & DIVERTISSEMENT // PUBLICATION HEBDOMADAIRE

Alexandre Calvez est vidéaste, mais il est également blogueur sur son site personnel alexandrecalvez.com. Adepte de *lifestyle* et de divertissement, il partage ses délires, ses découvertes ainsi que ses expériences à travers de nombreux tests de produits en tout genre. Que ce soit de façon sérieuse ou décalée, il tente chaque semaine de faire rire ou de faire réfléchir autour des sujets qui lui tiennent à cœur. Il apprécie particulièrement tout ce qui touche à l'audiovisuel ainsi qu'aux nouveaux médias.

INTERVIEW !

QUI ES-TU ?

Je suis quelqu'un en perpétuelle évolution, je ne suis pas la même personne qu'il y a deux ans. Je n'ai pas de métier, de catégorie particulière ; je vais abandonner le *lifestyle* d'ailleurs dans les prochains jours mais rien ne dit que je n'y reviendrai pas. Je suis simplement… créateur. C'est vaste, mais c'est ce qui me correspond. Je peux aussi bien créer des vidéos qu'un média dédié au monde de la vidéo en ligne (http://videaste.co/) par exemple. Ce qui fait de moi en ce début du mois de juin un vidéaste et un entrepreneur et peut-être que, dans un ou deux ans, je serai quelque chose d'autre. J'aime imaginer, j'aime créer, j'aime penser sans pour autant tout dévoiler. Voilà qui je suis et ce qui me définit réellement et intemporellement. Je n'aime pas les étiquettes, car elles sont bien souvent éphémères et réductrices.

DES PHOBIES ? OU DES TOC DE VIDÉASTE ?

Je suis agoraphobe, je n'arrive pas – plus – à me retrouver avec plein de monde autour de moi sans être à deux doigts de faire un malaise. C'est pourquoi je ne fais pas de conventions.

VIDÉO À NE PAS MANQUER

MA NOUVELLE FOLIE CAPILLAIRE …

CINQ PASSIONS QUI T'ANIMENT ?

Globalement, tout ce qui se rapporte à l'audiovisuel et à la création en général : les médias, la musique, le cinéma, la photographie.

TON PIRE DÉFAUT ?

Je me lasse très vite, j'ai un besoin constant de renouvellement, je n'aime pas la routine, j'aime le challenge, ce qui fait que généralement je passe souvent à autre chose sans que tout soit complètement terminé.

SI TU N'AVAIS PAS ÉTÉ YOUTUBER, À QUOI TE DESTINAIS-TU ?

Je ne me considère pas comme un YouTuber, ni comme un vidéaste en premier lieu, ce n'est pas un souhait de carrière. Plus globalement, je me vois plus comme un entrepreneur et YouTuber n'a presque jamais été ma seule activité.

TA CITATION FAVORITE ?

« *Be yourself, everyone else is already taken.* »
– Oscar Wilde

PARMI TOUTES TES VIDÉOS, QUELLE EST CELLE QUE TU PRÉFÈRES ?

Celle que je n'ai pas encore publiée. Je pense que l'on peut toujours faire mieux et se dépasser ; avec du recul, on voit les défauts des vidéos déjà publiées et cela permet d'acquérir de l'expérience pour en sortir de meilleures. Ainsi, ma vidéo préférée est souvent la dernière que j'ai sortie car c'est celle qui est probablement la plus aboutie personnellement.

Est-ce que tu peux nous parler de la genèse de ta chaîne ? Tu es effectivement un « ancien YouTuber, qui est devenu blogueur, qui est redevenu YouTuber, mais qui reste néanmoins blogueur »...

Ma chaîne est la continuité du blog que j'ai lancé au début 2014 et qui a pour vocation de partager mes expériences et mes découvertes. Le tout en étant sérieux mais sans se prendre au sérieux. C'est mon support d'expression actuel mais rien n'est figé. YouTube n'est qu'une plate-forme, un moyen de diffusion. C'est le contenu qui importe, pas l'endroit où il se trouve.

As-tu demandé ou suivi des conseils de proches ou de viewers pour faire évoluer ton contenu ?

Oui, mais outre cela je pense que le meilleur moyen de faire évoluer son contenu c'est de voir ce qui se fait ailleurs et surtout ce qui se dit sur les contenus des autres; ça évite de faire les mêmes erreurs et permet d'anticiper des évolutions possibles. Enfin, ça permet d'avoir un regard global sur la place de ce que l'on produit dans l'univers de YouTube et d'être moins autocentré. Après tout, chaque vidéaste n'est qu'une pièce d'un plus grand puzzle qu'il convient d'explorer.

Il y a beaucoup de positivisme et d'optimisme sur l'ensemble de ta chaîne. On sent que tu t'éclates et que YouTube est une véritable passion. Qu'est-ce que tout cela t'apporte et que souhaites-tu transmettre à ceux qui te regardent ?

Je ne me vois pas comme positiviste ni comme optimiste, je suis plutôt relativiste. Je souhaite partager à travers ma chaîne, mon blog et mes réseaux tout un tas de choses telles que mon univers, mes idées ou encore mes découvertes. Parce qu'un rêve ou une aventure, c'est bien, mais un rêve ou une aventure partagés, c'est mieux.

Il t'arrive également de parler de sujets très sérieux, je pense notamment à ta vidéo « Faire face au harcèlement ». Cela te semble-t-il important de pouvoir considérer YouTube pas seulement comme un support de divertissement, mais également comme un média de soutien et de solidarité ?

Je pense que chacun doit apporter sa pierre à l'édifice pour faire avancer les choses et exprimer ses idées. Sur YouTube certes, mais aussi dans la vie. Certaines personnes ne voient YouTube que comme du virtuel, comme quelque chose d'abstrait où tout est possible, où on peut dire tout et n'importe quoi, faire tout et n'importe quoi tout en se cachant derrière la liberté d'expression ou le « faux » second degré. Or, les créateurs, mais aussi les spectateurs, sont bel et bien réels. L'impact d'une phrase dans une vidéo ou dans un commentaire peut être tout aussi important que dans le « réel », c'est pourquoi je sais que la plate-forme peut aussi être utilisée pour de bonnes causes – tout comme elle l'est pour de mauvaises –, et j'essaie d'en profiter pour m'y exprimer pleinement sur des sujets comme le harcèlement parce que je sais pertinemment que ça peut aider quelques personnes.

VIDÉO À NE PAS MANQUER

DÉCOUVERTE CATASTROPHIQUE DU CRAYON 3D

VIDÉO À NE PAS MANQUER

CRASH TEST : RECETTE ORIGINALE DE COOKIES POTS

FITNESSBIENETRE //

FITNESS & BIEN-ÊTRE / PUBLICATION TOUS LES 2 OU 3 JOURS

VIDÉOS À NE PAS MANQUER : ▶YOGA PRENATAL POUR FEMME ENCEINTE : SOULAGER SON DOS // ▶ REPAS LÉGER MINUTE : COURGETTES AU COCO VERSION ASIATIQUE // ▶ COMMENT SE TENIR À SES RÉSOLUTIONS ET OBJECTIFS FITNESS //

Juliana a lancé sa chaîne FitnessBienEtre en 2012 avec le désir de partager gratuitement ses séances de fitness, ses conseils pour rester motivé ainsi que des astuces beauté. Voilà maintenant de longues années qu'elle est passionnée par le fitness et tout ce qui touche à l'alimentation. À force de motivation et de rigueur, elle est d'ailleurs parvenue à éliminer son surpoids. Elle espère grâce à sa chaîne apporter aux autres des clés permettant de se sentir épanoui, de prendre confiance en soi et de se sentir bien dans son corps. Elle propose ainsi plusieurs vidéos par semaine traitant de séances de fitness, de conseils, qu'il s'agisse de sport ou d'alimentation, et des vidéos de beauté. Juliana en profite également pour partager des moments de sa vie, notamment sa grossesse.

\\750 GRAMMES

PUBLICATION TOUS LES 2 OU 3 JOURS \ CONSEILS & CUISINE

VIDÉOS À NE PAS MANQUER : ▶RECETTE DES CROISSANTS MAISON / HOMEMADE CROISSANTS - ENGLISH SUBTITLES - 750 GRAMMES // ▶RECETTE DU BOEUF BOURGUIGNON - 750 GRAMMES // ▶RECETTE DE GALETTES DE QUINOA AUX LÉGUMES - 750 GRAMMES //

Damien et Christophe vont vous permettre de progresser en cuisine tout en vous amusant grâce à 750 grammes. Plusieurs fois par semaine, vous pourrez ainsi découvrir des recettes, qu'il s'agisse de sucré, de salé, d'entrées, de plats ou encore de desserts. Chacune de leurs vidéos est extrêmement bien réalisée, didactique et très accessible. La chaîne est bien évidemment rattachée au site 750grammes.com, qui permet de compléter le contenu vidéo grâce à de nombreuses recettes écrites. Bonne dégustation !

HERVÉ CUISINE //

CONSEILS & CUISINE / PUBLICATION TOUS LES 2 OU 3 JOURS

VIDÉOS À NE PAS MANQUER : ▶RECETTE FACILE DES DONUTS AMÉRICAINS OU BEIGNETS - HERVÉ CUISINE // ▶RECETTE FACILE DE LA TARTE AU CITRON MERINGUÉE (US SUBTITLES - LEMON PIE) //▶ RECETTE GÂTEAU MOELLEUX CHOCOLAT SANS BEURRE ET SANS GLUTEN //

Hervé Cuisine va vous faire saliver, littéralement ! C'est en 2007 qu'il a lancé sa chaîne avec pour but de partager des recettes avec ses proches. Progressivement, sa chaîne a gagné en popularité et il réunit maintenant une communauté importante, adepte des centaines de recettes de cuisine qu'il propose. Tous les mardis et vendredis à 19 heures, il met en ligne des vidéos de recettes qui lui ont plu, ses véritables «coups de cœur», faciles à réaliser tout en étant tendance. Du sucré au salé en passant bien évidemment par l'apéro et les cocktails, il y a clairement de quoi baver sur son clavier avant de mettre la main à la pâte. En 2015 paraissait son livre, *Desserts faciles et bluffants*, où le vidéaste confirmait définitivement son amour pour les recettes sucrées.

CUISINERAPIDE //

CONSEILS & CUISINE / PUBLICATION TOUS LES 2 OU 3 JOURS

VIDÉOS À NE PAS MANQUER : ▶ RECETTE FACILE DE BRIOCHE MOELLEUSE AU SUCRE (CUISINERAPIDE) // ▶ RECETTE FACILE ET RAPIDE DES PERLES DE COCO (CUISINERAPIDE) // ▶ DONUTS RECETTE FACILE (CUISINERAPIDE) //

Avec Cuisinerapide, la cuisine facile, rapide et économique est à portée de spatule. Que vous souhaitiez réaliser un cheese-cake au citron, du nougat chinois ou encore des crêpes feuilletées Nutella et coco pour votre goûter, la chaîne vous apportera à travers des vidéos courtes et didactiques la solution à vos envies. Il ne restera bien sûr plus qu'à mettre la main à la pâte ! Si vous êtes plus adepte du sucré que du salé, le tout est clairement fait pour vous. En revanche, à l'inverse, vous risquez de vous trouver noyé sous une farandole de gâteaux en tout genre, de bonbons et autres gourmandises délicieusement caloriques.

\\ FASTGOODCUISINE

PUBLICATION TOUS LES 2 OU 3 JOURS \\ **CONSEILS & CUISINE**

VIDÉOS À NE PAS MANQUER : ▶RECETTE POUR FAIRE UN BONBON XXL COCA-COLA // ▶ COMMENT FAIRE DES KINDER BUENO | FASTGOODCUISINE // ▶ COMMENT FAIRE DES CHURROS | FASTGOODCUISINE //

FastGoodCuisine est la première chaîne française en matière de cuisine rapide et de recettes simples – mais toujours délicieuses ! Charles crée toute une flopée de recettes réparties en plusieurs grandes catégories. On retrouve ainsi « La recette du net », où il se propose de cuisiner ce que les internautes lui demandent, quel que soit le type de plat. Il réalise également « Fast Good », reprenant le principe de la cuisine rapide avec des aliments simples. Il y a enfin « Derrière le bar », où le vidéaste vous apprend chaque semaine à réaliser un cocktail. Beaucoup de ses vidéos démontrent la possibilité de faire de la *junk food* chez soi avec des aliments de meilleure qualité. Il est dynamique, drôle et passionné, et ses vidéos sont excellentes. Il invite également de nombreux vidéastes au sein de ses vidéos : Natoo, Amixem ou encore Pierre Croce pour ne citer qu'eux.

MINUTE FACILE //

CONSEILS PRATIQUES / PUBLICATION HEBDOMADAIRE

VIDÉOS À NE PAS MANQUER : ▶ UN MAGICIEN VOUS RÉVÈLE 3 SUPER TOURS DE MAGIE AVEC DES PIÈCES DE MONNAIE // ▶ASTUCE BEAUTÉ: COMMENT SE LISSER LES CHEVEUX SANS FER ? // ▶ 3 ASTUCES POUR COUPER ET PRÉSENTER UN FRUIT DE FAÇON ORIGINALE //

Minute Facile, ce n'est pas seulement une chaîne rattachée au groupe M6 qui propose des conseils pratiques afin de vous faciliter le quotidien, mais un ensemble de chaînes sur plusieurs thématiques. À l'origine, Minute Facile est effectivement un site Internet dont la production vidéo a été déclinée sur YouTube. Plusieurs chaînes sont ainsi proposées avec un propos bien précis : Minute Déco, Minute Beauté, Minute Cuisine ou encore Minute Forme. Dans l'ensemble, les vidéos sont relativement courtes et apporteront leur lot d'astuces pour toutes sortes de situations.

BOOKTUBE

AVEC LES INTERVIEWS DE

Les lectures de NiNe

Margaud Liseuse

LES LECTURES DE NINE //

CRITIQUE DE LIVRES / **PUBLICATION TOUS LES 2 OU 3 JOURS**

Il paraîtrait que dans une autre vie NiNe aurait été une Sims, et qu'elle souhaiterait se réincarner en zombie après sa mort. Blogueuse sur ninehank.com et YouTubeuse en tant que *moldue*, elle partage ses avis littéraires, ses coups de cœur et ses acquisitions livresques avec beaucoup de joie et de passion. Ses genres préférés sont la science-fiction, la dystopie, le fantastique, la romance, le *new adult* ainsi que le *young adult*. *Harry Potter, Divergent, Les Chroniques lunaires* et *Hunger Games* sont les séries qui sont parvenues à se frayer un chemin afin de s'établir éternellement dans son cœur de lectrice. Entre tops, vlogs, FAQ, acquisitions et avis sur les adaptations cinématographiques de ses romans préférés, impossible de s'ennuyer. Extrêmement bien réalisées et respirant un amour inconditionnel pour la lecture, ses vidéos vous donneront à coup sûr envie de vous jeter sur le premier livre venu.

INTERVIEW !

QUI ES-TU ?

Je suis Nine, 25 ans, et grande passionnée de littérature !

D'OÙ VIENS-TU ?

Je suis originaire de Toulon, mais je vis aujourd'hui à Paris.

LE PLUS BEAU JOUR DE TA VIE ?

Je l'attends encore, et je suis sûre qu'il sera extraordinaire.

TON PIRE CAUCHEMAR ?

Ne plus être passionnée par quoi que ce soit.

DES PHOBIES ?

J'ai peur de la mort, et des lieux clos un peu glauques, type les parkings souterrains.

CINQ PASSIONS QUI T'ANIMENT ?

Les livres, le voyage, les animaux, l'écriture et l'audiovisuel.

« EN FRANCE, NOUS AVONS UN NOMBRE D'ABONNÉS PLUS MODESTE QU'AUX USA. »

TON PIRE DÉFAUT ?

Je suis trop perfectionniste, tellement que je peux en devenir très, très, très chiante.

SI TU N'AVAIS PAS ÉTÉ VIDÉASTE, À QUOI TE DESTINAIS-TU ?

Je dirais à la communication, de préférence dans le milieu littéraire.

QUELS SONT TES CINQ ROMANS CULTES ?

Harry Potter bien sûr, c'est une évidence ! Après ça se corse ! Je dirais… *Les Chroniques lunaires, Divergent, Hunger Games,* et *The Mortal Instruments* de Cassandra Clare. Mais j'aimerais aussi citer *Insaisissable* de Tahereh Mafi, *Les Ames vagabondes* de Stephenie Meyer, *Les Fiancés de l'hiver* de Christelle Dabos, *Nos Étoiles contraires* de John Green, *La 5e Vague* de Rick Yancey et… bon, OK, j'arrête !

Parmi toutes tes vidéos, quelle est celle que tu préfères ?

Je dirais qu'en règle générale je préfère mes vidéos les plus récentes, parce que chaque jour j'essaie de me perfectionner et de proposer du contenu toujours plus travaillé. Donc, celle que je citerai aujourd'hui ne sera pas celle que je citerai le mois prochain !

Quels sont les vidéastes qui inspirent le plus ton travail ?

Je n'en ai pas vraiment. Disons que le format de BookTube est assez particulier, et il est difficile de s'inspirer des YouTubers qui ne font pas partie de la niche du livre pour ses propres vidéos, mais j'admire énormément CaseyNeistat, et je ne rate aucune vidéo de Math se fait des films ; ce sont deux vidéastes que je regarde assidûment, néanmoins je n'ai pas la chance de pouvoir m'en inspirer. BookTube est une niche très à part, ou finalement les codes sont assez différents.

Vidéo à ne pas manquer

TOP 5 I CES ROMANS QUE JE VEUX VOIR AU CINÉMA !

Quand tu t'es lancée, avais-tu une idée précise de ce qu'allait devenir ta chaîne ?

Absolument pas. Je cherchais juste à échanger sur la lecture avec d'autres passionnés comme moi, me sentir moins seule quand je venais de terminer une lecture incroyable et que j'avais envie de la recommander à la terre entière. Jamais je n'aurais pensé qu'il y aurait autant de monde intéressé par les livres sur YouTube, du coup j'ai amélioré mon format progressivement, mais à la base je comptais simplement me poser tranquillement devant ma caméra de temps en temps pour présenter quelques livres que j'avais lus.

As-tu demandé ou suivi des conseils de proches ou de viewers pour faire évoluer tes émissions ?

Oui, énormément. Je réalise chaque année une sorte de sondage anonyme sur ma chaîne, proposant aux internautes de répondre à différentes questions concernant mes vidéos YouTube, ce qu'ils aiment y voir, ce qu'ils aiment moins, et leurs conseils pour m'améliorer. Comme c'est anonyme, les personnes sont moins réticentes à dire le vrai fond de leurs pensées, sans chercher à y mettre les formes pour ne pas me vexer, et ça me permet de faire un bilan chaque fois des éléments à changer, à améliorer, ou à supprimer, et c'est très enrichissant !

As-tu hésité avant de te lancer dans la vidéo sur le Web ? As-tu été poussée par quelqu'un ?

Je n'ai pas hésité bien longtemps, j'ai toujours adoré le milieu audiovisuel, et j'avais pour projet de faire des études dans ce milieu-là avant de m'engager dans l'armée, et, quand j'ai vu qu'il existait des vidéos littéraires sur YouTube, j'ai tellement adoré le concept, qui collait à 1 000 % à ma personnalité, que j'ai direct voulu me lancer ! C'est la chaîne de JessLivraddict qui m'a fait découvrir l'univers de BookTube, et ce fut également la première à recommander ma chaîne quand je me suis lancée, j'ai donc beaucoup d'affection pour la sienne.

Accordes-tu une grande importance au nombre de vues sur tes vidéos ?

Je ne dirais pas que j'accorde une importance primordiale au nombre de vues sur mes vidéos, mais j'y accorde une importance tout de même ; ça me permet de cibler les sujets qui vont davantage plaire à mes abonnés, c'est un bon indicateur au final, au même titre que les pouces bleus.

T'étais-tu fixé des objectifs en lançant ta chaîne ? Si oui, les as-tu atteints ? Au bout de combien de temps ?

Je n'avais vraiment aucun objectif en me lançant, ils sont venus plus tard, quand j'ai vu que j'avais un public qui était intéressé par mes vidéos. Le premier était de proposer du contenu régulier, et j'ai rapidement réussi à tenir un rythme et j'en suis plutôt contente. Mon objectif aujourd'hui c'est d'améliorer le format de mes vidéos, pour toucher un public plus large entre guillemets, et ainsi aller chercher dans les petits recoins de YouTube des passionnés de lecture qui ne connaîtraient pas encore l'existence de BookTube, ou, mieux, intriguer des non-lecteurs et leur donner le goût de la lecture.

VIDÉO À NE PAS MANQUER

VLOG #001 L ANNA TODD, INTERVIEW & YOUBOOX !

SUR QUELS CRITÈRES SÉLECTIONNES-TU LES ROMANS DONT TU PARLES ?

Je parle des livres qui me font simplement envie, et généralement je les sélectionne au feeling, et par rapport à mon humeur du moment. Parfois, j'ai envie d'une lecture légère, d'une romance, puis d'autres fois j'ai besoin de quelque chose de plus trash, plus soutenu, avec des zombies ou une histoire postapocalyptique. Je ne me focalise pas sur les nouveautés, j'aime autant lire des vieux bouquins que des ouvrages plus récents, et je ne me forcerais pas à lire un livre qui vient de sortir parce que c'est d'actualité.

EST-CE QUE TU COLLABORES AVEC DES MAISONS D'ÉDITION DANS LE CADRE DE TA CHAÎNE ?

Oui, je collabore avec des maisons d'édition qui m'envoient leurs ouvrages au même titre qu'elles enverraient leurs livres à des journalistes.

QUEL ACCUEIL T'ONT FAIT LES MAISONS D'ÉDITION QUAND TU AS COMMENCÉ À COLLABORER AVEC ELLES ?

C'est variable en fonction des maisons d'édition, mais en règle générale l'accueil était plutôt positif. Disons juste qu'au début ils étaient pour certains assez réticents, le phénomène était encore naissant, et ils ne savaient pas trop s'ils pouvaient s'y fier ou non, mais par la suite ils ont rapidement vu en BookTube un nouveau moyen de promouvoir leurs romans, et en règle générale les collaborations se passent plutôt bien.

LEUR REGARD A-T-IL CHANGÉ LORSQUE TU AS COMMENCÉ À RENCONTRER ET À RASSEMBLER UNE GRANDE AUDIENCE ?

Je pense que chez certains éditeurs il y a eu comme une petite sonnette qui a retenti, qui voulait dire « c'est bon, je crois que BookTube est viable, on peut y aller », car progressivement les propositions se sont faites de plus en plus

« LE NOMBRE DE VUES DES VIDÉOS ME PERMET DE CIBLER LES SUJETS QUI VONT DAVANTAGE PLAIRE À MES ABONNÉS. »

nombreuses, et BookTube est devenu le centre d'intérêt de pas mal d'éditeurs de *young adult* notamment, mais pas seulement, des éditeurs qui ne publient pas du tout de *young adult* m'envoient également leurs ouvrages.

Quelle est la situation des BookTubers en France en comparaison avec les USA ?

En France, nous avons un nombre d'abonnés plus modeste, car nous avons démarré BookTube plus tardivement que les Américains ou les hispanophones, et puis il y a également la barrière de la langue ; l'anglais générera toujours une plus grande audience que le français par exemple. La BookTubeuse américaine la plus suivie ne comptabilise pas encore tout à fait 300 000 abonnés, et en France nous n'avons pas encore atteint les 50 000 abonnés pour la BookTubeuse la plus suivie.

Quelles sont les rencontres marquantes que tu as faites par le biais de YouTube ?

Grâce à YouTube, j'ai pu rencontrer un bon nombre d'autres BookTubers avec qui le feeling est direct passé. Quand on a une passion en commun ça aide à tisser des liens, et j'ai pu en créer des très forts avec certains d'entre eux. Je pense notamment à Margaud Liseuse, Emilie Bulledop, Lili Bouquine ou Moody Take A Book. J'ai également pu rencontrer des auteurs formidables.

Que penses-tu de la télévision ?

Je pense que c'est un média différent de YouTube, et qui cible également un public différent. La télévision a été pendant très longtemps le seul média et divertissement audiovisuel du foyer familial, maintenant il y a aussi YouTube, qui va davantage cibler la génération Y, et même encore plus jeune, puisqu'on retrouve beaucoup de gens de moins de 20 ans dans les auditeurs YouTube, mais également parmi les vidéastes.

Quels sont les vidéastes que tu aimerais faire découvrir au plus grand nombre ?

Math se fait des films, je ne rate absolument aucune de ses vidéos ! Boîte à Lettres, une chaîne que j'adore, et qui parle de classiques. N'étant pas une grande liseuse de classiques, je ne rate pourtant aucune vidéo de cette chaîne, qui arrive à me captiver chaque fois ! ComiXrays, c'est une chaîne qui parle de Comics, mais qui le fait bien, même très très bien ! Ginger Force, elle, parle d'adaptations de romans au cinéma, mais pas des derniers blockbusters américains, non, des films parfois plus rares, plus anciens aussi, et toujours dans un travail d'écriture et de réalisation au top ! Miss Book, The Hillywood Show, Le Cinéma de Durendal et La Librairie des Ombres. C'est un nouveau BookTuber, mais à la fin de chaque vidéo il y a du bonus, une sorte de web-série sur l'histoire de la Librairie des Ombres !

VIDÉO À NE PAS MANQUER

ACQUISITIONS LIVRESQUES I AVRIL/MAI 2016

\\ FAIRYNEVERLAND

PUBLICATION HEBDOMADAIRE \\ CRITIQUE DE LIVRES

VIDÉOS À NE PAS MANQUER : ▶ LES FAIVORY'S - AVRIL 2016 | FAIRY NEVERLAND // ▶ BOOK HAUL « LA FOLITUDE INTERGALACTIQUE »| FAIRY NEVERLAND // ▶ UPDATE LECTURE - 13.03.16 | FAIRY NEVERLAND //

Derrière FairyNeverland se trouve Justine, une jeune femme qui se destine au métier d'éditeur et qui raffole parler lecture et découvertes. Justine apprécie beaucoup de lire des livres en VO, ce qui permet notamment de découvrir des titres qui n'ont pas encore vu le jour en France. Cela ne l'empêche pas pour autant d'être attirée par tout type de littérature. Ne souhaitant pas se mettre la pression ou subir de contraintes, la BookTubeuse se laisse guider par ses goûts, ses envies et ses coups de cœur. Comme elle est définitivement naturelle – il lui arrive de se confier à ses abonnés –, c'est un plaisir de la retrouver pour ses update lectures où elle présente l'état de ses lectures, ses *unboxings* qui vous font littéralement baver ou encore ses tops qui vous en diront plus sur ses goûts.

BULLDEDOP //

CRITIQUE DE LIVRES / PUBLICATION HEBDOMADAIRE

VIDÉOS À NE PAS MANQUER : ▶ LES CONSEILS DE MES LIBRAIRES #2 // ▶ POISSON FÉCOND DEVIENT BOOKTUBEUR ! // ▶ UPDATES LECTURES 03/06/2016 ! //

Bulledop, ou Émilie, c'est avant tout une personnalité adorablement explosive, franchement pétillante et débordante d'une immense affection pour les livres. Si elle est réputée pour être une sauvageonne – elle le dit elle-même –, cela ne l'empêche effectivement pas de s'adonner à l'une des pratiques les plus nobles qui soient : la lecture. Elle lit tout ce qui lui tombe sous la main et en parle avec beaucoup de joie et de passion sur sa chaîne YouTube. Ses préférences vont vers le contemporain, la Fantasy et la littérature historique, mais, à partir du moment où il n'y a pas trop d'hémoglobine en geyser et de *serial killers* fous furieux, elle s'intéresse également un peu à tout. La BookTubeuse réalise aussi des vidéos où elle invite d'autres YouTubers, des vlogs ou encore ses fameux « Conseils de mes libraires », où elle laisse la parole à ses collègues libraires afin qu'ils présentent leurs coups de cœur littéraires.

\\ MALORIEDUNS BOOKS

PUBLICATION MENSUELLE \\ CRITIQUE DE LIVRES

VIDÉOS À NE PAS MANQUER : ▶ BOOK HAUL | NOVEMBRE & DÉCEMBRE 2015 // ▶ POINT LECTURE | BD, COMICS, MANGAS | NOVEMBRE 2015 // ▶ POINT LECTURE | YOUNGER, MON CHAT EST UN GEEK COMME LES AUTRES, SAO, LE VIDE DE NOS CŒURS //

Vous risquez très certainement de vous attacher à MalorieDuns Books et de l'écouter attentivement parler de ses goûts et de ses coups de cœur littéraires. Malorie apprécie également beaucoup les mangas, les BD et les comics. Elle leur consacre des vidéos spécifiques, complètes et très intéressantes, l'occasion de donner une place tout aussi importante à ces genres laissant la part belle aux illustrations. Tags, points lecture, *book hauls*, challenges, tops et *unboxings* : autant de concepts pour autant de vidéos pleines de passion et de partage. Toujours naturelle, la BookTubeuse nous transporte l'espace de quelques minutes dans son univers coloré et fantastique qui sent bon les pages que l'on tourne.

AUDREY - LE SOUFFLE DES MOTS //

CRITIQUE DE LIVRES / **PUBLICATION TOUS LES 2 OU 3 JOURS**

VIDÉOS À NE PAS MANQUER : **TROUVER LE TEMPS POUR LIRE ? // ARRIVÉE LIVRESQUE | MAI 2016 // VLOG | COMÉDIE DU LIVRE 2016 ! //**

Si vous demandez à Audrey de quelle manière elle se définit, elle vous rétorquera très certainement qu'elle est une «rêveuse à plein-temps, et souvent emportée par le souffle des mots». Ce n'est d'ailleurs pas pour rien qu'elle a débuté en 2013 son blog littéraire, lefouffledesmots.blogspot.fr. Si jamais vous tentez le détour par sa section «Coup de cœur», vous vous rendrez compte qu'Audrey apprécie globalement tous les genres littéraires et demeure très curieuse. Les vidéos de la BookTubeuse sont vraiment bien menées, claires, fouillées et bien construites, et vous permettront assurément de vous faire une petite idée sur de nombreux livres avant de foncer dans une librairie.

\\ LILI BOUQUINE

PUBLICATION TOUS LES 2 OU 3 JOURS \ **CRITIQUE DE LIVRES**

VIDÉOS À NE PAS MANQUER : **BOOK HAUL MIEUX VAUT TARD QUE JAMAIS ! // COLLECTION HARRY POTTER BLOOMSBURY (HARDBACKS) // UPDATE LECTURES #3 : HIGHLANDERS ET PRINCES DES 1001 NUITS //**

Le déclic littéraire, c'est avec la fameuse saga de J.K. Rowling, *Harry Potter*, que Lili de la chaîne Lili bouquine l'a eu. Son métier idéal ? «Rêveuse», aurait-elle répondu à son instituteur alors qu'elle n'avait que 5 ans. Un idéal qu'elle dit avoir atteint aujourd'hui étant donné qu'elle est devenue libraire et qu'elle peut parler de sa passion tous les jours. Elle continue ce partage sur Internet grâce à YouTube et à son blog personnel, lilibouquine.blogspot.fr. Bien que son genre de prédilection demeure le fantastique, elle lit de tout : thriller, *young adult*, romans historiques, romances, *bit-lit*, Fantasy, etc. À travers son site et sa chaîne, elle souhaite démontrer qu'il y a beaucoup à vivre et à découvrir au détour des pages et en tournant son regard vers les mots, les phrases…

BRODYBOOKS //

CRITIQUE DE LIVRES / **PUBLICATION HEBDOMADAIRE**

VIDÉOS À NE PAS MANQUER : **JE NE LIS PAS ASSEZ… | 5 ASTUCES CONTRE LA PANNE DE LECTURE // BOOK HAUL | MAI // TOP 5 | LES LIVRES QUI ONT CHANGÉ MA VIE //**

Clélia, alias BrodyBooks, est une jeune passionnée de lecture qui a la particularité de s'être d'abord lancée avec sa chaîne YouTube avant d'ouvrir son blog, cherlecteur.fr. Se lancer sur la Toile était pour elle l'occasion de découvrir une communauté qui partageait sa passion et son enthousiasme – peut-être même son hystérie – pour les livres et la lecture. Clélia aime particulièrement trois auteurs : J.K. Rowling, Robin Hobb et Jean-Christophe Rufin. Cependant, elle apprécie tous les genres littérairess. Vous risquez très certainement d'apprécier son ton posé, calme, mais également son humour et sa capacité à rester naturelle en toutes circonstances.

MOODY TAKE A BOOK //

CRITIQUE DE LIVRES // PUBLICATION HEBDOMADAIRE

VIDÉOS À NE PAS MANQUER : ▶ TOP 5 | THRILLERS //
▶ MOODY PAPOTE 5 | J'ABANDONNE LA LECTURE // ▶ BILAN LECTURES | MAI 2016 //

«Je jure solennellement que mes intentions sont mauvaises», peut-on lire placardé en tête de la chaîne Moody Take a book. Les intentions de la BookTubeuse étant de vous faire aimer la lecture – voire de vous rendre totalement accro –, on peut dire que ce n'est pas si mauvais que ça au final ! Grande dévoreuse de livres et de séries TV, elle vous parlera de ses deux grandes passions à travers toute une tripotée de vidéos. On retrouve les fameux *book hauls, unboxings*, bilans lectures et tops, mais la BookTubeuse se confie également à sa communauté grâce à ses «Moody papote». Vous pouvez également la retrouver sur son blog, moody-takeabook.com. Si grâce à Moody vous, ses «maraudeurs», reprenez la lecture ou décidez de vous plonger dedans, une chose est sûre : vous la comblerez de joie !

\\ TARTINNEAUXPOMMES

PUBLICATION HEBDOMADAIRE \\ CRITIQUE DE LIVRES

VIDÉOS À NE PAS MANQUER : ▶ TAG ULTIMATE | HARRY POTTER //
▶ J'AI TESTÉ POUR VOUS UNE BOX | EXPLORATOLOGY //
▶ UPDATE LECTURE | AUDREY, RETROUVÉE - SUNSHINE – PARANOÏA //

En pénétrant dans le monde de Tartinneauxpommes, également connue comme étant Marine, vous risquez de tomber nez à nez avec des autels dressés à la gloire et à la grandeur de *Game of Thrones*. L'hiver vient, et ce n'est pas pour déplaire à cette passionnée de lecture qui pourra ainsi se terrer derrière un mur de livres. Si vous souhaitez la connaître un peu plus, elle propose elle-même une foule de termes qui permettent de la définir : « Passionnée. Capricieuse. Râleuse. Rat de bibliothèque. Pipelette. Littéraire. Pétillante. Rêveuse. Etc. » À ses côtés, vous allez découvrir de nombreux livres qui viendront très certainement rapidement garnir votre «pile à lire» – vous savez, tous ces livres qui s'amoncellent dans votre bibliothèque et que vous n'avez pas encore lus – tant son enthousiasme est communicatif.

CÉDRIK ARMEN //

CRITIQUE DE LIVRES // PUBLICATION HEBDOMADAIRE

VIDÉOS À NE PAS MANQUER : ▶ POURQUOI LIRE ? - LES BIENFAITS DE LA LECTURE //
▶ BOOK HAUL - ET MERDE, J'AI ENCORE CRAQUÉ MON SLIP ! //
▶ MAI 2016 - DES SINGES ET DES HOMMES ! //

« À quoi servent les mots si l'on ne peut les partager ? »s'interroge Cédrik Armen. Il faut dire que le partage est au cœur de sa démarche étant donné qu'il déploie énormément d'énergie dans sa chaîne. Le jeune homme, véritable antidépresseur littéraire, présente ses critiques, ses coups de cœur, des vlogs et tout un tas d'autres choses. Afin de garder un contact très fort avec sa communauté, Cédrik réalise également des live de plusieurs heures, l'occasion de papoter et de lui poser des questions, littéraires ou non. Le BookTubeur, très spontané, est réellement parvenu à créer un univers qui lui est propre grâce à sa personnalité sensible et parfois très déjantée. Sa chaîne lui donne la possibilité de parler de sa passion, mais elle lui a également permis de s'ouvrir aux autres pour le plus grand plaisir de tout un tas de curieux.

LEMON JUNE //

CRITIQUE DE LIVRES // **PUBLICATION TOUS LES 2 OU 3 JOURS**

VIDÉOS À NE PAS MANQUER : **▶ LIRE OU PAS L'ÉPÉE DE VÉRITÉ ? DU BIEN ET DU COUP DE GUEULE ! // ▶ MON TOP 10 MANGA | PARTIE 1 // ▶ LA GROSSE DÉCOUVERTE WELCOME TO NIGHT //**

Lemon June, en se lançant sur YouTube, a décidé de vous parler « lecture », et non pas « livre ». C'est pour la bonne et simple raison qu'elle s'intéresse à de nombreux supports et pas seulement aux livres en tant que tels. Vous pourrez ainsi retrouver des romans, des BD ou encore des mangas. Sa formation lui fait apprécier particulièrement la littérature classique, mais c'est un genre qu'elle propose au compte-gouttes sur sa chaîne, ne souhaitant pas se limiter à un type en particulier. Depuis pas mal d'années, elle s'est ainsi plongée dans le *young adult* ainsi que les mangas, qu'elle dévore. La BookTubeuse adore parler lecture. Les vidéos de Lemon sont pleines de fraîcheur et de sourires, et vous permettront de passer un moment de détente et de curiosité.

\\ JESSLIVRADDICT

PUBLICATION BIMENSUELLE \\ **CRITIQUE DE LIVRES**

VIDÉOS À NE PAS MANQUER : **▶ BOOK HAUL AVRIL 16 // ▶ UPDATE LECTURE SPÉCIAL AUTEURS FRANCOPHONES JESSLIVRADDICT // ▶ BOOK HAUL / COLORING HAUL JANVIER 2016 JESSLIVRADDICT //**

JessLivraddict est une BookTubeuse belge présente depuis maintenant pas mal de temps sur Internet : elle a débuté son blog, jess.livraddict.com, en 2009 et sa chaîne en 2010. Vous allez pouvoir la suivre dans ses débandades livresques – et c'est bien le mot lorsqu'on jette un coup d'œil à sa bibliothèque ! – et partager ses nombreuses découvertes. Elle a notamment la particularité de lire de nombreux titres en anglais. Il est également question sur sa chaîne de coloriages pour adultes, une activité dont elle raffole littéralement. Jess est très proche de sa communauté et n'hésite pas à réaliser des vidéos avec des thèmes très personnels, comme le harcèlement scolaire, ainsi que des live où elle est très disponible. Tournez la page avec elle !

CORDÉLIA AIME //

CRITIQUE DE LIVRES // **PUBLICATION TOUS LES 2 OU 3 JOURS**

VIDÉOS À NE PAS MANQUER : **▶ ALBUS DUMBLEDORE - UN PERSO QUEER #3 // ▶ LE PASSEUR DE LOIS LOWRY - CRITIQUE #12 // ▶ FANGIRL DE RAINBOW ROWELL - CRITIQUE #14 //**

Cordélia Aime, ou Mlle Cordélia, peut se définir par bien des termes : écrivain, geek, *fangirl*, BookTubeuse, passionnée. Elle aime tout un tas de choses comme les livres, la science-fiction, les séries, la Fantasy, les mangas et la littérature adolescente. Il lui arrive également de mettre en avant son engagement pour la cause LGBT. Il faut dire qu'à l'origine l'une des motivations qui l'a poussée à se lancer sur YouTube était la faible mise en avant des livres et des personnages LGBT. Elle en parle également à travers d'autres formats de vidéos et a notamment réalisé un live sur le sujet en compagnie d'autres YouTubeuses et YouTubers. Elle a créé une chaîne spécifique de vulgarisation pour cette cause, Princ(ess)e LGBT.

MYRIAM - UN JOUR. UN LIVRE. //

CRITIQUE DE LIVRES / PUBLICATION TOUS LES 2 OU 3 JOURS

VIDÉOS À NE PAS MANQUER : AVANT TOI DE JOJO MOYES : LE LIVRE ET LE FILM //
[DOCULIVRE] FEMMES FRANÇAISES SOUS L'OCCUPATION NAZIE //
J'AI RENCONTRÉ SOPHIE KINSELLA ! #CANAPÉLIVRE //

Myriam, fondatrice de la chaîne Myriam - Un Jour. Un livre. et créatrice du site unjour-unlivre.fr, est une lectrice professionnelle free-lance pour des maisons d'édition. Grande amatrice de romans historiques (elle est diplômée d'archéologie et d'histoire de l'art), elle vous conseillera toutefois des lectures passionnantes pour tous les goûts et tous les âges. Son mot d'ordre : éclectisme ! Grâce à ses vlogs, elle vous permettra également de l'accompagner à de grands événements ou lors de ses sorties. Et, en bonus, des interviews exclusives de grands auteurs français et étrangers, des activités thématiques ainsi que des documentaires inspirés de ses romans coups de cœur.

\\ LES BÊTISES DE MANU

PUBLICATION TOUS LES 2 OU 3 JOURS \ **CRITIQUE DE LIVRES**

VIDÉOS À NE PAS MANQUER : BOOK HAUL | MAI JUIN 2016 //
MUSIC & BOOK | CE QUE J'ÉCOUTE EN LISANT #2 //
#COMICS | HARLEY QUINN, JUSTICE LEAGUE, BATMAN SILENCE ET SHAZAM //

Manu, qui se cache derrière la chaîne Les bêtises de Manu, est une passionnée de livres qui s'est lancée dans l'aventure BookTube en 2014. C'est en regardant les YouTubeuses beauté qu'elle a eu l'idée de réaliser une chaîne spécialisée dans les livres. Préparez-vous donc à pénétrer dans un monde tout bleu, plein de sincérité et d'agréables découvertes. Outre ses présentations de romans, ne manquez surtout pas ses vidéos portant sur les comics. Même si elle n'apprécie pas un livre, Manu restera toujours positive et honnête au sein de ses vidéos et ne le descendra pas en flèche. En vous lançant avec elle, vous aurez l'occasion de découvrir son naturel ainsi que toutes ses bêtises.

MISS BOOK //

CRITIQUE DE LIVRES / PUBLICATION MENSUELLE

VIDÉOS À NE PAS MANQUER : L'ASSASSIN ROYAL DE ROBIN HOBB - MISS BOOK //
NE TIREZ PAS SUR L'OISEAU MOQUEUR D'HARPER LEE - MISS BOOK //
LE CHANT DES RUNES - MISS BOOK //

Miss Book, c'est une chaîne créée en 2015 dont la vocation est de conseiller les 15-30 ans en matière de lectures grâce à YouTube et à l'humour. L'approche se veut très moderne, avec une mise en scène et plusieurs personnages qui permettent de donner une critique sur tel ou tel livre. Nawal espère certes divertir ceux qui la regardent, mais également les pousser vers la lecture en dépassant les blocages qu'ils peuvent avoir. Pour elle, la lecture est un véritable bonheur et elle souhaiterait notamment que les jeunes ne la considèrent plus comme une souffrance. Les vidéos sont vraiment bien rythmées et permettent de découvrir des œuvres très différentes : le cycle romanesque de *L'Assassin royal* de Robin Hobb et la BD *Le Chant des runes* de Sylvain Runberg et Jean-charles Poupard, traités par la chaîne, en sont la preuve.

MARGAUD LISEUSE //

CRITIQUE DE LIVRES // PUBLICATION TOUS LES 2 OU 3 JOURS

Pour Margaud Liseuse, ses livres sont de véritables trésors. Ils ne parlent pas, ne bougent pas, mais portent en eux toute la magie permettant de murmurer des choses, de souffler des histoires, de susciter des rêves. Cette jeune libraire – que vous reconnaîtrez assurément à sa longue chevelure rousse – est une grande adepte de littérature : Fantasy, thriller et contemporain ne sont que des exemples de ce qui satisfait son appétit de lecture dévorant. La BookTubeuse, renarde d'origine suisse, vous invite au sein de chacune de ses vidéos dans une atmosphère chaleureuse, intimiste et qui sent follement bon le thé et les bougies parfumées. Si vous êtes attentifs, vous croiserez même un chat au détour d'une bibliothèque bien garnie. Avec ses « Renardises », la vidéaste présente des produits qui ne sont pas des livres et pour lesquels elle a craqué. Vous pouvez également la retrouver sur son blog la-liseuse.blogspot.fr.

INTERVIEW !

QUI ES-TU ?

Margaud, passionnée de lecture depuis de nombreuses années, libraire de métier, j'ai dû entrer en collision et fusionner avec un renard tellement cet animal me colle à la peau. Littéralement. Grande rêveuse, j'aime regarder tomber la pluie, ou la neige.

D'OÙ VIENS-TU ?

Je viens de la petite ville de Fribourg, en Suisse. Une ville digne d'un conte.

OÙ VAS-TU ?

Vers de nouvelles aventures, toujours.

TON PIRE CAUCHEMAR ?

Voir mes livres prendre feu !

DES PHOBIES ?

Je ne suis pas une grande fan des hôpitaux.

CINQ PASSIONS QUI T'ANIMENT ?

La lecture – bien sûr –, le thé, les fêtes de fin d'année, le cinéma et les bougies.

TON PIRE DÉFAUT ?

Je m'énerve pour des broutilles.

> « LES LIVRES ENVOYÉS PAR LES MAISONS D'ÉDITION N'ONT AUCUN TRAITEMENT DE FAVEUR. »

SI TU N'AVAIS PAS ÉTÉ VIDÉASTE, À QUOI TE DESTINAIS-TU ?

Je suis toujours libraire à côté des vidéos, j'aurais donc fait uniquement libraire et pas BookTubeuse en plus.

TA CITATION FAVORITE ?

« L'avenir appartient à ceux qui se lèvent tôt. » Je me lève tôt, donc ça tombe bien.

QUELS SONT TES CINQ ROMANS CULTES ?

C'est difficile de choisir, mais je dirais : *Harry Potter* de J.K. Rowling sans surprise, *Les Lieux*

VIDÉO À NE PAS MANQUER

RENARDISES | PRINTEMPS 2016

sombres de Gillian Flynn, *Aeternia* de Gabriel Katz, *Fangirl* de Rainbow Rowell et *Ce qui nous lie* de Samantha Bailly.

Parmi toutes tes vidéos, quelle est celle que tu préfères ?

Celle sur mon métier de libraire.

Quels sont les vidéastes qui inspirent le plus ton travail ?

Bookables, une Américaine que je trouve naturelle. Why Mermaids, une Anglaise pleine de punch ! Et Eimadolly pour le côté francophone, pour sa manière de traiter chaque sujet avec une évidence qui lui est propre.

Quand tu t'es lancée, avais-tu une idée précise de ce qu'allait devenir ta chaîne ?

Pas du tout. Je partais dans l'optique que cette chaîne serait un supplément du blog.

As-tu demandé ou suivi des conseils de proches ou de viewers pour faire évoluer ton contenu ?

J'écoute toujours les personnes qui commentent mes vidéos, leurs avis sont importants. Mais au départ je partais en aveugle dans un domaine que je ne connaissais pas. Et j'ai appris sur le tas.

As-tu hésité avant de te lancer dans la vidéo sur le Web ? As-tu été poussée par quelqu'un ?

J'ai hésité longtemps. Au moment où ma première vidéo s'est mise en ligne, j'ai voulu la retirer tout de suite après. Et finalement je suis contente de l'avoir laissée en ligne. Comme je faisais tout cela sans qu'aucun de mes proches le sache, j'étais toute seule pour m'encourager à poursuivre.

Accordes-tu une grande importance au nombre de vues sur tes vidéos ?

Oui et non. Les vues me permettent de voir quel format plaît, et ce qui plaît peut-être moins. Mais elles ne m'empêchent pas de faire les vidéos que je veux.

T'étais-tu fixé des objectifs en lançant ta chaîne ? Si oui, les as-tu atteints ? Au bout de combien de temps ?

Non, aucun objectif. Et je pense que, si je m'en étais fixé, je les aurais tous dépassés à l'heure qu'il est.

Quel est ton genre de lecture favori et pourquoi ?

J'aime de tout ! J'ai grandi avec la Fantasy, ça reste un genre où je me sens bien, découvrir des nouveaux univers, des mondes imaginaires qui me permettent de m'évader de celui dans lequel je vis. Mais je suis une touche-à-tout. J'aime la littérature blanche, contemporaine ou encore le thriller.

VIDÉO À NE PAS MANQUER

ON MY SHELF/SUR MON ÉTAGÈRE #2

VIDÉO À NE PAS MANQUER

UPDATE LECTURE | 06.05.2016

QUEL CONCEPT TE PLAÎT LE PLUS SUR TA CHAÎNE ENTRE UPDATE LECTURE, *HAUL*, SWAP, ETC., ET POURQUOI ?

J'aime faire des update lectures, car je peux enfin vraiment dire ce que je pense de chacune de mes lectures. C'est-à-dire suffisamment pour encourager les gens à les lire.

EST-CE QU'IL T'ARRIVE DE COLLABORER AVEC DES MAISONS D'ÉDITION ? COMMENT EST-CE QUE ÇA S'EST MIS EN PLACE ET QUEL ASPECT CELA PREND-IL SUR TA CHAÎNE ?

Oui, les maisons d'édition sont venues me contacter pour des partenariats par exemple, et cela s'est mis en place de manière très naturelle. Les livres envoyés par les maisons d'édition n'ont aucun traitement de faveur, donc sur la chaîne on ne ressent pas une grande différence avec ceux que j'achète.

QUEL REGARD PORTES-TU SUR LES BOOKTUBERS EN FRANCE ? C'EST UN PAN DU CONTENU SUR YOUTUBE QUI EST EN PLEINE ÉMERGENCE...

Je trouve ça super que ce soit une branche de YouTube qui s'agrandisse petit à petit. On trouve de tout maintenant sur Internet, et en vidéo également. Alors pourquoi pas des livres ? Chaque passionné de lecture est capable d'être BookTubeur s'il en a envie. Ça fera d'autant plus de livres conseillés, ou de genres différents présentés.

PENSES-TU QUE VOUS ÊTES APPELÉS À DEVENIR, OU QUE VOUS ÊTES DÉJÀ CE QU'ON APPELLE UN MÉDIA PRESCRIPTEUR EN TERMES DE LITTÉRATURE ?

Sincèrement, je ne saurais le dire. Je ne le vois pas encore si c'est le cas.

EST-CE QUE TU PEUX NOUS PARLER DES GRANDS MOMENTS DE TA CHAÎNE DEPUIS SA CRÉATION ?

Avril 2013 restera dans ma mémoire, c'est à ce moment que la chaîne a réellement pris son essor, pour continuer encore aujourd'hui. Moins virtuel, maintenant, ce sont tous les salons littéraires dans lesquels je me suis rendue, et où j'ai enfin pu voir les gens en vrai. Que ce soit ceux qui me suivent, ou ceux que moi, je suis, ce sont certainement les meilleurs moments. On découvre le réel derrière le virtuel.

PEUT-ÊTRE AS-TU DES PROJETS LA CONCERNANT POUR L'AVENIR...

Je ne prévois jamais trop à l'avance. J'aime y aller au feeling, faire ce qui me plaît à l'instant T.

QUELS SONT LES VIDÉASTES QUE TU AIMERAIS FAIRE DÉCOUVRIR AU PLUS GRAND NOMBRE ?

Lemon June, Schausette, Cédrik Armen, La Librairie des Ombres.

> « AU DÉPART JE PARTAIS EN AVEUGLE DANS UN DOMAINE QUE JE NE CONNAISSAIS PAS. ET J'AI APPRIS SUR LE TAS. »

VULGARISATION & SAVOIR

AVEC LES INTERVIEWS DE

E-PENSER

POISSON FÉCOND

LES TOPOVAURES

NOTA BENE

LES BRUTES

SOLANGETEPARLE

MAR VELL

CAPTAIN TABOURET

OCKAM RAZOR

E-PENSER //

VULGARISATION SCIENTIFIQUE / PUBLICATION HEBDOMADAIRE

Bruce, créateur à l'origine de la chaîne e-penser, est l'une des figures de proue de la vulgarisation sur Internet. Il aborde de nombreux sujets qu'il détaille et explicite en les rendant accessibles sans pour autant écarter la technique et l'érudition. Plusieurs formats de vidéos sont présents sur sa chaîne : les classiques, les vidéos « La preuve par vieux », où il présente l'histoire de scientifiques, connus ou non, les « quickies » et les « flashs », des formats beaucoup plus courts qui traitent de sujet plus précis, plus ciblés. En grand fan d'Alexandre Astier, Bruce ne se contente pas de distiller du savoir : il le fait avec beaucoup d'humour et un habile jeu entre les plans et leur dynamique. Fin 2015, le vidéaste a publié un premier livre, *Prenez le temps d'e-penser*, où il répond à de nombreuses interrogations scientifiques. Surtout « soyez curieux, et prenez le temps d'e-penser » !

INTERVIEW !

Qui es-tu ?
Je m'appelle Bruce Benamran et j'opère depuis septembre 2013 sur la chaîne YouTube e-penser.

D'où viens-tu ?
De Strasbourg, à l'origine, mais je suis depuis 2001 en région parisienne.

Où vas-tu ?
Là-bas.

Le plus beau jour de ta vie ?
Demain. Sinon, à quoi bon ?

Ton pire cauchemar ?
Me réveiller et me rendre compte que tout ceci n'était qu'un rêve, entre 7 heures et 7 h 02 un lundi matin avant d'aller rejoindre ma classe de CE1.

Des phobies ?
Pas vraiment, même si je ne suis pas à l'aise avec le fait d'être proche d'un grand vide.

> « JE NE ME SATISFAIS PAS D'UN "COMMENT ÇA MARCHE ? ON S'EN FOUT, ÇA MARCHE, C'EST TOUT !" »

Cinq passions qui t'animent ?
La musique, les sciences, le cinéma, l'amour et les puzzles. Pas nécessairement dans cet ordre.

Ton pire défaut ?
Je suis assez psychorigide… mais je me soigne.

Si tu n'avais pas été vidéaste, à quoi te destinais-tu ?
Architecte logiciel. Même si j'ai pas mal donné.

Ta citation favorite ?
Celle du moment, en tout cas : « Le succès n'est pas un but, c'est une conséquence. » Ça aide à garder l'esprit clair.

Quels sont tes cinq films cultes ?
Ceux du moment : *2001*, *Orange mécanique*, *Fight Club*, *Dr Folamour*, *PI*. Oui, ça fait trois Kubrick… Sur un top 10, il y en aurait eu le double.

Parmi toutes tes vidéos, quelle est celle que tu préfères ?

Celle du 1er avril 2015, « 7 histoires Fantastiques », car c'est un épisode choral avec tous les potes.

Quelles sont tes personnalités scientifiques préférées ?

Richard Feynman, Albert Einstein, James Clerk Maxwell et Dmitri Mendeleïev. (Tesla n'est pas une personnalité scientifique, sinon il figurerait dans la liste.)

Quels sont les vidéastes qui inspirent le plus ton travail ?

VSauce et Veritasium pour le fond ; WheezyWaiter, Antoine Daniel et Mathieu Sommet pour la forme. Et si on prend « vidéaste » au sens plus large, Alexandre Astier. Pour la forme et pour le fond.

Quand tu t'es lancé, avais-tu une idée précise de ce que tu souhaitais faire avec ta chaîne ?

Du tout ! N'était-ce le fait que j'allais vulgariser de la science.

As-tu demandé ou suivi des conseils de proches ou de viewers pour faire évoluer tes émissions ?

Pas vraiment, sauf pour des choses totalement objectives du type « ton micro est pourri, on ne bite pas un mot de ce que tu racontes ».

As-tu hésité avant de te lancer dans la vidéo sur le Web ? As-tu été poussé par quelqu'un ?

Ne pas hésiter avant de se lancer, sinon on ne se lance pas. C'est le principe même du fait de « se lancer ». Mon petit frère m'avait pas mal chauffé, #rendreACesar.

VIDÉO À NE PAS MANQUER

7 HISTOIRES FANTASTIQUES

Accordes-tu une grande importance au nombre de vues sur tes vidéos ?

Sur l'ensemble, oui. Mais je fais attention à ne pas regarder ça de trop près pour chaque vidéo, sinon je ne ferais finalement que des vidéos très accessibles, très mainstream, et très regardables. Et, pour le coup, ça, il y a déjà tout ce qu'il faut sur le Net.

T'étais-tu fixé des objectifs en lançant ta chaîne ? Si oui, les as-tu atteints ? Au bout de combien de temps ?

Je m'étais donné comme objectif de faire 50 k abonnés en deux ans pour savoir si je continuais ou pas, j'en ai fait 500 k. Du coup, je continue. Sinon, j'avais comme objectifs « fous » de faire une conférence TEDx et de travailler avec Alexandre Astier. Check !

Comment choisis-tu les vidéastes avec lesquels tu souhaites collaborer ?

Principalement sur le fait que j'apprécie leur travail. Ensuite, il faut évidemment trouver un terrain légitime sur lequel collaborer lorsqu'on veut faire plus qu'un simple caméo.

Sur quels critères sélectionnes-tu les sujets que tu abordes dans tes vidéos ?

Je fais les vidéos que j'ai envie de voir sur Internet. Ni plus ni moins.

Que penses-tu de la télévision ?

J'aime bien, mais je regarde de moins en moins. Sans doute parce que j'aime de moins en moins. Mais il reste encore quelques chaînes et programmes que j'apprécie particulièrement.

Bruce, tu es un peu le « professeur d'Internet » : est-ce que tu as un programme pour les étudiants que nous sommes ?

VIDÉO À NE PAS MANQUER

10 CHOSES INSENSÉES QUE VOTRE CERVEAU SAIT FAIRE SANS E-PENSER – ÉP.20 – E-PENSER

Un programme assez logique, en fait. Je bâtis avec de plus en plus de complexité pour pouvoir parler de choses très complexes en me basant sur tout ce qui a déjà été traité.

Comment s'est passée ta première rencontre avec Alexandre Astier ?

À la cool. C'était après la première représentation de *L'Exoconférence* à Paris, au théâtre du Rond-Point ; il est venu me voir en me disant : «Ah, salut ! C'est gentil d'être venu», et moi, comme un con, j'ai répondu : «Oui, je trouve aussi.»

Tu as ta chaîne, tu ouvres une chaîne anglaise, tu fais la première partie de *L'Exoconférence*, tu as écrit un livre et le deuxième est en préparation, et pour autant tu gardes une certaine constance dans la publication de tes vidéos. Quel est ton secret ?

Je dors peu, et je travaille beaucoup. Il n'y a pas de secret autre que celui-là. Se discipliner et travailler énormément. Après, j'ai la chance de faire des vidéos qui ne demandent pas un travail phénoménal de montage ou d'écriture.

Dans tes vidéos, tu portes un message clair qui valorise la curiosité intellectuelle : « Soyez curieux, prenez le temps d'e-penser. »

Comment est né chez toi cet intérêt pour les sciences ?

Aucune idée mais, aussi loin que je remonte, il a toujours été là. J'ai toujours eu besoin – pas seulement pour les sciences, d'ailleurs – de comprendre les choses. Je ne me satisfais pas d'un «comment ça marche ? On s'en fout, ça marche, c'est tout !»

Qu'est-ce qui selon toi distingue un bon professeur d'un mauvais ?

Sa capacité à intéresser ceux qui souhaitent être intéressés sans les ranger dans la catégorie de ceux qui s'en foutent.

Si tu pouvais rencontrer Aristote, quel sujet aborderais-tu en premier avec lui ?

Je voudrais savoir si le mec est un troll ou pas. Parce que, selon moi, pour dire les conneries qu'il a dites en ayant l'esprit qu'il avait, c'était uniquement pour se foutre de la gueule de ses disciples…

Quels sont les vidéastes que tu aimerais faire découvrir au plus grand nombre ?

Outre ceux qui sont connus de tous, Joueur du Grenier, Antoine Daniel, Mathieu Sommet, etc., on va dire : Micmaths, Code MU, ScienceEtonnante, Physics Girl, en anglais, Vi Hart, en anglais aussi et Les Frères Poulain, LFP pour les intimes…

VIDÉO À NE PAS MANQUER

LE LIEU LE PLUS DANGEREUX DE FRANCE – QUICKIE 01 – E-PENSER

\\ DIRTYBIOLOGY

PUBLICATION BIMENSUELLE \\ **VULGARISATION SCIENTIFIQUE**

VIDÉOS À NE PAS MANQUER : ▸ DARWIN CHEZ LES POKÉMONS- DBY #7 //
▸ QUE SE PASSERAIT-IL SI LA NATURE SE REBELLAIT ? - LETSPLAYSCIENCE #2 //
▸ LA PANDÉMIE DE WORLD OF WARCRAFT - DBY #4 //

Léo, de DirtyBiology, réussit des paris un peu fous en matière de vulgarisation scientifique. Il parvient notamment à expliquer l'évolution darwinienne grâce à des Pokémon ou les mécanismes d'une pandémie à travers un moment culte de l'histoire de *World of Warcraft*. Il est donc bien question de biologie, de science, de sujets «mindfucks» et parfois un peu crados. Grâce à des phénomènes connus de tous, à des références liées à la pop culture ou à des questions en apparence peu scientifiques, le vidéaste revient sur des concepts pas ou peu connus du plus grand nombre. Pour faire simple et pour citer Léo : «Tu ne voulais pas le savoir, mais maintenant c'est trop tard !»

SCIENCEETONNANTE //

VULGARISATION SCIENTIFIQUE / **PUBLICATION HEBDOMADAIRE**

VIDÉOS À NE PAS MANQUER : ▸ LES ONDES GRAVITATIONNELLES - À CHAUD ! #1 //
▸ L'INFINI - SCIENCE ÉTONNANTE #24 //
▸ LE DEEP LEARNING - SCIENCE ÉTONNANTE #27 //

David est l'auteur de ScienceEtonnante et du blog éponyme, qui se concentrent sur la vulgarisation scientifique. À travers chacune de ses vidéos «Sciences étonnantes», il explique des concepts et des sujets primordiaux liés aux sciences, qu'il s'agisse de mathématiques, de biologie, de physique ou même de sciences sociales. En 2016, il a débuté deux nouveaux formats : «À chaud !», où il réagit à un sujet d'actualité, et «Crétin de cerveau», qui se concentre sur les biais cognitifs, c'est-à-dire des situations où l'on commet des erreurs de jugement. Si vous vous demandez toujours d'où vient la couleur du pastis, la réponse est à portée de clic !

\\ SCILABUS

PUBLICATION BIMENSUELLE \\ **VULGARISATION SCIENTIFIQUE**

VIDÉOS À NE PAS MANQUER : ▸ LA SCIENCE DU RONRONNEMENT DU CHAT - SCILABUS 26 // ▸ LE TEMPS EXISTE T-IL ? - SCILABUS 38 //
▸ FAUT-IL VRAIMENT PORTER DU BLANC EN ÉTÉ ? FEAT. DIRTY BIOLOGY //

La vulgarisation scientifique, c'est le domaine de Scilabus, où Viviane, la créatrice, se laisse guider par sa curiosité. Elle réalise ainsi de nombreuses expériences qui ont pour but de répondre à des questions qu'elle se pose comme «Est-on plus grand le matin que le soir ?» ou «Comment obtenir le plus de chocolats possible dans un distributeur de bonbons ?» Présentées comme ça, les questions peuvent sembler assez basiques, cependant la vidéaste apporte une réponse toute scientifique et procède même à une expérimentation afin d'appuyer son propos. Si les questions peuvent vous sembler étranges, dites-vous bien que les expériences le sont tout autant. Du fun et de la science, un cocktail qui fonctionne !

EXPERIMENTBOY //

SCIENCE & EXPÉRIENCES / **PUBLICATION BIMENSUELLE**

VIDÉOS À NE PAS MANQUER : ▶ LIQUIDE OU SOLIDE ?! - FLUIDE NON-NEWTONIEN ! [SCIENCE 2.0] // ▶ DES MÉTAUX QUI EXPLOSENT DANS L'EAU ! - [SCIENCE 2.0] // ▶ LA FORCE DES LASERS ! - [SCIENCE 2.0] //

Experimentboy, c'est une nouvelle manière d'approcher la science et ses concepts. Si les tableaux blanchis à la craie et les bancs de l'école – scientifiques – vous ont collé des boutons, alors cette chaîne risque de vous permettre de renouer avec les sciences dures. Il se peut que le jeune vidéaste vous aide à comprendre des notions telles que les fluides newtoniens, la gravité, les lasers ou encore les bulles de vide avec pédagogie et un brin de folie. Ses vidéos deviennent le lieu de nombreux délires, d'explosions et de destructions spectaculaires. Il existe également une chaîne secondaire, Experimentboy 2, qui regroupe des vidéos bricolage, des making of ainsi que d'autres bonus.

\\ INCROYABLES EXPÉRIENCES

PUBLICATION MENSUELLE \ **SCIENCE & EXPÉRIENCES**

VIDÉOS À NE PAS MANQUER : ▶ LASER & MUSIQUE : INCROYABLES EXPÉRIENCES [75] TRANSMETTRE UNE MUSIQUE AVEC UN LASER LONGUE DISTANCE // ▶ FABRIQUER UN AMPLIFICATEUR : INCROYABLES EXPÉRIENCES [90] AMPLI DE CLASSE D, B, A, / FAIRE AMPLIS // ▶ FABRIQUER UNE ÉOLIENNE : INCROYABLES EXPÉRIENCES [85] ENERGIE ÉOLIENNE / HOMEMADE WIND TURBINE DIY //

Ce sont deux passionnés d'électricité et d'énergie – ils ne sont pas étudiants en école d'ingénieurs pour rien – qui ont fondé Incroyables Expériences. Armand et Victor, des frères jumeaux, n'ont qu'une volonté : partager avec le plus grand nombre les expériences qu'ils mettent en œuvre depuis plus de six ans. La plupart des vidéos se présentent sous la forme de courts documentaires qui vous poussent à créer certains éléments par vous-même. C'est un peu le DIY scientifique accompagné d'un soupçon de vulgarisation et d'une grosse dose de passion. Les deux vidéastes débutent généralement avec des explications relativement accessibles avant d'élever un peu le niveau grâce à moult schémas.

DR NOZMAN //

SCIENCE & EXPÉRIENCES / **PUBLICATION TOUS LES 2 OU 3 JOURS**

VIDÉOS À NE PAS MANQUER : ▶ DR NOZMAN - EXPÉRIENCE BALLE REBONDISSANTE - FACILE ! // ▶ EXPÉRIENCE - FABRICATION DE CRISTAUX ! DR NOZMAN // ▶ IL Y A DE LA DROGUE DANS LE COCA ? VRAI OU FAUX #15 //

Dr Nozman est depuis toujours passionné par les sciences, la technologie et l'audiovisuel. En mélangeant tout cela, il a donc décidé de se lancer sur YouTube avec la volonté d'aborder des sujets scientifiques très divers pour les rendre accessibles au plus grand nombre. Cela se fait, par exemple, avec ses «Vrai Ou Faux», où il décortique un sujet précis tel que le fait de vivre dans un corps holographique, la température au cœur du soleil ou encore la transformation du plomb en or. Grand curieux, il aime également réaliser avec son personnage loufoque toutes sortes d'expériences. Sur Nozman Bonus, sa seconde chaîne, Nozman publie des vlogs intitulés «Gigavlog». La science n'attend pas !

LE PSYLAB //

VULGARISATION & PSYCHOLOGIE / **PUBLICATION MENSUELLE**

VIDÉOS À NE PAS MANQUER : ▶ INSIDE OUT - FOVEA #4 // ▶ L'EFFET PLACEBO - PSYCHE #8 // ▶ VAUDOU, ZOMBIES ET PSYCHIATRIE - PSYSTORY #3 (1/2) //

La psychiatrie fascine, la psychiatrie inquiète, mais, surtout, la psychiatrie mérite bien une chaîne ! C'est en tout cas ce que Jeff et Chris, les deux animateurs et psychiatres, se sont dit en lançant PsyLab. Leur volonté est de vulgariser un domaine qui paraît le plus souvent obscur, nébuleux et qui demeure mal compris. Ils décryptent ainsi des maladies mentales de manière ludique. « Fovéa » s'intéresse à un film ou à une série pour éclaircir un concept important de la psychiatrie. « Psychoptik » s'intéresse plus précisément à une maladie ou un concept, et « Psyché », format plus court, fournit une réponse claire à un sujet spécifique, comme l'effet placébo. Enfin, l'histoire de la psychiatrie est retracée grâce à « Psystory ».

\\ PRIMUM NON NOCERE

PUBLICATION MENSUELLE \ **VULGARISATION & MÉDECINE**

VIDÉOS À NE PAS MANQUER : ▶ PNN 15 - LES COURBATURES : J'AI BEAU ÊTRE MATINAL, J'AI MAL ! // ▶ PNN 16 - VIH VS SIDA, QUI FAIT QUOI ? // ▶ PAPL 1 - TOP 10 DES REFLEXES DU CORPS HUMAIN //

Le monde médical est si vaste, si complexe, si riche et semble tellement inaccessible que nous avons pour la plupart l'impression d'en savoir très peu… Primum, créateur de la chaîne Primum Non Nocere qui signifie en latin « d'abord, ne nuire à personne », sillonne ce monde très particulier qui ne se résume pas seulement à des compresses et à *Grey's Anatomy*. Le vidéaste embarque ainsi ses spectateurs pour une exploration des bases et des fondamentaux de la médecine. Les vidéos sont vraiment très intéressantes et, tout en étant accessibles, permettent d'aller au fond d'un sujet tant dans les termes utilisés que dans l'explication de mécanismes ou de concepts.

MICKAËL LAUNAY - MICMATHS //

VULGARISATION & MATHÉMATIQUES / **PUBLICATION MENSUELLE**

VIDÉOS À NE PAS MANQUER : ▶ LE NOMBRE D'OR – MICMATHS // ▶ LA QUATRIÈME DIMENSION #1 - DÉFINITION – MICMATHS // ▶ UNE ENQUÊTE DE SHERLOCK HOLMES – MICMATHS //

Mickaël Launay est le créateur de MicMaths, une chaîne qui risque de réconcilier les allergiques des mathématiques avec les chiffres et les calculs. Pour redorer le blason de l'une des sciences dures principales, Mickaël rend ses vidéos extrêmement didactiques en appliquant l'impérissable adage « apprendre en s'amusant ». Faisant de ce dernier un véritable leitmotiv, le vidéaste explique divers concepts mathématiques grâce à des cours excellemment animés et usant d'expérimentations, de jeux de logique, d'énigmes, de constructions et de diverses manipulations. L'approche n'a rien à voir avec ce que l'on peut croiser à l'école, et c'est clairement ce qui fait le charme des vidéos.

POISSON FÉCOND – CHRIS //

PODCASTS, CULTURE & SAVOIR // PUBLICATION HEBDOMADAIRE

« Salut la poiscaille ! » vous dirait Chris, autrement connu sous le nom de Poisson Fécond. Adepte des vidéos instructives, ce vidéaste bien connu de la Toile va vous apprendre une tonne de choses. De l'anecdote étonnante sur la série *Game of Thrones* aux techniques de manipulation facile, sans oublier des explications sur les trous noirs ou sur la vie après la mort, les sujets sont nombreux, très variés et traités avec une pointe d'humour. Pour réaliser ses vidéos, le vidéaste s'appuie sur des sources sérieuses qu'il précise systématiquement en barre d'infos. Chris propose également une série intitulée « EDK », ou « Épopée de Khundar », vidéos où il parle de sa carrière de vidéaste en temps réel, de l'évolution de sa chaîne ainsi que de la création de sa société, le Khundar. À la fin de ses réalisations, Chris a l'excellente particularité de faire découvrir de jeunes YouTubers dont il apprécie le travail.

INTERVIEW !

QUI ES-TU ?
Je m'appelle Chris, qu'on connaît aussi sous le nom de Poisson Fécond sur YouTube, où j'ai la chance de rencontrer une certaine popularité.

D'OÙ VIENS-TU ?
J'ai habité pendant vingt-six ans en banlieue parisienne, dans la « charmante » petite ville de Pantin, avec mes parents. À part avec ma famille, une ville où je ne conserve que peu d'attaches et de regrets.

OÙ VAS-TU ?
De l'avant, je suppose ? Ah, non ! j'en suis sûr, vers des projets grandioses !

LE PLUS BEAU JOUR DE TA VIE ?
Quand j'ai pu enfin voler de mes propres ailes et partir de chez moi – vous savez, vingt-six ans chez papa-maman… Quoique, sur l'instant, je n'étais pas forcément au summum du bonheur non plus.

TON PIRE CAUCHEMAR ?
Me retrouver sur mon lit de mort en me rendant compte que je n'aurais pas accompli suffisamment de mes rêves.

DES PHOBIES ? OU DES TOC ?
Quand j'étais plus jeune, j'en avais pas mal. Du style racler les murs avec le bout de mes doigts. Je vous laisse imaginer leur état. Ou ouvrir et fermer la porte une dizaine de fois. Sinon, ça allait !

> « APPRENDRE CONTINUELLEMENT, ME REMPLIR L'ESPRIT ET OFFRIR AUX AUTRES CETTE SENSATION EN LEUR ENSEIGNANT EST UN SENTIMENT TRÈS AGRÉABLE. »

QUELLES SONT LES PASSIONS QUI T'ANIMENT ?
Apprendre continuellement, avec ce sentiment très agréable de me remplir l'esprit et de le combler. Et offrir aux autres cette sensation, en leur enseignant.

TON PIRE DÉFAUT ?
Quand j'étais plus jeune, j'avais du mal à concrétiser mes projets. Ce qui fait qu'ils s'entassaient par dizaines, une vraie épidémie !

VIDÉO À NE PAS MANQUER

CHRIS : 7 LIEUX SURPRENANTS SUR GOOGLE EARTH

Si tu n'avais pas été vidéaste, à quoi te destinais-tu ?

Professeur des écoles, ou psychologue, probablement. Vous remarquerez la cohérence qui semble se dessiner avec certaines réponses précédentes…

Ta citation favorite ?

J'utilisais souvent celle-ci avant, en signature dans les forums de discussion : « Seules les eaux calmes ont une réflexion sans distorsion. »

Tes films cultes ?

Interstellar, pour le plus récent. J'ai mauvaise mémoire sinon !

Parmi toutes tes vidéos, quelle est celle que tu préfères ?

Je vous avais déjà dit que j'ai mauvaise mémoire ?

Quels sont les vidéastes qui inspirent le plus ton travail ?

Je regarde un peu de tout, mais pas en grosses quantités. Et je regarde aussi souvent pour essayer de ne pas faire pareil. Mais, par exemple, des types comme Karim Debbache avec son émission *CHROMA* mérite le coup d'œil, parmi tant d'autres.

Quand tu t'es lancé, avais-tu une idée précise de ce que tu souhaitais faire avec ta chaîne ?

Dès le départ, je voulais concilier le fait d'enseigner des choses aux gens, tout en apportant une touche de légèreté et d'humour, pour que cela soit plus agréable à regarder. Une sorte de cours idéal, pour ainsi dire !

As-tu demandé ou suivi des conseils de proches ou de viewers pour faire évoluer tes émissions ?

Si, par « proches », cela englobe mes parents, alors non car ils ont ignoré ce que je faisais pendant assez longtemps. Pour mes viewers, cela dépend. Je peux demander des avis, ou jauger de la température quand une vidéo sort, histoire de voir si elle plaît ou non. Et ajuster certaines choses au besoin.

As-tu hésité avant de te lancer dans la vidéo sur le Web ? As-tu été poussé par quelqu'un ?

Oui, j'ai longtemps hésité. Je ne savais pas comment tourner la chose. Mais des types comme Norman ou Cyprien, qui débutaient alors, m'inspiraient. Je voulais faire des sortes de podcasts éducatifs, mais je n'avais aucune compétence dans le montage, ou la mise en scène. Donc je partais de zéro !

Accordes-tu une grande importance au nombre de vues sur tes vidéos ?

Cela reste important, c'est certain. Après, étant donné que la vidéo est déjà sortie pour qu'elle fasse des vues – logique –, on ne peut de toute façon que constater. Donc, c'est un facteur que je regarde parmi tant d'autres. Et si une vidéo fait moins de vues qu'une autre, tant que ce n'est pas catastrophique, ça ne m'empêchera pas d'en faire d'autres sur le sujet !

VIDÉO À NE PAS MANQUER

CHRIS : 6 TRUCS FANTASTIQUES SUR LES TROUS NOIRS

T'étais-tu fixé des objectifs en lançant ta chaîne ? Si oui, les as-tu atteints ? Au bout de combien de temps ?

Au lancement, cela commence à remonter maintenant à des années, je voulais réussir. Mais sans savoir quels mots je plaçais derrière ça. Plus tard, je voulais en vivre. Et j'ai réussi. Ensuite, je me suis fixé le palier des 100 000 abonnés. Puis celui du million. Aujourd'hui, je me fixe le palier des… 10 millions. Ce n'est pas pour tout de suite !

As-tu déjà effectué des caméos ?

Oui, à quelques reprises. Après je ne recherche pas spécialement ça, donc ça m'importe peu !

Comment choisis-tu les vidéastes avec lesquels tu souhaites collaborer ?

Si j'apprécie leur travail et si je suis disponible, essentiellement.

Sur quels critères sélectionnes-tu les sujets que tu abordes dans tes vidéos ?

En surfant sur Internet, je note parfois des trucs dingues que je vois. Ce qui peut me donner des idées pour de futurs thèmes. Sinon, mes abonnés peuvent aussi m'en proposer, que je note. Ou encore, quand je fais une opération commerciale, comme des placements de produits – bien qu'assez rarement –, j'essaie de faire en sorte que la vidéo soit en adéquation avec le produit ou service mis en avant.

Que penses-tu de la télévision ?

Un grand média qui a été très critiqué en son temps, qu'on accusait de tous les maux, lorsqu'il est apparu. Internet et YouTube sont aussi passés par là. Et, comme sur Internet, il y a à boire et à manger. À titre personnel, je n'ai pas de télévision chez moi, mais il m'arrive de revoir des reportages ou documentaires en replay sur Internet.

Que sont devenus le « Psychopathe », « Tueur à gages » ou « L'Extraterrestre » ?

Les surnoms qu'on me donnait au lycée, donc ! Ils se sont reconvertis et ont trouvé une louable utilité sur ma chaîne YouTube.

Y a-t-il une vidéo que tu souhaites réaliser depuis longtemps ?

Des courts-métrages avec des effets spéciaux qui défoncent, et un scénario en béton armé.

Les trois trucs qu'il faut absolument savoir te concernant ?

Je suis créatif, perfectionniste et ambitieux. Et j'ai une flemme monstrueuse pour le repassage et la vaisselle.

Que représente exactement le symbole de ta société – et ton plus beau tatouage –, l'ankh avec des ailes ?

C'est une croix de vie égyptienne, à laquelle on a greffé des ailes. J'adore l'Égypte antique, et ce symbole m'inspire beaucoup. On lui met un aspect plus céleste et le compte est bon !

VIDÉO À NE PAS MANQUER

CHRIS : 3 HISTOIRES D'OBJETS MALÉFIQUES & HANTÉS

\\ PARLONS PEU… PARLONS CUL !

PUBLICATION TOUS LES 2 OU 3 JOURS \\ **VULGARISATION & SEXUALITÉ**

VIDÉOS À NE PAS MANQUER : ▶ LES QUESTIONS CUL (FEAT. HUGO DES QUESTIONS CONS) - PARLONS PEU, PARLONS CUL // ▶ RÉVOLUTION SEXUELLE (FEAT. MARION SECLIN/MADY - MARJORIE LE NOAN) - PARLONS PEU, PARLONS CUL // ▶ L'ENDOMÉTRIOSE (FEAT. IMANY - NATOO) - PARLONS PEU, PARLONS CUL //

Afin d'aborder la question de la sexualité, la chaîne Parlons peu… Parlons Cul ! se sert de l'humour. «Le point G», «l'orgasme», «les sex-toys» ou encore «les tue-l'amour», autant de sujets qui sont abordés sur un ton un peu barré. Malgré tout, l'humour n'est pas le point le plus essentiel de la chaîne puisque Juliette et Maud, les deux créatrices à l'origine de ce projet, tentent également de véhiculer un message de «décomplexion» et de tolérance vis-à-vis de la sexualité. C'est drôle, instructif, mais également engagé et sensibilisateur, avec notamment des sujets plus sérieux comme le Sidaction ou encore l'endométriose. De nombreux vidéastes ont déjà participé aux vidéos de la chaîne : Norman, Kemar, Doc Seven ou encore Natoo.

FLORENCE PORCEL //

VULGARISATION & ASTRONOMIE / **PUBLICATION MENSUELLE**

VIDÉOS À NE PAS MANQUER : ▶ LA FOLLE HISTOIRE DE L'EXOCONFÉRENCE D'ALEXANDRE ASTIER // ▶ [LES PERLES DU PAF #5] CHÈRE SÉGOLÈNE // ▶ LA FOLLE HISTOIRE DE L'UNIVERS //

Florence Porcel est un peu la *community manager* officielle de l'Univers, comme elle se définit si bien elle-même. La vidéaste, de longue date passionnée par tout ce qui touche à «l'Univers», a lancé l'émission *La Folle Histoire de l'Univers*. Elle y parle entre autres de l'actualité des sciences de l'Univers et du spatial, qu'elle décrypte afin de la rendre accessible aux néophytes. Dans «Les Perles du PAF», ce sont les petites inexactitudes, voire les énormes bourdes qu'elle dégotte à la télévision concernant ces sujets, dont elle traite. Mais, s'il lui arrive de crisser des dents quant aux erreurs de certains, elle apprécie les talents et les qualités d'autres, partant à leur rencontre comme elle l'a fait avec Alexandre Astier grâce à un entretien à propos de son spectacle *L'Exoconférence*.

\\ HARDISK

PUBLICATION HEBDOMADAIRE \\ **VULGARISATION & EFFETS SPÉCIAUX**

VIDÉOS À NE PAS MANQUER : ▶ POURQUOI PAS DE MAC ? // ▶ [LE 4ÈME MUR] TRAVERSER UN MUR // ▶ GUIDE ACHAT CAMÉRA 2016 //

Si vous aimez l'action et les effets spéciaux, ruez-vous immédiatement sur Hardisk, une chaîne de vulgarisation et de conseils tout à fait passionnante. À travers des vidéos frôlant la perfection, ce vidéaste va vous donner l'occasion de comprendre comment fonctionnent dans le détail les effets spéciaux qui font briller vos mirettes lorsque vous regardez des films ou des vidéos plus modestes. L'aspect «conseil» de cette chaîne est tout aussi réussi, ce qui vous permettra de progresser et de vous perfectionner en matière de vidéos, de traitement de vidéos, de postproduction et bien évidemment d'effets spéciaux.

ROMAIN TEA TIME //

CULTURE & SAVOIR // **PUBLICATION HEBDOMADAIRE**

VIDÉOS À NE PAS MANQUER : ▸ STEVE JOBS ET SA POMME. TEATIME ! //
▸ NOTCH, UNE HISTOIRE DE CUBES. TEATIME ! //
▸ L'HEURE DU THÉ : MA VIE, SURPRISE, CADEAUX. ÉP10 //

Sur Romain TeaTime, il est question d'histoire, et plus particulièrement de figures historiques. Agatha Christie, Steve Jobs, Marie Curie ou Notch, vous apprendrez avec les «TeaTime» de nombreuses choses sur leur vie, ainsi qu'un bon lot d'anecdotes. «LadyStory» et «DandyStory» vous permettront quant à elles de vous instruire sur l'histoire des cosmétiques, vêtements ou autre. Avec ses vidéos «L'heure du thé», le vidéaste préserve un lien très fort avec sa communauté puisqu'il évoque l'évolution de sa chaîne, et les moments forts de sa vie privée. Romain possède une chaîne de vlogs où il lui arrive, par exemple, de vlogger ses passages en convention ou encore des vidéos challenge. Il est également présent en binôme avec Poisson Fécond sur une chaîne dédiée au gaming, Quantic Shark.

\\ TRASH

PUBLICATION TOUS LES 2 OU 3 JOURS \\ **CULTURE & SAVOIR**

VIDÉOS À NE PAS MANQUER : ▸ LES YOUTUBEURS OUBLIÉS OU MORTS //
▸ 15 SUPERPOUVOIRS RÉELS ET DONS GÉNÉTIQUES //
▸ 20 PROFS POUR UNE ÉCOLE YOUTUBE //

«Yo les (futurs) trashers !», avec Trash, vous êtes face à une véritable encyclopédie vidéo qui invite à considérer la culture autrement grâce à des classements «Culture G». À l'origine de ce projet, trois amis YouTubers, L'Iconoclaste, Bronol et Neoxys, qu'il est possible de retrouver dessinés au cours des vidéos. Quels sont les 15 jobs les plus étranges et bien payés ? Les 15 superpouvoirs réels et les dons génétiques, les 6 secrets pour devenir immortel ? Autant de questionnements qui sont traités avec moult informations et anecdotes. Il existe également une seconde chaîne, Pokémon Trash, qui est un collectif de fans avec la conviction que la licence Pokémon, c'est aussi pour les grands.

CASTOR MOTHER //

CULTURE, SAVOIR & CRÉATIVITÉ // **PUBLICATION BIMENSUELLE**

VIDÉOS À NE PAS MANQUER : ▸ PERCEPTION DU LOUP - CASTOR MOTHER //
▸ LA LICORNE - BESTIAIRE #3 // ▸ UNE FEMELLE QUI EN A - CASTOR MOTHER #5 //

Castor Mother, c'est un autre regard à porter sur les animaux, qu'ils soient réels ou imaginaires. La vidéaste a débuté sa chaîne en démystifiant la vie sexuelle de certains animaux, quitte à ce que cela casse littéralement l'image idyllique que l'on peut se faire de la nature : la relation entre otaries et manchots est ainsi profondément surprenante. La deuxième émission traite de l'évolution et de la perception de certains animaux au cours de l'histoire, par exemple le loup. Enfin, la troisième émission est un bestiaire médiéval fantastique où, grâce à des illustrations de son cru et habilement réalisées, la vidéaste revient sur l'histoire, les origines et les anecdotes portant sur des créatures de légende.

LES REVUES DU MONDE //

CULTURE, SAVOIR & ARCHÉOLOGIE / PUBLICATION MENSUELLE

VIDÉOS À NE PAS MANQUER : RDM #4 - CINQ LIEUX TENUS SECRETS ET TRÈS DIFFICILEMENT VISITABLES // TDM #1 - LA THÉORIE DES ANCIENS ASTRONAUTES // RDM #8 - LES SQUELETTES DE DIAMANTS //

Les Revues du Monde est une émission culturelle sur les mystères, énigmes, lieux intrigants et faits étonnants de notre monde. La chaîne se décline en deux concepts principaux. Le premier, « Les Revues du Monde », ou « RDM », permet de voyager vers des lieux peu connus et souvent très spéciaux, comme la fameuse Île Interdite et ses habitants, les Sentinelles. Il est donc principalement question d'histoire, d'anthropologie et de découvertes. La deuxième émission s'intitule *Les Théories du Monde* et porte sur les légendes, les mythes ainsi que sur des théories, telles que celle des Anciens Astronautes. Charlie, la vidéaste, est motivée depuis toute petite par la volonté de découvrir toutes les facettes de notre monde. Son désir de partage aboutit à un résultat d'une très grande qualité, tant dans le fond que dans la forme.

\\ JEANNOT NYMOUCE

PUBLICATION MENSUELLE \ CULTURE & WEB

VIDÉOS À NE PAS MANQUER : SLENDER MAN - MÈMONS-NOUS! #10 // IMAGE MACROS - P.M.S. ! #5 // RULES OF THE INTERNET 1/2 - MÈMONS-NOUS ! #6 //

Jeannot Nymouce est une chaîne qui traite de la culture web grâce au décryptage des fameux mèmes d'Internet. Une émission principale est proposée, *Mèmons-nous*, qui traite du décryptage de sujets particuliers : Slender Man, Pedobear, *Le Seigneur des Anneaux* ou encore Chuck Norris. Ces figures devenues absolument incontournables sur la Toile sont ainsi analysées avec beaucoup d'humour à travers des vidéos pouvant aller jusqu'à la trentaine de minutes. L'autre émission, *P'tits Mèmes me Suivent !*, est un format beaucoup plus court – cinq minutes en moyenne – qui s'intéresse à des sujets plus simples et plus rapides à étudier. Les vidéos sont extrêmement bien montées, *punchy*, délirantes et captivantes et vous aideront sûrement à cerner avec plus de précision ce que vous croisez au détour de votre écran depuis quelques années déjà…

C'EST PAS SORCIER //

ÉMISSION, CULTURE & SAVOIR / PUBLICATION TOUS LES 2 OU 3 JOURS

VIDÉOS À NE PAS MANQUER : C'EST PAS SORCIER -GUERRE DE 14-18 // C'EST PAS SORCIER - LE SYSTÈME SOLAIRE // C'EST PAS SORCIER - BONBONS : C'EST SI BON… ?! //

Clairement, il n'est pas tout à fait question de vidéastes avec la chaîne C'est pas sorcier, mais bien de la célébrissime émission qui a accompagné plus d'une génération à la télévision au sortir de l'école. Difficile de passer à côté étant donné que plus de 500 vidéos sont présentes sur la chaîne et permettent de s'instruire efficacement sur une très grande variété de sujets. Pour certains, le contenu pourra paraître légèrement vieillissant – on parle d'une émission qui a débuté en 1993 –, pour d'autres, il réveillera assurément de nombreux souvenirs. Fred, Jamy, Sabine et le célèbre camion Marcel n'attendent que vous !

AXOLOT //

TOPS & INSOLITE / **PUBLICATION MENSUELLE**

VIDÉOS À NE PAS MANQUER : ▶ AXOLOT #5 : L'ÎLE LA PLUS ÉTRANGE DU MONDE // ▶ AXOLOT #7 : SOUS TERRE // ▶ ÉTRANGES ESCALES #1 : NEW YORK //

Faits étranges, histoires insolites, bizarres, incroyables ou oubliées, Axolot nous parle de curiosités et de petites merveilles sur YouTube. La petite créature a bien évolué depuis quelques années : débutant sur un blog très connu, axolot.info, elle s'est ensuite tournée vers le format papier, avec un livre intitulé *L'Homme qui sauva le monde et autres sources d'étonnement*, avant de s'orienter vers la vidéo sur Internet. Tout ce qui est présenté est systématiquement documenté, mais surtout avéré. Axolot recherche des histoires qui le sidèrent lui-même afin de pouvoir les partager par la suite. L'avantage d'Axolot, c'est qu'en plus de nous instruire il en profite pour détricoter des mythes populaires. En 2014, il a publié une première bande dessinée aux côtés de plusieurs auteurs qui recense des histoires étranges. En 2015, un deuxième tome a suivi après qu'il a publié *20 Inconnus au destin hors du commun*.

\\ DOC SEVEN

PUBLICATION HEBDOMADAIRE \ **TOPS, CULTURE & SAVOIR**

VIDÉOS À NE PAS MANQUER : ▶ 7 CAS EXTRÊMES DE GAMERS ACCROS //
▶ 7 DES HOMMES LES PLUS RECHERCHÉS DANS LE MONDE //
▶ 7 SITES ARCHÉOLOGIQUES À VISITER UNE FOIS DANS SA VIE //

William, vidéaste d'origine guyanaise, aime le chiffre 7, ce qui lui fait peur et ce qu'il ne connaît pas. Par-dessus tout, il aime partager ça avec tout le monde et c'est ce qui l'a poussé à en faire un joyeux mélange pour monter Doc Seven en 2015. Cela aboutit à des tops 7 sur une foultitude de sujets, par exemple les « 7 créatures Mythologiques Grecques », sa toute première vidéo, ou encore les « 7 arts martiaux méconnus » ou les « 7 épidémies parmi les plus meurtrières de l'histoire ». La chaîne se révèle au final être une véritable encyclopédie, très éducative, car extrêmement bien réalisée et sérieusement documentée ; elle est également très divertissante par les thématiques qu'elle traite et leur mise en scène. Durant quelques secondes, avant ses vidéos, Doc Seven fait découvrir un autre vidéaste généralement peu connu.

LES BONS PROFS //

CULTURE & SAVOIR / **PUBLICATION QUOTIDIENNE**

VIDÉOS À NE PAS MANQUER : ▶ SE COUCHER OU RÉVISER ? - LES CONSEILS DES BONS PROFS //
▶ LES ÉTATS-UNIS ET LE MONDE DEPUIS 1945 - HISTOIRE-GÉO - TERMINALE - LES BONS PROFS //
▶ COMMENTAIRE LITTÉRAIRE - PROBLÉMATIQUE - FRANÇAIS 1ÈRE - LES BONS PROFS //

Les Bons Profs est la première plate-forme de soutien scolaire en ligne et s'adresse avant tout aux élèves de la troisième à la terminale. L'ensemble du contenu, soit plus d'un millier de vidéos de rappel de cours, est réalisé par des professeurs. Le tout est bien évidemment mis à jour en fonction des nouveaux programmes de l'Éducation nationale. Avec simplicité et efficacité, les vidéos permettent de revoir une foule de notions en quelques minutes. En dehors des vidéos proposées sur YouTube, lesbonprofs.com offre également la possibilité aux étudiants de poser leurs questions directement à des professeurs grâce à un chat.

POUR LA PETITE HISTOIRE //

HISTOIRE // PUBLICATION HEBDOMADAIRE

VIDÉOS À NE PAS MANQUER : ▶ UNE BRÈVE HISTOIRE DE LA VOIE LACTÉE // ▶ UNE BRÈVE HISTOIRE DE LA MATIÈRE // ▶ PETITE HISTOIRE DES MANGAS //

Pour La Petite Histoire va vous permettre de vous coucher, moins… enfin disons plus érudits ! C'est un certain Riog qui se trouve derrière cette chaîne. En moins de cinq minutes, il expose au sein de ses vidéos l'histoire d'un tas de choses : des mangas, la guerre du Vietnam ou les origines de Halloween… Plus globalement, il aborde d'autres sujets pas nécessairement en lien avec l'histoire. Le vidéaste dispose également d'une autre chaîne au contenu très différent, quoique toujours lié à la connaissance : La Minute Science. Avec ce second concept, il propose des réponses simples à des questions scientifiques que tout le monde se pose et qu'il trouve passionnantes : la taille de l'Univers, la Voie lactée, la matière noire, etc.

\\ DAVE SHEIL

PUBLICATION MENSUELLE \\ HISTOIRE

VIDÉOS À NE PAS MANQUER : ▶ ISRAËL // ▶ 3 GÉNOCIDES OSEF // ▶ STAR WARS //

Dave Sheil, chaîne également connue sous le nom d'« Histoire Brève », parle avant tout d'histoire avec un ton et une personnalité qui permettent au vidéaste de se démarquer des autres chaînes à la thématique similaire. Dave désire, grâce à sa création, expliquer et revenir sur des bouts d'histoire trop souvent ignorés ou incompris, sans pour autant se positionner comme un enseignant barbant. Utilisant l'humour, notamment grâce à des petits dessins faits maison, il souhaite attiser la curiosité du public grâce à son format court, l'incitant ainsi à se renseigner plus en détail sur le sujet présenté. Chaque vidéo est vraiment passionnante et permet une approche ludique des thèmes choisis. Ces derniers sont d'ailleurs nombreux et variés : des génocides peu médiatisés, la compagnie des Indes ou encore la colonisation sont ainsi traités en moins de cinq minutes.

PARLONS Y-STOIRE //

HISTOIRE // PUBLICATION MENSUELLE

VIDÉOS À NE PAS MANQUER : ▶ L'OCCUPATION DE L'AUTRICHE - LES LSV DE PY #9 // ▶ MES ÉLÈVES, LEURS PERLES #1 - PARLONS Y-STOIRE // ▶ LA PIRE DICTATURE DU MONDE - PARLONS Y-STOIRE #14 //

Parlons Y-stoire est une chaîne animée par Baptiste, un enseignant d'histoire-géographie. En véritable passionné, il a décidé de se lancer sur YouTube afin de faire découvrir des périodes méconnues voire inconnues de l'histoire ainsi que des lieux géographiques insolites. Il a également pour volonté de permettre de cerner et de comprendre des problèmes de géopolitique actuelle directement liés à l'histoire. Deux formats sont proposés sur la chaîne : « Parlons Y-stoire », qui analyse le présent et le passé, par exemple l'origine des deux Corée ou encore la crise de Crimée, et les « Le saviez-vous de Parlons Y-stoire », qui correspond à des histoires insolites.

LES TOPOVAURES //

PODCASTS, CULTURE & SAVOIR // PUBLICATION HEBDOMADAIRE

Si jamais vous aimez les tops, la surprise, les découvertes et les trucs étranges, alors Les Topovaures est assurément une chaîne faite pour vous. Née d'une conversation Mumble entre amis, la chaîne fourmille d'anecdotes en tout genre sur des sujets tels que le cinéma – qui compte parmi les vidéos les plus populaires – ainsi que plein d'autres thématiques. C'est Calie, alias Seriously, qui s'occupe de tout cela et propose les commentaires des tops en voix off. Une chose est sûre : vous vous coucherez moins bête et plus diverti !

INTERVIEW !

QUI ES-TU ?

Je suis Calie, une jeune femme de 27 ans qui a toujours rêvé d'être prof ou bibliothécaire. Finalement, je me débrouille plutôt bien puisque je passe mon temps à lire, à classer et à formuler ce qui me plaît pour le transmettre à ceux qui veulent bien m'écouter !

DES PHOBIES ? OU DES TOC DE VIDÉASTE ?

Je n'aime pas entendre ma voix. Du coup, quand quelqu'un à côté de moi veut regarder une de mes vidéos, je préfère quitter la pièce. Bien sûr, je m'occupe du montage de mes vidéos, mais une fois celui-ci terminé j'ai du mal à revenir dessus et à m'écouter.

> « J'AIME BIEN SAVOIR CE QUE PENSENT LES GENS QUI ME REGARDENT, LES LIVE ME PERMETTENT D'ALLER UN PEU PLUS LOIN QUE DANS MES VIDÉOS. »

CINQ PASSIONS QUI T'ANIMENT ?

On pourrait commencer par la littérature. J'adore lire. De la poésie aux thrillers en passant par l'Heroic Fantasy et les drames à l'eau de rose ! On continue avec l'art qui va, selon moi, de pair avec la littérature. J'aime quand un tableau me fait penser à un poème que j'ai lu, ou à une citation d'un bon roman. On arrive à l'écriture, qui a une grande place dans ma vie depuis que je suis petite. J'ai toujours aimé écrire. Chercher à poser le bon mot au bon endroit.

Transition parfaite pour vous parler de ma passion pour les puzzles. J'adore passer du temps sur un puzzle de plus de 3 000 pièces – sinon c'est trop facile. À chercher la logique de ces petits morceaux et surtout à passer mes mains dans la boîte pour trouver LA bonne pièce. J'écoute souvent de la musique pour me concentrer. Musique dont j'aime à décortiquer les paroles pour comprendre l'essence du message transmis.

SI TU N'AVAIS PAS ÉTÉ VIDÉASTE, À QUOI TE DESTINAIS-TU ?

J'ai un profil de formation qui se positionne entre la culture et le Web. J'aurais aimé travailler pour un musée ou une bibliothèque. J'aurais voulu travailler sur des projets comme la réalité augmentée ou sur la cohabitation du livre numérique avec le livre papier. J'aurais pu réfléchir à de nouveaux moyens qui permettent de rendre la culture accessible.

TA CITATION FAVORITE ?

« Ils ne savaient pas que c'était impossible alors ils l'ont fait. » – Mark Twain

Est-ce que tu peux nous dire quel est, de toute ta chaîne, ton top préféré ?

Je pense que c'est celui sur les « Livres vraiment bizarres ». Mais je suis en train d'en écrire d'autres sur les artistes, les mythes et les contes. Je pense que, lorsqu'ils seront sortis, je ne pourrais plus répondre à cette question.

VIDÉO À NE PAS MANQUER

5 MEILLEURES IMPROVISATIONS DU CINÉMA

Quels sont les vidéastes ou personnalités qui inspirent le plus ton travail ?

Il me semble que le premier vidéaste dont j'ai regardé et apprécié le travail c'était Axolot. J'admire la manière dont il construit ses épisodes et dont il pose sa voix. Je suis même un peu jalouse. Je n'ai pas vraiment eu de modèle féminin, parce que malheureusement YouTube reste très « genré » pour le moment, mais j'ai découvert les vidéos de Margot de la chaîne Vivre Avec et j'apprécie beaucoup son authenticité. Quand je regarde ses vidéos ça me donne beaucoup de courage pour continuer les miennes ! Il y a aussi Manon Bril et sa chaîne C'est une autre histoire. Cette jeune femme est pleine d'énergie et de peps. J'aimerais avoir son naturel et pouvoir être un peu plus fun dans mes vidéos !

Qu'est-ce qui t'a poussée à te lancer sur Internet, et surtout à te lancer dans une chaîne exclusivement concentrée sur les tops ?

J'ai commencé à m'intéresser beaucoup à la chaîne de Benjamin, Nota Bene. Je l'ai aidé sur quelques vidéos. Je lui donnais mon avis, je le conseillais sur les sujets, etc. Au fur et à mesure, je me suis dit que j'aimerais bien également pouvoir transmettre des choses qui me plaisaient. Lors d'une soirée avec les copains, on parlait des chaînes de tops, et je me suis dit que ça serait le format idéal pour parler de tous les sujets qui me passionnent sans m'enfermer dans un sujet en particulier. Le lendemain j'écrivais mon premier top et Benjamin m'apprenait le montage !

Comment te viennent les sujets que tu traites ?

Souvent en discutant avec des amis, on parle de tout et de rien et je me dis : « Ah ! ça, ça pourrait être cool. » Ou alors j'ai envie de parler de quelque chose et je cherche un angle qui me plairait bien et qui ne soit pas trop commun, sur la politique ou sur la littérature !

Sur Les Topovaures, on peut bien évidemment découvrir des tops, mais également d'autres formats. Je pense bien sûr aux « Reportages » et aux « First » lancés il y a quelque temps déjà mais auxquels tu n'as pas encore donné de suite. Pourquoi ces nouveaux formats de vidéo et que vont-ils devenir ?

Pour les reportages, c'est un format très long à mettre en place. Il me faut le projet, puis les autorisations, puis le temps d'aller tourner et le montage est un peu différent. Du coup, c'est un format qui me prend plus de temps. Mais j'adore ça. J'ai prévu d'en faire quelques-uns, mais j'aimerais également y ajouter des interviews. Bref, c'est long à mettre en place mais je suis ravie du résultat. Et c'est d'ailleurs ce qui plaît aux institutions puisque c'est le format retenu pour un épisode réalisé avec le musée du Louvre sur leur chaîne.
Concernant le format « First », c'est totalement différent. J'avais envie de créer quelque chose avec ma communauté. C'est un peu difficile de faire un épisode complet tous ensemble, du coup je leur propose de m'aider dans l'illustration et de choisir le prochain thème. C'est un format que j'aime beaucoup car il ne me donne pas la sensation d'être seule à le construire. C'est sûr qu'il y en aura moins que les formats de tops classiques, mais je vais essayer d'en faire de plus en plus !

VIDÉO À NE PAS MANQUER

5 LIVRES VRAIMENT BIZARRES - LES TOPOVAURES #8

TU RÉALISES PAS MAL DE LIVE, CE QUI TE PERMET D'AVOIR UN CONTACT BEAUCOUP PLUS DIRECT AVEC TA COMMUNAUTÉ. EST-CE QUE TU PEUX NOUS PARLER DE CET ASPECT ET DE CE QU'IL T'APPORTE EN COMPARAISON DE YOUTUBE ?

Il y a de plus en plus de monde pendant mes live et c'est de plus en plus compliqué d'avoir une réelle interaction avec ma communauté. Ça m'embête un peu. J'aime bien savoir ce que pensent les gens qui me regardent. Il y a un côté un peu plus décomplexé et direct qu'un simple commentaire YouTube, et du coup c'est un peu plus facile de parler. De mon côté, ça me permet d'être moi-même et d'aller un peu plus loin que dans mes vidéos. De dire les choses plus naturellement. J'aime bien ça, montrer que je ne suis pas un robot derrière une voix off !

QUE PENSES-TU DE LA TÉLÉVISION EN COMPARAISON DE YOUTUBE ?

Je ne regarde pas la télévision. Du coup, je n'en ai pas vraiment un avis très ouvert malheureusement. Je pense que les choses y sont beaucoup contraintes et c'est en ça que je me plais sur YouTube : chacun fait ce qui lui plaît comme il le veut. Du moins chacun à l'opportunité de le faire. Sortir une vidéo de deux minutes ? OK ! Sortir une vidéo de cinquante-huit minutes ? OK !

Bref, on fait ce qu'on veut et on peut totalement bouger les codes que la télé impose aujourd'hui. J'aime cette diversité qu'il est possible d'avoir sur YouTube, et j'aimerais d'ailleurs que YouTube travaille à la mettre plus en avant. C'est vrai que YouTube met toujours en avant les vidéos qui fonctionnent, mais j'aimerais que le système soit plus ouvert et montre aux internautes ce qu'ils n'ont pas l'habitude de voir. Ça serait sympa, non ?

Y A-T-IL UN TOP QUE TU SOUHAITES RÉALISER DEPUIS LONGTEMPS ?

Non, généralement, quand j'en ai envie, je les fais rapidement. Par contre, j'ai une liste de tops que j'ai commencés et que je n'ai pas finis parce que, finalement, ils ne m'inspiraient pas. Je la garde au cas où, mais je pense que je ne ferai jamais ces tops-là.

QUELS SONT LES VIDÉASTES QUE TU AIMERAIS FAIRE DÉCOUVRIR AU PLUS GRAND NOMBRE ?

J'aimerais conseiller aux internautes de ne pas oublier d'aller voir ceux qu'ils ne connaissent pas. Aujourd'hui, c'est facile de rester ancré dans sa routine et de ne regarder que du podcast ou que des tops. En réalité, YouTube est hyperriche en contenu qui reste moins vu parce que pas dans les habitudes. J'aimerais que les internautes essaient de diversifier les points de vue également et qu'ils n'hésitent pas à aller voir des chaînes tenues par des femmes. J'adore, par exemple, le contenu de Scilabus ou ce que font Nat et Alice ! Et puis, sinon, une chaîne à ne pas louper est celle de Copain du Web.

VIDÉO À NE PAS MANQUER

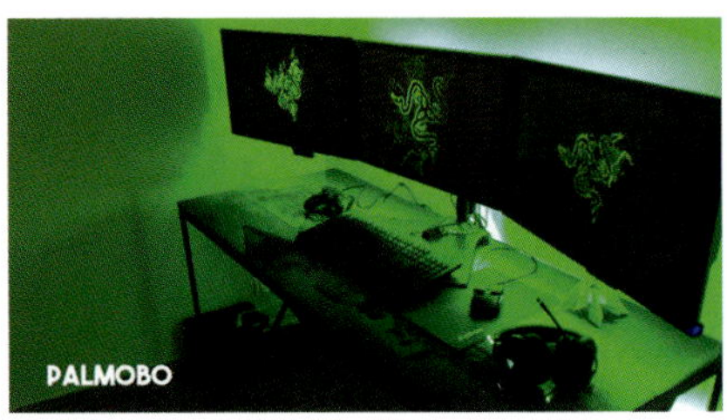

CE QUE TU NE SAIS PAS SUR TON ORDI, ET INTERNET AUSSI...

NOTA BENE //

HISTOIRE // PUBLICATION HEBDOMADAIRE

Nota Bene est une chaîne spécialisée dans l'Histoire avec un grand « H », mais pas seulement. L'optique du vidéaste n'est effectivement pas de vous faire fuir en vous assommant de dates et autres précisions scolaires tristement rébarbatives. Pour cela, il tient énormément à la contextualisation de tout ce qu'il raconte, agrémentant son propos d'anecdotes précises, présentées avec légèreté et passion. Chaque sujet est ainsi rendu plus captivant, plus « vivant » même. Plusieurs formats sont proposés sur la chaîne : les « Nota Bene », les « Un peu d'histoire », avec des anecdotes sur l'histoire, « Question kids » où il répond à des questions d'enfants et « Motion VS History » où des films ou séries sont comparés avec l'histoire. Ses vidéos sont d'excellente qualité – il a été caméraman et monteur dans une autre vie – et se penchent sur des sujets travaillés qu'il met un point d'honneur à rendre accessibles.

INTERVIEW !

QUI ES-TU ?

Je suis Ben, j'ai 28 ans, j'habite sur Tours et j'anime depuis août 2014 l'émission *Nota Bene*, qui a pour but de faire découvrir l'histoire aux internautes de façon un peu moins scolaire et plus ludique que d'habitude.

DES PHOBIES ? OU DES TOC DE VIDÉASTE ?

Ayant travaillé dans l'audiovisuel pendant plusieurs années je ne peux m'empêcher de commenter la technique d'un film quand je le regarde, ce qui agace souvent mes proches qui profitent innocemment du film !

> « SI JE ME SUIS LANCÉ SUR LE CRÉNEAU DE L'HISTOIRE, C'EST PARCE QUE JE NE VOYAIS PERSONNE EN PARLER SUR LE WEB. »

CINQ PASSIONS QUI T'ANIMENT ?

Je suis un grand passionné de cinéma depuis tout petit, passion transmise par mon père qui avait une vidéothèque de près de 800 cassettes à la maison. Cinéma et vidéo se rapprochant, j'ai fait de la vidéo, qui était une de mes passions, mon métier à partir de 2008. Je tournais chaque jour pour la société de production et quand je rentrais chez moi je continuais à monter des films perso. Je n'ai jamais vraiment pu arrêter de faire des vidéos depuis que j'ai mis le nez dedans...

Depuis tout petit je suis également un gros joueur de jeux vidéo et encore aujourd'hui je me laisse facilement prendre à quelques parties le soir venu. Souvent méprisé, le jeu vidéo est pourtant un outil pédagogique incroyable, un formidable exutoire et un générateur de lien social que l'on sous-estime bien trop souvent...

Je suis également un adepte de la musique metal depuis vingt ans environ, style musical que je trouve très riche et très large, il y a toujours de quoi faire en fonction de son humeur et, là encore, les stéréotypes qui accompagnent cet univers sont bien souvent infondés ! Enfin l'histoire est une passion plus récente !

D'OÙ TE VIENT D'AILLEURS CETTE PASSION POUR L'HISTOIRE ?

C'était tout d'abord une curiosité. Je n'ai jamais été fort en histoire. À l'école, je trouvais ça même plutôt chiant et je ne faisais pas le moindre effort pour améliorer mes notes dans ce domaine dont je ne voyais pas vraiment l'intérêt... Bien

VIDÉO À NE PAS MANQUER

STAR WARS HISTOIRE ET MYTHOLOGIE - MOTION VS HISTORY #5

évidemment je me trompais, on ne m'avait juste jamais expliqué en quoi l'histoire pouvait être importante ! Bref, à la fin de mon lycée, après un bac en électronique, j'ai voulu m'ouvrir un peu sur le monde et j'ai décidé de m'orienter vers une fac d'histoire en n'y connaissant finalement pas grand-chose. Je ne suis pas resté longtemps dans le cursus car j'ai notamment eu la chance d'avoir rencontré les bonnes personnes pour rentrer dans le monde fabuleux de l'audiovisuel.

C'est bien plus tard, après quelques années dans une société de production, que je me suis retrouvé au chômage et que je me suis dit que je pourrais mixer ma passion pour la vidéo et celle naissante de l'histoire, qui restait latente depuis tout ce temps-là.

TA CITATION FAVORITE ?

« Qui ne tente rien n'a rien. »

LA PÉRIODE DE L'HISTOIRE QUI TE PASSIONNE LE PLUS ?

À la fac j'adorais l'histoire ancienne, particu-lièrement la Grèce de l'époque classique. Ça me fascinait de voir des modèles politiques se créer et s'affronter. De plus en plus le Moyen Âge prend une place importante dans mon cœur cependant, notamment parce que la plupart des questions que me posent les gens tournent autour de cette période !

COMMENT EN ES-TU VENU À TE LANCER ? COMMENT EST-CE QUE TOUT ÇA, LE CONCEPT, LES IDÉES, LES PREMIÈRES VIDÉOS, S'EST MIS EN PLACE ?

Je me suis retrouvé au chômage et je m'ennuyais sec. Je ne supportais pas de rester inactif et, quand j'ai découvert ce qui était en train de se passer sur YouTube, quand j'ai découvert cette vague de programmes culturels en somme, j'ai décidé d'investir dans du matériel audiovisuel avec ma prime de licenciement. Au départ, l'objectif n'était clairement pas d'en vivre, simplement de passer le temps en attendant de retrouver un emploi. Mais j'avais aussi envie de partager des infos, d'apporter ma petite pierre au mouvement en marche. Je n'avais pas encore conscience de la responsabilité qui pouvait peser sur les épaules d'un vidéaste quand il expose une info à son audience : si elle est fausse, c'est problématique parce que, fatalement, des gens vont te croire sur parole. Par contre, je me suis tout de suite mis en mode « production ». Pour ma première vidéo je me suis donc lancé très vite en sachant où j'allais placer ma caméra, cependant je n'étais jamais passé devant celle-ci et quand je regarde cette vidéo aujourd'hui... aïe ! Comme je l'ai annoncé auparavant, si je me suis lancé sur le créneau de l'histoire, c'est surtout parce que j'avais envie de renouer avec une discipline qui m'avait échappé à un moment de ma vie mais aussi parce que je ne voyais personne en parler sur le Web. N'y connaissant pas grand-chose j'ai donc dû apprendre à chercher et à faire attention à ce que je raconte mais c'était et ça reste toujours très enrichissant de découvrir autant de choses !

IL EXISTE PLUSIEURS TYPES DE VIDÉOS SUR TA CHAÎNE. PEUX-TU NOUS EN DIRE PLUS ? EST-CE QUE CELA EST VENU D'UN BESOIN DE DIVERSIFIER TA CHAÎNE OU DE TOUCHER UN PUBLIC DIFFÉRENT ? JE PENSE PAR EXEMPLE À « QUESTION HISTOIRE KIDS », QUI S'ADRESSE À DES ENFANTS.

Je pense que j'ai hérité des habitudes que j'avais dans l'audiovisuel et de la relation que j'avais avec les programmes vidéo, formatés par thème, par émission. En soi, je ne sais pas si c'est une si bonne chose, Internet offre de nombreuses possibilités et, ce qui est sûr, c'est que l'on est beaucoup plus libre qu'ailleurs. J'ai voulu avoir différents types d'approches et je ne voulais pas toutes les mélanger, cependant j'aurais très bien pu tout réunir sous une même bannière, pour ne pas habituer le spectateur. Après tout, le surprendre à chaque vidéo, c'est aussi ça qui est intéressant non ?

Quoi qu'il en soit j'ai fait ce choix au départ et je m'y suis tenu. Finalement j'arrive à couvrir à peu près tout ce que je veux faire avec les formats actuels. Les *Nota Bene* restent le format principal, une émission entre dix et quinze minutes, sur un thème en particulier avec plusieurs exemples à la clé comme « Les morts insolites des rois » ou encore « les sports extrêmes dans l'histoire ».

« Un peu d'histoire », c'est le format le plus complexe. J'y analyse un thème de société à travers l'histoire, de l'Antiquité à nos jours et de façon assez ethnocentrée. Au départ je voulais en faire un format court, mais je me suis vite rendu compte que ce n'était pas du tout adapté. Aujourd'hui je me retrouve parfois à faire ces épisodes en deux parties car ils sont très longs, jusqu'à trente-cinq minutes. Ça me permet vraiment de travailler à fond sur un sujet et d'apprendre plein de trucs comme l'histoire de la médecine ou l'évolution de la peine de mort.

Je travaille également sur un format spécial mythologie, que je voulais construire en parallèle car pour moi ça fait partie de l'histoire. Je fais des épisodes courts qui reviennent sur l'histoire d'un dieu ou d'un épisode mythologique en particulier mais je sors aussi – un peu plus rarement – des synthèses de mythologies, les plus complètes possible pour qu'une personne souhaitant aborder l'une d'elles parte avec toutes les bonnes cartes en main.

Mon format « Motion VS History » me permet de faire des épisodes un peu plus fun puisque je dresse des parallèles entre la fiction et l'histoire. Je crois que c'est un des formats qui m'amuse le plus et qui plaît le plus au public ! Parfois, quand je trouve un sujet intéressant et que l'occasion s'y prête, je pars également sur le terrain avec ma caméra pour réaliser des reportages. Un peu comme à l'époque où je travaillais pour la société de production. J'aime retrouver les sensations du reportage et m'effacer un peu devant le sujet. Ça me permet aussi de bien m'amuser en montage car ce n'est pas du tout la même façon de travailler que lorsque j'écris une chronique.

Pour finir j'ai un format court pour répondre aux questions des internautes, qu'ils soient adultes ou encore enfants. Il est évident que tout ça fait beaucoup de formats et qu'il peut être un peu complexe de s'y retrouver. Cependant je pense que les internautes n'ont pas tous la même façon de retenir les choses. Certains seront plus sensibles à un format long dans lequel on peut aller en profondeur mais d'autres ne supportent pas de rester plus de trois minutes devant une vidéo. Il est évident que tout ça me permet de toucher un public plus large et, concrètement, je pense que les personnes qui regardent les épisodes « Mythologies » ne sont pas forcément celles qui regardent les « Un peu d'histoire ».

« ON VOIT UN RÉEL ENGOUEMENT AUTOUR DES THÉMATIQUES CULTURELLES. C'EST VRAIMENT CHOUETTE QUE DES JEUNES PUISSENT PAR EXEMPLE SE DIRE : "T'AS VU CETTE VIDÉO DE PHYSIQUE ? ELLE DÉCHIRE, NON ?" »

VIDÉO À NE PAS MANQUER

4 REDOUTABLES DYNASTIES - NOTA BENE #20

TU VIS AUJOURD'HUI DE TA CRÉATION. EST-CE QUE CELA NE T'A PAS UN PEU FAIT PEUR AU DÉBUT ? ÊTRE UN YOUTUBER ENTREPRENEUR N'EST EFFECTIVEMENT PAS FORCÉMENT ÉVIDENT… NETWORK, SOCIÉTÉ EN AUTO-ENTREPRENEURIAT, DÉCLARATION D'IMPÔTS, ETC., ÇA FAIT PAS MAL DE CHOSES À PRENDRE EN MAIN.

Au départ on est surtout heureux de voir que ça marche. J'ai mis un peu de temps à me rendre compte que ça pouvait vraiment marcher et j'ai eu de la chance d'avoir été au chômage pour démarrer l'activité car ce n'est pas toujours évident de dégager rapidement un vrai salaire quand on commence sur YouTube. Ce qui n'est pas évident, c'est le fait que juridiquement on n'a pas de statut, notre métier n'est finalement pas reconnu et on galère à déclarer notre activité.
De mon côté j'ai dû harceler l'Urssaf pour qu'ils acceptent de déclarer mon auto-entreprise, ce qui est quand même incroyable ! Ils refusaient de m'inscrire ! Ensuite il faut commencer à s'organiser pour trouver des financements car bien souvent l'argent dégagé via YouTube ne suffit pas. Il est clair que, tant que l'on n'a pas une grosse base d'abonnés, c'est compliqué de négocier un bon taux avec son network et si, comme c'était mon cas au début, on signe à 40%… on met un certain temps à retomber financièrement sur ses pieds. Aujourd'hui, si je peux vivre de ma chaîne, c'est clairement grâce aux dons des internautes et à Tipeee !

C'EST VRAIMENT DINGUE DE SE DIRE QUE YOUTUBE, EN PLUS D'ÊTRE UN MÉDIA DE DIVERTISSEMENT, EST ÉGALEMENT UN MÉDIA DE CONNAISSANCE. QUEL REGARD PORTES-TU SUR CET ASPECT SPÉCIFIQUE DU MÉDIA QUI PERMET DE DÉMOCRATISER, DE VULGARISER, D'INTÉRESSER ?

Je trouve que c'est sans doute l'aspect le plus intéressant de la plate-forme. Le peuple se réapproprie des outils de partage et en fait quelque chose de bien. Chacun, avec le peu de connaissances qu'il peut avoir, peut partager, transmettre, faire découvrir… et on voit un réel engouement autour des thématiques culturelles. C'est vraiment chouette que des jeunes puissent par exemple se dire : «T'as vu cette vidéo de physique ? Elle déchire, non ?»
Il est évident qu'il ne faut pas avoir une vision trop bisounours de la plate-forme et des gens qui s'y trouvent non plus, car il peut y avoir des choses néfastes autant que positives, mais, globalement, c'est formidable que l'expression soit facilitée, que le public suive et que dans la foulée les institutions s'y mettent aussi. Créer n'a jamais été aussi facile, pourquoi s'en priver ?

EN RÉPONDANT AUX QUESTIONS DE TES ABONNÉS, QUI TE PROPOSENT AINSI DES SUJETS, TU ENTRETIENS UN LIEN TOUT DE MÊME VRAIMENT TRÈS FORT. COMMENT GÈRES-TU CE PAN DE TON MÉTIER ?

J'ai globalement beaucoup de chance car mon public est très impliqué et respectueux. J'ai toujours été à l'aise avec les gens dans la vie de tous les jours. J'aime rencontrer d'autres personnes, j'aime discuter avec des inconnus sur le quai du métro ou filer un coup de main à mes voisins si j'en ai l'occasion. Bref, je suis un type assez sociable il faut bien le dire, parfois un peu trop peut-être. Me retrouver avec autant de gens qui suivent le programme, c'est quelque chose de vraiment génial et je suis toujours heureux de pouvoir rencontrer certaines personnes qui s'intéressent comme moi à l'histoire.
Néanmoins, il faut tempérer la chose puisque j'ai de moins en moins de temps à consacrer individuellement aux gens que je rencontre, en tout cas sur le Web. Parfois c'est clairement frustrant. Il y a aussi des limites que je me fixe car je me dois de protéger ma vie privée, celle de ma femme et de mes enfants. Quand je

communique de manière publique je fais donc toujours attention et je ne montre que ce que je veux montrer.
Pour résumer, c'est assez cool et la gestion d'une telle communauté est aussi un aspect de mon travail que j'aime et qui me permet de faire de chouettes trucs. Par exemple, j'organise pour la deuxième année de suite un festival autour de l'histoire dans la forteresse de Montbazon au sud de Tours. J'y invite des camarades vidéastes à venir donner des conférences autour du thème de l'histoire et les internautes qui le peuvent se déplacent pendant tout un week-end sur un lieu historique où l'on peut se retrouver en vrai pour partager un moment autour de notre passion commune. C'est vraiment cool et je n'aurais jamais pensé réunir plus de 1 000 personnes en vrai pour un week-end dédié uniquement à l'histoire, c'est assez incroyable...

Tu as des projets concernant ta chaîne ? Tu souhaites la voir évoluer d'une certaine manière ou tenter de nouvelles choses ?

Clairement, j'ai envie de multiplier les reportages, mais ça demande une équipe et des moyens si on veut bien faire les choses. C'est donc la prochaine étape et, dans ce cadre, j'ai envie de collaborer un peu plus souvent avec des institutions. Intéresser les gens à l'histoire c'est déjà super mais, si je peux participer à la vie de lieux historiques en les faisant découvrir au public et en leur donnant envie d'y aller, je trouverai ça génial !
L'histoire, ce n'est pas que dans les livres, c'est aussi à chaque coin de rue ; dans chaque ville il y a une histoire, des histoires, des monuments, des châteaux... L'histoire est toujours vivante et c'est ça que j'ai envie de transmettre ! Quand j'étais petit je trouvais ces visites soporifiques, il ne faut pas que ça soit le cas, il ne faut plus que ça soit le cas...

Que penses-tu de la télévision en comparaison de YouTube ?

Sur Internet on ose peut-être plus de trucs, on a sûrement plus de liberté. Dans mon cas, je peux être assez réactif et faire ce que je veux. Si j'ai envie de faire un reportage sur la pierre blanche de Caen, je le fais, je ne me pose pas de questions. Si je veux faire un épisode sur la peine de mort c'est pareil ! En soi, la télévision, ce n'est pas mon ennemi juré, car il y a autant de programmes pourris sur YouTube qu'à la télé, mais le spectateur est passif, il n'a pas vraiment le choix de ce qu'il consomme ou alors il change de chaîne dans l'espoir que le service aura meilleur goût... Je ne dis pas que c'est un mal en soi, car finalement on peut découvrir de chouettes choses vers lesquelles on ne serait pas allé, mais je trouve l'idée de rendre le spectateur maître de ce qu'il consomme plus séduisante.

Quels sont les vidéastes que tu aimerais faire découvrir au plus grand nombre ?

Confessions d'histoire, parce que ça reste clairement le meilleur programme d'histoire pour l'instant à mon sens. C'est marrant, c'est super bien foutu et ça permet de retenir beaucoup de choses sans que l'on s'en rende compte : perfect ! Il y a aussi horizon-gull, tenu par Gull et Viciss, une émission qui permet de s'armer un peu contre le monde qui nous entoure, de développer des outils qui nous aident à lutter contre les techniques marketing, bref de décortiquer les manipulations et formatages via les sciences humaines. C'est over cool et c'est bien loin des trucs conspirationnistes qui pullulent sur le Web ! Dans un tout autre registre il y a le talentueux Lord Bif Music, qui est trop peu connu et qui fait des reprises musicales de chansons de jeux vidéo !

VIDÉO À NE PAS MANQUER

MYTHOLOGIE ÉGYPTIENNE - MYTHES ET LÉGENDES #3

CYRUS NORTH //

VULGARISATION & PHILOSOPHIE / **PUBLICATION HEBDOMADAIRE**

VIDÉOS À NE PAS MANQUER : ▸ LE COUP DE PHIL' #4 - L'EXISTENTIALISME DE SARTRE // ▸ PERISCOPE EST-ELLE L'APPLICATION DU MAL ? - POP UP #5 // ▸ 5 PHILOSOPHIES POLITIQUES DANS GAME OF THRONES #GOT //

La philosophie n'est pas toujours des plus évidentes et des plus faciles. Fort heureusement, Cyrus North a décidé de mettre les mains dans le cambouis avec son émission principale, *Coup de Phil' ?*, proposant ainsi des vidéos sur la philosophie parmi les plus regardées du Web. En l'espace de quelques minutes, le vidéaste présente un philosophe, une idée ou un concept et parvient au final à expliquer quelque chose de compliqué grâce à l'humour. Voir les Pokémon débarquer pour expliquer un concept hégélien, ou faire un lien entre Harry Potter et Sartre, cela peut surprendre mais demeure diablement efficace pour la compréhension. Ce mec à lunettes barbu risque très certainement de vous réconcilier avec la philo !

\\ USUL2000

PUBLICATION IRRÉGULIÈRE \ **ESPRIT CRITIQUE**

VIDÉOS À NE PAS MANQUER : ▸ LE SALAIRE À VIE (BERNARD FRIOT) // ▸ LE CITOYEN (ETIENNE CHOUARD) // ▸ LA TÉLÉVISION… POURQUOI PAS ? [CML] //

Usul s'est fait connaître sur le Web grâce à son célèbre « 3615 Usul », diffusé originellement sur jeuxvideo.com. S'il était question de jeux vidéo, déjà à l'époque se faisait sentir dans les propos du vidéaste une verve critique travaillée et réfléchie. C'est donc tout naturellement qu'il a lancé en 2014 une chaîne en solo, intitulée Usul2000. Ce sont des sujets de société qui sont abordés, décortiqués mais, surtout, habilement et intelligemment analysés à l'aide d'une réflexion philosophique. Usul a le capitalisme managérial et l'aliénation au travail en ligne de mire et son contenu se révèle diablement ludique et accessible. Philosophie, économie et politique, ses propos invitent à reconsidérer ce qui nous entoure et à porter un autre regard sur le fonctionnement de notre pays.

DATA GUEULE //

ÉMISSION CRITIQUE / **PUBLICATION BIMENSUELLE**

VIDÉOS À NE PAS MANQUER : ▸ QUAND LA BOUCHERIE, LE MONDE PLEURE #DATAGUEULE 55 // ▸ DÉFORESTATION : LE CHANT DES SCIES RÈGNE #DATAGUEULE 53 // ▸ MONSANTO, SA VIE SON EMPIRE #DATAGUEULE 6 //

Data Gueule est une émission produite par France 4, également disponible sur YouTube. Des sujets d'actualité et de débat sont finement analysés à travers des infographies d'une qualité irréprochable usant avec intelligence de chiffres. Le regard posé est le plus souvent acerbe, critique. L'objectif est effectivement clair pour les créateurs de l'émission : reconstruire, grâce à une montagne de données, la réalité, parfois glaçante, terrible et alarmante, de nos sociétés modernes. Ce journalisme 2.0, par son condensé d'informations sur quatre minutes, parvient à donner des clés de réflexion sur des sujets aussi épineux que celui de Monsanto, d'Amazon, de la production de viande ou des drones.

HORIZON-GULL //

ESPRIT CRITIQUE / PUBLICATION MENSUELLE

VIDÉOS À NE PAS MANQUER : ▶ HORIZON - LA FRANCE A PEUR : LE SYNDROME DU GRAND MÉCHANT MONDE // ▶ # ON VAUT MIEUX QUE CA – HORIZON // ▶ LE GIMMICK PUBLICITAIRE - HORIZON BY NIGHT //

Horizon-gull est la chaîne YouTube officielle du blog «Hacking social», qui propose notamment l'émission *Horizon*. Le «Hacking social» désigne les réflexions et les activités permettant d'identifier, de comprendre et de détourner les structures sociales qui sont nuisibles aux individus et aux groupes. L'idée principale étant donc de permettre aux individus de se défaire des déterminants sociaux. Au final, deux types de contenu : des articles réalisés toutes les semaines par Viciss sur hacking-social.com et des vidéos proposées chaque mois par Gull sur YouTube. Montages captivants, personnages atypiques, écriture excellente, «Horizon» est un condensé de bonnes réflexions et conduit à développer son esprit critique.

\\ DANYCALIGULA

PUBLICATION BIMENSUELLE \ ESPRIT CRITIQUE

VIDÉOS À NE PAS MANQUER : ▶ POURQUOI YOUTUBE BLOQUE NOS VIDÉOS ? QUELLES QUESTIONS CELA SOULÈVE ? // ▶ «VOUS FAITES QUOI DANS LA VIE ?» OU COMMENT LE TRAVAIL NOUS DÉFINIT (1/4) // ▶ LA DÉMOCRATIE - 19 – DOXA //

DanyCaligula est un vidéaste qui a décidé de parler de philosophie, de politique, de modèles économiques ainsi que de sciences sociales. C'est sa webchronique «Doxa», qui porte sur des questions de société relativement larges et qui les analyse sous un angle philosophique, qui l'a fait connaître. Le vidéaste collabore avec différents auteurs, notamment Ovis Solo et Histony, avec la volonté d'aider les internautes à s'émanciper des idées reçues. En combattant les lieux communs, la chaîne est un vecteur très intéressant de curiosité, qui pousse à regarder d'un autre œil le monde dans lequel nous évoluons. De nombreuses pistes, afin de pousser encore plus loin la pensée, sont proposées au sein de chaque vidéo.

HYGIÈNE MENTALE //

ESPRIT CRITIQUE / PUBLICATION MENSUELLE

VIDÉOS À NE PAS MANQUER : ▶ ÉP07 LA DÉSINFORMATION - (POURQUOI AUTANT DE TRUCS FAUX SUR INTERNET) // ▶ ÉP11 SPIRITUALITÉ QUANTIQUE : LES UTILISATIONS ABUSIVES DU VOCABULAIRE SCIENTIFIQUE // ▶ ÉP04 LES DOCUMENTAIRES MOISIS (LES GÉANTS ONT-ILS EXISTÉ ?) //

Hygiène Mentale est une chaîne qui est dédiée à l'esprit critique, et plus précisément à la manière de le développer au mieux. Il s'agit, pour utiliser le jargon propre à Christophe, le créateur, de «cours d'autodéfense intellectuelle». Si la chaîne s'adresse dans sa description aux enseignants, son contenu peut intéresser le plus grand nombre. Le propos est effectivement limpide, clairement présenté et semble donner les clés pour préserver une bonne «hygiène mentale» face à certaines tendances de notre monde moderne. La plus grande partie du contenu est effectivement directement liée à une forme d'éducation aux médias et à l'information, à leur fonctionnement et aux pièges à éviter.

LA TRONCHE EN BIAIS //

ESPRIT CRITIQUE // PUBLICATION BIMENSUELLE

VIDÉOS À NE PAS MANQUER : UN PEU DE MÉTHODE (INTRODUCTION À LA ZÉTÉTIQUE) - LA TRONCHE EN BIAIS, ÉPISODE PILOTE // RÉPONSE À : « DIEU EXISTE-T-IL ? » - PASTILLE DE MENDAX #3 // LA DISSONANCE COGNITIVE -- LA TRONCHE EN BIAIS #3 //

La Tronche en Biais, c'est l'aventure de trois amis qui se sont retrouvés autour d'une passion commune pour l'esprit critique, la raison et les sciences. Acermendax, Loki Jackal et Vled Tapas ont à travers leur contenu l'ambition de faire ressortir l'esprit critique qui sommeille en chacun de nous. L'idée fondamentale est de traiter, avec un ton décalé, ce qui fait que chacun d'entre nous peut avoir une lecture biaisée ou fausse de ce qui l'entoure. Si l'émission *La Tronche en Biais* est centrale au sein de la chaîne, il faut bien avouer que les *Tronche en Live* occupent également une place importante. Ces dernières dépassent le plus souvent l'heure et sont réalisées avec des *guests* tels que Le Fossoyeur de films.

\\ BONJOUR TRISTESSE

PUBLICATION BIMENSUELLE \\ ESPRIT CRITIQUE

VIDÉOS À NE PAS MANQUER : BONJOUR TRISTESSE #52 26.11.15 // BONJOUR BONHEUR #2 : MENTIONS OBLIGATOIRES DU CDD ET REQUALIFICATION EN CDI. // BONJOUR TRISTESSE #55 19.02.16 RÉFORME DU DROIT DU TRAVAIL ET AUTRES FILSDEPUTERIES ROYALES. //

Bonjour Tristesse s'incarne presque exclusivement dans son personnage indigné, survolté, provocateur avec un débit de paroles incroyable et sans coupures. Cependant, ce ne sont pas que des mots – parfois injurieux – et de la colère, c'est aussi un fond, une pensée et une réflexion sur la manière dont notre société tourne. Bonjour Tristesse propose un contenu politisé, un esprit critique très développé, très acerbe et jette un regard parfois brutal sur l'actualité. Pour autant, la haine n'est qu'une forme qui enveloppe le désir d'un idéal démocratique, d'un mieux-vivre pour la société et d'un meilleur avenir pour les plus jeunes générations.

OSONS CAUSER //

VULGARISATION & ESPRIT CRITIQUE / PUBLICATION HEBDOMADAIRE

VIDÉOS À NE PAS MANQUER : MÉDIAS : POURQUOI 10 MILLIARDAIRES CONTRÔLENT NOTRE INFORMATION ? - BLABLA #07 - OSONS CAUSER // COMMENT JUGER UN MÉDIA ? LA QUESTION MEDIAPART - BLABLA #09 - OSONS CAUSER // [À CHAUD #02] 49.3, LOI TRAVAIL : FAISONS TOMBER LE GOUVERNEMENT ! //

Il est parfois difficile de comprendre ce qui se passe autour de nous et de pouvoir forger son esprit critique sur l'actualité de nos sociétés. Osons Causer se pose comme un « blabla d'intérêt général » et aborde, en mêlant sociologie, politique et philosophie, les enjeux contemporains. Ludo, qui anime chaque vidéo, appuyé par Xavier et Stéphane, est convaincu que n'importe qui est capable de comprendre l'actualité et d'avoir un avis. Avec de bonnes explications, un soupçon d'indignation qui ne sombre jamais dans la colère ou la haine, les vidéos permettent de se questionner sur des enjeux qui nous concernent tous tels que la fameuse « loi travail », l'impact de l'agriculture industrielle sur notre environnement ou encore l'utilisation de l'état d'urgence.

STATISTIKES //

ANALYSES & CHIFFRES // PUBLICATION HEBDOMADAIRE

VIDÉOS À NE PAS MANQUER : ▶ HARRY POTTER - STATISTIKES #13 // ▶ YOUTUBE - STATISTIKES #9 // ▶ LES JEUX VIDÉO - STATISTIKES #2 //

Le nom de la chaîne parle de lui-même : avec Statistikes, il est avant tout question de chiffres et de découvertes incroyables. Deux créateurs sont à l'origine de ce projet qui a débuté sur Twitter : Antonin, qui s'occupe de faire la voix, et Rayan, qui travaille l'écriture des épisodes. Le résultat final est très réussi et très varié. Les deux vidéastes abordent effectivement de nombreux sujets : Harry Potter, le sommeil, les jeux vidéo, YouTube, les mangas, la pyramide de Khéops. Après tout, tout ce qui nous entoure peut se résumer à des chiffres et c'est d'ailleurs ce qui est le plus étonnant et risque de vous donner le vertige.

\\ LES QUESTIONS CONS

PUBLICATION TOUS LES 2 OU 3 JOURS \\ EXPÉRIENCES DÉLIRANTES

LES QUESTIONS CONS

VIDÉOS À NE PAS MANQUER : ▶ COMBIEN Y A T-IL DE BILLES DANS UN POUF ? LQC #63 // ▶ COMBIEN DE POST-IT POUR RECOUVRIR UN APPARTEMENT ? LQC #7 // ▶ COMBIEN DE PANACHÉS POUR ÊTRE POSITIF À L'ÉTHYLOTEST ? LQC #49 //

Combien de panachés faut-il boire pour être positif à l'éthylotest ? Combien y a-t-il de billes dans un pouf ? Peut-on manger McDo chez Quick et inversement ? Est-il possible de finir une gomme ? Autant de questions auxquelles Hugo met un point d'honneur à répondre, expériences à l'appui. La chaîne tire ses origines d'un concours avec des amis : le vidéaste s'était mis au défi de « faire » toutes les lignes du métro parisien, et de calculer le temps que ça lui prendrait. Après une journée de transport, le concept de la chaîne voyait le jour. Le vidéaste répond aux questions, assez bêtes, que lui posent ses abonnés, le tout à ses risques et périls. En 2016, Hugo a publié son livre, *Les Questions cons*, le livre des questions « pas très existentielles ».

LES QUESTIONS CONS GAMING //

EXPÉRIENCES DÉLIRANTES & JEUX VIDÉO / PUBLICATION HEBDOMADAIRE

VIDÉOS À NE PAS MANQUER : ▶ COMBIEN DE TEMPS POUR MINER L'OBSIDIENNE DANS MINECRAFT ? LQCG #3 // ▶ COMBIEN DE TEMPS POUR LE TOUR DE LA MAP DE GTA V À PIED ? LQCG #1 // ▶ UNE COURSE EN SENS INVERSE SUR MARIO KART ? #LQCG 2 //

Pour celles et ceux qui connaissent le principe de la chaîne Les Questions Cons animée par Hugo, il ne sera pas difficile d'appliquer le concept à l'univers du gaming. Pour les autres, le titre « Les Questions Cons Gaming », résume à lui tout seul ce que vous trouverez sur la chaîne : des réponses à des questions connes que se posent les internautes. En compagnie de Yann, de la chaîne CodJordan23, Hugo répond aux questions des abonnés, par exemple : « Combien de temps faut-il pour faire le tour de la map de GTA V à pied? » C'est loufoque, drôle, ça n'a pas de sens et c'est même totalement stupide, mais c'est au final tout ce qui fait le charme de la chaîne ! « Explosion, feu d'artifice et lancer de culottes », Hugo sait vendre son contenu !

LES BRUTES //

FÉMINISME & ESPRIT CRITIQUE / PUBLICATION HEBDOMADAIRE

© DAPHNÉ CARON

C'est Télé-Québec qui propose depuis le printemps 2016 de découvrir Les Brutes, une série de capsules vidéo animée par Lili Boisvert et Judith Lussier, deux filles issues de la génération Y. Sur lesbrutes.telequebec.tv, Elles jettent un regard drôle, «irrévérencieux» et plein de dérision sur des sujets et des phénomènes sociaux bien dans l'air du temps. Les deux jeunes femmes n'hésitent pas à bousculer les conventions et à démonter les raisonnements fallacieux. La remise en cause du patriarcat et de la pensée dominante les intéresse particulièrement. Le harcèlement virtuel, le sexisme grammatical, le végétalisme ou encore le consentement sont des exemples de sujets qui ont déjà été traités. Si vous vous posez la question, une Brute, c'est une fille qui a des bawls, qui peut être badass et qui se donne les moyens de faire passer des messages. Un message profond enveloppé dans un humour bien construit qui vous fera très certainement réfléchir tout en vous divertissant !

INTERVIEW !

QUI ÊTES-VOUS ET QUEL EST VOTRE PARCOURS ?

Nous sommes deux filles de la génération Y, féministes, qui aiment parler d'enjeux de société. Nous avons toutes les deux étudié la science politique avant de devenir journalistes. Judith est montréalaise d'origine et Lili a grandi sur la rive sud de l'île.

OÙ ALLEZ-VOUS ?

Nous sommes en route pour renverser le patriarcat et la pensée dominante !

> « LORSQU'ON CONSTATE DES RAPPORTS DE POUVOIR ENTRE DIVERS GROUPES QUI COMPOSENT LA SOCIÉTÉ, ON NE PEUT PAS PASSER LES AUTRES SOUS SILENCE. »

QUEL EST LE PLUS BEAU JOUR DE VOTRE VIE ?

Lili : Le jour où j'ai gagné un concours de dessin à 5 ans, que je me suis fait 50 $ et que j'ai gagné le respect de mes pairs. Je carbure encore à cette victoire aujourd'hui dans les moments de doute.

Judith : Le jour où Richard Martineau (l'un des chroniqueurs les plus démagogues et antiféministes qui soit) a consacré une chronique à me démolir. Consécration !

QUEL EST VOTRE PIRE CAUCHEMAR ?

L : Etre condamnée à m'ennuyer éternellement.

J : Faire une gaffe qui mettrait fin à ma carrière et me forcerait à m'exiler à New York et à travailler chez Burger King. Mais, quand on y pense, c'est pas si pire.

DES PHOBIES ? OU DES TOC DE VIDÉASTE ?

L : Je suis toujours très malheureuse quand on doit couper au montage des éléments qui étaient prévus au départ dans une vidéo. Je m'attache beaucoup trop au contenu.

J : Je hais ça quand on voit mon double menton.

Quelles sont les passions qui vous animent ?

Le féminisme, la lutte contre le racisme et contre l'hétéronormativité, la politique, l'actualité.

Votre pire défaut ?

L : Mon intensité. Ça peut faire peur aux gens qui ne me connaissent pas et agacer ceux qui me connaissent.

J : Je ne suis pas toujours habile socialement et je suscite régulièrement des malaises parce que je dis tout ce que je pense. Pas tant par conviction que par impulsivité.

Si vous n'aviez pas été vidéastes, à quoi vous destiniez-vous ?

L : Au journalisme. C'était ça le plan. Maintenant c'est intégré dans mon travail de vidéaste. Ce n'est plus du journalisme classique que je fais.

J : J'ai voulu être neuropsychologue comme ma mère pendant genre une semaine. Pour le reste j'ai toujours voulu faire ce que je fais en ce moment.

Votre citation favorite ?

L : « Pensiez-vous vraiment que j'allais juste rester assise là, en me contentant d'être jolie ? » – Ashley Callingbull, alias Madame Univers, prenant position contre le gouvernement en place lors des dernières élections au Canada.

J : « Dans un monde de princesses, sois un hot-dog. » – L'Internet.

VIDÉO À NE PAS MANQUER

LA VIANDE

Que représente pour vous le féminisme et comment en êtes-vous arrivées à embrasser cette cause ?

L : Vers la fin de l'adolescence, j'ai lu Nelly Arcan et ça a été un élément déclencheur pour moi. J'ai commencé à me renseigner sur le concept d'objectivation, puis de fil en aiguille, en faisant des recherches, j'ai réalisé que ce que je pensais, que la manière dont je voyais les choses (les déséquilibres dans le traitement qu'on réserve aux femmes), ça s'appelait du féminisme.

J : J'ai grandi avec une mère extrêmement fonceuse à qui tout a réussi malgré les embûches, et j'ai cru jusqu'à récemment que tout était possible aux femmes dotées comme elle d'un peu de volonté. Quand j'ai commencé à écrire, on m'a traitée de féministe alors que je ne l'étais pas. C'est là que j'ai compris qu'encore aujourd'hui c'est perçu comme un *statement* pour une femme de prendre la parole. J'ai alors embrassé l'étiquette féministe sur le tard.

Quels sont les enjeux autres que le féminisme qui vous tiennent particulièrement à cœur et pour quelles raisons ?

Les autres rapports de domination, comme le racisme, l'hétérosexisme, le colonialisme ou le classisme. Parce que, lorsqu'on constate des rapports de pouvoir entre divers groupes qui composent la société, on ne peut pas passer les autres sous silence.

Quels sont les vidéastes, créateurs, personnalités qui inspirent le plus ce que vous faites ?

Laci Green, PBS Idea Channel, Franchesca Ramsey, Elizabeth Plank.

Est-ce que vous pouvez nous parler de la genèse de votre web-série *Les Brutes* ? D'où vous est venue l'idée et comment tout cela s'est mis en place ?

Nous trouvions qu'il manquait de filles de notre génération traitant d'enjeux de société qui préoccupent ladite génération. Ayant des affinités intellectuelles, nous nous observions toutes deux de loin dans les médias et, lorsque nous nous sommes rencontrées, nous avons su que nous voulions travailler ensemble sur ce projet.

Quand vous vous êtes lancées, est-ce que vous aviez des objectifs précis en tête concernant votre web-série ? Les avez-vous atteints ?

Nous voulions « brasser la cage » et nous nous disions que ce serait un échec si on suscitait l'indifférence. Ce n'est pas arrivé. On dérange certaines personnes, ce qui nous convainc que nous avons atteint notre objectif !

Pourriez-vous nous décrire ce qu'est une « Brute » selon vous ?

C'est quelqu'un qui n'hésite pas à bousculer par ses idées et à transgresser les règles de bienséance (surtout celles qu'on attend des filles). Aussi nos détracteurs nous traitent de social justice warriors et nous ne détestons pas du tout le terme !

Pourquoi les capsules vidéo plutôt qu'un autre média ?

Nous écrivons aussi toutes les deux mais les capsules nous permettent de dire les choses autrement et d'atteindre d'autres publics. La vidéo, c'est très efficace pour illustrer des concepts et faire passer des idées.

> « Nous souhaitons que les gens remettent en question la pensée dominante : toutes ces choses que l'on prend pour acquises ou qui nous paraissent banales parce qu'on les entend si souvent. »

Vidéo à ne pas manquer

LE CONSENTEMENT

D'où vient l'originalité de votre concept selon vous ? De vos formats peut-être ?

C'est vrai que nous avons décidé d'adopter des formats différents pour presque toutes nos capsules, ce qui a causé des maux de tête (on appelle ça de beaux défis) à notre réalisatrice. Sinon, le fait d'être des filles qui prennent la parole pour revendiquer des choses, on n'a pas inventé ça, mais on voit que ça frappe encore l'imaginaire.

Avec cette création, quel est le message que vous souhaitez véhiculer ?

Nous souhaitons que les gens remettent en question la pensée dominante : toutes ces choses que l'on prend pour acquises ou qui nous paraissent banales parce qu'on les entend si souvent, et qui finissent par renforcer ou reproduire des rapports de domination. Par exemple, quand on dit que ça « sonne drôle » le mot « chercheuse », on ne se rend pas compte qu'on trouve que ça sonne drôle parce qu'on n'est pas habitués à l'entendre. Au fond, on abdique à effectuer un changement dans la grammaire pour refléter la place des femmes en recherche.

Comment sélectionnez-vous les thèmes dont vous allez parler ?

On jase, longtemps et beaucoup, puis on trouve notre idée, parfois après

« Nous trouvions qu'il manquait de filles de notre génération traitant d'enjeux de société qui préoccupent ladite génération. »

s'être obstinées. Souvent nos sujets nous viennent d'observations que nous avons en commun.

Internet est vu par beaucoup comme un domaine de liberté. Que pensez-vous que ce média peut apporter pour des causes comme le féminisme ?

L'Internet, et surtout les réseaux sociaux, nous permet de nous retrouver en tant que féministes. Avant, nous étions isolées, maintenant, nous voyons que d'autres pensent comme nous et pouvons alimenter nos réflexions.

Pourriez-vous nous parler de l'état du féminisme au Québec ? Et avez-vous moyen de le comparer à celui de la France ? Sur beaucoup de points vous semblez effectivement plus en avance que vos cousins...

C'est dur à dire ! C'est sûr que, de loin, la société française actuelle peut paraître légèrement à la remorque en ce qui a trait au féminisme. Le Québec est à la fois influencé par la culture française et par la culture américaine, et il se brasse beaucoup de réflexions du côté de nos voisins en ce moment. Cela dit, la France nous a tout de même donné les penseuses féministes parmi les plus influentes, notamment Christine Delphy, Virginie Despentes ou bien sûr Simone de Beauvoir. Alors il serait effronté de notre part de se penser au-dessus de tout ça !

Quelles sont pour vous les prochaines étapes de ce combat ? Les envisagez-vous sur Internet ?

Oui, Internet reste le média avec lequel on grandit. Nos carrières à chacune se sont bâties sur Internet. Mais nous aimons les autres plates-formes aussi. Idéalement, on voudrait toutes les utiliser. Une prochaine étape que nous aimerions franchir est de nous coller davantage à l'actualité. De pouvoir faire des segments rapidement sur des sujets chauds.

Est-ce que vous pourriez nous parler des sujets dont vous souhaitez parler à l'avenir ?

Nous aimerions parler davantage d'hétéronormativité, d'enjeux trans, de classisme, de capacitisme, de santé mentale, d'économie, d'international et d'environnement.

Vidéo à ne pas manquer

LES BRUTES ET L'APPROPRIATION CULTURELLE

MAINTENANT TU LE SAIS //

LANGUE FRANÇAISE / **PUBLICATION TOUS LES 2 OU 3 JOURS**

VIDÉOS À NE PAS MANQUER : LES PLUS GROS BICEPS DU MONDE - MTLS STORY #1 // AVOIR UNE COUILLE DANS LE PÂTÉ - EXPRESS'ION #3 // MES 5 EXPRESSIONS - MTLS #1 //

Au début, il était seulement question des «Express'ion». Jonathan, le fondateur de la chaîne, a néanmoins réorienté son contenu en 2016 afin de le rendre de meilleure qualité. Maintenant tu le sais, la nouvellement nommée, permet d'élucider les plus grandes énigmes de votre vie : l'origine des expressions. En quelques minutes, le vidéaste soulage votre curiosité grâce à ses vidéos «Express'ion». Avec «Les mots du futur», il revient sur certains mots contemporains, tels que «DAB», «friendzone» ou «zlataner», afin de les expliquer. Nouveauté de 2016, le concept «Maintenant tu le sais» qui se penche sur des anecdotes comme «Les plus gros biceps du monde». Avec Ludovic de la chaîne Philm, Hugo des Questions Cons et Frank, il a fondé Le Tatou, un collectif entre potes.

\\ LINGUISTICAE

PUBLICATION HEBDOMADAIRE \ **LANGUE FRANÇAISE**

VIDÉOS À NE PAS MANQUER : LIQUIDE OU SOLIDE ?! - FLUIDE NON-NEWTONIEN ! [SCIENCE 2.0] // DES MÉTAUX QUI EXPLOSENT DANS L'EAU ! - [SCIENCE 2.0] // LA FORCE DES LASERS ! - [SCIENCE 2.0] //

Avant de se lancer en 2015 sur YouTube, Romain, grand féru de linguistique, avait déjà commencé à transmettre sa passion grâce à son blog linguisticae.com. Avec au minimum une vidéo par semaine, il présente, explique et détaille plusieurs choses qui le captivent. Tout d'abord, l'histoire des mots et des expressions avec «Paye Ton Expression», où il en profite pour démonter quelques idées reçues. «Ma Langue dans Ta Poche» est pour lui l'occasion de parler de linguistique. Enfin, «Lingua Franca», qui s'intéresse aux langages inventés. Le tout est passionnant, sérieusement documenté et permet de se faire une idée – tout en se divertissant – de ce qu'est véritablement l'étude de la langue, voire des langues.

CODE MU //

LANGUE FRANÇAISE / **PUBLICATION MENSUELLE**

VIDÉOS À NE PAS MANQUER : LA FINALE ENTRE LA FIN ET LE FINAL - CAMU #16 - CODE MU // UNE SOURIS VERTE - ANALYSE PAROLES - LCDLD #1 (PILOTE) // LA MISE À MU #1 - ÉVOLUTION, TIPEEE, VIDÉOTHÈQUE, CONVENTIONS… //

Code Mu est une chaîne créée par un certain Raphaël et qui explique l'origine des mots et des expressions de la langue française. Très attiré par l'univers de YouTube et des contenus liés à la culture et au savoir, il souhaite dès ses débuts partager des connaissances fun et faire ce qu'il aime, tout simplement. Il résume ainsi sa chaîne : apprendre en passant un bon moment. Vous saurez ainsi faire la différence entre «être fainéant» et «être feignant». Les vidéos sont courtes, bien montées et surtout très riches. Le vidéaste fait également partie de l'initiative de la Vidéothèque d'Alexandrie.

LÉO ATTALI //

POÉSIE, CRÉATION LITTÉRAIRE & RÉFLEXIONS / PUBLICATION BIMENSUELLE

VIDÉOS À NE PAS MANQUER : L'IMPORTANCE // LES SURVIVANTS….W/ HUGO (LES QUESTIONS CONS) // ADIEU…. (MA PREMIÈRE CHANSON ARRIVE CET ÉTÉ !) //

Avec Léo Attali il est question de mots, de phrases, de créations, de créations littéraires même. Débutant à l'origine en 2012 avec une web-série humoristique, *Comment Pécho*, le vidéaste a fini par changer totalement de concept après un certain temps d'absence sur la Toile. Aujourd'hui, il présente des lectures de textes qu'il écrit seul ou avec des amis, et qu'il met en scène avec une simplicité et un sens artistique magnifiquement rattaché à ses mots et à leur profondeur. Une vision du monde unique, des vidéos météores qui vous bouleversent et pour lesquelles Léo prend plaisir à inviter d'autres vidéastes tels que Hugo des Question Cons, Andy ou encore Doc Seven.

\\ GEEK LIBRAIRIE

PUBLICATION TOUS LES 2 OU 3 JOURS \ POP CULTURE, JEUX DE RÔLE & LIVRES

VIDÉOS À NE PAS MANQUER : HUNGER GAME, UN MEILLEUR BATTLE ROYALE ? //
SABLE ROUGE LE JDR SANDBOX A LA CORÉENNE ? //
DEADPOOL ET L'ART DE LA GUERRE //

Peut-être avez-vous entendu d'étranges murmures dans la profondeur de la nuit, ne vous poussant pas à la folie grâce à des visions horrifiques et tentaculaires, mais bien à vous rendre sur la chaîne Geek Librairie ? Si vous avez les tripes bien accrochées, vous pouvez tenter de vous aventurer dans le contenu de la chaîne. Vous tomberez sur des vidéos parlant de jeux de rôle, de romans, de comics et même de mangas. En outre, le vidéaste propose une vision très différente – et même grinçante – de certaines grosses licences à succès comme *Twilight, Hunger Games* ou encore *Divergent*.

LA BRIGADE DU LIVRE //

ESPRIT CRITIQUE & LITTÉRATURE / PUBLICATION MENSUELLE

VIDÉOS À NE PAS MANQUER : PAS L'TEMPS DE LIRE - LE CYCLE DE FONDATION D'ASIMOV // [KILKE] #9 - BANDE DE PIRATES ! // [GIPL] #6 - BERNARD WERBER //

La Brigade du Livre, c'est une chaîne qui mélange humour et littérature, et qui, pour faire simple, est un « remède contre les zombauteurs et les refourgueurs de nave. Chroniques musclées ou pleines de papillons ». Voguant de déception en déception au cours de ses lectures, aux intrigues trop similaires, Kilke, le créateur, a décidé de se lancer sur YouTube afin de mettre en avant de la bonne littérature contemporaine. Le premier programme de la chaîne, « Les chroniques de Kilke », vous donnera de bons conseils de lecture, *GIPL* est une web-série totalement déjantée où la Brigade opère des interventions dans les bas-fonds de la littérature, enfin, « Pas l'temps de lire » vous proposera des focus sur un livre ou un auteur. Une chaîne qui éveillera très certainement votre esprit critique littéraire !

LINKSTHESUN //

POP CULUTURE & CRITIQUES MUSICALES / PUBLICATION HEBDOMADAIRE

VIDÉOS À NE PAS MANQUER : ▸ POINT CULTURE SUR LES POKÉMON //
▸ POINT CULTURE SUR LES MÈMES (NYAN CAT, TROLOLO…) //
▸ LES CHANSONS DISNEY (CRITIQUE) //

LinksTheSun, ou Alexis, est le créateur des célèbres «Points Culture» et «Non mais t'as vu ce que t'écoutes», avec un style «à l'arrache». Dans la première, il revient en détail sur des sujets précis, tels que Pokémon, les chats ou encore les geeks, afin de fournir une foule d'informations et d'anecdotes. Au cours de ses vidéos, vous aurez la chance de croiser Plectrum et Ouki, deux personnages dessinés qui l'accompagnent régulièrement. Dans la seconde, il critique des chansons du top 50 avec un ton très sarcastique et pointe leurs défauts à travers une analyse poussée et intéressante. LinksTheSun est également auteur – il a écrit trois pièces de théâtre – et compositeur avec trois albums à son actif.

\\ LA CHAÎNE DE P.A.U.L.

PUBLICATION IRRÉGULIÈRE \ POP CULTURE & ANALYSES

VIDÉOS À NE PAS MANQUER : ▸ PVR #12 : DRAGON BALL - LES ORIGINES DU MANGA //
▸ PVR #1 : LINK - LE HÉROS DE THE LEGEND OF ZELDA //
▸ PVR #4 : BILBO - COMMENT TOLKIEN A CRÉÉ LE HOBBIT //

Dans La chaîne de P.A.U.L, où P.A.U.L signifie «programme d'analyse uvulaire ludéoludique», il est question de vidéos qui vont vous apporter tout un tas de réponses à des interrogations que vous vous posez peut-être sur un film, un manga ou encore un jeu vidéo. *Paul vous raconte*, que l'on connaît aussi sous le nom *Des racines et des pixels*, est l'émission qui va vous apporter tout ce savoir. L'émission revient également sur les origines de personnages ou de licences, comme Naruto, Ultron ou encore Dragon Ball.

BITS, LE MAGAZINE DE LA CULTURE POP - ARTE //

ÉMISSION & POP CULTURE / PUBLICATION HEBDOMADAIRE

VIDÉOS À NE PAS MANQUER : ▸ KARIM DEBBACHE, LE SUCCÈS DU CROWDFUNDING DE CHROMA. BITS – ARTE // ▸ MINECRAFT - BITS – ARTE // ▸ MÈMES - BITS – ARTE //

BiTS est un magazine d'actualités culturelles proposé en ligne par ARTE et qui s'intéresse en particulier à la pop culture. Plus précisément, en s'appuyant sur l'actualité, l'émission établit des ponts entre la culture traditionnelle et la culture populaire. L'idée est de montrer à quel point la pop culture, comprenez le cinéma, les jeux vidéo, les séries télévisées, la littérature, la bande dessinée ou encore Internet, influencent la société du XXIe siècle. Que vous soyez un adepte ou non de ce que l'on appelle la «culture geek», BiTS est fait pour vous et vous permettra de voir quel est le poids et la présence de cette culture.

SOLANGETEPARLE //

PHILOSOPHIE, ART & BOBO // PUBLICATION HEBDOMADAIRE

SolangeTeParle, c'est un incroyable condensé de fulgurances. Difficile à définir, difficile à présenter, cette « poétubeuse » est un météore atypique sur YouTube. Artiste, comédienne, auteure et réalisatrice canadienne – elle habite en France depuis 2004 –, elle a investi la Toile voilà maintenant quelques années afin d'y proposer un contenu tout à fait unique. Après avoir intégré la classe libre du Cours Florent, elle délaisse le parcours classique de comédienne pour creuser son sillon dans la marge et sur Internet où elle s'interroge sur le monde d'une manière très intime. La solitude, le naturisme, l'amour ou encore la psychologie ne sont que quelques exemples des sujets qu'elle traite. Avec son parler si particulier, elle souhaite avant tout apporter du réconfort à l'univers. En 2016, elle a publié un livre, *Solange te parle*, et a également réalisé son premier film, *Solange et les vivants*.

INTERVIEW !

QUI ES-TU ?

Trente ans, artiste, comédienne, auteure et réalisatrice canadienne, installée en France depuis 2004, formée aux arts visuels.

LE PLUS BEAU JOUR DE TA VIE ?

Ma première baignade naturiste, à Berck.

DES PHOBIES ? OU DES TOC DE VIDÉASTE ?

Je préfère toujours une caméra en légère plongée.

« ON EST PEU PROTÉGÉ, C'EST VRAI, MAIS YOUTUBE S'EST IMPOSÉ POUR MOI COMME LE MEILLEUR COMPROMIS POUR M'EXPRIMER. »

CINQ PASSIONS QUI T'ANIMENT ?

L'art conceptuel, le naturisme, le sommeil, le féminisme, les truites.

TON PIRE DÉFAUT ?

L'insatisfaction permanente

SI TU N'AVAIS PAS ÉTÉ VIDÉASTE, À QUOI TE DESTINAIS-TU ?

L'oisiveté.

TA CITATION FAVORITE ?

« L'art : toute sa valeur vient de ce qu'il nous tire d'ici. » – F. Pessoa

PARMI TOUTES TES VIDÉOS, QUELLE EST CELLE QUE TU PRÉFÈRES ?

« J'AI COUCHÉ AVEC PARIS »

EST-CE QUE TU PEUX TENTER DE DÉFINIR TA PARTICULARITÉ, LA DIFFÉRENCE QUI FAIT QUE L'ON TE RECONNAÎT IMMÉDIATEMENT ?

J'ai cette élocution lente et travaillée. Je suis mal coiffée. Je ne vise pas l'efficacité ni le divertissement. Je mise beaucoup sur l'intimité ; je

VIDÉO À NE PAS MANQUER

DIRE JE T'AIME | SOLANGETEPARLE

tutoie, je me dévoile. Mes vidéos se rapprochent parfois davantage de l'essai ou de la performance que du numéro d'humoriste.

QUELS SONT LES VIDÉASTES OU PERSONNALITÉS QUI INSPIRENT LE PLUS TON TRAVAIL ?

John Baldessari, Sophie Calle, Alain Cavalier, Chantal Akerman, Luc Moullet, Miranda July, Philippe Katerine.

QUELLE DISTINCTION FAIS-TU ENTRE TOI, INA MIHALACHE ET SOLANGETEPARLE ? ON POURRAIT CROIRE À DEUX ENTITÉS DIFFÉRENTES, ET POURTANT...

Solange est un sous-ensemble d'Ina Mihalache. Tout ce qu'elle est, je le suis, mais je suis des tas d'autres choses en plus. Elle est une face utopique de moi-même, simplifiée comme le sont les personnages, dans l'ouverture, la candeur, la générosité, l'inadaptation, la théâtralité…

TU ES À L'ORIGINE QUÉBÉCOISE, MONTRÉALAISE PLUS PRÉCISÉMENT. QU'EST-CE QUI T'A POUSSÉE À VENIR EN FRANCE ?

Je suis venue en France par amour à l'âge de 19 ans. Ma chaîne est née sept ans plus tard. Rien à voir donc, mais j'aime traiter des questions linguistiques autour du parler québécois.

EN TANT QUE CRÉATRICE, QUELS SONT TES LIENS AVEC TON PAYS NATAL ? COMPTES-TU BEAUCOUP D'ABONNÉS PAR-DELÀ L'OCÉAN ?

Je pense qu'il y a environ 20 % de mon public au Québec. J'aimerais beaucoup y travailler un jour – sans forcément m'y installer pour de bon.

TU AS PUBLIÉ UN LIVRE REPRENANT LES TEXTES DE TES VIDÉOS, *SOLANGE TE PARLE*. TES MOTS SONT LES VÉHICULES DE BEAUCOUP DE CHOSES, COMME DES QUESTIONNEMENTS ET DES ÉMOTIONS. QUELLE PLACE PREND L'ÉCRITURE DANS TES RÉALISATIONS ?

Sauf exception, je n'écris pas à proprement parler mes textes en préparation des vidéos. Disons que l'écriture est un processus qui prend corps devant la caméra. Je laisse surgir des bribes de phrases que je reprends à répétition pour les enrichir jusqu'à former un discours qui me satisfasse, lequel est ensuite peaufiné au montage. C'est une méthode parfois laborieuse, mais qui peut aboutir à de l'inattendu et de la grâce. Une forme de poésie aléatoire. Selon moi, les outils actuels permettent qu'émergent de nouvelles façons d'« écrire ».

SOLANGE ET LES VIVANTS, LE FILM QUE TU AS RÉALISÉ EN 2016, REVIENT EN PARTIE SUR UN ASPECT DE TA VIE : L'ISOLEMENT EN TANT QUE CRÉATRICE. TU VIS EFFECTIVEMENT ASSEZ RECLUSE MAIS, POURTANT, INTERNET TE PERMET D'AVOIR UNE COMMUNAUTÉ ET DE COHABITER AVEC ELLE. QUE PENSES-TU DE CETTE SITUATION ?

VIDÉO À NE PAS MANQUER

JE SUIS BOBO ET VOUS EMMERDE

C'est un paradoxe qui me convient. Il faut évidemment trouver la bonne distance, ne pas se laisser envahir par les requêtes individuelles. On est peu protégé, c'est vrai, mais YouTube s'est imposé pour moi comme le meilleur compromis pour m'exprimer.

« JE N'ÉCRIS PAS À PROPREMENT PARLER MES TEXTES EN PRÉPARATION DES VIDÉOS. L'ÉCRITURE EST UN PROCESSUS QUI PREND CORPS DEVANT LA CAMÉRA. »

COMMENT VIS-TU TA COEXISTENCE TERRESTRE AVEC LÉA SEYDOUX ? IL SEMBLE EFFECTIVEMENT QUE VOS DESTINS SE SOIENT CROISÉS AUX TALENTS DE CANNES DE 2007 ET QUE VOUS N'AYEZ PAS VRAIMENT LES MÊMES « PROPOSITIONS »...

Je n'ai pas son corps ni son réseau. Je continue d'avoir envie de faire l'actrice chez d'autres metteurs en scène. C'est quelque chose qui viendra ou pas. Je le vis bien la plupart du temps.

QUELS SONT TES OBJECTIFS POUR L'AVENIR ? EST-CE QUE TU SOUHAITERAIS TENTER DE NOUVELLES CHOSES ?

J'ai envie d'un spectacle seule en scène. Et de résidences. Et de continuer sur YouTube.

COMMENT ORGANISES-TU LA VIE DE TA CHAÎNE ? EST-CE QUE TU PROGRAMMES BEAUCOUP DE CHOSES À L'AVANCE OU EST-CE QUE TU TRAVAILLES PLUS À L'INSTINCT ?

Il y a des cycles. Je ne suis pas très organisée et je me lasse de mes propres contraintes. Le lundi est arbitrairement ma journée de publication. Mais il m'arrive d'être en retard ou de sauter des semaines. J'ai un petit carnet d'idées comme tout le monde.

Y A-T-IL UNE VIDÉO QUE TU SOUHAITES RÉALISER DEPUIS LONGTEMPS ?

Je réfléchis à une vidéo sur la pornographie depuis un certain temps.

QUELLE ÉTAPE PRÉFÈRES-TU ENTRE LA RECHERCHE, LA RÉALISATION, L'ÉCRITURE ET LE MONTAGE ?

La publication ! Plus sérieusement, le montage est généralement très satisfaisant parce que le plus dur est fait – la conception et le tournage me demandent beaucoup de discipline et d'énergie –, et c'est là que toute la magie opère.

QUELS SONT LES VIDÉASTES QUE TU AIMERAIS FAIRE DÉCOUVRIR AU PLUS GRAND NOMBRE ?

Sur YouTube, malheureusement tous anglophones : Mitchell Davis, Fran Meneses, Just Kiss My Frog, You Suck At Cooking.

VIDÉO À NE PAS MANQUER

SOLANGE TE PARLE CAMEMBERT

MAR VELL //

COMICS & POP CULTURE / PUBLICATION HEBDOMADAIRE

© MAPTIV

Grâce à Mar Vell, vous ne bloquerez plus sur certains personnages de comics puisque Alexandre, son créateur, s'est donné une mission : vous faire rattraper tout le retard que vous avez accumulé en ne lisant pas les comics. « Les Chroniques de Mar Vell » vous aideront donc à connaître les personnages secondaires présents dans les films Marvel, « Les Supers (pas si Supers) ! » présente les personnages les plus ringards de l'univers Marvel et « De grands pouvoirs… » revient en détail sur les pouvoirs de toute une flopée de héros avec beaucoup de précision. Le contenu est d'une excellente qualité, accompagnée d'une véritable érudition sur tout ce qui a trait à Marvel, d'une dynamique captivante ainsi que d'un humour agréablement dosé. Pour les fans comme pour les autres, à ne pas manquer pour découvrir ou redécouvrir l'univers Marvel !

INTERVIEW !

QUI ES-TU ?

Je m'appelle Alexandre, je suis vidéaste et tiens la chaîne Mar Vell sur YouTube, qui propose différentes émissions sur l'univers Marvel. Notamment *Les Chroniques de Mar Vell*, qui présentent à chaque vidéo un personnage peu connu de l'univers cinématographique Marvel, mais qui y a tout de même fait une apparition. Cela permet aux cinéphiles de super-héros de pouvoir connaître le personnage sans avoir jamais ouvert un comic book et, qui sait, peut-être leur donner envie de commencer à en lire.

> « J'AIMERAIS BIEN POUVOIR ME PERMETTRE DE VIVRE DE MA CHAÎNE CAR C'EST ÉNORMÉMENT D'HEURES DE TRAVAIL, MAIS HÉLAS CE N'EST PAS POSSIBLE. »

LE PLUS BEAU JOUR DE TA VIE ?

La naissance de mon fils bien évidemment, mais, si on reste dans mon univers, c'est ma rencontre avec Stan Lee – cocréateur des plus grands héros Marvel – en 2013. J'avais vu qu'il serait présent à une convention de Los Angeles et que le monsieur était âgé de 91 ans tout de même… Pour moi c'était maintenant ou jamais ! J'ai donc décidé de me faire un passeport et de préparer mon voyage en quinze jours. J'ai fait 9 000 km pour pouvoir le rencontrer. Chose faite, je suis rentré deux jours après avec ma dédicace, ma photo et une poignée de main qui m'a mis les larmes aux yeux. Je venais de réaliser le rêve de ma vie. Voilà !

CINQ PASSIONS QUI T'ANIMENT ?

Alors… Les comics, Marvel Comics, Spider-Man, Gabriele Dell'Otto, Gabriele Dell'Otto qui dessine du Spider-Man pour Marvel dans les comics !

TON PIRE DÉFAUT ?

Ne pas avoir de pouvoirs !

SI TU N'AVAIS PAS FAIT DES VIDÉOS SUR YOUTUBE, QU'EST-CE QUE TU AURAIS ENTREPRIS ?

Je ne sais pas trop… Si ça n'avait pas marché, j'aurais sûrement fini par créer une page Facebook ou un blog.

TA CITATION FAVORITE ?

« Un grand pouvoir implique de grandes responsabilités. »

TU ES VRAIMENT UN CRACK EN COMICS, EST-CE QUE TU PEUX NOUS DIRE : POURQUOI MARVEL PLUTÔT QUE DC ?

J'ai toujours préféré le côté « coloré » des comics Marvel, qui sont moins sombres que les DC actuels.

QUEL EST TON SUPER-HÉROS PRÉFÉRÉ ET POURQUOI ?

Spider-Man, car je m'identifie énormément à ce personnage dans ma vie de tous les jours. Il n'a pas une vie facile et, pour autant, il ne baisse jamais les bras et donnerait tout pour que son lendemain soit un jour meilleur. J'ai vécu des moments durs dans ma vie et ce personnage imaginaire a été et est toujours un modèle pour moi.

VIDÉO À NE PAS MANQUER

LES CHRONIQUES DE MAR VELL #30 - APOCALYPSE (X-MEN AOA)

QUEL EST TON SUPERVILAIN PRÉFÉRÉ ET POURQUOI ?

Je crois que c'est Magneto, non pas par ces convictions mais par son pouvoir. Je kiffe son pouvoir !

SI TU DEVAIS DONNER UN CONSEIL À QUELQU'UN QUI SOUHAITE SE LANCER DANS LES COMICS, QUEL SERAIT-IL ?

Je sais par expérience que l'univers Marvel est dur pour se lancer – tout comme DC. Il faut juste prendre l'histoire d'un personnage qui te plaît et te lancer. C'est au bout de quelques histoires que tu commenceras à y voir plus clair en reliant, morceau par morceau, le fil du temps. Je privilégie les one-shots : un comics qui a une histoire avec un début et une fin.

L'ÉVÉNEMENT DE N'IMPORTE QUEL COMICS QUI T'A MARQUÉ À VIE ?

Spider-Man : 11 septembre 2001.

LE COMICS INDÉPENDANT QUE TU RECOMMANDERAIS À N'IMPORTE QUI, LÀ, TOUT DE SUITE ?

Locke and Key, une saga en six tomes disponibles chez Milady. Créée par Joe Hill, le fils de Stephen King (rien que ça). Ça parle d'une famille qui hérite d'un manoir dans lequel sont cachées des clés magiques. Chaque clé te donne un pouvoir différent, une pour voler, une pour changer de sexe, une pour devenir un spectre…, mais ils vont rencontrer une personne qui est au courant des pouvoirs et va vouloir toutes les récupérer pour dominer le monde. Absolument magique et va être adapté en série TV aux dernières nouvelles.

POURQUOI AVOIR DÉCIDÉ DE TE LANCER SUR INTERNET POUR PARLER DE COMICS ?

L'idée m'est venue car beaucoup d'amis dans mon entourage me posaient des questions sur tel ou tel personnage ; j'ai pensé que faire des vidéos en format « encyclopédie » sur YouTube serait une bonne idée…
Apparemment oui !

EST-CE QUE TU AVAIS UNE IDÉE PRÉCISE DE CE QUE TU SOUHAITAIS ENTREPRENDRE SUR YOUTUBE ?

Sincèrement, non. Je me suis lancé avec Thanos car tout le monde me demandait qui était le personnage violet à la fin du film *Avengers* et je ne trouvais rien qui pouvait expliquer clairement cela sur Internet. Ensuite je me suis dit que, vu le nombre de films prévus dans les années à venir, il y avait de quoi faire.

TU POURRAIS NOUS PRÉSENTER LES DIFFÉRENTES ÉMISSIONS QUE TU PROPOSES SUR TA CHAÎNE ?

La principale est *Les Chroniques de Mar Vell* ; c'est celle qui fait ce que je suis actuellement. Ensuite j'ai créé *Les Supers, pas si Super*, qui parle des personnages ringards de l'univers Marvel, et croyez-moi il y en a !

J'ai aussi créé un concept qui s'appelle « De grands pouvoirs… », qui présente non pas un personnage mais un type de pouvoir. Des mythologies aux fables, de l'histoire à la science, de nos comics à la pop culture et les différents héros qui en héritent. Il y a peu de différences entre le dieu grec Hercule, les athlètes des cirques ambulants et Superman par exemple… Puis différentes interviews d'artistes, des vlogs, des conférences, des hors-séries, l'actualité comics… La chaîne est bien fournie !

VIDÉO À NE PAS MANQUER

ALL-NEW ALL-DIFFERENT MARVEL - TOUT CE QU'IL FAUT SAVOIR ! (SANS SPOILERS)

LA LECTURE, QUE L'ON PARLE DE BD, DE COMICS, DE LITTÉRATURE OU AUTRES, EST UN THÈME TRÈS EN VOGUE SUR YOUTUBE, AVEC BOOKTUBE OU DES CHAÎNES TRAITANT DE POP CULTURE. QUEL REGARD PORTES-TU SUR CE DÉVELOPPEMENT ASSEZ RÉCENT ?

Personnellement, j'en suis assez satisfait pour les comics, plus on en parle et plus il y aura de lecteurs. Et c'est également le but de ma chaîne de pouvoir faire découvrir les comics aux novices qui veulent se lancer.

ON CONSIDÈRE SOUVENT L'UNIVERS DES COMICS COMME DIFFICILEMENT ACCESSIBLE, PRESQUE ÉCLECTIQUE. TU TENTES SUR TA CHAÎNE DE DÉMOCRATISER BEAUCOUP CET UNIVERS. TU PEUX NOUS EN DIRE PLUS À CE SUJET ?

J'essaie vraiment de décoder au mieux l'univers des comics et surtout Marvel pour les novices, et je sais que ça marche car j'ai beaucoup de retours positifs sur mon travail. J'en suis chaque fois très touché et très heureux. Ça me motive à continuer et aller de l'avant. J'aime partager ma passion et j'aurais aimé trouver de l'aide aussi facilement que maintenant avec YouTube quand j'ai commencé les comics.

TU COMMENCES À RÉALISER DES LIVE. LE LIEN AVEC TA COMMUNAUTÉ EST IMPORTANT À TES YEUX ?

Oui, beaucoup. J'aime partager ma passion et je pourrais en discuter pendant de longues heures. Il suffit de me voir en convention maintenant. J'adore ! Des gens viennent me parler et c'est moi qui leur tiens la grappe, les pauvres ! Sauf que les conventions se font trop peu nombreuses pour moi dans l'année ; les live peuvent devenir à l'avenir cet intermédiaire et cet échange que j'apprécie énormément dans ce milieu.

EST-CE QUE TU POURRAIS NOUS PARLER DE TES PROJETS POUR L'AVENIR DE TA CHAÎNE ?

Toujours plus de vidéos, toujours plus de *Chroniques de Mar Vell* car il me reste tellement de personnages à faire jusqu'à la fin de la « Phase 3 » de l'univers cinématographique Marvel qui finit en 2020…

TU ES PRÉSENT SUR TIPEEE. EST-CE QUE TU PEUX NOUS EXPLIQUER POURQUOI ?

L'argent que je récupère sur Tipeee grâce aux généreux donateurs et amis m'a servi pour l'instant à acheter du matériel afin d'avoir des vidéos de meilleure qualité et également pour faire l'achat de prints créés par mon graphiste, Maptiv, pour les conventions comics. Cela me

> « JE M'IDENTIFIE ÉNORMÉMENT À SPIDER-MAN DANS MA VIE DE TOUS LES JOURS. IL N'A PAS UNE VIE FACILE ET, POUR AUTANT, IL NE BAISSE JAMAIS LES BRAS. »

permet également de faire des concours pour faire gagner des comics à mes abonnés de temps en temps. Ça permet à la chaîne d'évoluer sans que je doive la freiner pour des raisons budgétaires. C'est un bon compromis, car en échange j'offre des contreparties telles que des dédicaces, des prints, des comics de ma collection ou, mieux, une vidéo personnalisée avec le personnage de votre choix. C'est très intéressant.

Quel est ton avis sur les autres modes de financement sur YouTube ? (Placements de produits, publicité, sponsors, etc.)

Je ne suis pas contre du moment que c'est bien fait et non irrespectueux envers le public. J'aimerais bien pouvoir me permettre de vivre de ma chaîne car c'est énormément d'heures de travail, mais hélas ce n'est pas possible. Ce n'est pas grave, je le fais avant tout pour le plaisir et, si ce n'était plus le cas, j'arrêterais. Mais, des fois, il est vrai que c'est compliqué et mettre un peu de beurre dans les épinards aiderait à relativiser et à produire plus de contenus – ce que j'aimerais.

Est-ce qu'il y a une vidéo que tu souhaites réaliser depuis longtemps ?

J'ai déjà réalisé ce que je voulais, après j'ai des projets vidéo qui sont retardés car ils sont très imposants au niveau du contenu, tels que les vidéos « De grands pouvoirs… ». J'en sors peu mais, chaque fois, ça devient un projet qui me prend plusieurs mois et j'en suis fier ! J'aime beaucoup ce que je fais !

Quels sont les vidéastes que tu aimerais faire découvrir au plus grand nombre ?

Tous ! Pour cela il suffit d'aller voir tous les abonnements que j'ai sur ma chaîne et de vous abonner à votre tour à leurs chaînes. Tous méritent encore plus de reconnaissance car ils font un travail formidable et aucun YouTubeur comics ne ressemble à un autre. C'est génial ! Quand je pense qu'en 2014, quand j'ai commencé, on était quatre chroniqueurs comics et que maintenant il en existe presque une centaine rien qu'en France, c'est juste absolument fou ! Je ne pensais pas aller aussi loin et ni continuer à faire ça presque trois ans après. Et ce n'est pas fini ! Je ne remercierai jamais assez les personnes qui me suivent car c'est grâce à elles si je vis cette superbe aventure qui continuera tant qu'elle le peut. En tout cas, je ferai tout pour.

VIDÉO À NE PAS MANQUER

LES CHRONIQUES TIPEEE DE MAR VELL #4 – ICEBERG

DAVIDLAFARGEPOKEMON //

POKÉMON & POP CULTURE / PUBLICATION QUOTIDIENNE

VIDÉOS À NE PAS MANQUER : MEILLEURE OUVERTURE DE 100 BOOSTERS POKÉMON ORIGINES ANTIQUES #4 EPIC CARTE POKEMON FINAL ! // OUVERTURE DE BOOSTERS POKÉMON AVEC MON PAPA ! 12 BOOSTERS POKÉMON IMPULSION TURBO ! // J'AI CRAQUÉ AU POKEMON CENTER DE TOKYO !! - ACHATS AU JAPON //

David Lafarge, comme l'indique le nom de sa chaîne, se concentre uniquement sur la licence Pokémon. Il réalise des *let's play* sur les différents jeux Pokémon, tels que *Pokémon Méga Donjon Mystère* ou *Poken Tournament*, mais propose également d'autres types de vidéos. Il est effectivement un grand collectionneur. C'est la raison pour laquelle une grande partie de sa chaîne est consacrée aux cartes Pokémon et à l'ouverture de nombreux boosters ou objets propres à cette série. Il propose également d'autres *unboxings*, de collectors ou de gashapons par exemple, mais aussi plus récemment des dégustations.

\\ DIDI CHANDOUIDOUI

PUBLICATION TOUS LES 2 OU 3 JOURS \\ POP CULTURE, ANALYSES & POKÉMON

VIDÉOS À NE PAS MANQUER : 5 THEORIES SUR COCA-COLA (#03) // 5 THEORIES SUR THE LEGEND OF ZELDA (#16) // POKÉTRUTH 08 - LA RÉINCARNATION D'ÉVOLI //

PokéTruth est assurément l'émission qui a permis à Didi Chandouidoui de se faire connaître. À travers ce format, le vidéaste expose des théories ou des constats portant sur l'univers de Pokémon. Chaque épisode bénéficie d'une très bonne réalisation, mais surtout d'une écriture soignée où le vidéaste joue le rôle d'un personnage vivant dans un monde similaire au nôtre, mais peuplé de Pokémon. Ses révélations vont assurément bouleverser vos croyances. Didi Chandouidoui est également très connu pour sa série « 5 théories sur », où à travers des vidéos de plus de dix minutes en moyenne il revient sur des théories liées à des sujets tels que le Coca-Cola, *Mario*, *South Park*, *Pac-Man* ou encore *Stonehenge*.

MISSJIRACHI //

POKÉMON & POP CULTURE / PUBLICATION QUOTIDIENNE

VIDÉOS À NE PAS MANQUER : DÉFI DÉGUSTATION BONBONS HARRY POTTER EN COUPLE - GOUT VOMI & ŒUF POURRI FT DAVIDLAFARGEPOKEMON ! // TOP 40 DES PLUS BELLES CARTES POKÉMON ULTRA-RARES : LES FULL ART DU BLOC XY ! // MES ACHATS POKÉMON ! MASSE DE BOOSTERS EX, CARTES WIZARD ULTRA-RARES & PELUCHES POKÉMON ! //

MissJirachi, ou Élodie, est une YouTubeuse spécialisée dans Pokémon. C'est avant tout une collectionneuse : passionnée de cartes Pokémon, elle est également une grande adepte de peluches et de *goodies* en tout genre. Sa chaîne regroupe plusieurs sortes de vidéos : les ouvertures de boosters ou coffrets Pokémon, mais également des ouvertures de courriers d'abonnés, de colis, des SWAP, des tops et plein d'autres choses encore. Du naturel, du plaisir et beaucoup de joie sont au rendez-vous ! Le YouTuber DavidLafargePokemon, également spécialisé dans la licence et les cartes Pokémon, est son petit ami.

XPIKAMI //

POKÉMON & POP CULTURE / **PUBLICATION QUOTIDIENNE**

VIDÉOS À NE PAS MANQUER : ▶ POKÉMON BATTLE ! OUVERTURE DE 8 BOOSTERS POKÉMON GÉNÉRATIONS | XPIKAMI VS LA FAMILY GEEK ! // ▶ BROCANTE POKÉMON #9 : LES PLUS BEAUX COFFRES AUX TRÉSORS ! EXCEPTIONNEL ! // ▶ OUVER-NA-TURE #9 : OUVERTURE DE 2 BOOSTERS POKÉMON XY ORIGINES ANTIQUES - FOLLE ÉCLABOUSSURE ! //

xPikami, ou Marine, est une collectionneuse de cartes et de *goodies* Pokémon depuis quelques années déjà. Le nom de la chaîne est une référence aux paroles d'Ondine, lorsque Sacha l'affronte pour remporter le badge Cascade : « Pikachu ! Tu es un Pik'ami. » Un nom qui colle parfaitement à la vidéaste étant donné sa jovialité, sa passion et son énergie tout électrique. Outre ses ouvertures de *boosters,* elle développe d'autres concepts comme des « TUTO Pokémon », des présentations d'*artworks* que ses abonnés lui ont fait parvenir, des « Ouver-Na-Ture », des ouvertures de boosters dans la nature. Si tu es un vrai Pokéfan, si tu l'as été ou que tu es en passe de le devenir, tu trouveras assurément ton compte sur cette chaîne !

\\ SOFYAN

PUBLICATION BIMENSUELLE \ **CONSEILS & CRÉATION AUDIOVISUELLE**

VIDÉOS À NE PAS MANQUER : ▶ LE SON DE VOS VIDÉOS, BORDEL ! // ▶ SOFYAN - LE FOND VERT // ▶ 5 CONSEILS : MONTER SES VIDÉOS YOUTUBE //

Sofyan, également connu comme « Sofyan fait du cinéma » se définit comme un « maître YouTuber », et à raison ! Ce jeune passionné de cinéma propose des tutoriels pour se perfectionner dans la réalisation de vidéos. Il explique des notions essentielles à la bonne construction d'une vidéo : le fond vert, les bruitages, la qualité de la vidéo, l'écriture. Si vous ne souhaitez pas que votre vidéo ressemble à « une dinde farcie à la m***** », vous feriez bien de vous en tenir à ses conseils. Instructif et très bien monté – l'inverse aurait été étrange –, le contenu de cette chaîne est une véritable pépite. N'oubliez pas « Le son, c'est hyper important, alors faites un effort bordel ! »

MR GEAR //

TUTORIALS & BRICOLAGE / **PUBLICATION QUOTIDIENNE**

VIDÉOS À NE PAS MANQUER : ▶ COMMENT FAIRE UN VASE AVEC UNE AMPOULE USAGÉE // ▶ COMMENT FAIRE UNE BOUGIE COCA-COLA // ▶ COMMENT FAIRE DES ORANGES COLORÉES EN GÉLATIN //

Si vous êtes le roi de la bricole ou que vous souhaitez tout simplement jouer les MacGyver, MrGear va vous apporter une foule d'idées et de tutos pour vous éclater. Grâce à des vidéos courtes, sans commentaires et très explicatives, la chaîne va vous apprendre comment réaliser une mine d'airsoft, un vase avec une ampoule usagée, un détonateur à distance ou encore une fusée avec des feux de Bengale. Si le tout est diablement inventif et très accessible car s'appuyant sur des objets du quotidien, méfiance toutefois avec certaines réalisations qu'il faut entreprendre avec précaution.

AMAZING! //

COMICS & POP CULTURE / **PUBLICATION HEBDOMADAIRE**

VIDÉOS À NE PAS MANQUER : JESSICA JONES – AVIS SUR LA PREMIÈRE SAISON // HISTOIRE D'ULTRON // 10 FAITS INTÉRESSANTS SUR SPIDER-MAN //

Il existe très certainement des super-héros ou des personnages de comics que vous connaissez peu, mais que vous souhaiteriez connaître plus en détail : c'est l'un des objectifs principaux de la chaîne Amazing ! À travers des vidéos, vous deviendrez incollable sur des personnages tels que Venom, Carnage, Spawn ou encore le Joker. Il est également question de cinéma puisque le vidéaste donne son avis sur des films ou des séries en lien avec l'univers des comics. Quelques vidéos portent également sur des tops, avec notamment les « 10 faits intéressants sur Spider-Man ».

\\ BOIDIN CHARLES

PUBLICATION HEBDOMADAIRE \ **POP CULTURE, BD & DESSINS**

VIDÉOS À NE PAS MANQUER : 3 MINUTES POUR DEVINER #7 // BDVLOG : ONE PUNCH MAN // BDM #28: ROGER ET SES HUMAINS //

Boidin Charles est un graphiste et illustrateur *free-lance* amateur de frites qui fait de la BD, mais qui adore surtout en parler avec son frère jumeau, Boideux, et plein d'autres personnes. Son premier format, *BDM*, est un format long où il parle d'une œuvre en particulier et de son auteur. Dans sa deuxième émission, appelée *BDvlog*, il se pose avec Boideux afin de discuter sans avoir rien préparé. Grâce à ses « 2 minutes pour dessiner », vous pourrez le voir réaliser des sujets amusants comme « Pikachu alcoolique ». Enfin, ses *3 minutes pour deviner* vous mettront au défi de deviner ce qu'il dessine. Très talentueux, plein d'humour et même très déjanté, Boidin propose un contenu d'excellente qualité. Le vidéaste a intégré la vidéothèque d'Alexandrie à l'époque où elle venait de se créer.

COMIXRAYS //

POP CULTURE & COMICS / **PUBLICATION HEBDOMADAIRE**

VIDÉOS À NE PAS MANQUER : STAR WARS : LES COMICS CONTRE-ATTAQUENT ! – COMIXRAYS // CHRIS' COMICS COLLECTION - ISSUE #07 // SPEAK MY NAME ! - MOURIR POUR MIEUX REVENIR… //

Nourri au cinéma des années 1980, baignant dans les jeux vidéo sur fond de musique metal, Chris, qui a créé ComiXrayS, a pour volonté de faire découvrir au plus grand nombre les qualités des comics. Que vous soyez un connaisseur aguerri ou un simple néophyte, vous trouverez votre compte. *SPEAK MY NAME !* est une émission qui se penche sur les origines des super-héros et sur la manière dont ils ont été créés. Avec les « ComiXrayS », Chris se penche en détail sur des sujets bien précis comme les comics Star Wars. Il choisira également de vous parler de numéros particuliers avec « Chris' Comics Collection ». Le vidéaste connaît son sujet sur le bout des doigts et c'est un véritable plaisir de découvrir ses vidéos.

CAPTAIN TABOURET //

STAR WARS & POP CULTURE // PUBLICATION HEBDOMADAIRE

On pourrait croire que Captain Tabouret, alias Simon, vient d'une galaxie lointaine, très lointaine. Et pourtant. Le vidéaste est bien originaire de la planète Terre et il est habité d'une volonté : partager ses passions et son goût pour le cinéma. Avec son émission *Légendes de la Guerre des étoiles*, qui s'intéresse tout particulièrement à *Star Wars*, l'idée est d'aller au-delà des films, d'expliquer et de donner plus de relief à certaines notions importantes, comme l'histoire de l'Ordre Sith. En grand fan de la saga – sa collection est d'ailleurs très impressionnante –, le vidéaste se place comme un véritable maître Jedi du savoir lié à la licence. Par la suite, Captain Tabouret a développé un nouveau concept, « Bienvenue dans l'univers », qui nous plonge au cœur d'un univers spécifique, comme celui des Schtroumpfs ou du *Visiteur du futur*.

INTERVIEW !

QUI ES-TU ?
Simon Naulin, alias Captain Tabouret.

D'OÙ VIENS-TU ?
Bordeaux.

OÙ VAS-TU ?
Dans une galaxie lointaine, très lointaine…

LE PLUS BEAU JOUR DE TA VIE ?
Le 4 novembre 1988. Je suis né, je pense que ça a été une sorte d'événement fondateur pour moi…

TON PIRE CAUCHEMAR ?
Le monde réel est pire que mes cauchemars.

DES PHOBIES ? OU DES TOC ?
Je déteste répondre au téléphone.

CINQ PASSIONS QUI T'ANIMENT ?
Dormir, manger, *Star Wars*, les Lego, et avoir raison.

TON PIRE DÉFAUT ?
Je suis en retard en permanence…

SI TU N'AVAIS PAS ÉTÉ VIDÉASTE, À QUOI TE DESTINAIS-TU ?
J'étais – et je suis – ingénieur.

TA CITATION FAVORITE ?
« Oh non, pas encore ! » – un pot de pétunia, *Le Guide du voyageur galactique*.

> « EN DEHORS DU MATÉRIEL, LA PLUPART DES ÉVOLUTIONS NE PEUVENT SE FAIRE QU'AVEC DU TEMPS ET DE L'EXPÉRIENCE. »

PARMI TOUTES TES VIDÉOS, QUELLE EST CELLE QUE TU PRÉFÈRES ?
La première, car j'avais passé des mois à apprendre à faire des vidéos, à travailler mon texte, le montage, les effets spéciaux… Je suis très fier du résultat.

PUISQUE TU ES UN EXPERT DE L'UNIVERS DE *STAR WARS*, POURRAIS-TU NOUS DIRE QUELS SONT TES TROIS PERSONNAGES PRÉFÉRÉS ?
R2-D2, Obi-Wan Kenobi, Han Solo, Corran Horn, Thrawn… Comment ça, trois ?

VIDÉO À NE PAS MANQUER

LES ORIGINES DU FAUCON MILLENIUM - LGE02

- TROIS FILMS PRÉFÉRÉS

Joker, je vais plutôt choisir la série animée *Clone Wars* de Genndy Tartakovsky !

- TROIS COMICS PRÉFÉRÉS

Chevaliers de l'Ancienne République, Dark Times et *Clone Wars.*

- TROIS ROMANS PRÉFÉRÉS

La trilogie *Han Solo*, les *X-Wing*, et *Le Traître*.

- TROIS JEUX VIDÉO PRÉFÉRÉS

KOTOR, KOTOR II… et *X-Wing Rogue Squadron !*

QUELS SONT LES VIDÉASTES QUI INSPIRENT LE PLUS TON TRAVAIL ?

Je cite tout le temps Usul et MrMeeea. Usul parce que le « 3615 Usul » était un rendez-vous régulier sur le jeu vidéo, sur tous les aspects du jeu vidéo, que même un non-joueur comme moi pouvait regarder et comprendre. On devrait avoir des émissions de ce type sur tous les domaines d'expertise, que ce soit sur des arts ou des métiers plus « sérieux » !

MrMeeea – qui parle de jeux vidéo et de films des années 80-90 – parce qu'il est ultra-exhaustif sur les sujets qu'il traite, mais pas exhaustif « on va balancer tout ce qu'on sait sur le sujet dans un top ». Il y a un souci de détail dans l'écriture dans ses vidéos, et on sent qu'il choisit de développer tel ou tel axe et d'en laisser d'autres de côté.

C'est important de faire des choix, ça permet de se concentrer sur ce qu'on juge réellement important. Et dans les deux cas la mise en scène reste simple, pas trop de mouvements de caméra, le rythme se créant surtout avec le montage. Comme je travaille seul sur mes vidéos, c'était le même genre de mise en scène qu'il me fallait.

QUAND TU T'ES LANCÉ, AVAIS-TU UNE IDÉE PRÉCISE DE CE QUE TU SOUHAITAIS FAIRE AVEC TA CHAÎNE ?

Oui. Mais je me suis lancé après quatre ans à me demander comment faire des vidéos sur *Star Wars* sur Internet… Je ne pense pas avoir trouvé la recette miracle, mais c'est le format qui me convient le mieux pour le moment.

AS-TU DEMANDÉ OU SUIVI DES CONSEILS DE PROCHES OU DE VIEWERS POUR FAIRE ÉVOLUER TES ÉMISSIONS ?

Sur mes premiers tests j'ai fonctionné tout seul. Je suis d'un naturel assez critique, donc, tant que je voyais des choses que je pouvais améliorer, je bossais pour faire mieux la fois suivante. Quand je suis arrivé à un premier résultat que j'estimais assez correct, je l'ai montré à une dizaine de proches pour avoir des retours. Ensuite j'ai refait une passe d'écriture, tournage, montage. Ce n'était toujours pas parfait mais je me suis dit qu'il était temps d'avancer et de poster la vidéo sur Internet.

Depuis je lis les commentaires des internautes et je discute toujours avec ma famille et mes amis, mais je n'ai pas modifié le format des émissions. En dehors du matériel, la plupart des évolutions ne peuvent se faire qu'avec du temps et de l'expérience…

AS-TU HÉSITÉ AVANT DE TE LANCER DANS LA VIDÉO SUR LE WEB ? AS-TU ÉTÉ POUSSÉ PAR QUELQU'UN ?

J'ai hésité pendant plusieurs années ! Sur Star Wars Universe on avait envie de faire des vidéos, mais personne ne savait comment s'y prendre. Il y avait de l'ambition mais aussi un gros manque de moyens ; quand on est éparpillés aux quatre

« Beaucoup de monde veut entendre parler des Sith et des Jedi, mais il n'y a pas que ça dans l'univers ! Dans la trilogie on n'a que trois Jedi et deux Sith, contre des dizaines d'autres personnages tout aussi intéressants. »

coins de la France et qu'on n'a pas vraiment de compétences dans le domaine, c'est pas facile de se lancer. C'est finalement le chômage qui m'a poussé : plutôt que ne rien faire, autant apprendre à faire des vidéos !

T'étais-tu fixé des objectifs en lançant ta chaîne ? Si oui, les as-tu atteints ? Au bout de combien de temps ?

Le seul objectif que je m'étais fixé, c'était de sortir une vidéo par mois. Ça a foiré dès la troisième vidéo !
Je m'étais aussi fait quelques paris au début de la chaîne : je pensais avoir 2 000 abonnés en trois mois, et 20 000 à la fin de l'année après la sortie de l'épisode VII. Je me suis vite rendu compte que mes estimations étaient beaucoup trop ambitieuses, basées sur un buzz que je n'avais pas fait : je suis resté à quelques centaines d'abonnés jusqu'à la fin de l'été. Ce qui me convenait finalement très bien, donc j'ai arrêté de m'inquiéter des chiffres.
À une semaine de la sortie de l'épisode VII, il devait y avoir environ 2 500 personnes abonnées à ma chaîne, sans qu'il y ait de vraie augmentation avec l'approche du film… J'étais persuadé que ça ne grimperait pas beaucoup plus, et puis on est arrivé à la semaine de sortie, et ça a explosé. Je suis passé de 2 500 abonnés à 25 000 en dix jours, et ça a continué à grimper pendant plusieurs semaines après… Merci Lucasfilm pour la promo indirecte !

Sur quels critères sélectionnes-tu les sujets que tu abordes dans tes vidéos ?

Il faut que ce soit abordable par quelqu'un qui n'a vu que les films, et qui n'a pas forcément

VIDÉO À NE PAS MANQUER

LE VISITEUR DU FUTUR - BIENVENUE DANS L'UNIVERS #4

vu mes autres vidéos. Sur un univers aussi riche que *Star Wars*, ça limite un peu, mais finalement pas trop. Ensuite, j'essaie de présenter la diversité de l'univers ; beaucoup de monde veut entendre parler des Sith et des Jedi, mais il n'y a pas que ça dans l'univers ! Dans la trilogie on n'a que trois Jedi et deux Sith, contre des dizaines d'autres personnages tout aussi intéressants… Et enfin il faut que la vidéo ait encore un intérêt dans plusieurs années : pas question de parler de Snoke alors que la postlogie ne fait que commencer par exemple, il reste encore tellement de choses à découvrir sur ce personnage…

VIDÉO À NE PAS MANQUER

LA NOURRITURE DANS STAR WARS - LGE05

Que penses-tu de la télévision ?

C'est un média traditionnel comme un autre ; l'écosystème est en place depuis des lustres, il faut du temps pour voir émerger du neuf, devenu formaté dans l'intervalle. Sur Internet, la nouveauté arrive toute seule et n'a pas besoin de l'aval de « gens qui savent ». C'est peut-être mieux.

Y a-t-il une vidéo que tu souhaites réaliser depuis longtemps ?

J'ai toujours rêvé de faire un cours d'histoire-géographie sur le système stellaire corellien. Maintenant que je fais des vidéos, je pense que ça va finir par se faire.

> « Sur Internet, la nouveauté arrive toute seule et n'a pas besoin de l'aval de "gens qui savent". C'est peut-être mieux. »

Quels sont les vidéastes que tu aimerais faire découvrir au plus grand nombre ?

Ana D., des chroniques cinéma drôles et pertinentes. ArmulhTeam, une chronique jeux vidéo sur la peur et plus généralement sur les sentiments que peut procurer le jeu. Axolot, c'est insolite, drôle, étonnant… BiTS, magazine hebdomadaire d'Arte sur la culture pop… C'est top ! Bonjour Tristesse, agressif sur l'actualité, mais en même temps ça fait du bien. Briquefan, la référence en matière de Lego de licences en vidéo : *Star Wars*, *Le Seigneur des anneaux*, *Indiana Jones*… Avec du Lego, des infos sur les films et une réalisation léchée. Buffy Mars, des séries télé comme base pour parler de problèmes sociétaux… L'idée est bonne, et le résultat est à la hauteur ! C'est une autre histoire, de la mythologie, de l'art… et un univers un peu foufou ! *CGM*, une émission dédiée aux débuts des effets spéciaux ! *Code MU*, plein de questions qu'on ne se posait pas toujours autour des mots. *Data Gueule*, des données, plein de données sur des sujets de société. DirtyBiology, de quoi se réconcilier avec la biologie, un bon mélange d'humour et d'explications, sur des sujets toujours passionnants. Ginger Force, 50 % lectrice, 50 % cinéphile sur des émissions où elle analyse des adaptations, et 100 % engagée sur tout un tas de sujets de société dans ses émissions *Pavé dans la mare*. G-E2, de très bonnes explications sur le game design ! JVH, des analyses de l'Histoire telle qu'elle est racontée dans les jeux vidéo, par un prof de collège. L'Instant Star Wars, des vidéos sur l'univers étendu *Star Wars*, plutôt tournées vers les spécialistes de l'univers. Laurine Sassano, chroniques sur des séries télé.

\\ UNDROPDANSLAMARE

PUBLICATION MENSUELLE \\ ANALYSES & JEUX VIDÉO

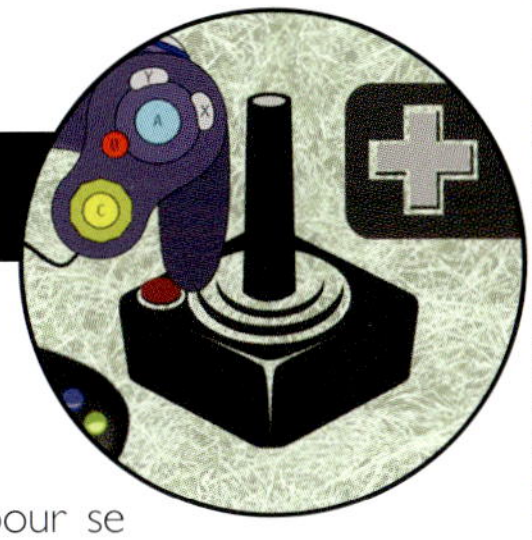

VIDÉOS À NE PAS MANQUER : ADDICTION ET JEUX VIDÉO [2 MINUTES POUR CONVAINCRE] // LES JEUX VIDÉO RENDENT-ILS VIOLENT ? [2 MINUTES POUR CONVAINCRE] // VOUS REPRENDREZ BIEN UN PEU DE DORITOS ? //

Pour certains, le jeu vidéo n'est qu'un divertissement auquel on s'adonne pour se détendre, pour d'autres, il s'agit d'un art véritable, d'une source de passion inépuisable dont on peut parler avec beaucoup de sérieux. C'est ce dernier point de vue que défendent Thomas et Rémi sur leur chaîne UnDropDansLaMare. Ils proposent une vision poussée et travaillée de ce que sont le jeu vidéo et son industrie. Avec l'émission phare de la chaîne, *2 minutes pour convaincre*, tous deux ont l'ambition de participer, à leur niveau, à l'amélioration de l'image du jeu vidéo. Les deux vidéastes n'hésitent pas à dénoncer ouvertement les dérives du milieu et à prendre position, avec par exemple le thème du « publireportage », soit la manière de dissimuler une annonce publicitaire sous couvert d'un contenu rédactionnel ou d'une vidéo.

LE JEU VIDÉAL //

ANALYSES & JEUX VIDÉO / PUBLICATION HEBDOMADAIRE

VIDÉOS À NE PAS MANQUER : LE JEU VIDEAL N° 12 - ASSASSIN'S CREED // A QUOI TU JOUES ? – TRASH // FAQ N° 1 //

Sur Internet, il faut bien avouer que l'on croise de nombreux *let's play* ainsi que moult vidéos tests qui font la part belle aux jeux commentés et à l'action. Le Jeu Vidéal a choisi le parti pris d'aborder le jeu vidéo sous un angle différent. Simon, le vidéaste à l'origine de la chaîne, considère effectivement qu'il s'agit d'un art véritable et que, à ce titre, il mérite des explications et des analyses en bonne et due forme. Vous pourrez donc retrouver sur la chaîne des présentations de jeux, c'est la fameuse émission *LE JEU VIDEAL*. Vous pourrez également retrouver d'autres vidéastes, à l'image de Trash ou Math se fait des films, grâce à « A QUOI TU JOUES ». Le tout est captivant, mais surtout très personnel puisque Simon parle avant tout des jeux qui lui plaisent et qui ont construit sa culture vidéoludique.

\\ LA CHAÎNE DU CANAPÉ

PUBLICATION BIMENSUELLE \\ ANALYSES & JEUX VIDÉO

VIDÉOS À NE PAS MANQUER : LE CANAPÉ - 09 – LIMBO // LE CANAPÉ - 11 - FROM DUST // HORS-SÉRIE 02 - SCOTT PILGRIM //

La Chaîne du Canapé vous propose, accompagné d'Auriane et de Thomas, d'envisager à travers tout un tas d'activités ce qu'il est possible d'entreprendre sur… un canapé. Au programme il est principalement question de jeux vidéo, de films et de glaces pour accompagner le tout. Les vidéos sont intelligemment pensées, réalisées et montées. En ressort une véritable esthétique, travaillée, qui dans un format de moins de dix minutes parvient littéralement à nous absorber. Les deux vidéastes se complètent très bien, ce qui leur permet d'animer le rythme de chaque sujet et de proposer des analyses et des critiques très profondes et très complètes.

CREEPY AS SH*T //

ÉMISSION, ANALYSES & JEUX VIDÉO / PUBLICATION MENSUELLE

VIDÉOS À NE PAS MANQUER : ▶ CREEPY AS SH*T - SÉANCE 11 - SILENT HILL (PHASE 1 : LE CHOC) // ▶ CREEPY AS SH*T - SÉANCE 06 - RULE OF ROSE (LA PEUR DE L'INNOCENCE) // ▶ CREEPY AS SH*T - SÉANCE 02 - JU-ON LA MALÉDICTION (LA PEUR COMME AU CINÉMA) //

*Creepy as Sh*t* est une émission proposée sur la chaîne ArmulhTeam – composée d'Armoff, de Cramulh et de Tachiyomi, et qui se concentre uniquement sur les jeux d'horreur. Les présentations et les analyses proposées sont vraiment poussées et vous permettront d'en savoir plus sur des jeux d'anthologie tels que *Silent Hill*. Chaque vidéo traite d'un jeu en particulier, mais pas seulement : elle le rapproche d'une phobie ou d'une peur intrinsèque. Si les vidéos vous paraissent étranges voire inquiétantes, c'est tout à fait normal : il faut bien se mettre dans le bain. Les conclusions sont laissées – volontairement – ouvertes par les créateurs afin de vous permettre de développer votre propre réflexion.

\\ VAROBAZ

PUBLICATION HEBDOMADAIRE \ POP CULTURE & FIGURINES

VIDÉOS À NE PAS MANQUER : ▶ INVASION DE ZOMBIES - VAROBAZ SE LA RACONTE // ▶ TITAN SOULS – VAROVLOG // ▶ THE LEGEND OF ZELDA THE WIND WAKER - LINK PAR GOODSMILECOMPAGNY - LES JOUETS DE PAPA //

VARoBAZ prétend faire des vidéos un peu pourries, mais n'allez surtout pas le croire !
Sur sa chaîne il propose des *reviews* de figurines de collection avec son émission *Les Jouets de Papa*. Vous pourrez ainsi y admirer les courbes séduisantes d'un magnifique T800 ou encore les lignes parfaites d'un Mewtwo D-ARTS. Dans son émission *VARoBAZ Se La Raconte*, il traite de nombreux sujets avec une réalisation poussée, parfois musicale, souvent scénarisée et systématiquement blindée d'humour et saisissante. Puis ses «VARoVLOG» lui donnent la possibilité d'aborder d'autres thèmes. Ses vidéos sont délirantes, super dynamiques, vraiment bonnes et toujours épiques.

LUCASTV //

MANGAS, ANIMÉS & JEUX VIDÉO / PUBLICATION QUOTIDIENNE

VIDÉOS À NE PAS MANQUER : ▶ TOP 20 MANGA JAPON 2015 // ▶ OTAKTU #14 | AJIN SAISON 2, LA SUITE DE NARUTO ET TOP 5 ANIME PRINTEMPS 2016 // ▶ ONE PIECE BURNING BLOOD - LET'S PLAY #1 [FR] //

LuccassTV est une chaîne qui a été fondée par Lucas, un jeune passionné du Japon et de sa culture. Au début, sa chaîne proposait des vidéos de multigaming, mais la lassitude l'a poussé à chercher un nouveau concept. Il a alors décidé de ne parler que de jeux vidéo liés aux mangas avant de faire évoluer progressivement son contenu grâce à des dégustations de produits japonais, des *reviews* de mangas ou encore des *unboxings* de *goodies*. Aujourd'hui son contenu alterne donc entre *let's play*, vlogs, tops spécifiques aux mangas, comme le «Top 10 des mangas interminables». Il réalise également *OTAKTU*, une émission d'actualité sur les mangas, les animés, les jeux vidéo et plus globalement le Japon.

LECHEFOTAKU //

MANGAS & ANIMÉS / **PUBLICATION TOUS LES 2 OU 3 JOURS**

VIDÉOS À NE PAS MANQUER : + DE 30 FAITS EXTRAORDINAIRES SUR VEGETA !!!!!! //
MENU MANGA - FAIRY TAIL : MANGA POUR KIKOO ? //
DRAGONBALLOGY #1 : L'INJUSTICE KRILLIN //

LeChefOtaku, ce sont deux frères, le Chef et le Petit chef, qui ont débuté en réalisant des courts-métrages. Ensemble, ils ont notamment monté l'émission *Menu Manga* où le Chef n'a pas la langue dans sa poche et n'est clairement pas là pour jouer le mec gentil. LeChefOtaku est l'une des rares chaînes à parler de mangas. Le tout a une véritable *touch* bien délirante, un tantinet – voire parfois très – impertinente et vulgaire. Le Chef a effectivement une personnalité explosive, bien trempée, avec des avis tranchés. Le vidéaste propose des analyses intéressantes et ce n'est pas parce qu'il aime bien une série, à l'image de *Naruto*, qu'il ne dénoncera pas ouvertement ses dérives et défauts. Il réalise également l'émission *Dragonballogy*, entièrement consacrée à *Dragon Ball* et à son univers.

\\ PAUSE MANGA

PUBLICATION HEBDOMADAIRE \\ **MANGAS & ANIMÉS**

VIDÉOS À NE PAS MANQUER : RUSH #0: ANOTHER (ÉPISODE PILOTE) //
PAUSE MANGA HS: TOP 100 OPENINGS // PAUSE MANGA #34: ONE PIECE (1/2) //

Pause Manga est une émission créée par MisterEnzor et qui a pour but d'initier les jeunes novices à l'univers du manga japonais et à tout ce qui gravite autour de ce dernier. Le vidéaste tient tout de même à préciser que « Pause Manga décline par avance toute responsabilité quant à la perte de temps occasionnée par le visionnage d'une vidéo de la chaîne ». Une forme de modestie étant donné que chacune de ses créations est très enrichissante. Outre l'émission elle-même, le YouTuber propose d'autres vidéos telles que « 5 choses que vous ignorez sur… », des tops, des FAQ et des rushs, émission où il parle des mangas/animés qu'il n'aime pas.

GAKI PARODY //

MANGAS, ANIMÉS & ANALYSES / **PUBLICATION HENDOMADAIRE**

VIDÉOS À NE PAS MANQUER : 20 FUTILITÉS SUR LEAGUE OF LEGENDS - #04 //
L' ANOMALIE TEMPORELLE DE TRUNKS //
ONE PIECE - LA THÉORIE DES RETOURS - GAKI THEORY #03 //

« *What's up* les Gakis ? » La légende Gaki Parody raconte que la chaîne aurait été créée par un jeune Saiyan passionné par le Japon, les mangas, les animés et les jeux vidéo. Plusieurs formats de vidéos sont présents sur la chaîne : les « Gaki Clinic », qui se penchent avec beaucoup de précision sur un sujet lié aux mangas/animés, les « Gaki Theory », où le vidéaste défend des théories qu'il présente et explique, et sa série « 20 futilités sur… », qui regroupe des anecdotes et des informations sur une œuvre, une série, un jeu ou un personnage. Beaucoup de précision, de passion, mais surtout des avis et commentaires très intéressants font la qualité de cette chaîne.

GONZAROO //

MANGAS & ANALYSES DE SCANS / **PUBLICATION QUOTIDIENNE**

VIDÉOS À NE PAS MANQUER : ▸ DRAGON BALL SUPER EPISODE 48 ANALYSE ANIME - THÉORIE SUR L'ENNEMI SECRET DE L'HISTOIRE ! // ▸ ONE PIECE 818 ANALYSE CHAPITRE MANGA LIVE REACTION - LA ROUTE VERS RAFTEL ET LA FIN DE ONE PIECE? // ▸ [COUP DE GUEULE] FAIRY TAIL 478 ANALYSE CHAPITRE MANGA - QU'EST CE QUE C'EST QUE CA !? //

Gonzaroo se base purement et simplement sur les analyses de chapitres de mangas. Attention tout de même, il ne s'agit pas de n'importe quels mangas puisque le vidéaste derrière la chaîne, Gonzalo, ne s'intéresse qu'au contenu en provenance du Japon et qui n'est pas encore disponible sur le territoire français. Méfiance du coup si vous ne souhaitez pas vous retrouver « spoilé » à propos de votre série préférée. Très actif, il lui arrive de proposer plusieurs vidéos par jour. Les analyses sont pertinentes, sincères et dynamiques ; la passion est très palpable et Gonzalo parvient à nous captiver par ses présentations et explications. Le nombre de titres traités est impressionnant : de *One Piece* à *Fairy Tail*, en passant par *My Hero Academia, Bleach* et même *Dragon Ball Super*.

OCKAM RAZOR //

CULTURE, SAVOIR & CRÉATIVITÉ / **PUBLICATIONHEBDOMADAIRE**

En s'intéressant à la Créativité avec un grand « C », Ockam Razor part d'un point commun à de nombreux domaines comme le cinéma, le jeu vidéo ou la littérature. Avec *Pitch*, le vidéaste mélange deux termes, par exemple « palais » et « musique » et essaie d'en faire un écrit, un jeu vidéo, un conte, une musique, un film ou encore une pièce de théâtre. Un concept qui vise à illustrer le processus de création et que la vidéaste a même poussé encore plus loin en créant une application fondée sur ce principe : Fusion. Avec *Mythos*, il est cette fois question de la création d'une civilisation lointaine qui aurait habité un continent qui n'existe plus. L'émission *LOADING* quant à elle se penche sur la création de différents jeux vidéo. Chaque vidéo est extrêmement claire et fichtrement bien réalisée grâce à d'excellentes infographies qui appuient véritablement le propos.

INTERVIEW !

QUI ES-TU ?

Je suis Ockam Razor. Je suis développeur, graphiste et animateur multimédia, et je suis également vidéaste sur YouTube. Je m'occupe d'une chaîne qui est axée sur le thème de la créativité. Je me sers de ce thème pour différentes émissions, dont la plus représentative : *Pitch*. C'est une émission dans laquelle je pars d'un média, film, jeu vidéo, BD, etc., je récupère deux mots aléatoires et j'invente quelque chose, une histoire ou un concept, à partir de ça. Comme je n'ai pas de caméra de bonne qualité et que j'ai l'habitude d'After Effects, je mets beaucoup d'animations dans mes émissions.

« Ne jamais se dire que l'on n'est pas créatif. C'est faux. Tout le monde a la capacité d'être créatif. »

Le plus beau jour de ta vie ?

Ce n'est pas forcément le plus beau jour de ma vie mais un jour très cool quand même : quand ma chaîne a été partagée par Antoine Daniel et que mon nombre d'abonnés est monté en flèche.

Des phobies ? ou des TOC de vidéaste ?

Je n'ai pas de phobies ou de TOC particuliers. En revanche, je suis très perfectionniste et, surtout, je déteste réaliser quelque chose en étant dans le flou. J'aborde toujours mes réalisations avec beaucoup de structuration et de méthodologie, ce qui fait que je m'adonne très peu à l'improvisation. De plus, j'ai souvent envie d'en faire plus, d'améliorer mes concepts et de les faire évoluer. Même si ça me permet d'obtenir des résultats intéressants, le problème est que cela me pousse à prendre bien plus de temps sur une création que ce qui était prévu au départ.

Cinq passions qui t'animent ?

Bien évidemment, la création est la première de mes passions puisque tout ce que je fais est centré autour de ça. Le partage avec les autres également, bien que ce soit directement lié puisque j'imagine mal une création sans partage. Même si cela peut paraître très différent, la politique, sous son aspect philosophique, les problématiques liées à notre société sont également quelque chose d'important pour moi. Même si je ne suis pas engagé, j'essaie toujours d'avoir conscience des messages et valeurs que je peux transmettre au travers de mes histoires. L'enseignement est un autre point important pour moi. J'ai déjà donné des cours et la transmission du savoir technique ou de la motivation créative est très importante à mes yeux. Et pour la cinquième… eh bien… Le thé. Parce que je préfère écrire des histoires avec une bonne tasse à la main.

Ta citation favorite ?

« On ne peut pas attendre que l'inspiration vienne. Il faut courir après avec une massue. » – Jack London

Parmi toutes tes vidéos, quelle est celle que tu préfères et pourquoi ?

C'est un choix difficile, mais je dirais mon « Pitch n° 18 » sur la musique. Car il est l'un des rares que je n'ai pas conçu seul – la musique a été chantée et composée par Cédric Dosch – et que j'adore ce qu'il a réalisé.

En adepte de la mécanique de l'imagination, est-ce que tu pourrais nous dire :
- Le film que tu aurais souhaité imaginer ?

Parmi les différentes possibilités de ce qui est à imaginer, j'aimerais bien créer un film d'horreur qui ne possède aucun *jumpscare* ni images horrifiques mais qui soit capable de vous plonger dans une ambiance angoissante de sorte que cela vous tienne longtemps y compris bien après la fin de la séance.

Vidéo à ne pas manquer

LOADING N° 1 : CRÉATION D'UN RUN GAME

- Le jeu vidéo que tu aurais souhaité imaginer ?
Je m'intéresse beaucoup à l'évolution de ce média et j'aimerais bien me pencher sur l'idée d'histoires vidéoludiques matures. Comment peut-on parler de philosophie, de politique, d'amour, voire de sexualité au travers du prisme du jeu vidéo notamment.
- Le livre que tu aurais souhaité écrire ?
Ce que j'apprécie avec le format de l'écriture, c'est l'espace de liberté qu'il offre à l'imaginaire. Comme il n'y a aucun environnement visuel à concevoir, à filmer ou à animer, il est possible d'inventer ce que l'on veut et autant qu'on veut. Si je devais faire un livre, ce serait une – ou plusieurs – histoire dans un monde que j'aurais conçu de toutes pièces. Et chaque itération du livre serait une opportunité de plus de découvrir la richesse de cet univers.

Quand tu t'es lancé, avais-tu une idée précise de ce que tu souhaitais faire sur le Net ?

Pas complètement, non. Je voulais faire une chaîne autour de la créativité et mon envie d'origine était de faire une émission pédagogique de vulgarisation : quelles sont les mécaniques pour inventer une histoire ? la construire ? etc. Mais je me suis dit que démarrer une chaîne directement par une émission qui « enseigne » la créativité pouvait paraître un peu prétentieux et, surtout, que je risquais de ne pas paraître légitime pour en parler. C'est pourquoi j'ai préféré commencer par les « Pitch », qui m'ont permis d'exprimer ma créativité sur cette chaîne.

VIDÉO À NE PAS MANQUER

MYTHOS, PAGE 1 : LA DÉCOUVERTE

Est-ce que tu pourrais nous expliquer ta démarche, ta motivation et d'où t'est venu cet intérêt pour la création ?

Mon intérêt pour la création me vient tout simplement de mon goût pour les histoires et la découverte. J'ai toujours aimé lire, voir ou jouer pour découvrir de nouveaux mondes et récits. Or, derrière chacun d'eux, il y a toujours un acte de création.
Forcément, cela m'a donné envie d'en faire moi-même, mais aussi de motiver les autres à s'y essayer. Après tout, plus il y aura de créateurs, et plus il y aura d'histoires à découvrir.

Comment sont nés les concepts que tu proposes sur ta chaîne ? Je pense à *Pitch*, *Mythos*... Y en a-t-il d'autres que tu souhaiterais développer à l'avenir ?

Pitch est né d'un exercice que je proposais à l'époque aux élèves de mes cours de créativité où, justement, chacun des participants avait un média et deux mots aléatoires. Il devait proposer une idée rapide sur ce média par le mélange des deux mots. Cet entraînement a toujours bien marché et je souhaitais le réutiliser pour illustrer la créativité sur ma chaîne.
En ce qui concerne *LOADING*, cela vient directement de mon passif de programmeur. Je souhaitais faire une vidéo de type *let's play* mais en inversant le concept pour montrer la création rapide d'un petit jeu. Finalement, je me suis dit que cela serait plus intéressant de scénariser la vidéo plutôt que de la faire en temps réel.
Enfin, *Mythos* vient en partie du fait que je souhaitais décrire et détailler un monde au fur et à mesure sur plusieurs épisodes. Au départ, cela aurait dû être en pure improvisation mais, après un premier test, je me suis rendu compte qu'il y avait trop de répétitions et que je ne contrôlais pas suffisamment la direction de cet univers. C'est pourquoi il a également été scénarisé. En

effet, il y a beaucoup d'autres émissions que j'aimerais développer à l'avenir. Je me suis noté de nombreuses idées, que ce soit des améliorations d'émissions déjà présentes – comme un potentiel « Pitch Zoom » – ou des émissions complètement nouvelles. C'est d'ailleurs pour ça que j'ai mis en place un principe de R&D, recherche & développement, qui me permet de proposer des émissions à l'essai. J'aimerais, notamment, réfléchir à des concepts d'émissions plus courtes et plus rapides en termes de production, pour pouvoir proposer des contenus réguliers et ainsi alterner entre des émissions courtes et des émissions plus longues.

« JE SUIS TOUJOURS ATTENTIF AUX RETOURS ET CRITIQUES DE MES ABONNÉS POUR SAVOIR CE QUE JE DOIS FAIRE ÉVOLUER. »

AURAIS-TU UN CONSEIL OU DES RECOMMANDATIONS À DONNER AUX LECTEURS ET AUX FUTURS ABONNÉS POUR QU'ILS ENTRETIENNENT LEUR IMAGINATION ET LEUR ESPRIT CRÉATIF ?

La curiosité, c'est réellement là que commence la créativité. Ne jamais hésiter à lire des livres, des BD, des comics, regarder des films, séries, animés, pièces de théâtre, jouer à des jeux, observer l'architecture, comprendre l'histoire, la politique, la physique, les mythologies, la mémétique, etc. Tout ce que l'on peut apprendre du monde réel ou des univers imaginaires est un carburant potentiel pour une création future.

Et, surtout, ne jamais se dire que l'on n'est pas créatif. C'est faux. Tout le monde a la capacité d'être créatif. L'imaginaire est comme un muscle, ce n'est qu'une question d'entraînement. Si on s'habitue, un peu chaque jour, à se raconter des histoires, à s'inventer des aventures, à se faire des films, cela deviendra de plus en plus facile et naturel.

PEUX-TU NOUS PARLER DU LIEN QUE TU ENTRETIENS AVEC TES ABONNÉS ? LES FAIS-TU PARTICIPER À TES PROJETS ? LES RENCONTRES-TU ? ES-TU ATTENTIF À LEURS RETOURS ET CRITIQUES ?

Je suis toujours attentif aux retours et critiques de mes abonnés pour savoir ce que je dois faire évoluer. Même si je garde un certain recul afin d'être certain que ces conseils sont faits pour m'améliorer et non pour changer radicalement. Car il y a toujours des questions de goût et il n'est jamais possible de satisfaire les goûts de tout le monde en même temps.

Je leur ai proposé de participer lors de mon dernier « LOADING » – le n° 3 – en me faisant des tests critiques du jeu et des propositions d'améliorations. Leurs retours me permettront de corriger le jeu et de l'enrichir pour la seconde partie de ce « LOADING ».

Pour l'instant, je n'ai pas encore mis en place d'autres idées pour faire participer mes abonnés mais je suis en train d'y réfléchir. Notamment pour « Mythos » où ce pourrait être les abonnés qui décideront, à l'avenir, de ce qu'ils voudront que je leur décrive de l'univers que je présente. Je ne les ai pas encore rencontrés pour l'instant car je n'ai jamais trouvé le temps d'aller dans des conventions. Mais dans le futur j'aimerais bien.

COMMENT ORGANISES-TU LA VIE DE TA CHAÎNE ? LES CHOSES SONT-ELLES PROGRAMMÉES OU FONCTIONNES-TU PLUS À L'INSTINCT ?

Je suis très structuré, du coup, sans avoir pour autant une prévision sur les six mois, je programme vraiment les choses pour que la production soit cohérente.

Sur cette première année, j'ai vraiment fonctionné par cycle. Chaque cycle de « Pitch » en comprenait cinq et le cycle de « Mythos » en

a compris quatre. Ça me permettait de n'avoir à me concentrer que sur ça pendant cette période.
Mais peut-être vais-je changer cette méthode de production pour la rentrée, car les gens qui aiment une certaine émission peuvent parfois être frustrés quand ils ne se trouvent pas dans le cycle de l'émission concernée.

« La curiosité, c'est réellement là que commence la créativité. »

Que penses-tu de la télévision en comparaison de YouTube ?

C'est un ancêtre obsolète. D'un point de vue technique, la télévision fonctionne comme YouTube sans permettre de sélectionner et de relancer facilement les émissions que l'on souhaite. En soi, c'est une sorte d'ordinateur avec beaucoup moins d'options.
Bien entendu, en termes de contenu… disons que le problème de la télévision est qu'elle a, derrière elle, trente ans d'accumulation d'effets de système : des dérives sociales, publicitaires, capitalistes, journalistiques, etc. Ce qui donne un résultat où le bon est noyé sous la couche de médiocrité. Les mêmes dérives existent sur YouTube. La différence est qu'Internet est suffisamment libre pour que, lorsqu'une dérive apparaît, d'autres propositions arrivent pour soit dénoncer ces dérives, soit proposer des alternatives salvatrices.

Est-ce que tu considères YouTube comme un vecteur d'éducation, d'enseignement ? Est-ce qu'il y a des limites à cela selon toi ?

Je pense que la prolifération salutaire des chaînes de vulgarisation parle d'elle-même. Oui, bien entendu que c'est un excellent vecteur d'enseignement et d'ouverture. Pour le moment, les limites sont plutôt du côté financier. Se lancer sur YouTube, cela signifie travailler beaucoup pour un gain financier inexistant pendant un long moment. Il y a aussi toute la problématique des copyrights et des droits d'utilisation des musiques, images de jeux, films et séries, qui posent beaucoup de problèmes, notamment aux critiques.
Enfin, et malheureusement, à l'heure actuelle, c'est encore compliqué pour une femme de se lancer facilement sur YouTube à cause de tous les commentaires sexistes qui prolifèrent. Celles qui parviennent à garder leur motivation ont vraiment beaucoup de mérite.

Quels sont les vidéastes francophones que tu aimerais faire découvrir ?

Il y a un vidéaste que j'apprécie beaucoup, qui se nomme Jaden Kor et qui parle des univers imaginaires. Il a une émission où il décrypte différents environnements comme le cyberpunk, le Far West, la science-fiction, etc. C'est extrêmement intéressant.
Sinon, un autre que j'aime bien : Le Matérialiste. Sa chaîne tourne autour de la notion d'objets, leur histoire, etc. Elle vient tout juste de se lancer mais elle est très sympa et, surtout, traitée avec beaucoup de professionnalisme.

VIDÉO À NE PAS MANQUER

PITCH N° 14: UNE EXPLOSION GUERRIÈRE (FILM)

CINÉMA

AVEC LES INTERVIEWS DE

KARIM DEBBACHE

LE FOSSOYEUR DE FILMS

ANA D.

KEVIN SARDET

KARIM DEBBACHE //

ÉMISSION & CRITIQUES // PUBLICATION MENSUELLE

Karim Debbache compte assurément parmi les vidéastes les plus talentueux en matière de cinéma, et ses émissions sont extrêmement bien écrites, dynamiques et instaurent dans chaque vidéo une ambiance personnelle et travaillée. C'est avec *CROSSED*, une série de chroniques vidéo sur jeuxvideo.com, série aujourd'hui stoppée, qu'il s'est d'abord fait connaître. Il y proposait des critiques et analyses de films adaptés de jeux vidéo, critiques qui ont été très bien accueillies. En 2015, pour le plus grand bonheur de ses fans, il s'est lancé dans un nouveau concept sur Dailymotion : *CHROMA*. Proposant des CHROnique de cinéMA, cette nouvelle émission a repris certaines clés de *CROSSED* tout en les améliorant. Pendant une vingtaine de minutes, accompagné de Gilles et de Jérémy, Karim perce l'écran par son humour et ses commentaires techniques. Il est également connu pour participer à la réalisation des vidéos du Joueur du Grenier.

INTERVIEW !

QUI ES-TU ?

Je suis Karim Debbache, vidéaste qui travaille actuellement sur Internet avec Gilles et Jérémy. Au départ j'ai commencé par une formation en audiovisuel avec un BTS professionnel en montage. Suite à ça, j'ai bossé dans plein de trucs : j'ai fait du montage, de l'étalonnage, des effets spéciaux, des affiches. Un peu de tout en fait.

Et puis après j'ai commencé à faire des vidéos sur Internet. Au départ c'était en 2011 avec Usul sur jeuxvideo.com, pour le « 3615 Usul » : c'est lui qui écrivait et présentait, c'est moi qui réalisais. Dans la foulée, j'ai commencé à bosser avec Joueur du Grenier. Et puis j'ai lancé ma propre émission avec Gilles en 2013, également sur jeuxvideo.com, qui s'appelait *CROSSED*.

D'OÙ VIENS-TU ?

Je viens de Boulogne-Billancourt, dans le 92. La meilleure des villes !

OÙ VAS-TU ?

Vers de meilleurs lendemains !

LE PLUS BEAU JOUR DE TA VIE

Oh putain ! c'est horrible comme question ! Jérémy, aide-moi, c'est quoi le plus beau jour de ma vie ? Ça devrait avoir un rapport avec ma maman. Je pense que c'est le jour où je me suis rendu compte que ma maman m'aimait vraiment beaucoup. C'était un jour où je jouais à *Link to the Past*, et elle y jouait aussi. Par erreur, elle a effacé ma sauvegarde. Du coup, elle avait passé le week-end à monter une nouvelle partie pour me faire revenir au point où j'en étais alors que j'étais chez mon grand-père. Et là je me suis dit : J'ai la meilleure maman du monde.

> « CELA M'ARRIVE DE LIRE LES COMMENTAIRES ET D'Y RÉPONDRE AUSSI, PARFOIS, AVEC BEAUCOUP DE PANACHE ! »

TON PIRE CAUCHEMAR ?

Je pense que c'est le jour où j'ai rêvé que je me faisais poursuivre par le sanglier de Razorback. Je m'en souviens encore aujourd'hui.

DES PHOBIES ? OU DES TOC DE VIDÉASTE ?
J'ai la phobie des insectes dégueulasses. J'aime pas les insectes dégueulasses, de type insectes dégueulasses. Tout ce qui peut entrer dans cette catégorie, je n'aime pas !

CINQ PASSIONS QUI T'ANIMENT
Le cinéma ! La musique beaucoup et le rap, la bande dessinée, le comics avec les super-héros, et les jeux vidéo évidemment !

SI TU N'AVAIS PAS ÉTÉ VIDÉASTE ET HUMORISTE, À QUOI TE DESTINAIS-TU ?
À faire de l'audiovisuel, de la postproduction et du montage. Pas en tant que créateur, mais en tant que technicien. Depuis très longtemps je me destinais à ça.

TA CITATION FAVORITE
C'est trop dur ! Godard, c'est trop facile, j'arrête pas de le citer partout. Mais tant pis, je continue avec lui : «Je ne veux parler que de cinéma, pourquoi parler d'autre chose ? Avec le cinéma on parle de tout, on arrive à tout.»

QUELS SONT TES CINQ FILMS CULTES ?
Alors franchement, cinq, je vais avoir du mal ! Mon premier c'est *Les Affranchis*, c'est mon film préféré de tous les temps, qui m'a fait apprécier le cinéma. Après c'est *Akira*, mon film d'animation préféré. Ensuite *Blade Runner*, *Die Hard* et *Chungking Express* – parce que c'est important de mettre du cinéma hongkongais dans la liste.

QUEL EST LE FILM QUI A CHANGÉ TA VIE ?
Je dirais qu'il s'agit des *Affranchis*, bon, du coup, ça fait un peu répétition, mais c'est ça. Je ne me rendais pas compte à l'époque que tu pouvais faire des trucs aussi barrés au cinéma. Après il y a Kubrick, qui m'a permis de comprendre l'importance du rôle d'un réalisateur au cinéma.

QUEL EST LE FILM QUI T'ARRACHE UNE LARME ?
Le Tombeau des lucioles… Si bien que je n'ai jamais pu le revoir. Je n'ai pas envie de rechialer.

QUEL EST LE FILM QUI TE REMONTE À BLOC ?
Bloodsport forcément !

QUEL EST TON « JEDI », TON MAÎTRE À PENSER ?
Il y en a tellement ! Je pourrais te citer Kevin Smith, Fincher, Scorsese, Sergio Leone, Tarantino… Il y en a beaucoup trop pour n'en choisir qu'un ! Allez, disons Scorsese !

QUELS SONT LES VIDÉASTES QUI VOUS INSPIRENT POUR VOTRE TRAVAIL ?
Notre inspiration, à la base, c'est Nostalgia Critic, un truc qu'on aimait beaucoup à l'époque. Je ne suis pas et nous ne sommes pas dans l'équipe de gros consommateurs de ce qui se fait sur Internet. Par exemple, quand on a commencé à travailler sur *CROSSED*, on avait eu une idée de concept. Après quelque temps, on s'est rendu compte qu'un concept similaire existait déjà chez AlloCiné avec *Merci qui*, c'est juste qu'on ne regardait pas ce qui se faisait.

QUAND VOUS VOUS ÊTES LANCÉS, EST-CE QUE VOUS AVIEZ UNE IDÉE ASSEZ PRÉCISE DE CE QUE SERAIENT VOS PERSONNAGES ?
Pas du tout ! Déjà, le deuxième personnage où je parlais en plus gros plan n'était pas réellement un vrai personnage. Tout ça a évolué : quand on a fait *CHROMA*, on a réfléchi à comment modifier *CROSSED* en ayant en tête la volonté de tout justifier. Jérémy, c'était pas prévu de le faire jouer

VIDÉO À NE PAS MANQUER

CROSSED - 21 - RESIDENT EVIL

l'idiot, mais c'est venu assez rapidement. Et Gilles en grand fan de *Jurassic Park*, c'est aussi venu de lui-même. Tout s'est progressivement mis en place parce qu'on en avait besoin en fait !

Avez-vous demandé des conseils à vos proches ou à des viewers pour faire évoluer votre contenu et vos personnages ?

Dans une certaine mesure on est à l'écoute de ce qu'on nous dit. Cela m'arrive de lire les commentaires et d'y répondre aussi, parfois, avec beaucoup de panache ! Après, des fois, certains commentaires nous permettent d'avoir une réflexion sur ce qu'on fait et si ça a du sens. On ne se laisse pas influencer, mais on réfléchit ! Il suffit de ne pas être dans une psychose de l'ego où on se sent agressés afin de faire du bon avec ce qu'on te donne tout en ayant un certain recul et la volonté de faire progresser son émission.

Est-ce que lorsque tu t'es lancé, Karim, tu as été poussé ou motivé par quelqu'un ?

J'ai été poussé par Gilles à un moment où j'avais des projets mais où je glandais que dalle. J'avais quitté mon taf avec la volonté d'écrire des trucs. Le chômage m'a permis de réfléchir à ce que je voulais faire. Gilles un soir m'a appelé et m'a dit : « Ce serait bien que tu fasses un truc » et du coup je me suis lancé.

Accordes-tu une grande importance au nombre de vues sur vos vidéos ?

Alors moi, non ! Je n'en ai strictement rien à foutre. Parfois Jérém' me donne des infos, mais je m'en fiche. Nous avons eu la chance d'être financés par le crowdfunding donc globalement on s'en fiche. Pour le moment je suis très content : il y a plein de gens qui regardent, je sais qu'il y en a plein qui sont contents et ils sont suffisamment nombreux pour que ce soit cool. On ne s'était pas fixé d'objectifs en termes de chiffres ou autre, mais plutôt qualitatif afin de faire le mieux possible.

Quels sont vos épisodes préférés de *Crossed* ?

On a pas mal de coups de cœur : « House of the Dead », « Wargame » et aussi « Resident Evil ». On a vraiment passé de super moments sur ces épisodes où on n'attendait qu'une seule chose au cours de la journée : se retrouver le soir pour continuer à bosser dessus. L'émission a vraiment beaucoup évolué au cours du temps et s'est également pas mal améliorée. Cela se ressent notamment au niveau du rythme. Si tu nous demandais le moins bien, on te répondrait « Postal ».

VIDÉO À NE PAS MANQUER

CROSSED - 27 – TRON

Comment s'est passée votre collaboration avec jeuxvideo.com ?

Ils ont vraiment été super cool tout du long. On connaissait en fait Cédric Mallet, le directeur, mais depuis le rachat par Webedia on ne connaît plus grand monde là-bas. Ils ne nous ont jamais posé de problèmes ou demandé de couper des trucs. On s'est sentis très soutenus.

Vu que tu es un peu la figure de proue, Karim, est-ce qu'il t'arrive de faire des caméos dans d'autres vidéos ?

Très peu au final. Ça m'est arrivé d'en faire pour des amis dans la vraie vie. J'en refuse pas mal parce que je n'ai pas envie de soûler les gens avec ma présence. Si je peux faire quelque chose, et le faire bien, pourquoi pas, ou alors pour dépanner. Mais être surreprésenté je ne trouve pas ça génial. Je travaille plus avec des gens avec qui je m'entends bien et avec qui je peux passer des moments cools.

VIDÉO À NE PAS MANQUER

CHROMA S01.01. TROLL2

EST-CE QUE TA NOTORIÉTÉ CHANGE DES TRUCS ?

Oui, mais ce n'est jamais trop intrusif. Je ne sais pas si c'est parce qu'il n'y a que des gens cools qui nous regardent, mais les gens pas cools ne nous arrêtent pas dans la rue. Je n'ai jamais été dérangé par des gens qui viennent m'arrêter dans la rue, au contraire je trouve ça plutôt cool. Sinon je ne suis pas présent sur les conventions. Je comprends pas comment les gens trouvent le temps d'y être, je suis totalement pris par *CHROMA*, du coup je n'ai clairement pas le temps ! Je préfère rencontrer les gens autour d'un objet, aller voir un film par exemple, plutôt que cet objet, ce soit seulement moi. Je ne pense pas que ma présence devrait être quelque chose de payant.

QUE PENSEZ-VOUS DE LA TÉLÉVISION ?

La télé en soi, pour nous, c'est un objet qui transmet des images. Aujourd'hui elle est très variée et tu peux trouver des trucs consternants comme tu peux trouver des trucs magnifiques ! Il y a des choses bien qui existent partout. Il n'y a pas de jugement de valeur à apporter à un média plutôt qu'à un autre. Après, c'est vrai que parfois tu sens une condescendance vis-à-vis de YouTube et de son contenu à la télévision.

Du coup, tu ne comprends pas forcément pourquoi, étant donné que la télé ce n'est pas non plus LE média noble. Après il y a un penchant bizarre qui est que de plus en plus les chaînes de télé draguent les YouTubeurs pour les avoir sur leurs plateaux. Il y a sûrement un problème de fracture générationnelle. Puis ils te donnent l'impression de t'anoblir en te faisant passer à la télé, de procéder à une espèce d'adoubement alors que moi, personnellement, je m'en fous.

QUELS SONT LES VIDÉASTES QUE VOUS AIMERIEZ FAIRE DÉCOUVRIR AU PLUS GRAND NOMBRE ?

BiTS est vraiment super sympa ! Après c'est un programme Internet produit par la TV, donc ce n'est pas un amateur. Il y a aussi Every Frame a Painting qui est vraiment cool.

« LES CHAÎNES DE TÉLÉ TE DONNENT L'IMPRESSION DE T'ANOBLIR EN TE FAISANT PASSER À LA TÉLÉ, DE PROCÉDER À UNE ESPÈCE D'ADOUBEMENT ALORS QUE MOI, PERSONNELLEMENT, JE M'EN FOUS. »

BRICE DUAN //

CRITIQUES, PODCASTS & COURTS-MÉTRAGES / PUBLICATION TOUS LES 2 OU 3 JOURS

VIDÉOS À NE PAS MANQUER : ▶ NARUTO LIVE ACTION (AVEC FLORIAN NGUYEN ET AZIATOMIK) // ▶ TEAM PANDA (AVEC LE RIRE JAUNE ET NAD RICH HARD) // ▶ LES PRÉNOMS – BRICE //

Raconter de belles histoires avec de belles images, c'est le but de Brice Duan, membre de la Why Tea Fam. Ce vidéaste a effectivement toujours voulu devenir réalisateur et profite d'Internet pour se faire la main en attendant de trouver des occasions. Sur YouTube, il propose des podcasts qui sont parmi ses productions les plus appréciées, ainsi que des créations originales, notamment des courts-métrages ou des sketchs. Depuis 2016, il a choisi de proposer un nouveau type de contenu sur sa chaîne : des commentaires de films, de séries, de mangas et de sujets de société.

\\ CLIQUE

PUBLICATION TOUS LES 2 OU 3 JOURS \ ÉMISSION, INTERVIEW & PORTRAITS

VIDÉOS À NE PAS MANQUER : ▶ CLIQUE X ED SHEERAN // ▶ CLIQUE X NEKFEU - PART 1 // ▶ CLIQUE X FLORENCE FORESTI //

À ses débuts, *CLIQUE* était une émission de culture populaire proposée sur Canal+ et présentée par Mouloud Achour. Depuis, la production est intégralement passée sur une chaîne YouTube dédiée. Elle propose des portraits de nombreuses personnalités à raison d'un portrait par semaine. Un grand nombre d'entre elles ont déjà participé à l'émission : Lacrim, Kanye West, Vincent Cassel, Justin Bieber, Joey Starr ou encore Usain Bolt. Les vidéos sont l'occasion d'en apprendre plus sur la vie et les états d'âme de ces personnes. *CLIQUE*, ce n'est pas une émission qui s'intéresse à l'actualité, mais au monde actuel. Un site Internet, clique.fr, est également disponible et permet de dépasser le seul format des vidéos. Comme le dit si bien le présentateur : « Cliquez bien ! »

DURENDAL //

CRITIQUES & PODCASTS / PUBLICATION TOUS LES 2 OU 3 JOURS

VIDÉOS À NE PAS MANQUER : ▶ POURQUOI J'AI RAISON ET VOUS AVEZ TORT - TWILIGHT RÉTROSPECTIVE // ▶ POURQUOI J'AI RAISON ET VOUS AVEZ TORT - PROMETHEUS PARTIE 1 // ▶ VLOG - JURASSIC WORLD //

Avant de démarrer une chaîne sur YouTube pour parler cinéma, Durendal s'est fait connaître grâce au Démon du rire. Il s'agit d'un site Internet sur lequel il proposait des web-séries audio, parodiant notamment *Final Fantasy* et *Resident Evil*. Par la suite, il s'est lancé sur YouTube avec « Le cinéma de Durendal » ainsi que « Pourquoi j'ai raison et vous avez tort ». Comme le nom de ce dernier concept le laisse supposer, le vidéaste énonce à travers ses critiques des avis globalement tranchés sur de nombreux films, récents ou non. L'une des particularités du cinéphile est de proposer le plus souvent des avis à contre-courant, ce qui ne l'empêche pas pour autant d'agrémenter ses commentaires d'analyses techniques.

MATH SE FAIT DES FILMS //

CRITIQUES & PODCASTS / PUBLICATION HEBDOMADAIRE

VIDÉOS À NE PAS MANQUER : MATH SE FAIT - LA REINE DES NEIGES // MATH SE FAIT - HARRY POTTER À L'ÉCOLE DES SORCIERS // MATH SE FAIT - HUNGER GAMES //

Si vos plus grands films vous tiennent vraiment à cœur, peut-être ne devriez-vous pas vous pencher sur le contenu de Math. Ce vidéaste belge promet effectivement qu'après avoir vu son contenu vous ne verrez plus jamais les films de la même manière. Son credo ? « Souiller les films », c'est-à-dire qu'il réalise des critiques humoristiques particulièrement acerbes. Les plus grands fans de la chaîne se retrouvent sous le patronyme de « souillons », afin de bien rester dans le thème. La démythification est au rendez-vous, alors si vous n'avez pas vu le premier *Harry Potter* depuis quelques années, passez le cap, ses réalisations sont également faites pour vous. Puis, si vous ne pouvez plus encadrer *La Reine des neiges*, vous frappez à la bonne porte. Dans tous les cas, on vous promet quelques dommages collatéraux et de bonnes barres de rire.

\\ INTHEPANDA

PUBLICATION TOUS LES 2 OU 3 JOURS \\ CRITIQUES, PODCASTS & ÉMISSIONS

VIDÉOS À NE PAS MANQUER : STAR WARS 7 - CRITIQUE (NO SPOIL) // UNKNOWN MOVIES #1 (S01É01) - «FEEBLES» // C'EST QUOI TON FILM #20 //

INTHEPANDA, ce n'est pas seulement une coupe de cheveux absolument unique, c'est avant tout du cinéma ! Mais attention, du cinéma dans tous ses états !
On trouve effectivement plusieurs concepts de vidéos sur cette chaîne : des critiques de films proposées chaque semaine, une web-série déjantée de tueurs en série intitulée « UNKOWN MOVIES », ou encore les « C'est quoi ton film », soit la présentation d'un film systématiquement accompagnée de quelques grammes d'alcool. Que l'on aime le cinéma un peu, beaucoup ou pas trop, il y a moyen de passer de super moments et de découvrir pas mal de choses.

PILOTE – LA CHRONIQUE SÉRIE //

CRITIQUES, PODCASTS & ÉMISSIONS / PUBLICATION HEBDOMADAIRE

VIDÉOS À NE PAS MANQUER : TOP 5 DES SÉRIES INJUSTEMENT ANNULÉES - HORS SÉRIES // LE JEU DU POUVOIR D'APRÈS GAME OF THRONES // LA SATIRE SELON SOUTH PARK //

Au cœur de Pilote se trouve un certain Nicolas qui, souhaitant donner plus de visibilité aux séries et constatant que, malgré un fort intérêt du public pour ces dernières leur univers reste assez méconnu, a lancé plusieurs concepts. Le principal se nomme Pilote et consiste à analyser en une dizaine de minutes une série à partir de son premier épisode – l'épisode « pilote ». Le vidéaste réalise également des « après-saisons », où il effectue le bilan d'une saison qui vient de se terminer ou qu'il vient de conclure. Il y a également des hors-séries, des FAQ, des tops et des explications du fonctionnement technique des séries, par exemple « C'est quoi un *showrunner* ? », bref, largement de quoi patienter en attendant la parution de la saison suivante de sa série préférée !

MONSIEUR G //

CRITIQUES & PODCASTS / **PUBLICATION QUOTIDIENNE**

VIDÉOS À NE PAS MANQUER : ▸ PIXELS AVEC AMIXEM - MONSIEUR G // ▸ POISSON FÉCOND REMPLACE MONSIEUR G - STAR WARS VII // ▸ VICE VERSA - MONSIEUR G //

Monsieur G, c'est le gars qui va vous décortiquer une bande-annonce en bonne et due forme. Mais attention, pas n'importe comment ! Humoriste de profession – il monte sur scène pour démontrer sa perfection –, le vidéaste entend bien vous arracher un sourire au cours de ses vidéos. Gérémy Crédeville, c'est son nom, traite principalement des blockbusters. S'il n'est pas un inconditionnel du cinéma, et il ne s'en cache pas, il vous permettra tout de même de découvrir avec bonne humeur de nombreux films. Pour conclure sur ce personnage un peu hors normes : « G se la pète, mais il peut. »

\\ MONSIEUR 3D

INACTIF \ **CRITIQUES & PODCASTS**

VIDÉOS À NE PAS MANQUER : ▸ MONSIEUR3D - MEN IN BLACK 2 (2002) // ▸ MONSIEUR3D - VIRUS (1998) [FEAT. JOUEUR DU GRENIER] // ▸ MONSIEUR3D - INDIANA JONES 4 (2008) //

Monsieur3D, c'est une chaîne qui parle principalement de cinéma pourri. Aujourd'hui inactive – mais proposant tout de même un contenu important qui mérite le détour –, la chaîne s'inspire librement du concept de Nostalgia Critic ainsi que de celui d'Angry Video Game Nerd. Le tout ne se départit pas d'une bonne pointe d'humour, loin de là. Le vidéaste précise lui-même que ce dernier se rapproche beaucoup de celui du Joueur du Grenier. Il faut dire que les deux créateurs se connaissent. Monsieur3D sera donc l'occasion de partir à la découverte de mauvais films dans la joie et la bonne humeur !

GINGER FORCE //

CRITIQUES & PODCASTS / **PUBLICATION HEBDOMADAIRE**

VIDÉOS À NE PAS MANQUER : ▸ ADAPTATION #25 : CENDRILLON // ▸ HORS-SÉRIE #4 : LE STUDIO GHIBLI // ▸ ADAPTATION #3 : LA GUERRE DES MONDES //

Ginger Force c'est assez simple : c'est la puissance de la rousseur associée à deux concepts. L'un d'entre eux, c'est le féminisme avec son émission *Un pavé dans la mare*, qui a pour but d'être interactive et surtout accessible. L'autre concept, qui pour le coup a plus trait au grand écran, c'est *Adaptation*. Férue de littérature, la jeune femme souhaitait aborder la littérature sous un angle universel : le cinéma. Avec cette émission, elle revient donc principalement sur des films qui ont été adaptés à partir de romans. *La Guerre des mondes*, *Jumanji* ou encore *Cendrillon*… il y en a pour tous les goûts. Découvertes et bonne humeur sont de mise ! D'autant plus que la vidéaste réalise ses vidéos avec talent et travaille beaucoup leur écriture.

FABIEN CAMPANER //

ÉMISSIONS, CRITIQUES & PODCASTS / PUBLICATION MENSUELLE

VIDÉOS À NE PAS MANQUER : ON VA FAIRE COURS #3 : LES SAMOURAÏS [LES CLICHÉS DE L'HISTOIRE AU CINÉMA] // LA SÉANCE INFUSE #3 - LE HOBBIT [APRÈS-SÉANCE] FEAT. VALENTIN LABLANCHE // BATMAN V SUPERMAN - LE VLOG DE BAF #9 //

Fabien Campaner a décidé de vous parler cinéma, et pour cela il a mis au point plusieurs émissions auxquelles il a joint une bonne dose d'humour. Vous trouverez donc *Le Vlog de Baf*, qui consiste en des analyses complètes de films qui l'ont marqué, en bien ou en mal. Il y a également *On va faire Cours*, qui revient de façon didactique sur les clichés de l'histoire du cinéma. *La Séance infuse*, agrémentée d'une bonne tasse de thé, vous permettra d'avoir l'avis de Fabien sur une sortie récente. Enfin, ses « [Recommandé !] » vous permettront de croiser ses coups de cœur.

\\ WHAT'S THE MASHUP

PUBLICATION HEBDOMADAIRE \ PARODIES

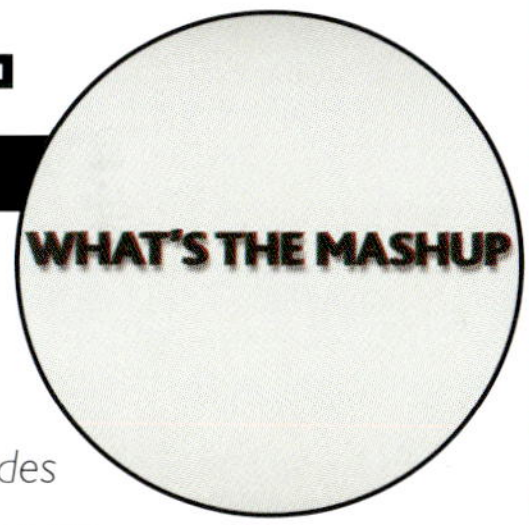

VIDÉOS À NE PAS MANQUER : STAR WARS VS LES VISITEURS – WTM //
LE SEIGNEUR DES ANNEAUX VS KAAMELOTT - LA COMMUNAUTÉ DU GRAAL – WTM //
AVENGERS VS LE PÈRE NOËL EST UNE ORDURE – WTM //

Envie de savoir ce que donnerait un mélange entre *Kaamelott* et *Le Seigneur des anneaux* ? What's the Mashup est fait pour ça. L'idée est de coller les dialogues d'un film sur les images d'un autre. Il faut bien avouer que le rendu est franchement pas mal et qu'il y a de quoi voir certaines productions d'un autre œil. *Les Simpson* au beau milieu de *Jurassic Park*, cela surprend, traumatise même peut-être les aficionados. Une chose est sûre : le concept n'est pas près de manquer de matière.

COMMENT ÇA AURAIT DÛ FINIR //

PARODIES / INACTIF

VIDÉOS À NE PAS MANQUER : COMMENT STAR WARS 3 : LA REVANCHE DES SITH AURAIT DÛ FINIR // COMMENT VICE-VERSA AURAIT DÛ FINIR // COMMENT JURASSIC WORLD AURAIT DÛ FINIR //

Parfois, on a vraiment envie de tenir entre nos mains le cou de ces mauvais diables de scénaristes. Après tout, quoi de pire qu'une toupie qui tourne jusqu'à l'arrivée du fatal générique ? Comment Ça Aurait Dû Finir, c'est un peu la petite vengeance, le trône de la parodie et du détournement. Traduction française de la chaîne américaine How It Should Have Ended, elle passe les films les plus connus, tous genres confondus, au crible d'un humour bien aiguisé. Le tout est systématiquement présenté sous la forme d'un dessin animé franchement bien réalisé. Tout bonnement incontournable.

LE FOSSOYEUR DE FILMS //

ÉMISSIONS, CRITIQUES, PODCASTS // PUBLICATION HEBDOMADAIRE

Thomas O'Brien : www.thomasobrien.fr

À l'origine de cette chaîne se trouvaient deux projets : « Dead Watts », des créations musicales, et *Le Fossoyeur de films*, une émission spécialisée sur le cinéma de genre. C'est aujourd'hui principalement grâce à ce dernier axe que son créateur, François Theurel, s'est fait connaître. Le principe est tout indiqué : le Fossoyeur déterre des sujets, à l'aide de sa pelle, la bien nommée « Pupuce », afin d'en discuter et de donner son avis. Le vidéaste propose plusieurs types de vidéos : l'émission elle-même, avec des films ou des thématiques précises, des après-séances, où il donne son avis à chaud sur un film qu'il vient de voir au cinéma, ainsi que des bêtisiers. Les analyses sont fines et travaillées et apportent vraiment quelque chose au-delà de la critique.

INTERVIEW !

D'où viens-tu ?

De Lyon !

Où vas-tu ?

Là où les coups de pelle me portent.

Le plus beau jour de ta vie ?

Quand j'ai découvert le riz.

Ton pire cauchemar ?

Manquer de riz.

Des phobies ?

Je ne vais pas les révéler, sinon je sens bien que quand je ferai Fort Boyard on va m'envoyer dans des endroits chelous.

Cinq passions qui t'animent ?

Cinéma, musique, combats de pouces, riz, lecture de notices.

Ton pire défaut ?

Perfectionnisme maladif qui vire à la folie spiralesque.

> « Au début, l'objectif était juste de me faire plaisir, à aucun moment je n'ai pensé pouvoir en vivre. »

Si tu n'avais pas été vidéaste, à quoi te destinais-tu ?

Quelque chose dans la pédagogie. Ou bûcheron.

Ta citation favorite

« Une partie de Scrab… euh… de Scrableubleu ? »

Quels sont tes cinq films cultes ?

Je n'ai jamais réussi à répondre à cette question, parce qu'il y en a bien plus et que le « classement » change pas mal. Mais si je devais identifier quelques fondamentaux, je dirais *La Vie aquatique*, *L'Homme qui voulut être roi*, *La Communauté de l'anneau*, *Aguirre, la colère de Dieu* et *Dune*.

Le film qui a changé ta vie ?

Il est loin d'y en avoir qu'un !

Le film qui t'arrache des larmes ?

La Famille Tenenbaum.

Le film qui te remonte à bloc ?

Predator.

Quels sont les vidéastes qui inspirent le plus ton travail ?

À la base, j'ai été inspiré par des gens comme Nostalgia Chick ou Spoony, des chroniqueurs américains. Sinon, je suis inspiré par plein de choses qui ne se limitent pas forcément à la sphère vidéaste. Mais je fais bien attention à ce que ces inspirations ne deviennent pas des influences, c'est le meilleur moyen de perdre sa propre patte !

Quand tu t'es lancé, avais-tu une idée précise de ce que serait ton personnage ? Cette relation ambivalente à ta pelle par exemple…

J'avais une idée précise du personnage lui-même, mais pas forcément de son évolution. L'apparition de la pelle est parti d'un gag puis s'est progressivement transformé en élément constitutif de cet univers.

Quelles ont été les évolutions de tes personnages au fil du temps ?

Concernant le Fossoyeur, on devine de plus en plus son background. Et, en termes de personnalité, je crois que son côté décalé de mec resté beaucoup trop longtemps tout seul se manifeste dans des saillies de plus en plus inattendues.

As-tu demandé ou suivi des conseils de proches ou de viewers pour faire évoluer tes personnages ? Tes émissions ?

Généralement, non. J'ai une idée globalement assez précise de ce que je veux, donc j'essaie de suivre mon propre fil rouge. Lorsque je demande conseil, c'est plutôt sur des petites choses, des questions de forme, la tournure d'un gag dont je ne suis pas sûr. Ce genre de choses.

Vidéo à ne pas manquer

LE FOSSOYEUR DE FILMS - TOP 10 DES LÉGENDES URBAINES DU CINÉMA (FEAT. AXOLOT)

As-tu hésité avant de te lancer sur YouTube ? As-tu été poussé par quelqu'un ?

Je n'ai été poussé que par ma propre envie, qui a «maturé» pendant un certain temps sans que j'en aie forcément conscience. Au bout d'un moment, je me suis dit : Allez, hop ! c'est parti, et je me suis remonté les manches. Ça partait d'une envie d'écriture et de réalisation, mais aussi du constat que je ne voyais pas ce que j'avais envie de voir en tant que spectateur. Donc autant le faire moi-même !

« Il n'y a pas de sot média. Par contre, il peut y avoir de sottes utilisations des médias. »

VIDÉO À NE PAS MANQUER

LE FOSSOYEUR DE FILMS - LES SUITES DE TROP

Accordes-tu une grande importance au nombre de vues sur tes vidéos ?

Une importance au sens où on a toujours envie que nos contenus soient vus, oui. Mais pas une importance au sens où ça va déteindre sur les contenus eux-mêmes. Ça, c'est le grand risque, le meilleur moyen pour se perdre. Et, depuis le début, j'essaie de faire des contenus qui resteraient de toute manière les mêmes dans n'importe quelle circonstance, que j'aie 1 000 abonnés ou 1 million.

T'étais-tu fixé des objectifs en lançant ta chaîne ? Si oui, les as-tu atteints ?

Au début, l'objectif était juste de me faire plaisir, à aucun moment je n'ai pensé pouvoir en vivre pendant les premiers temps. C'est après, quand ça a pris de l'ampleur, que la perspective s'est présentée. Donc oui, j'ai rapidement atteint mon objectif de me faire plaisir !

Comment choisis-tu les vidéastes avec lesquels tu souhaites collaborer ?

Affinités humaines et créatives, tout simplement. Je n'ai aucune envie d'apparaître chez quelqu'un dont le travail ne me touche pas juste pour des raisons de visibilité.

Comment vis-tu ta notoriété ?

Tout est à relativiser, c'est le type de notoriété «raisonnable» qui est plutôt agréable à vivre, je n'ai pas non plus 3 millions d'abonnés. J'ai la chance d'avoir une communauté très cool, donc je le vis plutôt sereinement !

Que penses-tu de la télévision ?

Je ne veux ni tomber dans la diabolisation de la télévision ni dans le côté «martyr du Web». Il n'y a pas de sot média. Par contre, il peut y avoir de sottes utilisations des médias. Et, oui, beaucoup de choses basses de plafond se font à la télévision, mais il existe encore quelques formats intéressants par-ci par-là.

Quels sont les vidéastes que tu aimerais faire découvrir au plus grand nombre ?

Alors ! Parmi ceux qui n'ont pas encore la visibilité qu'ils méritent et que je suis avec attention, il y en a un certain nombre. Je vais forcément en oublier quelques-uns, mais voici une première salve.
French Food Porn, un humour culinaire décalé, NEXUS VI, une chronique de science-fiction, La Brigade du Livre, une chronique littéraire et de fiction fantastique, Raptus, des courts-métrages absurdes, Vled Tapas, pédagogue et musicien d'exception, Samai Cédlart, vulgarisation artistique onctueuse, Enjoy The Noise, chronique musicale affriolante, *Creepy as Sh*t*, émission lunaire sur la peur dans le jeu vidéo, Hokku, poésie visuelle.

VIDÉO À NE PAS MANQUER

RETOUR SUR LE FUTUR – KAAMELOTT

\\ MERCI QUI ?

TERMINÉ \\ ÉMISSION & ALLOCINÉ

VIDÉOS À NE PAS MANQUER : MERCI QUI ? N°135 - « V POUR VENDETTA » // MERCI QUI ? N°190 - « BRAVEHEART » // MERCI QUI ? N°245 - « SHERLOCK HOLMES » //

Merci qui ? est une émission d'information humoristique qui a vu le jour en 2008 grâce à Kévin Sardet, incarnant Le Coach, et Grégoire Lassalle, surnommé Grégou. Avec 250 épisodes répartis sur deux saisons, cette émission permet de tout savoir sur le cinéma sans nécessairement avoir besoin de voir les films. Une bonne dose d'humour, mise en scène à travers des petites saynètes, une présentation express et complète de chaque film, mais surtout « l'anecdote qui calme tout le monde, même tes amis les plus calés » composent la recette de cette émission incontournable. Grâce à *Merci qui ?*, vous ne passerez plus pour un blaireau dès que l'on parle de cinéma autour de vous et vous pourrez même en profiter pour briller en société !

THE BIG FAN THEORY //

ÉMISSION & ALLOCINÉ / PUBLICATION BIMENSUELLE

VIDÉOS À NE PAS MANQUER : THE BIG FAN THEORY - QUELLES SONT LES ORIGINES DE REY ? // THE BIG FAN THEORY - D'OÙ VIENT LE MONSTRE DE CLOVERFIELD // THE BIG FAN THEORY - ET SI E.T. ÉTAIT UN JEDI ? //

The Big Fan Theory est une émission qui a été lancée sur AlloCiné au début de l'année 2016. Comme son nom l'indique, les vidéos portent exclusivement sur des théories de fans sur des films et des séries cultes. Bien évidemment, ces théories comptent parmi les plus folles. Et si E.T. était en fait un chevalier Jedi ? D'où vient le monstre que l'on aperçoit dans *Cloverfield* et qui sème le chaos ? Qui est vraiment le personnage de Chris Pratt dans *Jurassic World* ? Quelles sont les origines de Rey dans *Star Wars* ? Si vous vous êtes un jour posé ces questions, et même si vous ne vous les êtes pas posées, cette émission saura vous pousser à regarder les films sous un nouvel angle.

\\ FAN ZONE - ALLOCINÉ

PUBLICATION QUOTIDIENNE \\ ÉMISSION & ACTUALITÉS

VIDÉOS À NE PAS MANQUER : MATHILDE SUR LE TOURNAGE DE JUSTICE LEAGUE ! FANZONE N° 624 – ALLOCINÉ // FANZONE N° 620 : DEADPOOL / SUPERMAN / FAST & FURIOUS // FANZONE N° 612 : THE DIVISION / VENDREDI 13 / BATMAN VS SUPERMAN //

Avec *Fan Zone - Allociné*, vous allez pouvoir avoir votre dose quotidienne d'actualités directement liées à l'univers geek dans toute sa splendeur. Que tu sois à fond dans Marvel, en pâmoison devant DC Comics ou en train de pousser des petits cris dès qu'un super-héros ou un méca fait son apparition, cette chaîne est faite pour toi. Tous les matins, Mathilde Degorce te parle de franchises, d'adaptations, de suites, de *spin-off*, de *reboots*, d'informations inédites sur ce film que tu attends depuis des mois et pour lesquelles tu es prêt à tuer en mode badass à la Wolverine. Ne rate pas le coche, c'est plein de punch, de bonnes références et de bon goût !

PHILM //

CANULARS TÉLÉPHONIQUES / PUBLICATION HEBDOMADAIRE

VIDÉOS À NE PAS MANQUER : **LA REINE DES NEIGES VS PICARD / PHILM #6 : ELSA // RETOUR VERS LE FUTUR VS EDF / PHILM #14 // LES MINIONS VS LES PRIMEURS / PHILM #9 //**

Si tu es un adepte de cinéma et de canulars téléphoniques, alors tu as assurément frappé à la bonne porte avec Philm – ou disons que tu as composé le bon numéro. Tu t'es peut-être déjà demandé ce qu'une conversation entre Doc de *Retour vers le futur* et EDF pourrait donner ? ou encore si Simba décidait de téléphoner à un zoo ? La réponse se trouve sur Philm, avec un concept totalement novateur qui consiste à associer les répliques d'un personnage de film à un téléphone afin de pouvoir créer une conversation. Si le canular ne fonctionne pas à tous les coups – certaines personnes n'ayant pas la blague facile –, il faut bien avouer qu'à partir du moment où ça marche le fou rire est garanti. Les films et les répliques les plus cultes y passent pour notre plus grand plaisir.

\\ DEX ET LE CINÉMA

PUBLICATION HEBDOMADAIRE \\ CRITIQUES & PODCASTS

VIDÉOS À NE PAS MANQUER : **TOP 5 LES MEILLEURS FILMS D'ANIMATION JAPONAIS (+ AKIRA EXPLICATION) // LE TOP 10 DE MES FILMS PRÉFÉRÉS 1.0 // LE CINEMA DU FUTUR //**

YouTube est l'occasion pour Dex de partager sa grande passion : le cinéma. Ce cinéphile dans l'âme propose ainsi plusieurs formats sur sa chaîne : « ActuCiné », où il critique des films pour la plupart assez récents, « Top 5 », avec lequel il réalise de nombreux tops sur des sujets assez variés, tels que les cinq meilleurs films d'une année, et enfin « C'est mon avis », où il n'hésite pas à mettre les pieds dans le plat et à donner un avis beaucoup plus personnel que lors des critiques. Ses analyses sont pertinentes et ses commentaires intéressants.

LA CHRONIQUE DU DARON //

CRITIQUES & PODCASTS / PUBLICATION HEBDOMADAIRE

VIDÉOS À NE PAS MANQUER : **LA CHRONIQUE DU DARON LE HOBBIT : LA BATAILLE DES CINQ ARMÉES // INSTANT CHRONIQUE DU DARON LES GARDIENS DE LA GALAXIE / LUCY / EXPENDABLES 3 // INSTANT CHRONIQUE DU DARON LE LIVRE DE LA JUNGLE //**

S'il en est un qui ne se prend pas la tête, c'est bien le vidéaste de La Chronique du Daron. Il revient, systématiquement en face caméra, sur les films qu'il est allé voir ou bien sur des productions plus anciennes, afin de donner son avis et de formuler une critique. D'une moyenne globale de vingt minutes, certaines de ses vidéos peuvent excéder l'heure. Autant dire que le Daron aime parler et transmettre. Son contenu est intéressant, d'autant plus que ses analyses sont bien construites. Toutes les sorties ne sont pas prises en compte, mais en ressort au final un univers propre au vidéaste qui affiche clairement ses goûts et ses attentes.

ÉTAT: CRITIQUE //

CRITIQUES & PODCASTS // **PUBLICATION HEBDOMADAIRE**

VIDÉOS À NE PAS MANQUER : ▶ GLADIATOR (2000) - CRITIQUE DU FILM //
▶ HARRY POTTER À L'ÉCOLE DES SORCIERS (2001) - CRITIQUE DU FILM //
▶ ASTÉRIX & OBÉLIX: MISSION CLÉOPÂTRE (2002) - CRITIQUE DU FILM //

C'est Matt qui est à l'origine de la chaîne. Constatant le manque de critiques cinéma sur Internet, il a lancé son projet en 2011. Son concept ne se fonde pas sur l'actualité ; il décrit des films parus depuis 1998 et remonte progressivement les années. Pour le moment, la chaîne en est à l'année 2002. En février 2014, un chambardement a eu lieu sur ETAT: CRITIQUE lorsque Matt a choisi de laisser la gestion à Anthony afin de concrétiser un rêve d'enfant : réaliser un film. Anto est donc resté fidèle au concept originel et continue de présenter et de critiquer, avec talent, humour et une réalisation aux petits oignons, les films qui l'ont marqué.

\\ BLOW UP

PUBLICATION HEBDOMADAIRE \\ **ACTUALITÉS & CINÉMA**

VIDÉOS À NE PAS MANQUER : ▶ LES MOUVEMENTS DE CAMÉRA AU CINÉMA - BLOW UP – ARTE // ▶ LES CHATS AU CINÉMA - BLOW UP – ARTE //
▶ TIM BURTON EN 5 MINUTES - BLOW UP – ARTE //

C'est Arte qui a décidé de se lancer sur Internet avec *Blow Up*, un webmagazine spécialisé dans le cinéma et son actualité. En s'émancipant de la télévision, l'émission a ainsi la possibilité de s'éloigner de l'aspect promotionnel fondé sur les blockbusters du moment. En découle un contenu plus fouillé, parfois atypique, mais avant tout didactique. À raison de trois vidéos courtes publiées chaque mercredi, *Blow Up* vous poussera à porter un autre regard sur le cinéma, quelle que soit son époque. Avec « Carte Blanche », Luc Moullet en profite également pour évoquer la place des aveugles dans le cinéma.

FILMSACTU //

ACTUALITÉS // **PUBLICATION QUOTIDIENNE**

VIDÉOS À NE PAS MANQUER : ▶ LES MINIONS BANDE ANNONCE VF FINALE //
▶ LE DOUBLAGE DE BOB L'ÉPONGE : LE FILM - CYPRIEN - NATOO – SQUEEZIE //
▶ LA PLANÈTE DES SINGES - CYPRIEN JULFOU //

FilmsActu n'est pas un vidéaste un soi, c'est avant tout une chaîne qui reste la référence en matière d'actualités cinématographiques sur YouTube. Tenez-vous au courant de tout, absolument tout, grâce aux nombreuses publications journalières regroupant bandes-annonces, making of et autres vidéos en tout genre. Vous n'aurez plus aucun prétexte pour manquer un film ou ne pas être au courant du prochain blockbuster à paraître.

ESCALE À NANARLAND //

ÉMISSION & ALLOCINÉ / TERMINÉE

VIDÉOS À NE PAS MANQUER : ESCALE À NANARLAND N° 70 - « SUPERMAN 4 » //
ESCALE À NANARLAND N° 59 – « GODZILLA » //
ESCALE À NANARLAND N° 39 – BEOWULF //

Nous dissimulons tous au fond de nos tiroirs, dans une cache secrète de notre bibliothèque ou dans le rembourrage du canapé, de véritables nanars dont nous sommes finalement tout à fait fans. On n'assume pas, pas vraiment en tout cas et encore moins à la face du monde. *Escale à Nanarland*, c'est un peu la thérapie adéquate : bienvenue dans le monde du nanar et des ratages. Aujourd'hui inactive, cette émission proposée jusqu'en 2013 par allocine.fr n'en constitue pas moins, avec 90 vidéos, une source de joyeusetés inoubliables considérables. Toi qui entres ici, abandonne ta honte – et peut-être aussi ton bon sens !

\\ AVIEZ-VOUS REMARQUÉ ?

PUBLICATION HEBDOMADAIRE \ ÉMISSION & ALLOCINÉ

VIDÉOS À NE PAS MANQUER : AVIEZ-VOUS REMARQUÉ ? DEADPOOL //
AVIEZ-VOUS REMARQUÉ ? SHERLOCK //
AVIEZ-VOUS REMARQUÉ ? LES GARDIENS DE LA GALAXIE //

Aviez-vous remarqué ? est une émission créée et proposée par AlloCiné depuis 2015 qui compte bien vous faire voir vos films préférés différemment. Elle va effectivement vous permettre d'apprendre une foule de petits détails et secrets sur de nombreuses productions comme *Le Monde de Nemo*, *Avengers*, *Breaking Bad*, *Lost*, *Harry Potter* ou encore *Deadpool*. Les anecdotes sont savoureuses et en disent parfois très long sur le film. Avez-vous remarqué à quel moment apparaît le fameux A113 des studios Pixar dans *Le Monde de Nemo ?* Avez-vous capté tous les clins d'œil présents dans le film *Deadpool ?* Vous n'êtes pas sûrs ? Alors ça vaudrait peut-être le coup d'aller y faire un tour !

ANA D. //

CRITIQUES & PODCASTS // PUBLICATION HEBDOMADAIRE

Ana D., c'est de la passion à l'état pur. Si vous aimez le cinéma et la science-fiction, alors vous avez déjà des atomes crochus avec cette vidéaste. Elle réalise effectivement sur sa chaîne deux types de vidéo : le «Vlog De La Blasée», où elle propose des chroniques de cinéma, et «La Luciole de Trantor», qui se focalise sur la science-fiction. De l'humour, un bon rythme et un soin particulier apporté à la réalisation et aux enchaînements – après tout, faut pas déconner, on parle cinéma quand même ! – conduisent à des vidéos vraiment bonnes ! Ana s'adresse également directement à son public, histoire de faire le point, avec ses «Vidéos canapé». Si cela vous tente de devenir une «petite gazelle estropiée» ou un «gros sanglierbouillix», alors foncez !

INTERVIEW !

QUI ES-TU ?

Je me prénomme Ana, mais on me connaît sur Internet sous le nom Ana D., ou AnaVDLB. J'ai 25 ans et quelques mois – le «quelques» signifie une bonne grosse soixantaine… –, j'adore faire des grimaces, manger du fromage, et, en passionnée que je suis, j'écris, je présente et je réalise des chroniques sur YouTube traitant du cinéma, «le Vlog De La Blasée», et de la science-fiction avec «La Luciole de Trantor» depuis plus de deux ans maintenant.

> « LES DEUX UNIQUES CRITÈRES QUE JE M'IMPOSE : L'ENVIE ET LE PLAISIR. »

D'OÙ VIENS-TU ?

De la Terre du Milieu, où j'ai pu étudier le pouvoir de la force à Poudlard. Donc d'un monde imaginaire qui anime mon esprit !
La réalité me semble malheureusement bien moins folichonne, puisque j'ai étudié le commerce, puis je suis rentrée dans l'univers bancaire peu avant la crise des subprimes aux États-Unis (youpi !) et j'ai tenu le coup sept ans avant de me rendre compte que je me destinais à des choses plus «artistiques».

OÙ VAS-TU ?

Aussi loin que mon imagination me portera !

LE PLUS BEAU JOUR DE TA VIE ?

N'étant pas mariée et n'ayant aucun enfant, je ne peux pas sortir la sempiternelle rengaine «le jour de mon mariage» ou bien encore «lorsque Mimi est né(e)». Alors pour le moment, je répondrais le 4 septembre 2000. Ce n'est pas une date choisie au hasard, bien au contraire. Il s'agit simplement du jour de mon entrée au lycée, où j'ai rencontré mon meilleur ami et me suis rendu compte que je n'étais pas la personne la plus toquée au monde !

TON PIRE CAUCHEMAR ?

Ne pas parvenir à rebondir suite à un échec… Ça ou l'attaque nocturne d'un crocodile déguisé en clown, au choix.

DES PHOBIES ? OU DES TOC DE VIDÉASTE ?

Comme évoquée précédemment, la simple vue d'un crocodile suffit à me hérisser les poils sur le corps et à me faire courir en rond en agitant les bras et en hurlant comme une déjantée. Quant aux clowns, je fais certes partie de ce que j'aime appeler « la génération coulrophobe Stephen King », mais ces trucs-là m'ont toujours fichu le traczir aussi loin que ma mémoire remonte. Et en ce qui concerne d'éventuels TOC, d'après mes ami(e)s, je vivrais dans un film de Kubrick, car je suis un poil trop obsédé par la symétrie et l'alignement des objets. Je ne suis pas une Sheldon Cooper en puissance, mais je tente de me soigner petit à petit...

Cinq passions qui t'animent ?

Pour faire court : le cinéma et les séries, soit l'audiovisuel en général, la musique, la littérature, la bonne bouffe, et taper les coins des meubles avec mon petit doigt de pied lorsque je marche sans chaussons dans l'appartement.

Ton pire défaut ?

Je suis très intransigeante sur mes principes, ce qui peut parfois me rendre inflexible. Quand j'ai une idée en tête, je ne la lâche pas facilement. Ça peut avoir comme effet de me rendre, certes, persévérante, mais aussi colérique quand je ne parviens pas de suite à atteindre le but que je me suis fixé. Et quand je suis en colère mon sale caractère remonte à la surface. Je ne suis pas facile à vivre tous les jours !

« Internet est à la télévision ce que la télévision est elle-même à la radio : un média novateur remplaçant son aînée dans l'utilisation populaire. »

Si tu n'avais pas été vidéaste, à quoi te destinais-tu ?

Je pense que j'aurais continué la musique – que j'ai abandonnée car l'apprentissage de la réalisation des vidéos me prenait trop de temps – puisque c'est l'un de mes moyens d'expression artistique favoris. Mais bon, il me reste encore les concerts devant le miroir de la salle de bains avec ma brosse à cheveux en guise de micro...

Ta citation favorite ?

Je n'ai qu'à lever les yeux sur le mur de mon salon pour lire tous les jours cette formidable phrase d'Alfred de Musset : « Qu'importe le flacon, pourvu qu'on ait l'ivresse. » Contrairement à ce que l'on pourrait penser de prime abord, cette citation tirée de *La Coupe et les Lèvres* ne fait aucunement l'apologie du lever de coude, mais de l'amour sous toutes ses formes. Je crois que c'est pour cette raison que je l'apprécie autant !

Quels sont tes cinq films cultes ?

Difficile de n'en retenir que cinq. Très difficile et délicat ! Mais puisqu'il faut choisir, varions un peu les genres : *Pulp Fiction, Orange mécanique, Le Roi Lion* – oui, je peux comprendre que ça semble étrange après *Pulp Fiction* et *Orange mécanique*... *Casablanca* et bien évidemment *Star Wars V : L'Empire contre-attaque*.

Le film qui a changé ta vie ?

Fight Club et *2001 : l'odyssée de l'espace*. Je suis bien incapable de n'en choisir qu'un, car, bien qu'ils soient tous deux très différents, ils m'ont fait prendre conscience que le cinéma ne se réduisait pas simplement à accoler des images lambda les unes aux autres.

Le film qui t'arrache des larmes ?

Il en existe tellement, mais, quitte à n'en retenir qu'un seul, disons *Le Tombeau des lucioles*. J'ai beau l'avoir vu, revu et re-revu des dizaines de fois, il a toujours le même effet sur moi : je me transforme en mauvais cosplay des chutes du Niagara.

Le film qui te remonte à bloc ?

P.S. I love you, une histoire d'amour post mortem qui n'a pourtant rien de nécrophile. Bon OK, il m'arrache autant de sourires que de larmes, et pourtant il me booste comme pas permis. Ne pas chercher à comprendre…

Parmi toutes tes vidéos, quelle est celle que tu préfères ?

Je dirais « La Luciole de Trantor » sur l'excellente série Firefly. Non pas pour la vidéo en elle-même, qui reste somme toute très basique, mais véritablement parce que de nombreuses personnes ont pu découvrir ce petit bijou de la SF en l'appréciant à sa juste valeur. Rien que pour m'avoir permis de partager cette série qui me tient à cœur, je pense que cette chronique va rester ma préférée durant un long moment.

VIDÉO À NE PAS MANQUER

DIVERGENTE - VDLB N°6 (SANS SPOILER)

Quels sont les vidéastes qui inspirent le plus ton travail ?

Indubitablement Le Fossoyeur de films concernant l'écriture et la contextualisation, et sinon le talentueux Karim Debbache. Lui et son équipe font un travail formidable, et, comme le dit si bien Léo de la chaîne DirtyBiology, « ils ont défini le mètre étalon de la qualité du podcast vidéo », et ce tant sur le fond que sur la forme. Difficile alors de ne pas vouloir s'en inspirer…

Quand tu t'es lancée, avais-tu une idée précise de ce que tu souhaitais faire avec ta chaîne ?

Je voulais simplement apprendre le montage vidéo tout en partageant mes délires ainsi que mes passions avec mes amis. Je ne prédestinais pas mes vidéos à avoir des milliers de viewers.

As-tu demandé ou suivi des conseils de proches ou de viewers pour faire évoluer tes émissions ?

Bien sûr ! Je suis partie de zéro en termes de connaissances audiovisuelles, donc, évidemment, il a fallu que je prenne en compte les conseils de mes proches, et parfois même les avis construits et éclairés de certains abonnés cherchant à m'aider à améliorer la forme de mes émissions. Je suis même allée chercher des conseils techniques du côté de certains professionnels. Concernant le fond, en revanche, j'en discute parfois avec mes amis, mais je reste bien souvent campée sur mes idées originelles. Mais ça, c'est à cause de ma ténacité.

As-tu hésité avant de te lancer dans la vidéo sur le Web ? As-tu été poussée par quelqu'un ?

Je n'ai pas vraiment hésité, non. À la base, il s'agissait d'un délire que je souhaitais partager avec mes amis. Je n'ai pas vraiment réfléchi ; j'avais envie de me lancer alors je me suis lancée. Je n'ai pas été poussée par qui que ce soit, mais véritablement soutenue par Martin, un ami qui a entre autres composé les génériques de mes émissions, et qui a été un appui solide en m'encourageant à persévérer alors que je n'en étais qu'aux prémices de cette belle aventure qu'est la réalisation de mes vidéos.

En revanche, bien que je ne regrette absolument rien, si on me donnait l'occasion de retourner dans le passé, je changerais volontiers quelques petites choses de mes débuts afin de corriger certaines erreurs et autres problèmes techniques que j'avais pu rencontrer à l'époque. Mais bon, tout ça fait le charme des premières vidéos qui demeurent…

Accordes-tu une grande importance au nombre de vues sur tes vidéos ?

Absolument pas. Je trouve ça dommage de réduire le travail d'un vidéaste au nombre de vues affichées sous ses productions. Ça ne me semble aucunement représentatif, car, par exemple, une vidéo de dix minutes ayant totalisé 1 million de vues peut avoir un taux de décrochage très important et seul un dixième des viewers auront regardé jusqu'au bout, les 90 % restants ayant zappé avant la fin de la première minute. Le nombre de vues représente le nombre de clics sur la vidéo, et ces derniers peuvent être induits par énormément de paramètres différents. Donc, en règle générale, j'évite de regarder le compteur, que ce soit les miens ou ceux d'autres vidéastes, afin de me focaliser sur la qualité du contenu en lui-même.

T'étais-tu fixé des objectifs en lançant ta chaîne ? Si oui, les as-tu atteints ? Au bout de combien de temps ?

Mon objectif était de m'amuser tout en apprenant le montage vidéo. Et je me rends compte aujourd'hui que ce but ressemble à un éternel recommencement car il y a toujours des choses à apprendre et à améliorer dans ce domaine. Je crois que c'est cet aspect qui me plaît et me motive autant. Lorsque tu es parvenu à réaliser ce que tu avais en tête, une nouvelle idée se profile, un peu plus difficile à mettre en pratique que la précédente. Je considère que les vidéastes Web sont des Sisyphe des temps modernes, repoussant leur rocher toujours un peu plus loin, toujours un peu plus haut.

Vidéo à ne pas manquer

ASTÉRIX : LE DOMAINE DES DIEUX - VDLB N°17

Sur quels critères sélectionnes-tu les sujets que tu abordes dans tes vidéos ?

Les deux uniques critères que je m'impose : l'envie et le plaisir. Il faut que j'aie envie de parler d'un sujet et que ça me fasse plaisir de partager mes pensées le concernant. Sans l'un ou l'autre, je me démotive rapidement, et la vidéo ne voit jamais le jour.

Y a-t-il une vidéo que tu souhaites réaliser depuis longtemps ?

Alors je souhaitais réaliser Interstellar, mais Nolan m'a devancée en me piquant toutes les bonnes idées… Blague à part, oui, mon esprit fourmille de folles histoires que je souhaiterais raconter par le biais de 25 images/seconde, mais je n'ai malheureusement ni le temps ni les moyens – techniques, relationnels et financiers – pour y parvenir. Mais, depuis un peu plus d'un an, une idée de court-métrage me trotte dans la tête ; je suis actuellement en train de peaufiner son script, mais il ne sortira de mon drive que lorsque j'en serai un semblant satisfaite. J'espère vraiment que je pourrai mener ce projet à son terme.

Que penses-tu de la télévision ?

Ni pour ni contre, bien au contraire. C'est ma façon à moi d'expliquer que je la regarde très peu, voire pas du tout. Malgré le nombre important de chaînes et de bouquets existants, le choix en matière de programmes reste limité, et, malgré les rediffusions, la rigueur des horaires reste très contraignante à mon sens. En ce qui me concerne, elle a eu son heure de gloire lorsque j'étais enfant, mais son modèle n'abreuve malheureusement plus ma curiosité et n'étanche en rien ma soif de nouveautés, là où Internet regorge de propositions en tout genre : émissions, fictions, informations et j'en passe, concernant tous les domaines possibles et inimaginables ! Malheureusement, il réside une certaine méconnaissance d'Internet et de ses codes dans certaines branches de la TV, et il en résulte parfois une incompréhension à la limite de la condescendance malsaine à l'égard de ce nouveau média, pouvant frustrer ou choquer bon nombre d'utilisateurs du Web.

VIDÉO À NE PAS MANQUER

LA GUERRE DES MONDES - LA LUCIOLE DE TRANTOR #1

Certains considèrent la télévision comme une fin en soi pour les vidéastes Internet, qu'ils soient amateurs ou professionnels, mais les mentalités évoluent doucement. Certaines chaînes TV ont d'ores et déjà compris que leur futur se jouerait en ligne, et elles n'hésitent donc pas à investir sur la Toile afin de produire et de promouvoir certains contenus. Je ne peux que plébisciter cet effort, puisqu'il encourage la professionnalisation des contenus proposés sur Internet, tout en boostant leur qualité. En revanche, il va falloir faire attention à ne pas chavirer dans un calibre formaté pour plaire au plus grand nombre en retombant dans la mentalité d'audience à gagner, qui pourrait s'avérer étouffante pour certains créateurs en quête d'expression artistique.

Pour finir, je dirais simplement qu'Internet est à la télévision ce que la télévision est elle-même à la radio : un média novateur remplaçant son aînée dans l'utilisation populaire. Car, pour paraphraser les Buggles : *Video Killed the Radio Star*, pourquoi n'en serait-il pas de même aujourd'hui avec un tout nouveau média ?

QUELS SONT LES VIDÉASTES QUE TU AIMERAIS FAIRE DÉCOUVRIR AU PLUS GRAND NOMBRE ?

Tous les vidéastes auxquels je suis abonnée ! C'est-à-dire un nombre bien trop important pour tous les citer ici et maintenant. Comme je l'ai dit, Internet regorge de pépites en tout genre, dont voici une petite sélection que j'affectionne particulièrement :

Florence Porcel, une vidéaste qui me fait découvrir les secrets de l'espace. Mioune, une chanteuse qui m'envoûte avec sa voix d'ange grâce à ses covers. DirtyBiology, un chercheur en biologie évolutive qui comble salement mes lacunes en SVT. VGarou, un véritable ovni d'Internet qui nuance tout ce qu'il touche. Samai Cédlart, une vidéaste mettant ses vidéos au service de l'art pictural. Jeannot Nymouce, mi-homme, mi-Popol, m'expose la culture d'Internet et de ses mèmes en me faisant hurler de rire.

Cyrus North, quand la philo m'est expliquée de manière naturelle et décomplexée. Castor Mother, une narratrice hors pair lorsqu'il s'agit de me présenter d'étranges animaux. Loki Jackal, un touche-à-tout, de l'illustration au cinéma, avec des avis très éclairés. Yohann Bordello, un vidéaste qui traite de cinéma avec beaucoup de recul et de connaissances. Rufio, un fan de manga m'expliquant toutes leurs étendues sociologiques comme personne. François Descraques, un réalisateur de grand talent dont j'attends les réalisations avec toujours beaucoup d'impatience.

« JE TROUVE ÇA DOMMAGE DE RÉDUIRE LE TRAVAIL D'UN VIDÉASTE AU NOMBRE DE VUES AFFICHÉES SOUS SES PRODUCTIONS. »

FAUX RACCORD //

ANALYSES & ALLOCINÉ / PUBLICATION MENSUELLE

FAUX RACCORD

Vous pensez avoir décelé les moindres erreurs de vos films préférés ou détestés ? Halte ! *Faux Raccord* risque sûrement de vous éblouir. Michel & Michel ont de véritables yeux de faucon, et rien, absolument rien, ne leur échappe. Du figurant complètement à côté de ses pompes à l'équipe technique maladroitement dissimulée, sans oublier la fatidique perche dans le champ de la caméra ou l'avion qui perce le ciel de la Grèce antique, il y a de quoi faire. Proposée par allocine.fr, cette émission vous permettra de devenir une véritable tête chercheuse de l'erreur de tournage.

INTERVIEW !

QUI ES-TU ?

Kevin Sardet. Quelqu'un qui essaie de faire de son mieux. Sur la carte de visite, un auteur impatient, devenu producteur par la force des choses, pour ne pas attendre qu'on lui donne le droit ou non de faire quelque chose.

D'OÙ VIENS-TU ?

De nulle part.

OÙ VAS-TU ?

Je sais seulement où j'aimerais aller, mais pas si ce sera finalement la destination.

LE PLUS BEAU JOUR DE TA VIE ?

Chaque jour que je passe avec mes enfants.

TON PIRE CAUCHEMAR ?

Que celui-ci devienne réel.

DES PHOBIES ?

Les virus, l'inactivité et les voisins.

CINQ PASSIONS QUI T'ANIMENT ?

J'aime écrire, jouer, produire, mais mes vraies passions, ce sont mes enfants.

TON PIRE DÉFAUT ?

Caractériel.

SI TU N'AVAIS PAS ÉTÉ AUTEUR, À QUOI TE DESTINAIS-TU ?

Avocat.

TA CITATION FAVORITE ?

La vie est courte, mais large.

> « JE RESTE PERPLEXE QUAND JE VOIS UNE BONNE WEB-SÉRIE PLAFONNE À QUELQUES MILLIERS DE VISIONNAGES FACE À UNE FILLE QUI VA FAIRE UNE AUDIENCE DE PLUSIEURS MILLIONS EN EXPLIQUANT COMMENT METTRE DU FOND DE TEINT. »

QUELS SONT TES CINQ FILMS CULTES ?

Je n'ai pas vraiment de films cultes. Plutôt des films qui me laissent une vraie marque… et il y en a beaucoup plus que cinq. Disons parmi eux, dans des registres très différents, *Les Goonies, Danse avec les loups, Retour vers le futur, Chantons sous la pluie, Mulholland Drive, The Invention of Lying, L'Orphelinat* ou *Ex Machina*.

PARMI TOUTES TES VIDÉOS, QUELLE EST CELLE QUE TU PRÉFÈRES ?

Difficile à dire. Anthony Barthélémy (coauteur / réalisateur) et moi travaillons ensemble depuis plus de dix ans, avec la même équipe technique et chacun de nos projets est abordé avec la même sincérité et le même investissement. On pourrait facilement dire que notre dernière production est celle que nous préférons, parce que nécessairement les moyens techniques et les budgets dont nous disposons ne sont pas les mêmes qu'à nos débuts. Mais en réalité, je pense que nous aimons chaque projet sur lequel nous avons travaillé, avec même une faiblesse pour ceux qui se sont faits avec le minimum de moyens, nous obligeant à être plus inventifs.

Bien avant que YouTube permette aux vidéastes de faire leurs propres vidéos, tu as créé beaucoup de programmes : *Merci qui ?*, *Faux raccord*, *Dedans AlloCiné*. Quel regard portes-tu sur YouTube et le phénomène des YouTubers ?

J'ai du mal à avoir un avis tranché sur YouTube. On trouve de tout et il y a forcément du bon et du mauvais. Sur la partie « émissions » ou « web-séries », je pense que c'est un outil extraordinaire pour que tout le monde puisse proposer ses créations. Après, il y a création et création. Je reste perplexe quand je vois une bonne web-série plafonner à quelques milliers de visionnages face à une fille qui va faire une audience de plusieurs millions en expliquant comment mettre du fond de teint ou utiliser un dentifrice blanchissant.

VIDÉO À NE PAS MANQUER

FAUX RACCORD N° 151 - LES GAFFES DE STAR WARS : LE RÉVEIL DE LA FORCE

Le Net permet aujourd'hui à de jeunes créateurs de s'affranchir de la propriété des moyens de production. Chacun peut proposer son émission avec comme seul critère de réussite l'adhésion du public et le nombre de vues…

Justement, c'est un mauvais débat avec YouTube et le Net en général. Ce n'est pas parce qu'un contenu fait des millions de vues qu'il est de meilleure qualité qu'un contenu qui fait peu d'audience. C'est une question d'exposition. Si YouTube décide demain de mettre en avant mon prochain film, celui-ci fera une audience beaucoup plus importante que s'il est caché quelque part et que je ne dispose pas des leviers de communication nécessaires pour le faire émerger. Pourtant il ne sera ni meilleur ni moins bon.

C'est justement pour cela qu'un espace de liberté de mise en ligne, comme YouTube, est également un problème et que les recommandations en fonction de ce que vous avez regardé la semaine précédente le sont tout autant. Si je regarde un reportage sur les ovnis, un tutoriel pour apprendre à faire un nœud de cravate et un sketch de Cyprien, on ne me proposera pas lors de ma prochaine connexion un documentaire sur la culture bio et une web-série que je ne connais pas. Non, on me proposera des contenus similaires à ce que j'ai déjà regardé et qui ont déjà fait une forte audience. Par ailleurs, les jeunes créateurs ne peuvent pas s'affranchir grâce à YouTube de la propriété des moyens de production. Plus on avance plus les contenus doivent être qualitatifs technique-ment parlant, sans quoi ils ne seront pas regardés. YouTube permet, comme l'ont fait avant des plate-formes de musique, de ne plus avoir besoin de l'accord d'un diffuseur pour véhiculer son œuvre. Mais il a ouvert également la porte aux marques qui deviennent de plus en plus présentes, et est en train de créer un nivellement par le bas des salaires dans l'audiovisuel.

Quelle vertu offrent ces nouvelles perspectives ?

Donner une visibilité à des artistes qui ont quelque chose à dire, et qui ne seront pas produits et diffusés ailleurs, faute d'être nés dans la bonne famille ou d'appartenir aux bons cercles.

Quels écueils cela pourrait-il engendrer ?

J'en ai cité certains, mais il suffit de regarder YouTube pour savoir quels écueils cela a déjà

VIDÉO À NE PAS MANQUER

FAUX RACCORD N° 146 - LES GAFFES DE AVENGERS 1 ET 2

engendré. YouTube est aujourd'hui un média comme un autre, le renouvellement viendra de nouvelles plate-formes culturelles à inventer par les artistes eux-mêmes et sur lesquelles ni les marques ni l'audience ne dicteront le contenu.

SI TU AVAIS LANCÉ *MERCI QUI ?*, *FAUX RACCORD* OU *DEDANS ALLOCINÉ* SUR YOUTUBE PLUTÔT QUE SUR ALLOCINÉ, PENSES-TU QUE TES SÉRIES AURAIENT CONNU LE MÊME SUCCÈS ?

Pas toutes. Je pense qu'à l'époque *Merci Qui ?*, créé en 2008, et *Faux Raccord*, créé en 2010, auraient fait une audience beaucoup plus importante, puisqu'il y avait moins de concurrence. Mais pas *Dedans AlloCiné*. C'est une web-série dont nous sommes très fiers, mais qui est arrivée au même moment que beaucoup d'autres web-séries, de qualité également.

ACCORDES-TU UNE GRANDE IMPORTANCE AU NOMBRE DE VUES SUR TES VIDÉOS ?

Une grande importance, non. De l'importance, oui. Mais, encore une fois, ce n'est pas l'audience qui nous fait remettre en question la qualité d'un projet. Parfois l'audience, ça ne tient à rien. Un exemple tout bête, nous avons fait un épisode de *Merci Qui ?* sur un film en noir et blanc. Avec l'idée d'en rire, nous avons mis en avant un visuel d'une femme avec un très beau décolleté. L'épisode a fait une audience supérieure à la normale.

QUELS SONT LES VIDÉASTES OU YOUTUBERS QUE TU SUIS ?

En fait je ne suis pas un «Visiteur Unique» fidèle. Je regarde souvent un contenu diffusé sur YouTube ou ailleurs par hasard. Il n'y en a que deux que je ne rate pas : VinZa et, surtout, Osons Causer. Je suis également contraint de suivre Cyprien. Mon fils me rejoue ses vidéos le soir avant de se coucher. Il a d'ailleurs fallu que je lui explique que, «non, les Chinois ne mettent pas de drogue dans les biberons de leurs bébés». Parce que si Cyprien le dit, c'est que c'est vrai. Quand je vois le talent et l'influence de cet artiste sur les jeunes, j'espère seulement que viendra le moment où il se mettra à faire des vidéos un peu plus engagées. Mais je préfère suivre des artistes qui ne sont pas YouTubers et qui joignent l'humour à un message ou à une réflexion, comme Nicole Ferroni, Pierre Emmanuel Barré ou Stéphane Guillon.

QUELS SONT LES VIDÉASTES QUE TU AIMERAIS FAIRE DÉCOUVRIR AU PLUS GRAND NOMBRE ?

Il y en a beaucoup, mais dans ceux que je prends plaisir à partager, il y a deux web-séries : *La Nonsérie* qui est une vraie réussite et très récemment *Les Dieux des Hommes* qui est particulièrement originale. Ensuite, je réitère pour Osons Causer et Nicole Ferroni, parce que je trouve ça utile, surtout aujourd'hui. J'ajoute également On vaut mieux que ça qu'on peut trouver sur YouTube. Pour finir je ne peux m'empêcher de conseiller quand même *Dedans AlloCiné*, particulièrement l'épisode «Monnaie de Singe» qui est d'actualité.

VIDÉO À NE PAS MANQUER

FAUX RACCORD N° 125 - LES GAFFES DE LA REINE DES NEIGES

JEUX VIDÉO

AVEC LES INTERVIEWS DE

Joueur du grenier

Mamytwink

BenzaieTV

Fantabobgames

Siphano

Aypierre

Frigiel

Torlk et Marmotte

JOUEUR DU GRENIER //

ÉMISSION & CRITIQUE // PUBLICATION MENSUELLE

Joueur du Grenier, également connu sous le nom de JDG ou Fred, est un testeur français spécialisé dans le rétrogaming. Avec Seb, ils sont les créateurs de vidéos critiques humoristiques portant sur de vieux jeux qui ont le plus souvent traumatisé l'enfance de Fred en raison de leur piètre qualité ou de leur difficulté. Au-delà d'une réalisation s'appuyant sur l'écriture et la scénarisation, c'est avant tout le personnage du *Joueur du Grenier* qui a fait le succès de cette chaîne. Vêtu d'une chemise hawaïenne jaune, colérique et excessif, il habille chaque vidéo de crises de nerfs mémorables qui font de lui un incontournable. Les vidéos Joueur du Grenier concernent principalement des tests de jeux rétro, mais également des hors-séries et des vidéos thématiques. Dans « Papy Grenier », Fred incarne un vieil homme qui raconte à ses petits-enfants l'histoire d'un jeu vidéo comme s'il l'avait lui-même vécu. Une seconde chaîne a vu le jour en 2014, Bazar du Grenier, où l'on trouve notamment des *let's play* avec un rythme de publication plus soutenu.

INTERVIEW !

QUI ÊTES-VOUS ?

Frédéric : Je m'appelle Frédéric Mollas, j'ai 34 ans, je suis né en 1982. J'ai du mal à me considérer YouTuber, ça ne veut rien dire. C'est vrai qu'à partir du moment où l'on s'amuse dans nos vidéos j'ai presque du mal à considérer ça comme un métier même si c'en est véritablement un. Quand on rencontre des gens sur les salons ou autres, ils nous disent que nous sommes des stars et nous, tout ce qu'on a à leur répondre, c'est : « Ben non, on fait des vidéos marrantes ! » Il n'y a pas eu de vraie transition dans ce que nous faisons, comme le fait de passer du chômage au CDI ; ça s'est fait progressivement.

Sébastien : C'est vrai, c'est une conversation qu'on a déjà eue avec Fred. On nous martèle tellement le crâne que ce n'est pas un vrai métier qu'on commence à l'assumer. On serait presque à dire : « Oui excusez-nous, on est des escrocs. On s'est faufilés par là mais on ne reste pas longtemps, promis ! » Ah, mais je n'ai pas dit qui j'étais ! *Here comes a new challenger !* Je suis l'Alpha et l'Oméga ! Je m'appelle Sébastien Rassiat, j'ai 33 ans. Attends, Fred, tu as 34 ans ? Je croyais qu'on avait le même âge quasiment ? On ne sait pas notre âge… Bref, on est vidéastes ou, comme certains le disent, videomakers. Moi aussi j'ai vraiment du mal avec le terme « YouTuber », parce que ça veut dire qu'on est rattaché à une plate-forme.

> « ON A ÉTÉ ÉNORMÉMENT INFLUENCÉS, PEUT-ÊTRE TROP, PAR LES COMMENTAIRES. »

LE PLUS BEAU JOUR VOTRE VIE ?

Seb : Ouah, c'est dur ! Ce n'est pas que je ne veux pas répondre, mais j'ai du mal à pointer le calendrier pour dire : « Ça, c'est ce jour-là ! » Après je ne vais pas dire que c'est lorsque j'ai mangé un double cheese ou mon premier KFC… Sinon, bien sûr, c'est le jour où j'ai rencontré ma copine. Ou alors, et là je ne me mouille pas du tout, je dirais que, plus qu'un jour, c'est une période : les sept dernières années avec Joueur du Grenier, qui nous ont apporté énormément d'opportunités et qui nous ont permis de rencontrer beaucoup de personnes qu'on idolâtrait.

Fred : Alors moi, mon premier KFC, c'est le deuxième ! Sinon, même si c'est un peu pompeux, moi, c'est clairement le jour où je me suis mis en couple avec ma copine. J'ai été très très longtemps célibataire et, le jour où je me suis mis avec elle, ma vie a littéralement changé : c'est à partir de ce jour-là que j'ai fait semblant de perdre du poids. On s'est rencontrés grâce à Joueur du Grenier et ma vie a changé du tout au tout.

Des phobies ? ou des TOC de vidéaste ?

Fred : J'ai peur des araignées et des guêpes, mais ça n'a rien à voir avec la vidéo ! Je pense que c'est plus ou moins le fait d'arriver un jour dans ce que l'on fait à un point où on sera nuls à chier. Je vois la personne dont on s'est inspirés qui est Angry Video Game Nerd, qui aurait clairement dû arrêter il y a un an. Il est vraiment devenu bidon. Quand tu le regardes c'est un peu gênant. Je dis toujours : « Il faut qu'on arrête avant ça. » C'est la chute et on ne veut pas ça.

Seb : Moi, ça me fait flipper qu'il y ait un déferlement de haine ou de rage vis-à-vis de nous. Ça me terrifie un peu, parce qu'on s'est tellement habitués à avoir tout le temps des remarques gentilles en convention que je vivrais très mal d'être confronté à l'inverse.

Quels sont vos garde-fous pour éviter ça ?

Fred : Pour moi, c'est les commentaires. Je sais que, lorsqu'une vidéo sort, je lis énormément les commentaires pour avoir les retours des gens durant les trois premiers jours. Il y a aussi des forums, où je sais que les gens nous détestent, où je vais pour voir ce qu'ils n'ont pas aimé.

Seb : C'est vrai que ces forums tu y vas souvent ! C'est ton petit cérémonial parce que tu sais qu'ils ne vont pas aimer ! C'est un peu le sauna, tu y vas, tu mets le truc à fond, tu transpires et après ça va mieux. Pour ma part, je ne vais pas voir ces forums.

Cinq passions qui vous animent ?

Fred : Les jeux vidéo, clairement. Quand j'ai un moment, je le prends pour jouer et pour m'amuser. C'est ma passion, tout simplement. Si un jour on arrête les vidéos, j'aimerais continuer à travailler dans ce milieu. Voyager, j'aime beaucoup ça. Le sexe, le cinéma et le KFC.

Seb : Le terme « passion » c'est assez fort. C'est vraiment le truc poussé à l'extrême. Du coup c'est assez dur. Les jeux vidéo, la musique, le cinéma beaucoup, les voyages aussi et le sexe.

Quels sont vos jeux du moment ?

Fred : *Overwatch* ! On joue énormément à ce jeu en ce moment. J'attends quand même – dingue de ouf – *Star Citizen*, et j'y crois. Quand je me lève le matin, le premier truc que je fais, c'est d'aller voir les news de *Star Citizen*. C'est un jeu qui est en développement depuis pas mal de temps.

Seb : Moi, je vais peut-être me lancer sur *DOOM* et *Odin Sphere*, parce que j'adore ce genre de jeux. Je suis très action-RPG, grand fan de *Zelda*, j'attends vraiment *Breath of the Wild*. Je suis dégoûté parce que j'ai essayé de gratter partout pour pouvoir l'essayer mais pas moyen !

Est-ce que vous pouvez nous dire quel est le jeu qui vous a le plus traumatisés ?

Fred : Dans le cadre de JDG, moi, clairement, c'est *Dragon's Lair*. Après ce n'est pas un jeu que j'ai eu lorsque j'étais plus jeune. Du coup, je dirais qu'il s'agit de *Solstice* sur NES, qui est peut-être l'un des tout premiers jeux auxquels j'ai joué sur NES. C'était vraiment nul à chier. Sinon il y a aussi

Vidéo à ne pas manquer

JOUEUR DU GRENIER – LES RPG

VIDÉO À NE PAS MANQUER

PAPY GRENIER - POKEMON ROUGE

Rygar sur Atari, qui est le jeu à cause duquel j'ai pété ma première console d'un coup de genou.

Seb : C'est vrai que, pour l'émission, *Dragon's Lair* a été particulièrement horrible. Déjà parce que c'était une télécommande et pas une manette, et ensuite parce que sur le CD-i tu n'as pas de sauvegarde, du coup il fallait laisser tourner la console en permanence, même la nuit. Elle chauffait et mon bureau avait légèrement cramé.

VOTRE PIRE DÉFAUT ?

Fred : J'ai tendance, je le reconnais moi-même, à être un peu petit chef. Notre méthode de fonctionnement dans les JDG fait que, même si on a hiérarchiquement le même rôle, je dis un peu aux autres quoi faire. Je me plains souvent de tout faire et je ne délègue au final jamais rien parce que si ce n'est pas moi qui le fais ce n'est jamais comme je veux.

Seb : Tu aimes bien avoir la mainmise sur les choses en fait. Tu n'aimes pas trop déléguer. En ce qui me concerne, je dirais que je suis peut-être un petit peu colérique et impatient.

SI VOUS N'AVIEZ PAS ÉTÉ VIDÉASTES, À QUOI VOUS DESTINIEZ-VOUS ?

Fred : Vendeur chez *Micromania*, pourquoi pas. Après, en vrai, vu là où on habitait avant, franchement j'aurais fini à *Leroy Merlin* à soulever des cartons. Niveau boulot à Perpignan c'est pas la joie. Ou peut-être moniteur d'auto-école.

Seb : Moi, ça aurait été du dépannage informatique puisque j'ai fait des études en électronique.

QUELLE EST VOTRE CITATION FAVORITE ?

Fred : « Alors je me suis fait ninja » ma citation par Bruce d'e-penser ! (*NdA* : après vérification poussée et assidue entre deux pizzas, il semblerait que Bruce était bien à l'origine de ladite citation, preuve à l'appui par carte de visite du 30 mars, 9 h 27 !) Du coup, j'ai envie de dire « Hakuna Matata ». C'est con, mais c'est un truc qui régit beaucoup ma vie en fait. Ça peut sembler paradoxal lorsqu'on me connaît, parce que je ne suis jamais zen à 200 %.

Seb : Allez, pour moi ce sera « *If it bleeds, we can kill it.* » « S'il saigne, on peut le tuer », qui vient de Predator.

QUELLE EST VOTRE CONSOLE DE CŒUR ?

Fred : La console de cœur pour moi ce serait la Mega Drive. Mais j'ai tendance à dire que la meilleure console à avoir en cas de fin du monde, c'est la PSOne. C'est celle qui a tout changé, qui a le plus gros catalogue, de très bons jeux autant en 2D qu'en 3D.

Seb : Je pense que c'est la nostalgie qui te fait parler. Moi, je ne ressortirais pas une Play pour joueur à des jeux de Play. En plus, tu as eu plein de remakes, perso je préfère jouer aux remakes. Tous les jeux de début 3D vieillissent super mal. En revanche les jeux 2D de la Super NES, c'est autre chose. De cœur, moi, je dirais la NES. J'ai découvert tellement de jeux grâce à elle ! Et du coup, la Super NES aussi.

QUELS SONT LES VIDÉASTES OU PERSONNALITÉS QUI ONT INSPIRÉ LE PLUS VOTRE TRAVAIL ?

Fred : Ce que je dis chaque fois, c'est que j'ai plusieurs piliers d'humour. Nostalgia Critic, qui est pour moi le meilleur vidéaste Web et le plus drôle. Sinon il y a François Pérusse et Louis de Funès.

Seb : J'aime beaucoup Louis C.K., que je trouve totalement fantastique.

COMMENT VOUS EST VENUE L'IDÉE DU JOUEUR DU GRENIER ?

Fred : Quand on a commencé en 2009, Angry Video Game Nerd faisait des vidéos depuis deux ans déjà. Du coup, on s'est dit qu'il n'y avait rien à ce moment-là sur YouTube de comparable en

France, au niveau jeu vidéo en tout cas. Pour vous dire, à cette époque, Benzaie était sur sa chaîne anglaise. On avait donc six mois de salaire de notre précédent taf et on n'avait plus rien à faire. Avec Seb, on s'est demandé si on allait continuer à faire des trucs style documentaire de la Fête de la saucisse que personne ne va regarder ou si on allait se lancer dans quelque chose de nouveau. Au début, c'était assez difficile.

Seb : Le tout premier JDG, on voulait se différencier du concept original et partir sur les *free to play*. On n'arrivait pas à faire quelque chose qui nous plaisait, du coup on est repartis sur le concept de l'AVGN en incluant notre humour à nous. Effectivement, c'était difficile quand on a commencé, parce que tous les fans d'AVGN nous sont tombés dessus en nous accusant de plagiat.

Est-ce que vous vous étiez fixé des objectifs au lancement de votre projet ?

Fred : Pas du tout. Déjà, lorsqu'on s'est lancés, la monétisation n'existait même pas, donc on n'était même pas partis dans l'optique de gagner notre vie grâce à ça. L'objectif c'était juste de faire de bonnes vidéos.

Seb : On s'est clairement lancés en se disant : «Allez viens, on va faire ça et ça va être rigolo !» On a été assez vite dépassés en fait. Je me rappelle qu'on avait fait une vidéo pour les 2000 abonnés et, le temps qu'on la sorte, on était déjà passés à 10000 abonnés. La suivante de ce type, on n'a pas cherché, on l'a faite pour les deux millions.

Est-ce que vous avez suivi des conseils de proches ou de viewers pour faire évoluer votre contenu ?

Fred : Je pense qu'au début les commentaires ont eu pas mal d'influence sur ce qu'on faisait. Il faut voir que le format JDG a constamment évolué au cours des 20 premiers épisodes et qu'il s'est plus ou moins fixé avec la vidéo «Dragon Ball», qui est devenue le modèle de référence avec une pré-intro, un générique, une intro, l'épisode et la conclusion. On a donc été énormément influencés, peut-être trop, par les commentaires.

Seb : C'est vrai, je me rappelle qu'au début on essayait d'alterner les JDG un peu plus rageux et les versions avec un peu plus de mise en scène. On a appris à connaître notre public et on a surtout compris que l'on ne pourrait pas satisfaire tout le monde. Il y aura toujours des personnes qui ne seront pas contentes. On veut satisfaire le plus de monde possible, c'est sûr, mais tout en continuant à faire ce que l'on veut et ce que l'on aime.

> « À la base, Internet c'était un truc pour avoir quelque chose de neuf et on est en train de reproduire exactement le même schéma qu'à la télé. »

De nouvelles émissions, sur la chaîne Joueur du Grenier, ont par la suite vu le jour : les *Hors-Série*, les *Papy Grenier* ou encore les *Jeux en vrac*. Est-ce que vous pouvez nous parler de cette évolution ?

Fred : Les *Hors-Série* sont venus assez rapidement finalement. Le premier était, je crois, la sixième ou cinquième vidéo. C'était pour marquer les 2000 abonnés de la chaîne, pour lesquels on souhaitait faire un truc un peu original histoire de marquer le coup. Ça a plutôt bien pris et c'est un concept qu'on a ressorti un jour où on n'avait plus trop d'idées. On a sorti le premier «Dessins animés», qui a été un énorme succès ; c'est l'une des vidéos qui a le mieux marché ! On ne parlait plus seulement aux fans de jeux vidéo, mais à l'enfance d'énormément de monde.

Seb : *Papy Grenier*, en revanche, ça a vraiment

« Les gens sont en train de chercher à redécouvrir le plaisir d'être ensemble dans une même pièce. Le but n'est pas le jeu, mais de quelle manière tu joues et avec qui. »

été le piège. À la base, il devait s'agir d'un *let's play*. On avait envie de parler de bons jeux et d'échanger des souvenirs en fait, et de rester dans la nostalgie. On se foutait à l'origine derrière un micro, on ne montrait même pas nos têtes. Finalement c'était un peu brouillon, on avait du mal à l'illustrer. On s'est dit que ça pourrait être bien d'écrire un script, et petit à petit on a vu qu'on avait des idées de gags comme pour les JDG. C'est devenu *Papy Grenier* et c'est parfois plus complexe à mettre en place que les JDG.

D'ailleurs, vous avez lancé une seconde chaîne, le Bazar du Grenier, au concept très différent de votre première chaîne. Vous pouvez nous parler de sa genèse ?

Fred : Cette chaîne et son concept sont venus d'un autre truc. Au moment où on l'a lancée, notre régie publicitaire a commencé à râler parce que les JDG rapportaient moins que le minimum garanti. La publicité elle-même commençait à rapporter de moins en moins. On atteint quasiment les 75 à 80 % d'Adblock sur la chaîne. En gros, huit visionneurs sur dix bloquent la pub, ce qui réduit considérablement les revenus. On voulait faire des *let's play* un peu cool, mais c'est vrai que c'est né d'une pression de notre régie pub liée à des impératifs économiques.

Seb : Il ne faut pas perdre de vue que, sur JDG, on sort une vidéo par mois, ce qui n'est vraiment pas énorme et qui ne correspond pas au modèle économique actuel de YouTube. Cela ne nous empêche pas d'avoir créé des trucs, comme « Jeux en vrac », qui est une sorte de mini-JDG, à cette occasion.

Avez-vous peur du fait que le concept du JDG s'essouffle ?

Fred : Je pense que ça viendra un jour de toute manière. Il y aura toujours des jeux, mais le problème c'est que les jeux se ressemblent tous. L'exemple que j'utilise toujours c'est : « Ce mur est blanc, et tu dois me trouver 85 façons différentes de me dire que ce mur est blanc. » Au bout d'un moment, les problèmes sur les vieux jeux sont tout le temps les mêmes. On va progressivement s'ouvrir aux jeux de PS2 et de la première Xbox.

Seb : C'est pour ça aussi que l'on greffe de la mise en scène et qu'on essaie de créer une espèce d'univers fou et cohérent dans nos têtes qui est celui du Joueur du Grenier. Parce qu'effectivement, sans ça, ça reste globalement la même chose. C'est ce qui marque le plus les gens.

Vous vous êtes également lancés dans le jeu de rôle, quelque chose que l'on ne voit pas partout sur YouTube mais qui a su trouver son public... :

Fred : *Aventures* a rencontré un véritable succès et a relancé le jeu de rôle. Deux personnes sur trois qui viennent nous voir disent qu'elle mate « Aventures » et qu'elles se sont lancées dans le JDR alors qu'elles ne connaissaient pas du tout. Les gens sont en train de chercher à redécouvrir le plaisir d'être ensemble dans une même pièce. Le but n'est pas le jeu, mais de quelle manière tu joues et avec qui. Moi, le jeu de rôle, c'est clairement dans mon ADN.

C'est quelque chose qui m'a beaucoup aidé lorsque j'étais au lycée. J'avais une personnalité totalement différente de celle que j'ai aujourd'hui et j'étais extrêmement timide et réservé. J'étais mal à l'aise dans ma peau. J'ai redoublé ma première et je me suis réorienté. De cette façon j'ai rencontré des gens avec qui j'ai commencé à faire du JDR. Je suis devenu maître du jeu. Le jeu de rôle, c'est du théâtre, clairement, et je pense qu'il devrait y avoir des cours de jeu de rôle au lycée. J'ai totalement changé de personnalité, je me suis affirmé, ouvert, j'ai pu aller vers les autres. Aujourd'hui, je serais incapable de faire tout ce que je fais si je n'avais pas vécu ça.

Est-ce que vous pouvez nous parler des BD qui sont parues chez Hugo BD et au sein desquelles une partie de votre public n'a pas vraiment retrouvé ce qui fait JDG ?

Fred : C'est Piratesourcil qui nous a proposé ça à l'époque. Nous, on gagnait peu d'argent et on n'avait pas du tout idée de ce que cela pouvait impliquer de lancer une BD, notamment en termes de communication. On n'était pas vraiment satisfaits de la première, du coup, plutôt que de mentir on a préféré annoncer qu'elle visait un public très jeune. Idem pour la deuxième. Je voulais arrêter à ce moment-là et les choses se sont passées d'une telle façon avec l'éditeur que ça a continué alors qu'on ne le souhaitait pas. Nous, ce qui nous intéresse, c'est de faire des vidéos, et on est très mauvais au niveau de la gestion. Du coup, pour ça, autant le dire, on a mal géré la chose.

Seb : En revanche les DVD, ça, on en est vraiment vachement contents. C'est Benzaie qui nous avait conseillé ça et, pour le coup, on n'a pas été déçus. Pour la BD c'est dommage, parce qu'au final moi, j'adore les produits dérivés, et notamment ceux dans lesquels on peut s'investir, par exemple les bonus qu'on peut retrouver dans les DVD.

Quel regard portez-vous sur YouTube et son évolution ?

Fred : Je dois dire que la nouvelle génération de YouTubers, les plus jeunes, me fait flipper, parce que ce sont des gens qui ne sont pas mûrs pour le succès. Tu ne peux pas devenir une star hyperconnue quand tu as 10 ans sans péter un câble. Nous, c'est devenu très progressif et on avait 28 ans. Ce que tu te demandes c'est, si demain ça s'arrête, pour les plus jeunes d'entre eux, qu'est-ce qu'ils vont devenir ? Ça me fait clairement l'effet télé-réalité. Il faut être capable d'encaisser, et je pense qu'à 11 ans ce n'est pas possible.

Moi, j'ai surtout peur pour eux en fait. J'ai croisé des vidéos de la Video City où tu voyais des gamins avec des lunettes noires et des capuches sur la tête comme si c'était des stars à Hollywood. Ils ont totalement embrassé le star-system et je n'aime pas ça, ce côté « non je ne parle pas à mes fans, je suis trop connu ». Ah putain ! que je déteste ça en fait ! C'est sale et je ne veux pas de ça sur YouTube. Le mec fait des vidéos, quoi ! Ce genre de réactions est tout ce qu'on ne veut pas voir sur YouTube.

Seb : À la base, Internet c'était un truc pour avoir quelque chose de neuf et on est en train de reproduire exactement le même schéma qu'à la télé. J'ai vraiment l'impression qu'on est en train de gâcher quelque chose. Puis, tu as en plus la télévision qui arrive aussi avec ses gros sabots avec des projets qu'elle-même finance sur YouTube. La boucle est bouclée au final.

VIDÉO À NE PAS MANQUER

JOUEUR DU GRENIER - DRAGON'S LAIR – NES

SQUEEZIE //

MULTIGAMING / **PUBLICATION QUOTIDIENNE**

VIDÉOS À NE PAS MANQUER : JE VEUX TOUT MANGER. (AGARIO) //
9 TRUCS CHIANTS QUAND T'ES SUR L'ORDI# //
PARTOUT. DES RATS PARTOUT. (LAYERS OF FEAR #1) //

Squeezie est le gamer francophone le plus suivi au monde avec plus de cinq millions d'abonnés et presque deux milliards de vues sur l'ensemble de sa chaîne. En l'espace de quelques années, il s'est fait une place de choix parmi les YouTubers les plus populaires de France. Il réalise notamment des tests rapides – cinq minutes en moyenne – de jeux vidéo très diversifiés. Des blockbusters aux jeux indépendants en passant par des licences obscures et peu connues, il transporte son public dans un rythme frénétique plein d'hyperactivité et de bonne humeur contagieuse ponctuées de phrases devenues cultes.

\\ CYPRIEN GAMING

PUBLICATION HEBDOMADAIRE \ **MULTIGAMING**

VIDÉOS À NE PAS MANQUER : L'IDENTITÉ DE BATMAN# //
ILS TESTENT NOTRE NIVEAU DE FOURBE ! - SUPER MARIO MAKER //
DARK SQUEEZIE VS MAÎTRE CYPRIEN //

CyprienGaming est une chaîne rassemblant les YouTubers Cyprien et Squeezie. Elle figure parmi les chaînes les plus populaires de France en matière de jeux vidéo avec plus de 3,5 millions d'abonnés. Il est principalement question de tests de jeux à travers des vidéos courtes, parfois sponsorisées par certains éditeurs, à l'image d'Ubisoft. Les deux YouTubers proposent aussi régulièrement des courts-métrages portant sur des univers spécifiques tels qu'*Assassin's Creed*, *Batman* ou encore *Far Cry*. La réalisation dynamique et la complicité entre Cyprien et Squeezie ne sont pas les seuls atouts de la chaîne. CyprienGaming reçoit effectivement de temps à autre des personnalités, la plus marquante ayant été Shigeru Miyamoto, le créateur de *Mario*.

DIABLOX9 //

MULTIGAMING / **PUBLICATION HEBDOMADAIRE**

VIDÉOS À NE PAS MANQUER : VIDÉO-DÉCOUVERTE : RISE OF THE TOMB RAIDER - ATTAQUE D'OURS, GUNFIGHT, EXPLORATION ET J'EN PASSE. // MON TOUT NOUVEAU SETUP 2015 //
3 JOURS À LONDRES POUR DOOM ! //

Diabl0x9 est un vidéaste suisse qui a longtemps été spécialisé dans le FPS, notamment *Call of Duty*. Il est le fondateur de l'« AdVen Family » et a aussi participé à certaines vidéos de WaRTeKGaminG. À partir de 2011, il a réalisé de nombreuses chroniques vidéo pour le site d'actualité jeuxvideo.com. Progressivement, il s'est tourné vers le multigaming et propose aujourd'hui des vidéos portant sur des licences diverses, bénéficiant le plus souvent d'accès anticipés. C'est un YouTuber sincère et relativement proche de sa communauté qui met un point d'honneur à offrir du contenu de qualité et qui produit également de nombreux *streams*.

PLAYCOMEDYCLUB //

MULTIGAMING // PUBLICATION QUOTIDIENNE

VIDÉOS À NE PAS MANQUER : ▶ GTA 5 : CASCADES RATÉES ! //
▶ MINECRAFT : LE PARADIS ! (FANTA, BOB & BILOULETTE) - NYZOKA'S PRODUCTION //
▶ IRL CALL OF DUTY ! DANS LA PEAU D'UN KILLFEEDEUR ! //

Chaîne communautaire qui regroupe plusieurs YouTubers, PlayComedyClub est la première chaîne française en matière d'humour lié au jeu vidéo. Elle regroupe des vidéos parodiques ainsi que des canulars portant sur différentes licences, principalement *Grand Theft Auto V, Black Ops* et *Minecraft*. Les vidéos sont de format et de longueur très variés, allant de la simple compilation à des créations plus travaillées. Certains contenus sont destinés à un public averti.

\\ WARTEK

PUBLICATION HEBDOMADAIRE \\ MULTIGAMING

VIDÉOS À NE PAS MANQUER : ▶ WARTEK VS ZYDAR - 1VS1 AU SNIPER SUR BLACK OPS 3 //
▶ 1,2,3… SOLEIL SUR NUKETOWN 2065 //
▶ WARTEK VS GOTAGA - 1VS1 AU SNIPER SUR BLACK OPS 2 //

WaRTeK est un YouTuber suisse spécialisé dans le FPS qui s'est fait connaître à travers ses vidéos portant sur *Call of Duty*. Il était à une certaine époque considéré comme le meilleur sniper français sur ce jeu et a fait partie de la *team* nommée FaZe. En parallèle de sa chaîne WaRTeKGaminG, il est depuis 2015 très actif sur Anil Vlog où il filme ses voyages, sorties et expériences diverses. Équipé de très bons outils de capture, il met un accent particulier sur la réalisation artistique de ses vidéos.

SUP3R KONAR //

MULTIGAMING // PUBLICATION QUOTIDIENNE

VIDÉOS À NE PAS MANQUER : ▶ GRAND THEFT AUTO VI - PARIS CITY (PARODIE GTA6) //
▶ L'ART DE TOUT DÉGLINGUEY!!! STAR WARS BATTLEFRONT //
▶ [SUP3RKONNAR_03] L'ÂGE DE PIERRE C'EST TIP TOP! FAR CRY PRIMAL //

Totalement déjanté, avec des délires pleins de baguettes de pain en tout genre, Sup3r Konar est un YouTuber gaming qui réalisait à l'origine des montages sur *Call of Duty*. C'est avec ses vidéos sur *Grand Theft Auto V* que le colonel Konar a vu sa communauté se développer considérablement, certaines de ses réalisations ayant d'ailleurs été diffusées sur la chaîne PlayComedyClub. Son contenu s'est beaucoup diversifié depuis, mais le vidéaste est resté le même avec un univers un peu fou et une personnalité débordante d'énergie et de surexcitation.

LE BLED'ART //

MULTIGAMING // PUBLICATION QUOTIDIENNE

VIDÉOS À NE PAS MANQUER : ▶ J'AI TOUT FRACASSÉ ! - HAPPY WHEELS //
▶ MA SORTIE BATEAU DU LYCÉE - BLÉDARD STORY #114 //
▶ LE PRISONNIER LE PLUS DANGEREUX ! - GARRY'S MOD //

La chaîne de Bled'Art, YouTuber également connu sous le nom d'Anas, regroupe des vidéos de gaming ainsi que des podcasts. Le vidéaste d'origine marocaine a débuté avec *Grand Theft Auto V*, mais il s'est rapidement intéressé à d'autres types de jeux. Il est très actif et réalise souvent des vidéos avec son frère, de la chaîne Panormal, ainsi qu'avec plusieurs autres YouTubers. Ce spécialiste de la merguez partage ses délires avec bonne humeur et humour.

\\ AMIXEN

PUBLICATION HEBDOMADAIRE \\ MULTIGAMING

VIDÉOS À NE PAS MANQUER : ▶ IL DEVINE MES YOUTUBERS PRÉFÉRÉS ! – AKINATOR //
▶ COMMENT TUER AVEC UN LUSTRE ? // ▶ VIE NULLE SIMULATOR - LIFE: THE GAME //

Amixem est un vidéaste qui communique avec aisance sa bonne humeur et son humour. Sa chaîne se décompose en deux axes : le premier concerne les jeux vidéo, où il est possible de le suivre dans son univers décalé et délirant à travers de nombreux jeux, et le second repose sur des podcasts où, toujours dans le même esprit drolatique et plaisant, il parle de sa vie de tous les jours ainsi que de ses expériences. Il est également présent sur la chaîne The Fantastiques, qui propose des courts-métrages, ainsi que sur la chaîne gaming Les Pizza Guys.

MRBBOY45 //

MULTIGAMING & MINECRAFT // PUBLICATION QUOTIDIENNE

VIDÉOS À NE PAS MANQUER : ▶ LA FOLLE AVENTURE DE LA KOD SUR MINECRAFT | ÉPISODE 1 // ▶ UHC RUN EN SOLO | QUEL RÉSULTAT ? #56 //
▶ FAR CRY PRIMAL - L'AVENTURE PRÉHISTORIQUE COMMENCE ! EP 1 //

MrBboy45, qui a collaboré à la création de la plate-forme de streaming leveldown.fr, joue à de nombreux jeux sur sa chaîne. Parmi les plus réguliers se trouve *Minecraft*, avec ses célèbres « Minedredi », qui se tiennent sur le serveur français Epicube. MrBboy45 a par ailleurs également participé à des « Kill The Patrick » avec Dark Funeral et Jiraya. De nombreux *let's play*, des découvertes ainsi que des accès anticipés à pas mal de jeux sont également présents. Il lui arrive d'inviter des membres de sa *team*, KoD, un groupe d'amis YouTubers. Il possède également une chaîne secondaire, MrBboy45 En Live, ou il rediffuse l'ensemble de ses live.

WIZGAMERZ //

ACTUALITÉS & MULTIGAMING / PUBLICATION QUOTIDIENNE

VIDÉOS À NE PAS MANQUER : ▶ FIVE NIGHTS AT FREDDY'S : HORREUR ET PARODIES (AVEC SQUEEZIE ET LE BLED'ART) // ▶ LES PIRES JEUX VIDÉO DE L'HISTOIRE ! // ▶ MINECRAFT QUIZ ! //

Chaîne communautaire originellement créée par WizDeo, WizGamerz se focalise sur l'actualité des chaînes YouTube spécialisées dans le gaming. «Throne of Gamers» est proposé toutes les semaines : il s'agit d'un top 10 des chaînes les plus actives. Une foule d'autres contenus, publiés de façon journalière, est également présente sur la chaîne : quiz, anecdotes, «Le Meilleur du Gaming», qui consiste en des points explicatifs, ainsi que les secrets de certains jeux ou sujets. Il est également possible de soumettre ses propres vidéos pour «Le Meilleur du Gaming», vidéos qui pourront être acceptées si elles sont pertinentes, drôles ou originales.

\\ GUZZ PRODUCTIONS

PUBLICATION HEBDOMADAIRE \ HUMOUR & MULTIGAMING

VIDÉOS À NE PAS MANQUER : ▶ THE COMEDY CUBE - LE BOUTON // ▶ GUZZ THEFT PORTO V #27 : LA VENDETTA DE PORTO // ▶ NOUS SOMMES TOUS PEWDIEPIE (GMOD MAP HORREUR) //

À l'origine, c'est avec la série humoristique sur *Minecraft* «The Comedy Cube» que les créateurs de la chaîne, Guzz et Porto, se sont fait connaître. Depuis, l'ensemble de leur production a beaucoup évolué pour tendre vers la diversification. «Guzz Theft Porto» se concentre sur *Grand Theft Auto* tandis que «GMOD», ou «Gary's Mod», repose sur le jeu éponyme et ses nombreuses créations communautaires. Le duo fracassant s'essaie également à tout type de jeux, ponctuant leurs vidéos de fous rires et de vannes. Des guests sont souvent présents dans leurs vidéos. Les deux vidéastes possèdent chacun leur propre chaîne : La chaîne de Guzz et Porto Productions.

WANKIL STUDIO //

MULTIGAMING / PUBLICATION TOUS LES 2 OU 3 JOURS

VIDÉOS À NE PAS MANQUER : ▶ IL FAUT SAUVER LE SOLDAT FLANTIER (VERDUN) // ▶ ET UNE GOUTTE DE VANTARDISE ! (TRACKMANIA TURBO) // ▶ UTILISE TON GHETTO BLASTER LUKE ! (STAR WARS BATTLEFRONT) //

Laink et Terracid sont les créateurs de Wankil Studio, la chaîne représentée par une banane. C'est grâce à des sketchs sur le jeu *Minecraft*, «MinecraFUUU», où ils affrontaient des situations énervantes, qu'ils se sont fait connaître. La marque de fabrique de leur chaîne repose essentiellement sur un humour bon enfant et parfois totalement décalé. Ils partagent leurs délires sur énormément de jeux, les agrémentant parfois de leurs «Wankuls», des illustrations humoristiques. Une seconde chaîne est disponible, Wankil Studio - Les VOD, qui reprend les *streams* réalisés sur Twitch.

MAMYTWINK //

WOW, HEARTHSTONE & OVERWATCH / PUBLICATION TOUS LES 2 OU 3 JOURS

Avant de se lancer sur YouTube, Mamytwink a réalisé plusieurs sites Internet, et notamment mamytwink.com, spécialisé dans *World of Warcraft*, qui fut le premier à rencontrer un vif succès avec de nombreux guides et une communauté très présente. Il a également produit à l'époque une chronique intitulée « Les expéditions inutiles » pour jeuxvideo.com où il se lançait des défis loufoques sur différents jeux. Spécialiste de toutes les licences Blizzard, il est avant tout un grand fan et cela se ressent à travers chacune de ses créations. Il réalise sur sa chaîne de nombreuses vidéos de qualité en compagnie de son acolyte Zecharia. Sur le jeu *Hearthstone*, ils proposent tous deux d'expliquer les origines de différentes cartes avec « L'histoire d'une carte » et se lancent également des défis inutiles – « mais indispensables ». Des vidéos *previews*, des hors-séries ainsi que des explorations urbaines sont également de la partie.

INTERVIEW !

QUI ES-TU ?

Bonjour, je m'appelle Florian Henn et j'ai 26 ans. Sur Internet, on me connaît mieux par le nom de Mamytwink. Je crée et j'édite des sites Internet depuis l'âge de 15 ans et je réalise des vidéos sur ma chaîne YouTube depuis 2010. Je présente ces vidéos et j'édite mes sites Internet en compagnie de Julien Aubrée, alias Zecharia. François Calvier est notre réalisateur.

Je suis spécialisé dans les jeux Blizzard. Mes sites Internet et mes vidéos traitent des jeux comme *World of Warcraft*, *Hearthstone* ou encore *Overwatch*.

D'OÙ VIENS-TU ?

Je suis né et j'ai grandi au Luxembourg. À l'âge de 18 ans, je suis venu à Metz, en France, pour y faire mes études d'informatique, un master.

OÙ VAS-TU ?

Pour le moment, je me sens très bien à Metz. Il s'agit d'une très belle ville trop sous-estimée en France.

> « SI UN JOUR ON PEUT TOUS VIVRE DE NOTRE PASSION, ON AURA ACCOMPLI UN GRAND RÊVE. »

LE PLUS BEAU JOUR DE TA VIE ?

Je n'ai pas vraiment de « plus beau jour de ma vie ». Chaque jour où je me lève, je suis heureux de pouvoir faire de ma passion mon quotidien.

TON PIRE CAUCHEMAR ?

Travailler dans une entreprise sur un projet qui n'est pas mon projet.

DES PHOBIES ? OU DES TOC DE VIDÉASTE ?

Les rats, l'orage, les pétards, les ballons de baudruche et l'électricité statique. Cela n'est pas une blague…

CINQ PASSIONS QUI T'ANIMENT ?

Les jeux vidéo, le fait de partager ma passion à travers mes sites et mes vidéos, le cyclisme sur route, la lecture et l'histoire.

TON PIRE DÉFAUT ?

Vouloir tout gérer et contrôler.

SI TU N'AVAIS PAS ÉTÉ VIDÉASTE, À QUOI TE DESTINAIS-TU ?

Professeur.

Ta citation favorite ?

« Inutile donc indispensable. »

Parmi toutes tes vidéos, quelle est celle que tu préfères ?

La vidéo qui est parue le mardi 29 mars 2016. Sinon, notre tour le plus long de *Hearthstone*, quarante-cinq heures, qui nous a valu un buzz international et une entrée dans le *Guinness Book* des records.

Puisque tu es un expert en ce qui concerne les jeux Blizzard, est-ce que tu peux nous dire quels sont :

- Tes trois jeux préférés dans l'ordre

World of Warcraft, *Hearthstone* et *Overwatch*.

- L'extension de tes rêves dans *Hearthstone*

Une extension qui permettrait d'aller encore plus loin dans nos défis inutiles.

- Ton lieu préféré dans *World of Warcraft*

Nagrand.

- Le plus big méchant que tu aies pu croiser dans tes jeux

Lardeur.

- Horde ou Alliance ?

Alliance.

Quels sont les vidéastes qui inspirent le plus ton travail ?

AtheneWins, pour ce qu'il a fait dans sa carrière, GussDX, Hysteria. Je n'ai pas vraiment de vidéastes précis qui m'inspirent. Je regarde beaucoup YouTube de manière générale, pour pouvoir en tirer les meilleures idées et inspirations.

Quand tu t'es lancé, avais-tu une idée précise de ce que tu souhaitais faire avec ta chaîne ?

Pas vraiment, seulement partager ma passion pour WoW avec le plus grand monde possible. Toutefois, avec l'arrivée de Zecharia et la professionnalisation de notre activité, nous avons établi une stratégie depuis 2015.

As-tu demandé ou suivi des conseils de proches ou de viewers pour faire évoluer tes émissions ?

Oui, j'ai toujours essayé de m'entourer des meilleurs conseillers possible : réalisateur, développeur, expert SEO, communicant, etc. Que ce soit pour les vidéos ou les sites Web. Je pense que cela fait partie de mes forces.

Au fil du temps, tu as proposé de nouveaux contenus, peux-tu nous en dire plus sur cette diversité que tu insuffles à ta chaîne au côté de Zecharia ?

La rencontre de Zecharia a permis de donner une plus grande dimension au projet Mamytwink. Avec lui, j'ai créé trois nouveaux sites Internet, Hearthstone-Decks, Heroes-Strategie, Overwatch-World, et ainsi multiplié l'audience de Mamytwink par quatre. Hearthstone-Decks est d'ailleurs devenu le premier site francophone de Hearthstone.
De plus, on a pu former un duo sur Internet et relancer la chaîne YouTube. François Calvier, notre réalisateur, nous a beaucoup aidés à améliorer nos vidéos et à développer une réelle stratégie sur la chaîne. Mais, avant toute chose, ce sont deux amis avec qui je m'amuse beaucoup. Faire rire, divertir et informer nos abonnés, c'est la chose qui nous importe le plus.

Tu sembles toujours tenir à ton adage « Inutile donc indispensable »...

Oui ! Les jeux vidéo, c'est avant toute chose un moyen de s'amuser entre amis. Je pense qu'il ne faut pas trop se prendre au sérieux ! L'adage

VIDÉO À NE PAS MANQUER

HISTOIRE D'UNE CARTE HEARTHSTONE : ILLIDAN HURLORAGE

« Inutile donc indispensable » résume bien l'état d'esprit qu'a un joueur de jeux vidéo.

As-tu hésité avant de te lancer dans la vidéo sur le Web ? As-tu été poussé par quelqu'un ?

Lorsque j'ai rencontré François Calvier en 2010, il m'a apporté tout son savoir-faire en audiovisuel. Je n'ai donc eu aucune appréhension à me lancer. Toutefois, il faut dire qu'au début j'avais beaucoup de tics de langage et que mon articulation n'était pas top. J'étais quelqu'un de timide et j'avais peur de m'exprimer en public. Faire des vidéos sur YouTube a donc en quelque sorte été une thérapie pour moi.

Accordes-tu une grande importance au nombre de vues sur tes vidéos ?

J'y accorde une certaine importance, oui. Cela veut souvent dire plusieurs choses. Une vidéo qui ne va pas être vue soulève des questions : le contenu est-il adapté à ma chaîne ? Le contenu a-t-il un intérêt pour mon audience ? Manquait-il de fond ou d'originalité ? Etc. Il ne faut pas faire des vidéos dans l'unique but de faire des vues, mais il ne faut pas non plus fermer l'œil sur cet indicateur.

VIDÉO À NE PAS MANQUER

HEARTHSTONE EXPLIQUÉ EN 1 MINUTE

T'étais-tu fixé des objectifs en lançant ta chaîne ? Si oui, les as-tu atteints ? Au bout de combien de temps ?

En 2010, non. Mais, depuis fin 2015, nous avons fixé certains objectifs à notre chaîne. Pour le moment, tout se déroule comme prévu.

Comment organises-tu l'ensemble de tes vidéos ? Tu proposes effectivement de nombreux types de contenus...

Étant donné que nous ne faisons pas que des vidéos, mais aussi des sites Internet, événements, etc., notre planning est très chargé. L'organisation est donc très importante. Il nous arrive de tourner quatre à six vidéos dans une même semaine pour en avoir plusieurs d'avance – on en sort deux par semaine pour le moment. On essaie aussi de varier les épisodes et d'alterner entre nos séries de vidéos. Pour finir, on attache aussi de l'importance à proposer des vidéos uniques et originales, qui surprennent notre audience. En résumé, l'organisation et la coordination des tâches sont les deux clés pour réussir à aller de l'avant.

Peux-tu nous parler du lancement de ta société ? Il s'agit effectivement d'une étape vraiment marquante et décisive...

Depuis le départ, Mamytwink était un projet « passion » qui avait pour seul but de m'amuser. Au fil des années, le projet s'est professionnalisé et la possibilité de vivre de ma passion a commencé à se dessiner. J'ai donc d'abord créé mon auto-entreprise. À la fin 2015, on a franchi une nouvelle étape en créant notre société. Notre objectif à terme est de pouvoir créer plusieurs emplois. Si un jour on peut tous vivre de notre passion, on aura accompli un grand rêve.

Cela change-t-il quelque chose dans ta manière de travailler et de concevoir tes productions ?

Dans le fond, cela ne change pas grand-chose. On continue à partager notre passion. Dans la forme, on a appris à travailler de façon bien plus professionnelle. On ne lésine plus sur les moyens, afin de proposer du contenu de qualité. On s'organise aussi de façon beaucoup plus sérieuse.

« Le contenu est-il adapté à ma chaîne ? Le contenu a-t-il un intérêt pour mon audience ? Manquait-il de fond ou d'originalité ? Etc. Il ne faut pas faire des vidéos dans l'unique but de faire des vues, mais il ne faut pas non plus fermer l'œil sur cet indicateur. »

Toutefois, créer une société, ce n'est pas de tout repos. Il faut être très rigoureux d'un point de vue administratif. Il nous arrive parfois de passer de nombreuses heures à remplir des documents administratifs. Toutefois, on en apprend beaucoup et on fait des rencontres très intéressantes. Après, le plus important reste de s'épanouir dans notre vie.

Que penses-tu de la télévision ?

Je fais partie de l'exception, car je la regarde encore. Mais je comprends tout à fait que la nouvelle génération s'en lasse et se tourne plutôt vers Internet pour se divertir et s'informer. Il y a du bon comme du mauvais à la télévision. C'est pareil sur Internet.

Y a-t-il une vidéo que tu souhaites réaliser depuis longtemps ?

Oui, j'en ai même plusieurs. Bien que je ne puisse pas parler de tous mes projets, je vais quand même vous livrer une confidence. Ma plus grande passion dans ma vie est le cyclisme sur route. J'en fais depuis onze ans et j'ai parcouru des dizaines de milliers de kilomètres à vélo. J'ai aussi participé à certaines des courses les plus difficiles dans le monde. J'espère un jour pouvoir partager cette incroyable expérience en vidéo.

Quels sont les vidéastes que tu aimerais faire découvrir au plus grand nombre ?

Ils sont pour la plupart déjà très connus : ZeratoR, Axolot, DirtyBiology, Globtopus pour ses vidéos « Projet Fantôme ».

Vidéo à ne pas manquer

BATAILLE D'IDOLES DANS HEARTHSTONE

ADRI GEEK //

MULTIGAMING // PUBLICATION TOUS LES 2 OU 3 JOURS

VIDÉOS À NE PAS MANQUER : ▶ LA PEUR D'UN HOMME – RAKE // ▶ DEUX BOX GEEKS & AMÉRICAINES ! [PDG #8] // ▶ IL DIT N'IMPORTE QUOI ! – SIMSIMI //

Depuis l'été 2015, Adri geek connaît un succès croissant sur sa chaîne. Il faut dire que l'aspect professionnel de cette dernière, aux vidéos d'excellente qualité, tant au niveau du son que de la capture, n'y est certainement pas étranger. L'humour et la joie qu'il instille dans chacune de ses créations rendent le résultat final d'autant plus agréable. Ses vidéos, relativement courtes, portent sur divers types de jeux. Il propose également des compilations de ses live sur Twitch – où il est présent sous le même pseudo – ainsi que des *unboxings* ou des hors-sujets.

\\ JEANBAPTISTESHOW

PUBLICATION HEBDOMADAIRE \\ MULTIGAMING

VIDÉOS À NE PAS MANQUER : ▶ ÇA VAUT LE COUP ? (THE DIVISION) // ▶ CE QUE BATTLEFRONT AURAIT PU ÊTRE (EPIC TEST) // ▶ MONTER SOI MÊME SON PC GAMER À 500€ ? C'EST FACILE! //

Le Jean-BaptisteShow est une chaîne spécialisée dans le jeu vidéo qui propose une foule de contenus. Il est effectivement possible d'y trouver des *let's play*, des montages humoristiques, des tutoriels ainsi que des analyses. Humour et dérision sont de la partie et offrent des vidéos dynamiques et amusantes. Une chaîne secondaire, JeanBaptistePlay, propre à la rediffusion de live effectués sur Twitch, est également disponible.

NEMS //

MULTIGAMING // PUBLICATION QUOTIDIENNE

VIDÉOS À NE PAS MANQUER : ▶ DÉCOUVERTE ET MON AVIS - INSANE TAUPE // ▶ SPEED, FORCE, POISON ! - UHC RUN // ▶ MINECRAFT 9 ° UHC AVEC FRIGIEL ET AYPIERRE ! //

C'est à travers la chaîne « League of Legends » de GamingRoomTV que Nems s'est fait connaître. Il a par ailleurs débuté sur le jeu *Minecraft* au côté d'As2piK en mode de jeu UHC, mode où les joueurs sont sur une *map* fermée qui se réduit avec le temps et où la régénération naturelle est désactivée. Les vidéos qu'il propose sur *Minecraft* sont essentiellement des rediffusions de ses live sur leveldown.fr, plate-forme sur laquelle il est très actif. Le vidéaste propose également des vidéos sur *League of Legends* et *Counter-Strike*, ainsi que d'autres jeux pour lesquels il lui arrive de réaliser des *let's play*.

QUANTIC SHARK //

MULTIGAMING // PUBLICATION TOUS LES 2 OU 3 JOURS

VIDÉOS À NE PAS MANQUER : COMMENT LE KID VA CHOPER CES FOUTUES GOUTTELETTES ?! …SUR // COMBIEN D'INNOCENTS VA-T-ON ELECTROCUTER ? … SUR FINGERED // {QS} LES 5 JEUX LES PLUS CHERS DE L'HISTOIRE //

Chris, bien connu pour sa chaîne Poisson Fécond, et Romain, à l'origine de Romain TeaTime, sont les créateurs de Quantic Shark. Les deux vidéastes se retrouvent sur ce fameux « requin quantique » afin de présenter des vidéos gaming à leur sauce. Leur première formule consistait à lier leurs captures de jeux grâce à un scénario, puis, à la fin de leur première année d'existence, ils ont choisi d'opter pour un nouveau format, plus régulier, où ils ne présentent qu'un seul jeu par vidéo. Ils forment un excellent duo, dynamique, plein d'humour et à la blague facile.

\\ ZERATOR

PUBLICATION QUOTIDIENNE \\ MULTIGAMING

VIDÉOS À NE PAS MANQUER : BEST OF ZERATOR #100 : 100 MINUTES. //
MC AVEC FUKANO #1.1 : ON VA TUER LE DRAGON. //
FIFOUS VS GROS DURS : DARIUS TOP //

ZeratoR joue à de nombreux jeux : *Minecraft, League of Legends, CSGO* ou encore *TrackMania*. Il est passé par de nombreuses structures telles que GameCreds, Millenium, aAa ou bien Eclypsia. Streamer avant tout, présent sur Twitch, il propose plusieurs rediffusions de ses live ainsi que des tournois e-sport où il est présent en tant que commentateur. Ses émissions les plus connues sont *Le meilleur de ZeratoR*, une sélection de ses meilleurs moments, *IndependenZ Day*, où il présente des jeux indépendants, et *Minecraft avec Fukano* où il joue sur une map aventure. ZeratoR est un vidéaste et un streamer totalement surexcité : il communique une joie électrisante sur chacune de ses vidéos.

NOPAINNOGAME //

MULTIGAMING // PUBLICATION TOUS LES 2 À 3 JOURS

VIDÉOS À NE PAS MANQUER : UPLINK EVAC - LES MEILLEURS LANCERS DE GOTAGA //
ROAD TO D1 AVEC BRIAN, VINSKY & JULIEN - LE TITRE ! //
SHOX VS SCREAM 1VS1 AIM MAP CSGO //

NoPainNoGame est une chaîne dédiée à la compétition. Son but ? Rendre le joueur meilleur grâce à de nombreux conseils prodigués par des spécialistes et des professionnels. Les licences concernées sont *League of Legends, Call of Duty, Counter-Strike, Fifa 15* et *StarCraft II*. Plusieurs vidéastes bien connus sont présents tels que les joueurs YellOwStaR ou encore Gotaga, qui expliquent avec précision de nombreuses techniques et astuces.

GLOBTOPUSGAME //

ANALYSES & MULTIGAMING / PUBLICATION TOUS LES 2 OU 3 JOURS

VIDÉOS À NE PAS MANQUER : ▶ SPOILERS - ASSASSIN'S CREED //
▶ LE FOND DE L'AFFAIRE - LES EASTER EGGS POKÉMON //
▶ SPOILERS - POKÉMON BLEU ET ROUGE //

Maxime Robinet propose sur sa chaîne un certain nombre de vidéos directement liées aux jeux vidéo. C'est grâce à sa chronique « Le fond de l'affaire », sur le site jeuxvideo.com, que le vidéaste s'est fait connaître. Disponible sur la chaîne, cette série de vidéos entend aller au cœur de nombreux jeux pour révéler leurs secrets de développement ou des anecdotes croquantes. GlobtopusGame, c'est aussi *Spoilers*, l'émission qui vous « spoile » un jeu avec humour et dynamisme.

\\ KEN BOGARD

PUBLICATION TOUS LES 2 OU 3 JOURS \\ MULTIGAMING

VIDÉOS À NE PAS MANQUER : ▶ [S06E11] MEURS PAS SANS TON PIF - ITW DE ALIOUNE VAINQUEUR DU GLORY4FIGHTER // ▶ [EP#54] SUPER MARIO M'ÉCOEURE - LA RACE 100 MAN SUPER EXPERT // ▶ IL EST PAS SHINY - RESET HO-OH AVEC MONSIEURSAPIN //

Ken Bogard est un vidéaste et commentateur spécialisé dans les matchs de *versus fighting*, plus précisément la licence *Street Fighter*. Il est très connu dans le milieu de l'e-sport français et très présent sur gaminglive.fr, dont le contenu est rediffusé sur sa chaîne YouTube. On y retrouve notamment l'émission *Meurs pas sans ton PIF*, intégralement consacrée au jeu de combat et qui propose des analyses, interviews et parties commentées.

ATOMIUM //

JEUX INDÉPENDANTS & MULTIGAMING / PUBLICATION QUOTIDIENNE

VIDÉOS À NE PAS MANQUER : ▶ FINAL FANTASY XV : PLATINUM DEMO | GAMEPLAY FR //
▶ THE UNIVERSIM & L'ACTU DU JEU INDÉ | MARGINAL GAMERS //
▶ ENTER THE GUNGEON : L'INDISPENSABLE ROGUE-LIKE | GAMEPLAY FR //

At0mium est un véritable passionné de jeux vidéo, mais surtout de jeux indépendants. Il s'est d'ailleurs fait connaître en réalisant pour le site jeuxvideo.com la chronique « L'univers du jeu indépendant » qui propose de découvrir, chaque semaine, un ou plusieurs titres indépendants. Sur sa chaîne YouTube, il propose régulièrement des vidéos sur toute sorte de jeux. At0mium réalise un contenu de qualité, monté avec intelligence et qui vise à faire découvrir ainsi qu'à immerger le public dans le jeu.

BENZAIETV //

HUMOUR & MULTIGAMING // PUBLICATION HEBDOMADAIRE

Benzaie est un vidéaste qui s'est principalement fait connaître grâce à ses vidéos du *Hard Corner*, où il présente la plupart du temps des éditions collectors de jeux vidéo avec un œil acerbe et une bonne pointe d'humour. Il a construit un véritable univers autour de cette émission, univers auquel il a donné plus d'importance grâce au long-métrage *Hard Corner : le film*, auquel Bob Lennon et Antoine Daniel ont participé. Toujours sur BenzaieTV, il réalise également des chrono-critiques de films, des tops de fin d'année ou encore la présentation de différents jeux vidéo en «5 secondes». Sa seconde chaîne, BenzaieLive, lui permet de rediffuser les live qu'il propose quasi quotidiennement sur Twitch. Benzaie est par ailleurs un très grand collectionneur, qu'il s'agisse de consoles, de jeux ou de figurines.

INTERVIEW !

TU PEUX NOUS EN DIRE PLUS SUR TOI ?

Je m'appelle Benjamin Daniel, aucun lien de parenté avec Antoine. Je viens de Gascougnolles dans la commune de Vouillé, attention, Vouillé dans le 79, pas Vouillé dans la Vienne, c'est super important. Sinon, j'aspire à l'oisiveté.

LE PLUS BEAU JOUR DE TA VIE ?

Mon tournage auprès de mes stars YouTube favorites de l'époque, en 2009, à Chicago. Tourner aux côtés du Angry Video Game Nerd et du Nostalgia Critic, avec un Angry Joe encore très peu connu, c'était l'hallucination après moins de neuf mois de vidéos sur le Net pour moi !

> «JE VOULAIS RETOURNER LE CERVEAU AUX RÉTROGAMERS QUI SE CONTENTAIENT DE PARLER DE LA NES ET DE LA SNES.»

TON PIRE CAUCHEMAR ?

L'Urssaf, la Cipav, la CAF, le RSI, bref, tout ce qu'on peut trouver dans la chanson des frères Rap-tout des Inconnus. Maintenant je comprends cette chanson.

DES PHOBIES ? OU DES TOC DE VIDÉASTE ?

Je vérifie si le micro est bien branché ou raccordé à ma caméra à peu près 100 fois entre chaque prise. Même si quelqu'un filme à ma place, je lui demande à chaque prise de vérifier si le son est bien connecté. Une vraie hantise.

CINQ PASSIONS QUI T'ANIMENT ?

Les jeux vidéo, les mangas, le cinéma de genre, la musique metal et les dessins animés.

TON PIRE DÉFAUT ?

Je suis vraiment troglodyte, je peux passer des journées entières dans deux pièces, et ne pas me sentir coupable, ou des mois sans prendre de nouvelles d'amis proches.

SI TU N'AVAIS PAS ÉTÉ VIDÉASTE, À QUOI TE DESTINAIS-TU ?

Je suis techniquement encore capable d'enseigner l'anglais dans le privé !

TA CITATION FAVORITE ?

« J'suis pas cet esclave qu'attend le week-end pour s'enfuir. » – Stupeflip, extrait de *Stupeflip Vite*. Sinon, plus classe, il y a «Ce qui ne nous tue pas nous rend plus fort», de Nietzsche.

Parmi toutes tes vidéos, quelle est celle que tu préfères ?

J'hésite entre « Génération Pokémon », qui montre mon quotidien sans filtre glamour, elle est assez mélancolique, et « Computer & Spaceman », mon court-métrage de 2012 qui rend hommage à la SF. Les deux sont en collaboration avec Rangoononline, un vrai génie méconnu du Web, selon moi.

Entre ta chaîne principale et ta chaîne secondaire, on sent que ton intérêt se porte tout autant sur le rétrogaming que sur les jeux plus récents. Du coup, est-ce que tu peux nous dire

- Quel est LE jeu de ton enfance ?

Jim Power in Mutant Planet sur ATARI ST, qui cristallise tout ce qui était cool à l'époque, au début des années 90.

- Quelle est LA console de ton enfance ?

La Game Gear, mais merci à la prise sur secteur, car elle bouffait six piles en deux heures.

Es-tu un adepte du online ou du solo ?

Je joue en solo, mais sous l'œil de spectateurs en ligne – en *stream* quoi – ça en dit long sur moi, je trouve.

Borne d'arcade ou dernière génération de console ?

Les bornes auront toujours une aura singulière, elles sont pensées pour t'attirer, c'est viscéral… Donc les bornes, oui. Je peux passer devant des rayons de PS4 sans sourciller mais s'il y a une borne quelque part j'irai faire une partie.

Quels sont les vidéastes qui inspirent le plus ton travail ?

À la base, James Rolfe, alias l'AVGN, également la principale inspiration de Joueur du Grenier. L'explosion de sa chaîne a été une révélation pour de nombreux vidéastes en vogue aujourd'hui, surtout aux USA, comme JonTron, ProJared, Angry Joe, etc.

Quand tu t'es lancé, avais-tu une idée précise de ce que tu souhaitais faire avec ta chaîne ?

J'étais avant tout motivé par le désir de faire connaître des jeux qui me tenaient à cœur. Aucun test de *Jim Power* ou *Solstice* pertinent ou simplement bien diffusé à l'époque où j'ai commencé. Je voulais retourner le cerveau aux rétrogamers qui se contentaient de parler de la NES et de la SNES.

Comment est né le concept de ta chaîne ?

Comme j'ai été pris très tôt sur un site US (tgwtg.com), mais que la fan base stagnait pas mal après trois ans d'efforts, je voyais l'essor, enfin, de bonnes grosses chaînes francophones

« Je ne laisse pas le public me dicter quoi faire ou comment le faire, mais par contre je prendrai toujours le temps de les remercier ou de répondre à leurs questions. »

qui ne se contentaient pas de faire que du commentaire de jeux. Sur Joueur du Grenier, il y avait du montage, de l'écriture, une chute, un générique… Ça m'a conforté dans l'idée que je pourrais sûrement jouer une carte dans ce boum YouTube en France en proposant un truc différent, que le public était en demande de ce genre de vidéo, de sketch ou de chronique. J'ai mélangé toutes mes influences, ma propre sauce développée sur TGWTG pour pondre le *Hard Corner*, avec un personnage qui se contentait de gueuler sur des produits, et avait désormais une boutique comme dans mon film de chevet *CLERKS*, une suggestion de Dr Lakav.

VIDÉO À NE PAS MANQUER

LA PREMIÈRE PLAYSTATION - HARD CORNER (BENZAIE)

As-tu demandé ou suivi des conseils de proches ou de viewers pour faire évoluer tes émissions ?

C'est ce bon Dr Lakav, un ancien de chez Nolife, qui m'a pas mal conseillé sur comment aborder mon émission phare, le *Hard Corner*, que je voulais originellement pitcher auprès de la chaîne justement. Ma copine est mon premier public test pour tout ce que je m'apprête à sortir.

Au fil du temps, ton personnage et le *Hard Corner* ont vu leur histoire s'étoffer. Est-ce que tu pourrais nous en dire plus sur ce développement ?

J'ai toujours pensé l'émission comme quelque chose qu'on voudrait regarder d'abord pour le personnage et l'humour plutôt que pour l'aspect « chronique de produits dérivés ». Mais sans jamais imposer la narration, plutôt en laissant le personnage parler de lui-même, en le laissant dire au détour d'une phrase qu'il n'a qu'un testicule, ou que sa mère a un pénis. Petit à petit, les gens recollent les morceaux d'eux-mêmes.

Tu as d'ailleurs réalisé un film pour développer encore plus ce background. Peux-tu nous en dire plus à son sujet ?

Le film était un pari un peu fou pour me prouver à moi-même que j'avais plus à raconter en tant que vidéaste, mais aussi sur ce personnage précis. Le coup de poker, c'était de laisser la vente de tee-shirts *Hard Corner* financer le film ; si on faisait un bide, on n'aurait rien eu à produire, sinon, bah ! Il fallait se mettre au boulot. S'imposer du coup par éthique de porter le projet jusqu'au bout, par respect pour les spectateurs qui nous avaient donné l'énergie nécessaire…

As-tu hésité avant de te lancer dans la vidéo sur le Web ?

Je n'ai clairement pas hésité, il y avait une sorte d'effervescence sur les forums que je fréquentais et tout le monde y allait de son petit essai. Je voulais aussi me prouver à moi-même que mon anglais était assez bon pour être compris par des Américains.

Accordes-tu une grande importance au nombre de vues sur tes vidéos ?

C'est toujours vexant si une vidéo est moins regardée qu'une autre alors qu'on a soi-même ses chouchous. Le nombre de vues permet aussi de situer les goûts de son public. Je ne tente pas de faire du chiffre à tout prix, ce qui transformerait ma chaîne en bête panneau publicitaire débilitant, mais ils me disent au moins de quel côté le vent souffle.

VIDÉO À NE PAS MANQUER

ROCKET LEAGUE EN 5 SECONDES - FT. ARTHÉON - (BENZAIE TV)

T'étais-tu fixé des objectifs en lançant ta chaîne ?

Mon objectif premier était que les gens fans de rétrogaming sur quelques forums spécialisés comptent avec mes chroniques, être «legit» quoi, je voulais faire des vidéos crédibles dans une langue étrangère et faire rire.

Ensuite c'était tourner aux côtés de mes idoles américaines, puis de gagner de l'argent avec, puis d'en vivre totalement… Tout ça, c'est devenu réalité. Mon objectif est désormais de rester à flot ou de grandir et surtout de rester pertinent, pas juste «Hard Corner», mais moi en tant que vidéaste, de créer des trucs nouveaux, pas me lasser de mon travail.

Ta chaîne s'adresse aux gamers, mais elle s'adresse également aux collectionneurs, les vrais, les purs, les durs. Tu en es d'ailleurs un toi-même…

J'ai un vrai *affect* pour les jouets et les consoles, les cartouches, les statuettes, ça me fascine. Je possède 1 000 jeux physiques et 50 machines de jeux. C'est à la fois beaucoup et pas beaucoup, mais ma passion est dévorante, j'ai passé Noël au Japon à brasser des cartons de figurines d'occasion.

Comment organises-tu la vie de tes deux chaînes, BenzaieTV et BenzaieLive ?

BenzaieTV est une chaîne de type «TV» c'est-à-dire à base de programmes pensés, montés, écrits, bref… de vraies émissions, magazines ou sketchs qu'on se repasse et qu'on partage. BenzaieLive est plus comme un flux, une radio, de longues vidéos où je suis bien plus nature, sans script. C'est un autre exercice et ça me permet d'y mettre des billets d'humeur sans faire tache sur ma première chaîne.

As-tu des projets pour l'avenir de tes chaînes, de grands chambardements ou de nouveaux concepts ?

J'aimerais faire un nouveau film, ça me taraude et je commence déjà à oublier les galères sur le premier pour me motiver sur la création pure.

Quelle place occupe la proximité avec ton public ? Tu réalises effectivement de très nombreux live…

Mon public est mon lien le plus régulier avec la francophonie en tant qu'expatrié (en Finlande). Et, de nature, je suis incapable d'ignorer les injonctions, conseils, commentaires des gens qui me regardent. Je lis donc un maximum de ce qui se dit. Je ne laisse pas le public me dicter quoi faire ou comment le faire, mais par contre je prendrai toujours le temps de les remercier ou de répondre à leurs questions.

Quels sont les vidéastes que tu aimerais faire découvrir aux autres ?

Rangoononline, ce sont des génies dadaïstes inconnus mais avec un univers très riche sur lesquels je pourrais faire un exposé en histoire de l'art si j'allais encore à la fac ! Sinon Le SadPanda, PixelDan, Harry Partridge, OneyNG, Don't Hug Me I'm Scared.

VIDÉO À NE PAS MANQUER

GÉNÉRATION POKÉMON !

FANTABOBGAMES //

MULTIGAMING // PUBLICATION HEBDOMADAIRE

FantaBobGames, c'est un peu la rencontre de deux météores du jeu vidéo aux personnalités très différentes : d'une part Bob Lennon, Pyro-Barbare excentrique hyperactif à la repartie flamboyante, et d'autre part TheFantasio974, ou Fanta, spécialiste de *Minecraft* et légèrement moins remuant. C'est d'ailleurs sur le célèbre jeu aux cubes pixélisés que Fanta et Bob se sont rencontrés. Avant de se lancer dans le multigaming, ils ont formé le duo minecraftien le plus connu et le plus mémorable, sur la chaîne TheFantasio974, ainsi qu'en proposant une série de chroniques sur jeuvideo.com. Les deux comparses proposent sur leur chaîne principale un contenu considérable et très régulier, principalement des *let's play*. Le plus célèbre de ces derniers, encore inachevé, demeure celui réalisé par Bob Lennon sur *Skyrim* et qui dépasse les 400 épisodes.

INTERVIEW !

Qui es-tu ?

Bonsoir ! Je suis Bob Lennon. Un YouTuber français qui a fait ses débuts sur la scène vidéoludique Internet francophone sur un jeu intitulé *Minecraft*, puis sur un plus large spectre de jeux vidéo, tout ça pour le divertissement des jeunes, et surtout le mien. C'est devenu mon travail, et pour ça je suis l'homme le plus chanceux du monde. Car, après tout, qui peut clamer que sa passion est devenue son travail, et que son travail est resté sa passion ? À ce jour, avec mon comparse TheFantasio974, nous amusons plus de deux millions de Français pour leur plus grand plaisir, et le nôtre.

Le plus beau jour de ta vie ?

J'ai vécu tant d'événements heureux et puissants dans ma vie qu'il serait difficile de les classifier par intensité. Cependant, celui qui me revient à l'esprit est le jour où une petite fille m'a reconnu. Elle m'a regardé avec ses grands yeux du haut de ses 6-7 ans pour me sortir «Vous êtes Bob Lennon ?» comme si j'étais le putain de Père Noël en personne. Je vous jure qu'elle me regardait comme si j'étais un héros invincible qui n'avait pas à être affecté par de telles banalités comme le besoin de manger, le fait d'être triste, ou d'aller aux toilettes. Je suis sûr que tout ce que je lui ai dit restera gravé à ce jour dans sa psyché et l'aiguillonnera dans sa vie car j'ai vécu la même expérience étant petit et c'est une grande émotion que d'être de l'autre côté du miroir lorsqu'on la donne.

Des phobies ? Ou des TOC de vidéaste ?

J'ai peur des chiens. J'ai appris à surmonter ma peur, c'est-à-dire juste à ne pas la montrer. Les gens croient généralement que surmonter une peur, c'est de ne plus être effrayé. Une fausse idée préconçue, à mon humble avis.

VIDÉO À NE PAS MANQUER

ANNO 2205 - EP.1 : JE SUIS LE BOSS ! - GAMEPLAY FR AVEC FANTA PC

« Créez ou importez quelque chose de nouveau, si vous faites ça explicitement pour la gloire, vous échouerez. »

Ton pire défaut ?

J'me balance constamment lorsque je me concentre et je sonne continuellement pédant.

Si tu n'avais pas été vidéaste, à quoi te destinais-tu ?

Je vendais des trucs avant. Sans prétention, j'étais plutôt bon, mais pas heureux.

Ta citation favorite ?

« Ce sont des choses qui arrivent… »

Parmi toutes tes vidéos, quelle est celle que tu préfères ?

Ma musique du Pyro-Barbare sur *Skyrim*. Elle symbolise tout ce que j'ai pu réussir sur Internet. Elle est atrocement mal chantée, montée à l'arrache et avec une qualité sonore atroce, mais les gens semblent contents.

D'un point de vue jeux vidéo, est-ce que tu peux nous dire :

- Quel est ton jeu préféré ?

Brütal Legend.

- Quelle licence t'a le plus marqué, en bien ou en mal ?

Secret of Mana. Le premier et le second, sur SNES. Beaucoup de leçons à tirer de ces jeux quand on est jeune.

- Le jeu de tes rêves qui n'existe pas ?

Justement, il n'existe pas. Si je savais ce que je désire réellement, je serais déjà Bouddha. Malheureusement, l'illumination, ce n'est pas encore pour moi.

Quels sont les vidéastes qui inspirent le plus ton travail ?

« Inspiraient », puisque j'ai maintenant un style bien défini. Darksydephil, YouTuber américain, pour sa manière de commenter en termes de rythme. Benzaie pour l'impulsion initiale qui m'a fait devenir YouTuber, et Hooper parce que j'ai découvert cette envie en regardant ses vidéos.

Quand tu t'es lancé, avais-tu une idée précise de ce que tu souhaitais faire sur vos chaînes ?

Fanta surtout. Il savait très précisément comment nous allions procéder, et a toujours été le cerveau de notre duo. Perso, je n'ai jamais eu aucune idée de ce qui allait advenir, et je me contentais de faire ce que je savais faire le mieux : hurler des insanités tout en m'amusant.

As-tu demandé ou suivi des conseils de proches ou de *viewers* pour faire évoluer ton contenu ?

Vidéo à ne pas manquer

WORLD OF GOO - ÉP.1 : LES BOUBOULES ! - MLPF (MINI LP DE FANTA)

Mes proches ont mis beaucoup de temps avant de comprendre ce que je faisais réellement – malgré mes efforts – et encore plus pour accepter le fait qu'il s'agissait d'un travail compliqué et légitime. Quant aux viewers, si six ans d'expérience m'ont appris une chose, c'est qu'ils ne savent absolument pas faire la différence entre ce qu'ils croient vouloir et ce dont ils ont besoin.

Ton personnage dégage un charisme incroyable, on le reconnaît à 600 mètres de distance par temps de pluie et son timbre de voix est devenu culte. Fanta, de son côté, respire beaucoup plus le côté posé et émotif. Comment s'est établie votre complémentarité ?

En étant complémentaires. C'est le principe des deux côtés de la pièce. Cependant, il faut savoir que si extérieurement nous dégageons une différence tout à fait notable, nous partageons beaucoup de valeurs souches, comme l'amitié, la fratrie, l'écoute, la patience et surtout, au-delà de tout, le respect de l'autre. Comme un couple qui marche en fait.

À l'origine, il était surtout question de *Minecraft* avec TheFantasio974. Puis vous vous êtes lancés sur une seconde chaîne, FantaBobGames, diversifiant votre contenu. Est-ce que tu peux nous parler de cette étape décisive ?

Elle est initialement issue de ma volonté de faire autre chose que du *Minecraft* et d'enfin pouvoir me lancer sur du *gameplay* plus généraliste. Fanta, afin de ne pas aliéner nos fans avec un contenu qui ne leur serait pas fait sur mesure, a décidé d'ouvrir une seconde chaîne afin de ne pas « mélanger les peintures », comme qui dirait. Une décision clé qui nous a permis de nous diversifier et d'offrir un contenu encore plus varié à notre public.

Entre vos productions audiovisuelles et toutes les conventions auxquelles vous êtes invités ou auxquelles vous participez, quel regard portes-tu sur votre succès ?

Notre succès est suffisamment éclatant pour que je le considère comme formidablement chanceux. Beaucoup d'opportunités créées, beaucoup d'opportunités offertes, énormément de travail et pas mal de chance.

Vidéo à ne pas manquer

L'INTÉGRALE SKYRIM - ÉP 1 - PLAYTHROUGH FR HD PAR BOB LENNON

Vous étiez-vous fixé des objectifs pour vos chaînes ?

Non, pas d'objectifs. Cependant, nous fêtions tous les paliers que nous avions atteints.

Comment organisez-vous la vie de vos chaînes ? Vous concertez-vous ? Votre contenu est-il prévu à l'avance ? Plusieurs milliers de kilomètres de distance vous séparent…

On fait les vidéos, on bourre le contenu, on voit ce que l'un ou l'autre a fait, on essaie souvent de faire du contenu ensemble, et on avise. On est souvent en flux tendus, mais c'est ce qui nous garde frais, et ce qui nous permet de rester proches du public. La distance ne compte pas avec Internet. J'veux dire, mec, on est en 2016.

Est-ce que tu souhaiterais voir évoluer ta chaîne différemment à l'avenir ?

Non. On est bien dans ce qu'on fait, un magasin de chaussures qui a du succès ne va pas subitement se mettre à vendre des macaronis.

Que penses-tu de la télévision ?

Un média obsolète pour la jeunesse d'hier, toxique pour la jeunesse d'aujourd'hui, nécessaire pour les anciens et finalement pas si importante que cela. La télé ne constitue plus une menace pour mon travail, et, tant que ma grand-mère n'aura pas appris à « streamer » *Plus belle la vie*, je tolère et bénis sa présence.

Y A-T-IL UNE VIDÉO QUE TU SOUHAITES RÉALISER DEPUIS LONGTEMPS ?

Ma nouvelle chanson du Pyro-Barbare, qui sera bientôt sortie.

SI TU DEVAIS DONNER DES CONSEILS AUX JEUNES VIDÉASTES QUI VOUDRAIENT SE LANCER, QUELS SERAIENT-ILS ?

- Créez ou importez quelque chose de nouveau ; si vous faites ça explicitement pour la gloire, vous échouerez ;
- Si vous faites ça explicitement pour l'argent, le public le sentira et vous échouerez ;
- Si vous avez les qualités nécessaires, une émission qui déchire, et que vous êtes honnêtes, il est possible que vous échouiez quand même, par manque de chance ;
- N'essayez pas de surfer sur les autres si vous n'êtes pas capables de nager tout seul, vous échouerez ;

Les probabilités que vous réussissiez à vivre de ce métier sont à peu près les mêmes que si vous décidiez de devenir spontanément musicien, chanteur, saltimbanque, ou prof d'histoire sociale. Vous pourriez devenir millionnaires, mais vous pourriez aussi jouer au Loto. Ça coûte moins cher et c'est presque moins risqué. J'vous dis pas non plus de devenir esclave à McBurger après avoir fait trente ans d'études pour pouvoir y entrer, mais laissez-vous des portes ouvertes. Les contacts font bien plus que les études ou l'espoir.

PEPPER & BLONDIE //

MULTIGAMING // **PUBLICATION TOUS LES 2 OU 3 JOURS**

VIDÉOS À NE PAS MANQUER : ▶ BLONDIE | DÉCO DÉFI : 3 BLOCKS, UNE MAISON ! // ▶ PEPPER & BLONDIE | QUI DE NOUS DEUX ? // ▶ PEPPER & BLONDIE (FT. SIPHANO & POUPUNOU) | COMMANDE CANDYSAN : IL EN FAUT POUR TOUS LES GOÛTS ! //

Associer les tutos beauté et le gaming sur une même chaîne, voilà un concept que l'on ne rencontre pas tous les jours ! C'est le pari fou que se sont lancé Pepper & Blondie en 2014 lorsqu'elles ont commencé leurs vidéos sur YouTube. Blondie, également connue sous le nom de Siphagirl, est la petite amie de Siphano tandis que Pepper est celle de Poupinou. Autant dire que le contenu est assez hétéroclite : des *let's play*, beaucoup de *Minecraft*, des tutos, des *unboxings*, des vlogs, mais avant tout beaucoup de bonne humeur et de complicité. Ne manquez pas l'occasion de vous taper des barres avec elles !

NAITO75 //

MULTIGAMING // **PUBLICATION TOUS LES 2 OU 3 JOURS**

VIDÉOS À NE PAS MANQUER : ▶ COOP AVEC AZZDINGUE - THE DIVISION // ▶ (VIDEO-TEST) UNRAVEL // ▶ (VIDEO-DELIRE) PLANTES VS ZOMBIES : GARDEN WARFARE 2 – MULTIJOUEUR //

C'est par passion et sans se prendre la tête que Naito75, ou Alex, produit ses vidéos. Selon ses propres mots, il n'est pas un « pro » et réalise son contenu pour le plaisir afin de partager des moments de détente grâce à un ton relativement calme et posé. Le tout reste cependant de qualité et saura séduire par sa variété. On trouve sur la chaîne des « vidéos délires », où le but est clairement indiqué, des « vidéos tests » bien menées ainsi que des *let's play* et des « vidéos découvertes ». Naito est également présent sur Twitch, où il réalise des live sous le pseudo Naito75009.

SUPERBRIOCHE666 //

MULTIGAMING // PUBLICATION QUOTIDIENNE

VIDÉOS À NE PAS MANQUER : MINECRAFT - L'ILE AU TRÉSOR III ÉPISODE 1 : MARIBRI ET SIPHA-GISÈLE // LET'S PLAY FINAL FANTASY XIII - ÉPISODE 1 : EN PLEINE BATAILLE ! // MINECRAFT - ZELDA WTF #1 LE GROS BORDEL (À CAUSE DE SIANA) //

Grand fan des séries *Kingdom Hearts, Alice* et *Ratchet & Clank*, Superbrioche est également un grand joueur de *Minecraft*. Son caractère ainsi que ses grands fails lui ont permis de se faire une place sur YouTube. Outre ses propres vidéos, il est également présent sur des séries populaires au côté de Siphano : « L'île au Trésor », « Fallen Kingdoms » ou bien « Sky Defender » par exemple. Les *let's play* portant sur d'autres jeux occupent également une place essentielle au sein de sa chaîne.

\\ AIEKILLU

PUBLICATION TOUS LES 2 OU 3 JOURS \\ **MULTIGAMING**

VIDÉOS À NE PAS MANQUER : THE CULLING #1 - NOUVEAU JEU HUNGER GAMES // PLANIFICATION DU CASSE - GMOD DARKRP FR #40 // FIREWATCH : PLAYTHROUGH INTÉGRAL, DU DÉBUT À LA FIN //

Aiekillu est un vidéaste et streamer québécois proche du Bled'Art, de MasterSnakou et de Tsukiyo Power. Il propose un contenu assez diversifié avec des séries phares sur des jeux tels que *Garry's Mod* ou *ArmA III*. Pour autant, Aiekillu ne propose pas uniquement des vidéos gaming sur sa chaîne, on peut aussi y trouver des vlogs, des tests ou des vidéos en lien avec des contenus spécifiques tels que l'airsoft. Il est par ailleurs très présent sur la plate-forme de *streaming* Twitch sous le même pseudo.

KALIPSO53 //

MULTIGAMING // PUBLICATION TOUS LES 2 OU 3 JOURS

VIDÉOS À NE PAS MANQUER : GTA ONLINE KALIPSO DÉLIRE AVEC SES ABONNÉS // GTA ONLINE - COMPIL COURSE DE FOU ! // JE REFAIS FAST AND FURIOUS À MA FAÇON ! //

C'est avec simplicité et détente que se présente Kalipso53. Proposant des vidéos portant sur de nombreux jeux, ayant notamment débuté avec diverses licences, c'est *Grand Theft Auto V* qui lui a permis de gagner en popularité. D'après ses propres mots, c'est sa proximité avec sa communauté qui a fait son succès. Il a par exemple réalisé une série de délires avec ses abonnés sur *GTA Online*. Il connaît par ailleurs de nombreux autres vidéastes tels que Siphano, Sup3r Konar ou bien FastGoodCuisine. Kalipso53 possède également une autre chaîne, KALIPSO EN VRAI, qui s'est progressivement axée sur le motocross.

DARKFUNERAL972 //

MULTIGAMING // PUBLICATION QUOTIDIENNE

VIDÉOS À NE PAS MANQUER : ▸ RISE OF THE TOMB RAIDER #01 : DÉCOUVERTE // ▸ STAR WARS THE OLD REPUBLIC : KNIGHTS OF THE FALLEN EMPIRE #01 // ▸ NARUTO STORM 4 : AVENTURE #01 LA GENÈSE / L'ENVOL DE TAKA //

DarkFuneral972, surnommé Fufu, est un vidéaste qui réalise des vidéos sur une multitude de jeux. Il se définit lui-même comme un rageux, gueulard et pas très doué en matière de jeux vidéo. Jusqu'à il y a un an, DarkFuneral réalisait de nombreux *let's play* sur sa chaîne secondaire Funeral Play. Ce type de vidéo est aujourd'hui disponible sur sa chaîne principale. Le vidéaste est par ailleurs très actif en matière de *streaming*. Il a notamment participé au lancement de la plate-forme leveldown.fr au côté de MrBboy45.

\\ PANORMAL

PUBLICATION QUOTIDIENNE \\ MULTIGAMING

VIDÉOS À NE PAS MANQUER : ▸ C'EST PAS TRÈS MIGNON ! | THE VISITOR & THE VISITOR RETURNS // ▸ ELLE VOUS SURPRENDRA | BEYOND : TWO SOULS #1 // ▸ CHAT VA BARDER | OVERGROWTH //

Tout comme son frère Le Bled'Art, Panormal tourne des vidéos sur toutes sortes de jeux avec énergie et humour. La plupart de ses vidéos consistent en des *let's play*. Néanmoins, il est arrivé à Panormal de proposer des contenus différents sur sa chaîne tels que des raps parodiques ou encore les « Panormalife », où il parle de sa propre vie. Depuis février 2016, le vidéaste s'est également lancé dans le streaming sur la plate-forme Twitch avec le même pseudo.

MRQUOTY //

MULTIGAMING // PUBLICATION QUOTIDIENNE

VIDÉOS À NE PAS MANQUER : ▸ DÉCOUVERTE | DOOM 2016 // ▸ GTA V ONLINE | ON ATTAQUE LA BASE MILITAIRE AVEC LES ABONNÉS ! VERSION 2016 // ▸ UNE LETTRE D'UN EXTRA TERRESTRE ?! //

MrQuoty, également connu par ses abonnés comme le roi cochon, est un vidéaste très actif et plein de bonne humeur, présent sur de nombreux jeux. Il a aussi réalisé des vidéos avec MrBboy45 et DarkFuneral972 sur le jeu *Call of Duty*. Malgré tout, c'est véritablement grâce au jeu *Grand Theft Auto V* qu'il est parvenu à fidéliser un nombre croissant d'abonnés. Il travaille d'ailleurs beaucoup à conserver une proximité avec ces derniers, réalisant notamment de nombreuses vidéos d'*unboxing* où il ouvre et découvre le courrier que ses fans lui envoient. MrQuoty possède une chaîne secondaire spécialisée dans le *let's play* : Let's Quo.

CBGAMES //

MULTIGAMING // PUBLICATION QUOTIDIENNE

VIDÉOS À NE PAS MANQUER : **▶ POLO ET SES ALLIANCES FRAGILES! | AGAR.IO FR // ▶ SUPER MARIO MAKER FR | NIVEAUX DE RAGE ! // ▶ CRÉONS UN PARC D'ATTRACTIONS ! | PLANET COASTER #1 //**

Connu également sous le nom de Couille Bleu Gaming ou Polo, CBGames est un vidéaste canadien très actif avec plusieurs vidéos publiées par jour. C'est avec une énergie débordante, de l'humour et des expressions fraîchement québécoises qu'il s'essaie à toutes sortes de jeux. Il propose des *let's play*, notamment sur des jeux récents, mais s'amuse également sur des jeux plus simples tels que *Happy Wheels*. Entre le papier-toilette toujours présent derrière lui, ses têtes étranges et son *skill* peu développé – il se qualifie lui-même de *noob* – il y a de quoi passer de bons moments.

\\ FURIOUS JUMPER

PUBLICATION QUOTIDIENNE \\ MINECRAFT & MULTIGAMING

VIDÉOS À NE PAS MANQUER : **▶ JURASSIC WORLD MINECRAFT ! | PRÉSENTATION DU MOD // ▶ BIENVENUE CHEZ LES DINOSAURES ! | ARK : SURVIVAL EVOLVED ! #ÉP1 // ▶ EN AVANT POUR L'AVENTURE ! | MINECRAFT STORY MODE ! #ÉP1 //**

Furious Jumper n'a qu'un objectif sur sa chaîne : détendre ses abonnés et leur faire passer un bon moment « avec le sourire ». Pour cela, il propose des vidéos « What the fuck » comme il les appelle lui-même, totalement déjantées et survoltées. Sa chaîne se concentre majoritairement sur le jeu *Minecraft*, pour lequel il présente de nombreux *mods*. L'une des vidéos les plus vues sur celle-ci est par exemple la présentation du *mod JurassicCraft*. Ses vidéos portent également sur de nombreux autres jeux.

UNSTERBLIICHER //

MULTIGAMING & MINECRAFT // PUBLICATION QUOTIDIENNE

VIDÉOS À NE PAS MANQUER : **▶ HUNGER GAMES : MINECRAFT - ÉP. 1 : LES PRÉMICES MEURTRIÈRES // ▶ NONNES RANGERS: BELLA - #1 // ▶ MINECRAFT.JAR: DUO DOUÉ - #1 //**

C'est en faisant des tutoriels sur l'utilisation de la redstone avec sa série MMHT sur Minecraft qu'Unsterbliicher a démarré sa chaîne. Il a depuis varié son contenu, s'essayant même à d'autres jeux. Il est membre de la Team Kigyar, également composée de Kigyar69 et de Richie3366. Le vidéaste a réalisé plusieurs vidéos avec d'autres grands noms du *Minecraft* français tels que Siphano, Frigiel, Superbrioche ou encore TheFantasio974. Unsterbliicher est réputé pour avoir beaucoup d'humour.

SIPHANO //

MULTIGAMING & MINECRAFT / **PUBLICATION QUOTIDIENNE**

Compte tenu de son nombre d'abonnés, qui a largement dépassé le cap du 1,5 million, Siphano est aujourd'hui considéré comme le premier YouTuber *let's player* et créateur de contenu *Minecraft*. Il propose de nombreuses séries telles que « Zelda Twilight Princess », « Objectif Uranus », « Pokémon Y », « Fallen Kingdoms », « Alice: Madness Returns » ou encore « Célestia ». Il est en excellents termes avec Superbrioche, Unsterbliicher ou encore Frigiel, et réalise à leurs côtés plusieurs vidéos multijoueur. Présent sur YouTube depuis de nombreuses années, il s'intéresse depuis ses débuts à tout type de jeux – *The Legend of Zelda* figurant parmi les plus appréciés par sa communauté. À travers une importante variété de contenus, c'est un moment de détente et de passion qu'il propose dans chacune de ses vidéos. Le vidéaste tient à conserver et à enrichir son lien avec la communauté, notamment à travers ses « Siphapoint », où il évoque la vie de sa chaîne et ses projets.

INTERVIEW !

Qui es-tu ?

Bonjour ! Je m'appelle Julien, j'ai 24 ans et je suis vidéaste gaming sur la plate-forme de partage vidéo YouTube. Je suis originaire de Marseille et j'habite depuis deux ans sur Lille avec ma fiancée, Clémence.

Le plus beau jour de ta vie ?

J'ai beaucoup de bons souvenirs mais, si je dois en choisir un parmi d'autres, il s'agit de ma demande en mariage qu'a acceptée ma chérie il y a de cela quelques mois. Beaucoup de stress et d'émotions pour un dénouement heureux.

> « Les quelques jours post-convention sont toujours les meilleurs moments à mes yeux, on revient avec des souvenirs plein la tête. »

Cinq passions qui t'animent ?

La première de mes passions est tout ce qui touche au social, que cela soit avec ma fiancée ou mes amis. J'aime passer du temps avec eux, même si l'on ne fait pas grand-chose. Ça me donne le sourire et permet de couper avec mon boulot, qui est plus ou moins à plein-temps.

La deuxième est bien évidemment le gaming. J'ai touché à mon premier jeu à l'âge de 2 ans sur la Mega Drive de mon père. C'était *Sonic 2*. J'ai toujours énormément joué, sans pour autant être accro ou dépendant. Il faut trouver la juste mesure et bien choisir ses priorités. La troisième passion est le football. Les gens ne le savent pas forcément car je n'apprécie pas plus que ça les jeux de foot mais, étant originaire de Marseille et y ayant vécu pendant vingt-deux ans, comment faire autrement ? Je passe mes journées sur mon téléphone à surveiller l'actualité de mon club.

La quatrième est la musique. Je suis un féru de rock et ses alternatives. J'aime aussi beaucoup les

musiques emblématiques du jeu vidéo comme *Zelda* ou *Metal Gear Solid*. À côté de ça j'écoute un peu de tout au quotidien sans que cela me déplaise.
La cinquième de mes passions est mon chat, et plus largement les animaux. Je fais partie de ces gens qui ont tendance à être plus attendris par un animal qu'un humain. Je sais que ça peut paraître bizarre dit comme ça, mais je craque devant les animaux en tout genre et trouve leur caractère, bien qu'ils soient très instinctifs et parfois primitifs, moins vicieux que celui de l'être humain, qui sait parfois être horrible. Si ça ne tenait qu'à moi, j'aurais des dizaines de chats et de chiens à la maison.

Ton pire défaut ?

Je dirais mon impulsivité, en tant que sudiste, forcément. Même si, l'âge avançant, je me calme de plus en plus. Il y a encore quelques années, je démarrais au quart de tour. Aujourd'hui, j'arrive à beaucoup plus prendre sur moi-même et à relativiser sur différents sujets. Même si je garde mon côté sanguin, que je ne manque pas de faire ressortir parfois. On ne change jamais totalement !

Parmi toutes tes vidéos et séries et celles auxquelles tu as participé, quelle est celle que tu préfères et pourquoi ?

Ma vidéo préférée est celle que j'ai réalisée pour fêter mon million d'abonnés. Non pas pour le chiffre ou la symbolique, mais pour l'émotion que j'ai pris à la réaliser. C'était une vidéo souvenir dans laquelle j'ai retracé absolument toutes mes séries, avec les moments forts. Sur plus de 2 000 vidéos, il y avait matière à faire un cocktail très varié, où chacun de mes abonnés retrouverait au moins une image forte l'ayant marqué. Elle m'a en plus pris énormément de temps à faire, donc, pour tout ça, ça reste aujourd'hui encore celle que je préfère.

Quand tu t'es lancé, avais-tu une idée précise de ce que tu voulais faire sur le Net ?

Au départ, lorsque je me suis lancé, c'était parce que j'étais dans une période de ma vie où j'avais pas mal de temps libre. Je n'avais absolument pas comme projet de durer sur le Net, mon idée de départ était de simplement partager mon expérience sur un jeu, *Pokémon version bleue*, et, une fois ce dernier terminé, arrêter. Mais, finalement, je me suis fait prendre au piège de la magie qu'est YouTube.

VIDÉO À NE PAS MANQUER

ZELDA TWILIGHT PRINCESS HD #01 : RETOUR AU CRÉPUSCULE !

Est-ce que tu peux nous expliquer les origines de ta chaîne ? Comment tout ça s'est mis en place et comment as-tu surmonté les épreuves ? Tu as effectivement subi des piratages à plusieurs reprises...

Comme je disais juste avant, lorsque j'ai démarré, je n'avais absolument pas envisagé de continuer au-delà du jeu que je faisais à l'époque. J'ai commencé en février 2011 et, à cette période, il y avait très peu de vidéastes. En France, la plupart étaient spécialisés dans un jeu en particulier, mais il n'y avait personne de connu dans le *let's play* (faire un jeu en entier de A à Z). C'est en tombant par hasard sur Chuggaaconroy, un vidéaste anglais spécialisé là-dedans, que j'ai eu envie de me lancer avec ma propre chaîne. Ça me correspondait bien car, depuis tout petit, j'ai toujours touché à tout type de jeux.
Après ma première série terminée, je souhaitais poursuivre car j'avais adoré l'interaction qu'il pouvait y avoir avec les gens. Poster une vidéo et avoir des réponses, malgré la barrière de l'écran, je trouvais ça génial. Après, effectivement,

j'ai eu des soucis de piratages, ce qui m'a obligé à recommencer ma chaîne à trois reprises. À cette époque, les sécurités n'étaient pas ce qu'elles sont aujourd'hui. Mais j'ai eu de la chance car j'avais déjà une bonne base de gens qui regardaient mes vidéos et qui ne m'ont pas lâché, qui ont suivi malgré les changements de chaîne.
Ce n'est que plus d'un an après, en avril 2012, qu'il a été possible de gagner de l'argent avec ses vidéos. À ce moment-là, j'ai commencé à dégager un salaire de mes vidéos, tout en continuant de faire ce que je faisais depuis déjà plus d'un an.
Et en septembre 2012 je commençais à pouvoir, difficilement certes, vivre de ma chaîne. J'ai donc décidé de partir dans mon propre appartement et de me lancer à fond là-dedans. Et voilà où j'en suis aujourd'hui.

ON RETROUVE SUR TA CHAÎNE DES SÉRIES VRAIMENT TRÈS POPULAIRES, LA PLUS CULTE DEMEURANT CERTAINEMENT *OBJECTIF* (LUNE, MARS, URANUS). EST-CE QUE TU PEUX NOUS PARLER DE CE CONCEPT DE « SÉRIES » ET ÉVOQUER CELLES QUI T'ONT LE PLUS MARQUÉ ? CELLES OÙ TU AS PASSÉ TES MEILLEURS MOMENTS ?

Chaque sortie fait un véritable carton et propulse les vidéos parmi les plus vues de ma chaîne. Le concept de séries, que cela soit en *let's play* ou en séries *Minecraft*, permet d'avoir un rythme de vidéos assez soutenu et de garder une régularité importante dans la parution de vidéos et les retours avec les gens. À mon sens, ma chaîne est un peu comme une chaîne TV : je propose divers contenus, et les gens piochent dans ce qui les intéresse.
Parmi mes séries préférées, je pense qu'il y a mon *let's play* sur *Alice: Madness Returns*, les saisons de « L'île au Trésor », et mes différents *let's play* sur la licence *Zelda*. Ce sont vraiment mes trois séries préférées de l'histoire de ma chaîne. Mais je me suis également beaucoup amusé sur les autres !

QUEL REGARD PORTES-TU SUR LA GRANDE FAMILLE DES YOUTUBERS *MINECRAFT* ? VOUS RÉALISEZ EFFECTIVEMENT DE TRÈS NOMBREUSES VIDÉOS ENTRE VOUS, AVEC COMPLICITÉ ET BEAUCOUP D'AMUSEMENT, ET IL EN RESSORT UNE RÉELLE IMPRESSION DE SOLIDARITÉ.

En réalité, à mon sens, il n'y a pas une grande famille de YouTubers *Minecraft* mais plutôt plusieurs groupes – qui s'entendent effectivement bien les uns avec les autres – car il y a vraiment beaucoup de monde.
Par exemple, dans mon groupe de meilleurs amis, nous ne sommes pas tant *Minecraft* que ça. On joue beaucoup dessus car c'est un jeu très vaste qui permet de tout faire comme je le disais tout à l'heure mais, en dehors des vidéos, nous avons tous des préférences pour d'autres jeux. *Minecraft* est vraiment le terrain vague qui

« À MON SENS, MA CHAÎNE EST UN PEU COMME UNE CHAÎNE TV : JE PROPOSE DIVERS CONTENUS, ET LES GENS PIOCHENT DANS CE QUI LES INTÉRESSE. »

permet de nous retrouver, un peu comme une cour de récréation.
Après, il y a effectivement une grande solidarité entre tous, d'un même groupe ou pas. C'est plutôt du côté des abonnés, parfois très jeunes, qu'il y a de temps à autre des soucis. Des fois ils ont tendance à inventer une pseudo-rivalité entre les personnes, à les opposer, alors qu'elles s'entendent très bien entre elles. Mais le passé a révélé que, lorsque l'une de ces personnes avait un vrai problème, une réelle solidarité ressortait entre les YouTubers mais aussi les abonnés pour les aider.

VIDÉO À NE PAS MANQUER

OBJECTIF URANUS #01 : MISSION SAUVETAGE

Minecraft ne concerne qu'une partie de ton contenu. Tu réalises effectivement de nombreux *let's play*, sur *Zelda* ou *Pokémon* par exemple. Tu peux nous parler de cet autre pan de ta chaîne ?

C'est le pan principal en fait ! *Minecraft* est effectivement plus regardé car populaire et à la mode, mais les trois quarts de mes tournages quotidiens portent sur d'autres jeux.
Lorsque je me suis lancé en 2011, je ne faisais pas de *Minecraft*. J'ai tout de suite commencé à faire tout type de jeux, car c'est ce que j'aime depuis toujours. Ce n'est qu'un an après que j'ai proposé du *Minecraft* sur ma chaîne, et j'avais déjà acquis une bonne base d'abonnés fidèles qui ne m'ont pas lâché depuis.
Aujourd'hui, à travers ces différents jeux, j'arrive à faire passer des émotions que *Minecraft* ne procure pas. De la peur, de la tristesse, de la joie, des rires, tout y passe. Un jeu avec une histoire proposera toujours plus d'émotions, à mon sens, qu'un jeu beaucoup plus libre. De mon côté, cela me permet aussi de continuer à toucher à tout, et surtout de ne pas me lasser. Si je ne faisais qu'un seul jeu depuis bientôt six ans, je pense que j'aurais voulu arrêter car je tournerais en rond. Du côté des abonnés, cela permet d'offrir de la variété à la chaîne et de découvrir des jeux, nouveaux comme anciens, qu'ils ne connaissent peut-être pas forcément. Ma chaîne a commencé par les *let's play*, elle se terminera sûrement avec. Ce n'est pas certain que *Minecraft* aille jusque-là.

Ta chaîne tourne à plein régime, avec plusieurs vidéos par jour. On sent clairement que c'est avant tout une passion pour toi. Cela te demande néanmoins beaucoup d'investissement et d'organisation. Te considères-tu comme un YouTuber entrepreneur ?

Effectivement, cela fait plusieurs années que je propose plusieurs vidéos par jour. Comme je disais, ma chaîne est une sorte de chaîne TV où il y a divers contenus et les gens regardent ce qui les intéresse. J'essaie donc de proposer pas mal de choses différentes par jour.
Côté organisation, c'est surtout une affaire d'habitude et de régularité. Il faut être rigoureux mais, lorsque c'est ce qui vous fait vivre, je considère que je n'ai pas le droit de prendre cet aspect à la légère. Heureusement, j'ai la chance que cette façon de concevoir ma chaîne ne me lasse pas. Je tourne, je m'amuse, et je recommence.
À côté du tournage, il y a aussi la partie montage des vidéos, le design et la communication à prendre en compte. J'ai plusieurs casquettes au final. Il m'arrive aussi d'organiser des projets à plusieurs, ou parfois de me lancer sur des projets à côté des vidéos. Donc je ne sais pas si je suis entrepreneur à proprement parler, mais en tout cas j'entreprends beaucoup de choses, oui.

« Auparavant, lorsque quelque chose qui était, à mon sens, injuste, me gênait, je le disais tout haut. Ce qui avait tendance à aggraver la situation. Aujourd'hui, je garde ça pour moi la plupart du temps. »

Est-ce que tu peux nous expliquer plus en détail le rapport que tu entretiens avec ta communauté ?

Mon rapport avec eux se passe très bien. J'essaie d'être le plus proche possible d'eux et, lorsqu'on en discute, je pense que je réussis assez bien. J'essaie de souvent faire des vidéos où ils peuvent donner leur avis. C'est important pour moi.

Il m'arrive bien sûr de les rencontrer à des conventions. Côté organisation, en général je me trouve à un stand fixe pour qu'ils puissent me retrouver facilement, et moi, je préviens en amont de ma venue.

Les critiques et attaques, avec le temps, je passe beaucoup plus facilement au-dessus qu'avant. Avec l'âge je me suis assagi. Auparavant, lorsque quelque chose qui était, à mon sens, injuste, me gênait, je le disais tout haut. Ce qui avait tendance à aggraver la situation. Aujourd'hui, je garde ça pour moi la plupart du temps, et ma chérie est là aussi pour m'aider à relativiser.

De manière générale, les critiques bêtes et méchantes, je n'y prête même plus attention et n'y réponds pas afin de ne pas donner d'importance à ça. Il y a beaucoup de gens qui ne postent pas de commentaires mais qui nous soutiennent, et j'essaie de penser surtout à eux. Lorsque c'est une critique constructive, je prends en compte, n'applique pas forcément, toujours en fonction de mon avis, mais au moins j'ai entendu et connais le souci, et j'ai les cartes en main pour y remédier si nécessaire. J'aime beaucoup les avis de ce genre, cela m'aide à progresser.

Enfin, lorsqu'on rentre de convention, on a reçu tellement d'amour de la part des gens rencontrés qu'on est surmotivés pour reprendre les tournages et proposer plein de nouveautés. Les quelques jours post-convention sont toujours les meilleurs moments à mes yeux, on revient avec des souvenirs plein la tête.

Que penses-tu de la télévision par rapport à YouTube ?

Depuis le début je compare ma chaîne à une chaîne de TV, mais seulement dans le contenu, qui est très divers. Le souci de la TV, à mon sens, c'est que tu as un animateur, qui, dans au moins les deux tiers des émissions, arrive, fait son truc, puis repart. Nous, sur YouTube, en plus de tout gérer, on a un rapport direct avec la personne qui visionne notre vidéo puisqu'on est en première ligne et qu'il a la possibilité de nous dire ce qui va ou ne va pas. Ce sont les abonnés qui font ou défont un YouTuber. À lui de savoir écouter sa communauté, sans pour autant dénaturer son contenu et faire aussi ce qui lui plaît. On est beaucoup plus proche de la personne qui regarde que les gens travaillant à la télévision.

Combien de temps cela te prend-il pour réaliser une vidéo ?

Tout dépend de la vidéo. Si c'est une vidéo de *let's play* ou *Minecraft* classique, sans coupure, simplement le temps que dure la vidéo, donc environ trente minutes. Si c'est une vidéo plus travaillée, avec des séquences de travail hors caméra, alors ça peut monter à deux-trois heures très facilement, voire plus selon le projet. Il y a aussi des vidéos plus informatives dans lesquelles je prépare en amont ce que je vais dire pour être sûr de ne rien oublier.

Une fois la vidéo enregistrée, il y a le montage. Chez moi, le montage prend en général le double du temps de la vidéo, car j'aime revoir l'épisode afin d'être sûr que tout est bien, tout en réglant le son, l'image, les coupures, etc. Donc entre trente minutes et une heure pour une vidéo de vingt-cinq à trente minutes. Et beaucoup plus pour les vidéos bien travaillées.

Enfin, vient le temps du rendu, qui dépend beaucoup de la puissance de votre PC. Chez moi, le rendu se réalise en environ trente minutes pour une vidéo de… trente minutes. Assez rapide, mais mon ordinateur n'est pas le plus puissant pour ça. Il y a matière à aller encore plus vite si vous avez un excellent PC. Donc, au total, pour un épisode classique, on va dire qu'il me faut en tout de deux à quatre heures en comptant la mise en ligne. Tous les à-côtés sont donc plus longs que le tournage en lui-même.

Comment organises-tu le contenu de ta chaîne ?

J'essaie de proposer de la variété. J'évite la redondance en ne proposant pas plusieurs fois par jour le même type de contenu. Je sais que j'ai des gens très différents qui suivent mon contenu et qu'ils n'ont pas tous les mêmes attentes. D'une série terminée à une nouvelle qui arrive, j'essaie aussi de ne pas faire deux fois de suite le même genre de jeu, toujours dans ce souci de variété.

Souvent j'adapte à mes envies également, pour ne pas me lasser et faire toujours quelque chose qui me plaît. Ce sont des questions que je me pose quotidiennement, mais au final les réponses arrivent très naturellement au fil du temps, par habitude.

Quels sont les vidéastes que tu voudrais mettre en avant ?

S'il y a bien quelqu'un que j'aimerais soutenir, c'est At0mium. C'est un YouTuber extrêmement talentueux, le plus doué d'entre nous à mon sens. Il a une expression orale assez incroyable et parvient à vous faire vivre les choses comme si vous y étiez. À côté de cela, il propose un travail très soigné sur ses vidéos et à-côtés. De plus, c'est un bon ami et, sans lui, après mes différents piratages, j'aurais sûrement arrêté. Il a été l'un de ceux qui m'ont remotivé pour que je poursuive, et je n'en serais sûrement pas là aujourd'hui sans son soutien. Quelqu'un à découvrir absolument !

VIDÉO À NE PAS MANQUER

ALICE MADNESS RETURNS : AMNÉSIE | 01 - LET'S PLAY

POPI //

MINECRAFT & IRL // PUBLICATION HEBDOMADAIRE

VIDÉOS À NE PAS MANQUER : ▶ BEST OF FÉVRIER 2016 – POPIGAMES //
▶ MINECRAFT - LUCKY SURVIVAL GAMES ! (FT. FURIOUSJUMPER) #01 //
▶ MINECRAFT CRAZY WALLS : LUCKY BLOCK MODE ! #01 //

Popi est une jeune vidéaste dont la chaîne est entièrement consacrée à *Minecraft*. Plus précisément, elle est adepte de PvP et s'essaie à différents types de *maps*. Plusieurs séries sont notamment présentes, comme « Minecraft Survival Game » ou encore « Skydefender ». Elle produit ses vidéos avec beaucoup de passion et son énergie se ressent dans son contenu. À l'occasion de ses 200 000 abonnés, elle a lancé une chaîne secondaire, PopiReal, où elle parle de séries télévisées. À l'été 2016, elle a choisi de faire évoluer sa chaîne afin de proposer un contenu plus diversifié, plus « IRL ».

\\ AURÉLIEN_SAMA

PUBLICATION QUOTIDIENNE \\ MINECRAFT

VIDÉOS À NE PAS MANQUER : ▶ LES SURVIVALISTES - #1 : KOH LANTA //
▶ ELDARIA V3 - A MINECRAFT CINEMATIC [1080P] //
▶ MINECRAFT - SECRETS DU FORTUNE //

Vidéaste belge, Aurélien_Sama est spécialiste du jeu *Minecraft*. Il a notamment fait partie de la Team Eventime, véritable référence française et à l'international en matière de free *build*. Par la suite, il a créé sa propre *team*, Team_Sama, composée de plusieurs terraformers. Joueur sur le serveur HolyCube, il a également fondé le serveur SamaGames. Plusieurs séries sont présentes sur la chaîne, entre autres « HolyCube » et « Célestia », qui reprennent ses parties sur le serveur du même nom, et « Les survivalistes », avec un *modpack* spécifique. Aurélien_Sama a également participé à « Feed The Patrick » et « Kill The Patrick ».

THAEK | LOOK AT ME & SMILE //

MINECRAFT // PUBLICATION HEBDOMADAIRE

VIDÉOS À NE PAS MANQUER : ▶ BLIGHTFALL - ÉP.01 - LE COPPER A DISPARU ! //
▶ [THAEK_02] FRIGIEL VS THAEK //
▶ [THAEK_03] PLUS RAPIDE QUE USAIN BOLT ! – DOFUS //

La production de Thaek se concentre principalement sur le jeu *Minecraft*. Il a participé à plusieurs séries de la Team Patrick, qui a vu le jour grâce au vidéaste Aypierre. Il a notamment été présent sur plusieurs saisons de « Feed The Patrick » et de « Kill The Patrick ». Les vidéos que Thaek propose sur sa chaîne sont très diverses. Il lui arrive d'ailleurs de jouer à d'autres jeux afin de diversifier son contenu et propose de temps à autre des vlogs.

NEWTITEUF //

POKÉMON & MULTIGAMING / **PUBLICATION QUOTIDIENNE**

VIDÉOS À NE PAS MANQUER : ▶ POKEMON MEGA DONJON MYSTERE #01 - TRANSFORMÉ EN POKÉMON ! // ▶ POKÉMON ROUGE FEU - ÉPISODE 01 - « BULBIZARRE, CARAPUCE OU SALAMÈCHE ?» - LET'S PLAY FR // ▶LE MEILLEUR MMO POKÉMON !! POKÉMON RÉVOLUTION //

La chaîne de Newtiteuf est principalement axée sur Pokémon. C'est en tout cas avec cette licence qu'il s'est lancé, alors qu'il se trouvait encore en école supérieure, pour rapidement devenir le premier vidéaste Pokémon de France. Il a ensuite choisi d'ouvrir l'horizon de sa chaîne pour s'essayer à d'autres jeux, mais reste tout de même fermement attaché à la série phare de Nintendo. Le vidéaste dispose également d'une chaîne secondaire, Dans la peau de NT, sur laquelle il publie des vlogs, des vidéos bonus, des délires, en bref tout ce qui n'a pas sa place sur la chaîne principale.

\\ POMFETTHUD

PUBLICATION TOUS LES 2 OU 3 JOURS \\ **STARCRAFT II**

VIDÉOS À NE PAS MANQUER : ▶ NERF DES ADEPTES, DU MOTHERSHIP CORE ET DE LA VIPER (PATCH 29/01/16) // ▶ L' OPENING DE GÉNIE DE FIRECAKE CONTRE TERRAN // ▶ STRATÉGIE B3 AGRESSIVE EN TERRAN VS ZERG //

Pomf et Thud sont les deux commentateurs du jeu *StarCraft II* les plus connus en France. Ils sont rattachés à la O'Gaming.tv. Ils s'intéressent essentiellement aux matchs de joueurs professionnels ou semi-professionnels. Leurs vidéos reposent sur le commentaire de *replays* qu'ils analysent et décortiquent, permettant ainsi de mieux comprendre les mécaniques de jeu et les techniques utilisées à haut niveau. Les deux vidéastes, par ailleurs frères, sont très proches de Chips et Noi.

DOMINGO //

LEAGUE OF LEGENDS / **PUBLICATION QUOTIDIENNE**

VIDÉOS À NE PAS MANQUER : ▶ ET SI ON JOUAIT BIEN ? DOMINGO SUR SON MAIN // ▶ HEBDOMINGO #6 // ▶ IL ÉTAIT UNE FOIS.. URGOT #3 //

DominGo est un ancien de la structure Eclypsia. Il propose essentiellement sur sa chaîne des vidéos portant sur le jeu *League of Legends*. Il en présente plusieurs types, par exemple des « Best of» où il partage ses meilleurs moments. Il a créé une *team* nommée DSF JKL dont ZeratoR fait notamment partie. DominGo est un streamer confirmé : il est en live tous les jours de la semaine à partir de 18 heures ainsi que le week-end. Au cours de ses live sur Twitch, il lui arrive de jouer à d'autres jeux comme *Hearthstone*, *H1Z1* ou encore *Arma*.

CHIPS ET NOI //

LEAGUE OF LEGENDS / PUBLICATION HEBDOMADAIRE

VIDÉOS À NE PAS MANQUER : ▶ QUESTIONS POUR UN CHAMPIGNON - 100% COMESTIBLE - S05E02 - 10/02/16 // ▶ PREVIEW ET PRONOS DES LCS EUROPE ! //
▶ GANK, DIVE ET TRADITIONS - RAT TOUT TERRAIN - 17/09/15 //

Chips et Noi sont deux commentateurs du jeu *League of Legends* liés à O'Gaming.tv. Ils ont notamment assuré le commentaire de la phase de poule des championnats du monde de 2015 et proposent des analyses sur des parties de haut niveau. De nombreuses rediffusions commentées de games opposant des professionnels lors de tournois ou d'entraînements sont présentes sur leur chaîne. Ils rediffusent également l'émission *100% Comestible* qui compte déjà cinq saisons et qui regroupe chaque fois sur une soirée des parties commentées avec des *guests* et des joueurs professionnels, des analyses ainsi que leurs propres parties réalisées en direct.

\\ GOTAGA

PUBLICATION HEBDOMADAIRE \ CALL OF DUTY & MULTIGAMING

VIDÉOS À NE PAS MANQUER : ▶ ZAPPING GOTAGA #6 //
▶ PREMIER +100 KILLS DU LONEWOLF ? [EN DIRECT LIVE #2] //
▶ GOTAGA « THE FRENCH MONSTER » | MW3 COMPETITIVE MONTAGE [BY INSIDE] //

Également connu sous le nom « The French Monster», Gotaga est un joueur français professionnel spécialisé dans *Call of Duty*. Capitaine de l'équipe Team Vitality, il fait partie des joueurs les plus titrés et dispose de l'un des palmarès les plus impressionnants de l'Hexagone. Sa chaîne YouTube lui permet de partager sa passion avec des tutoriaux, des montages et zappings ainsi que des *let's play*. Régulièrement, et afin de rester aussi proche que possible de ses abonnés, Gotaga réalise beaucoup de live.

SKYRROZ //

CALL OF DUTY / PUBLICATION TOUS LES 2 OU 3 JOURS

VIDÉOS À NE PAS MANQUER : ▶ TOP 10 SNIPER #107 : MULTI-COD !!! //
▶ SKYRROZ VS SUP3R KONAR //
▶ BASTARDOS 3.4 - MULTI-COD + BF4 !! //

Dynamisme et professionnalisme sont des termes qui définissent assez fidèlement la chaîne de SkyRRoz. Spécialisé dans la licence *Call of Duty*, ce vidéaste résidant au Mexique propose un contenu régulier avec différents types de vidéos tels que des tops 10, des défis ou encore des FAQ. Il possède également une chaîne secondaire dédiée au multigaming avec plusieurs *let's play*, ainsi qu'à des moments forts.

AYPIERRE //

MINECRAFT & MULTIGAMING // PUBLICATION QUOTIDIENNE

YouTuber spécialisé dans le jeu *Minecraft*, Aypierre a connu un rapide succès grâce à la réalisation cubique de la célèbre Batcave. Sa série principale, « Let's Play Mécanique », se concentre sur le fonctionnement du jeu et ses mécaniques complexes, avec principalement la redstone. D'autres séries ont vu le jour, notamment en lien avec la Team Patrick, qui concerne plusieurs YouTubers. Aypierre réalise ainsi les séries « Feed The Patrick » et « Kill The Patrick », qui repose sur le *mod Fead The Beast*. Des vidéos portant sur d'autres jeux sont également présentes sur la chaîne.

INTERVIEW !

QUI ES-TU ?
Aymeric, 29 ans.

D'OÙ VIENS-TU ?
Je viens du Sud, où il fait chaud.

LE PLUS BEAU JOUR DE TA VIE ?
Oh là ! Il y en a eu beaucoup trop !

TON PIRE CAUCHEMAR ?
Je ne me souviens plus ! Et ce n'est peut-être pas plus mal…

TU ES AVANT TOUT UN JOUEUR *MINECRAFT*, EST-CE QUE TU PEUX NOUS DIRE

- CE QUE TU PRÉFÈRES DANS CE JEU ?
Le fait qu'il n'y ait pas de limites, si ce n'est celles de notre imagination.

- LE *MOD* QUE TU APPRÉCIES LE PLUS ?
GregTech et *Applied Energistics* sont pour moi les plus intéressants.

- LE JEU QUI TE FERAIT LÂCHER *MINECRAFT* ?
Call of Duty ! Non je déconne !

- REDSTONE OU DIAMANT ?
La redstone bien évidemment !

> « JE TRAVAILLE PLUTÔT AU JOUR LE JOUR. GLOBALEMENT, J'AI TOUJOURS DEUX OU TROIS JOURS D'AVANCE, HISTOIRE DE POUVOIR PARER À TOUT IMPRÉVU. »

À L'ORIGINE, TU T'ES LANCÉ AVEC DES VIDÉOS PORTANT SUR LA REDSTONE DANS *MINECRAFT*. POURQUOI CE BESOIN DE PRÉSENTER ET D'EXPLIQUER CETTE MÉCANIQUE EN PARTICULIER ?
À l'origine, j'ai appris le fonctionnement du jeu, et notamment de la redstone, grâce à des vidéos sur YouTube. Je jouais à l'époque sur un serveur où tout le monde me demandait de leur expliquer ces

VIDÉO À NE PAS MANQUER

KILL THE PATRICK - S1E01 - C'EST PARTI !

mécaniques, du coup j'ai décidé de faire des vidéos à ma façon.

Comment envisages-tu ton activité sur YouTube ? Considères-tu cela comme un emploi ? Un appoint ? Une simple passion ? Ou tout autre chose ?

Clairement, c'est mon travail. Encore plus lorsque tu vois combien je paie d'impôts et de cotisation pour le RSI et l'Urssaf. Du coup, YouTube c'est mon travail à 2 000 % ! Mais c'est également et avant tout une passion. Il est tout à fait possible de mêler les deux sans que cela pose de soucis particuliers.

Estimes-tu que YouTube t'a apporté quelque chose à ce niveau ?

YouTube m'a permis d'apprendre beaucoup concernant la complexité – mais aussi l'horreur, on peut le dire – d'être indépendant en France. C'est déjà une première chose. Plus globalement, cela m'a aussi permis de rencontrer beaucoup de gens vraiment très intéressants dans le milieu de l'entrepreneuriat et de développer ainsi d'autres projets à côté en puisant dans ma notoriété. C'est un peu la part d'ombre, la face cachée de l'iceberg que les gens ne voient pas mais qui demeure la plus importante.

Aujourd'hui, je travaille sur trois autres projets à côté de YouTube qui peuvent potentiellement me permettre de pérenniser mon futur. Cela peut également me permettre de me projeter, car YouTube, c'est bien, mais on reste tout de même très dépendant de sa notoriété et n'importe qui peut prendre notre place à n'importe quel moment.

As-tu hésité avant de te lancer dans la vidéo sur le Web ? As-tu été poussé par quelqu'un ?

Nope. À l'époque, c'était principalement pour le fun au début. Quand c'est devenu suffisamment gros et important pour m'assurer un salaire avec de plus grosses perspectives de croissance, j'ai décidé de quitter mon boulot pour me consacrer entièrement à ce que je faisais sur le Net.

Accordes-tu une grande importance au nombre de vues sur tes vidéos ?

C'est vrai que ça a son importance, mais pas autant qu'avant. Les chiffres sont totalement biaisés par les règles imposées par YouTube, le fameux « algorithme ». Du coup, beaucoup de personnes comparent par exemple le

VIDÉO À NE PAS MANQUER

LET'S PLAY MÉCANIQUE 2.0 ! - ÉP 1 - UN NOUVEAU MONDE

nombre de vues sur des vidéos de six-sept minutes, un vlog par exemple, avec celles de *gameplays* de trente minutes. Ce n'est pas comparable justement à cause de la façon dont YouTube compte les vues. Donc il faut savoir analyser ces chiffres avec des pincettes.

Comment organises-tu la vie de ta chaîne ? Des vidéos sont prévues à l'avance, tu as des événements en tête ?

Je travaille plutôt au jour le jour. Globalement, j'ai toujours deux ou trois jours d'avance, histoire de pouvoir parer à tout imprévu. De temps en temps, cela demande plus d'organisation, pour des grosses séries sur lesquelles 20 à 30 YouTubers vont participer et pour lesquelles il faut bien préparer en amont et longtemps avant.

> « Cela m'a aussi permis de rencontrer beaucoup de gens vraiment très intéressants dans le milieu de l'entrepreneuriat et de développer ainsi d'autres projets à côté en puisant dans ma notoriété. »

Que penses-tu de la télévision ?

Haha ! Au départ, la télévision, c'est l'histoire des gars qui ne connaissaient pas YouTube. Puis YouTube a commencé à avoir un peu de succès, et on a vu apparaître des reportages sur le fameux monde de YouTube ; 90 % avec du mépris en mode « regardez-moi ces zouaves de 15 ans qui gagnent des millions en restant assis sur une chaise », ou encore « mais je ne comprends pas, ils regardent des gens jouer à des jeux vidéo ? Quel intérêt ? » Ce sont de véritables citations, je n'invente rien.
Et puis YouTube a commencé à avoir beaucoup de succès. Et là on a vu la télé débarquer avec des « on aime les YouTubers, ce sont nos amis » tout en proposant à pas mal de gros YouTubers des contrats pour participer à des émissions ou à des publicités, etc. C'était vraiment très rigolo à voir.
Globalement, la télé, hormis des trucs spécialisés et culturels – Arte, France 5 –, je la méprise. Parce que ce sont pour la plupart des gens sans âme qui cherchent avant tout le succès, quel qu'en soit le prix. Que ce soit la télé-réalité, le lynchage en direct, les émissions toutes plus stupides les unes que les autres. Mais bon, je ne m'inquiète pas trop, la télé est vouée à disparaître, destinée à être remplacée par YouTube, Twitch et Netflix. Tout du moins, la façon dont la télé fonctionne va changer.

Comment envisages-tu le jeu vidéo en règle générale ?

Il y a plein d'aspects différents. Le jeu vidéo, c'est le huitième art. J'aime bien me défouler sur un bon *Quake 3*, tout autant qu'être émerveillé par des *point and click* poétiques ou encore me détendre avec des amis sur *Minecraft*.

Vidéo à ne pas manquer

MINECRAFT MULTI VANILLA - HOLYCUBE - ÉP 1

FRIGIEL //

MULTIGAMING & MINECRAFT / PUBLICATION QUOTIDIENNE

C'est en réalisant des tutoriels *Minecraft* que Frigiel a démarré sa chaîne. Spécialisé dans ce jeu en particulier, avec des séries célèbres comme « Coopération Hostile » ou « Frigiel & Fluffy », son contenu demeure l'un des plus complets. Il fait découvrir avec enthousiasme à ses abonnés de nombreux *mods* et *maps* pour le célèbre *sandbox* de Mojang. Frigiel n'en propose pas moins un contenu hétéroclite avec des *let's play* sur des jeux en tout genre – *Kingdom Hearts* restant l'un des plus cultes de sa chaîne. Outre les vidéos qu'il poste régulièrement, le vidéaste réalise aussi de nombreux *streams* sur le site leveldown.fr, qu'il propose par la suite sur sa chaîne secondaire FriFreestyle. Il est extrêmement proche de ses abonnés, les invite à des *meet-up* et maintient le contact grâce à ses « FrifriTime » où il répond à leurs questions et discute de l'avenir de sa chaîne et de ses projets.

INTERVIEW !

QUI ES-TU ?

Je m'appelle Alexandre, j'ai 21 ans, j'habite à Montpellier et travaille sur YouTube depuis maintenant plus de cinq ans. J'ai publié ma première vidéo en avril 2011, j'étais alors en première S, et YouTube est maintenant mon activité principale depuis que j'ai obtenu mon bac

CINQ PASSIONS QUI T'ANIMENT ?

Les jeux vidéo, les films, d'animation principalement, les séries, la lecture, notamment l'*Heroic Fantasy*, et l'entrepreneuriat.

> « J'AI TOUJOURS ADORÉ LES MODS AUTOUR DE MINECRAFT, J'AI D'AILLEURS ÉTÉ L'UN DES PREMIERS VIDÉASTES À RÉELLEMENT LES UTILISER EN VIDÉO. »

TON PIRE DÉFAUT ?

Il y a quelques années, j'aurais répondu sans hésiter ma timidité. J'ai fait de gros efforts et m'exprimer en vidéo et parfois sur scène m'a énormément aidé à me débarrasser de ce défaut. Aujourd'hui, je dirais que c'est mon manque de concentration. J'ai toujours envie de réaliser plein de choses en même temps, j'ai donc du mal à rester sur un seul projet à la fois.

LE PLUS BEAU JOUR DE TA VIE

Choisir un seul jour ? Impossible ! Mais si je devais choisir le souvenir le plus chaleureux, je pense que ça serait celui de ma jeune enfance, à jouer à mes premiers jeux vidéo sur Nintendo 64 et sur le vieux PC de mon père.

SI TU N'AVAIS PAS ÉTÉ VIDÉASTE, À QUOI TE DESTINAIS-TU ?

Plus jeune, je voulais travailler dans le domaine du jeu vidéo, sans pour autant savoir précisément dans quelle branche. Au final c'est le cas, mais d'une façon que je ne pouvais pas prévoir !

Parmi toutes tes vidéos et celles auxquelles tu as participé, quelle est celle que tu préfères et pourquoi ?

Difficile de choisir, mais si je devais en prendre une seule cela serait ma première vidéo sur le jeu *Kingdom Hearts*. Non pas pour sa qualité, qui avec cinq ans de recul laisse vraiment à désirer, mais pour sa symbolique. Je me suis lancé sur YouTube pour faire découvrir ce jeu, et beaucoup de mes abonnés m'associent aujourd'hui à celui-ci.

Des TOC de vidéaste ?

Systématiquement ajouter «petit» dans mes phrases à l'oral, c'est une mauvaise habitude dont j'aimerais me débarrasser.

Puisque tu es un expert en ce qui concerne *Minecraft*, est-ce que tu peux nous dire quels sont :

- Tes trois *mods* préférés ?

Twilight Forest, *Doggy Talents* et *Shaders Mod*.

- Tes trois *maps* préférées ?

Ghibli World, *Ragecraft 3* et *Terra Swoop Force*.

Le jeu qui a failli détrôner *Minecraft* dans ton cœur ?

Il n'y en a pas, tout simplement car je ne vois pas *Minecraft* comme un jeu mais comme un moyen d'expression. Scénariser des séries, inventer des jeux, découvrir des aventures pensées par d'autres joueurs..., c'est tout cela qui fait la force de *Minecraft*, et non le jeu en lui-même, qui n'est finalement qu'un énorme bac à sable.

Quand tu t'es lancé, avais-tu une idée précise de ce que tu souhaitais faire sur le Net ?

M'exprimer autour des jeux vidéo. Mes premières vidéos étaient sur *Minecraft*, car c'est un jeu que je venais de découvrir, qui avait à mon sens beaucoup de potentiel, et j'ai ensuite rapidement enchaîné sur des *let's play*, aventures suivies sur les jeux qui avaient marqué mon enfance.

VIDÉO À NE PAS MANQUER

FRIGIEL & FLUFFY : LA QUÊTE DE L'ENDERDRAGON | MINECRAFT - ÉP. I

Comment t'est venue l'idée de l'une de tes séries qui reste sûrement la plus connue : *Frigiel & Fluffy* ?

J'ai toujours adoré les *mods* autour de *Minecraft*, j'ai d'ailleurs été l'un des premiers vidéastes à réellement les utiliser en vidéo. Pour moi, *Frigiel & Fluffy* n'était que la continuité de cette découverte, une aventure dans *Minecraft* avec de nombreux *mods* de monstres, de donjons, de dimensions, accompagné de Fluffy, fidèle compagnon qui partage avec moi toutes ces aventures.

Dans plusieurs de tes séries et projets, tu collabores avec d'autres vidéastes. Est-ce que tu peux nous parler de cette partie de ton travail ? Est-ce un besoin afin de ne pas produire que du contenu en solo ?

Même si je réalise la majorité de mes vidéos seul, c'est un besoin dans le sens où j'ai toujours cette envie de varier mon contenu. Certains jeux ou séries *Minecraft* sont de toute manière plus drôles à plusieurs, alors pourquoi s'en priver ? À nos débuts avec Léozangdar, Siphano et Zelvac nous avions d'ailleurs monté la CoopTeam, qui, plus qu'un groupe de collaborateurs, était devenu un groupe d'amis.

Si *Minecraft* est le jeu qui t'a fait connaître et sur lequel tu es toujours actif, tu proposes également de nombreux *let's play* sur ta chaîne. Est-ce que tu peux nous parler de ce besoin de diversifier ton contenu ?

Mes vidéos sur le jeu *Minecraft* sont en effet celles ayant le plus de succès, ce n'est pourtant pas mon jeu préféré, comme j'ai déjà pu l'expliquer avant. Les *let's play* sont là pour partager des jeux qui m'ont marqué, où découvrir de nouveaux jeux en vidéo. Je suis et resterai un gamer, et, là où avant je jouais seul chez moi, je préfère maintenant partager mes expériences en vidéo.

Y a-t-il une vidéo que tu souhaites réaliser depuis longtemps ?

Un guide pour débuter sur YouTube. Peut-être un jour…

Tu as récemment relancé un serveur *Minecraft*. Qu'est-ce qui t'a poussé à te lancer dans cette nouvelle aventure, en plus de tout ce que tu réalises déjà ?

Le serveur Epicube, lancé en 2014, avait été une magnifique expérience et un incroyable succès. Ayant énormément d'idées, il était normal pour moi de repartir sur un nouveau projet en profitant de mon expérience passée dans le domaine. Avoir un lieu pour jouer avec ma communauté était et reste ma principale motivation dans la réalisation de mon nouveau serveur. À l'heure où nous parlons, ce dernier est toujours en préparation mais, si tout s'est bien passé, il est probable que vous jouiez dessus depuis un moment déjà !

En 2016, tu as entrepris la réalisation d'une série de livres portant sur l'univers *Minecraft*. Est-ce que tu pourrais nous en parler et, surtout, nous expliquer comment tout cela s'est mis en place ?

VIDÉO À NE PAS MANQUER

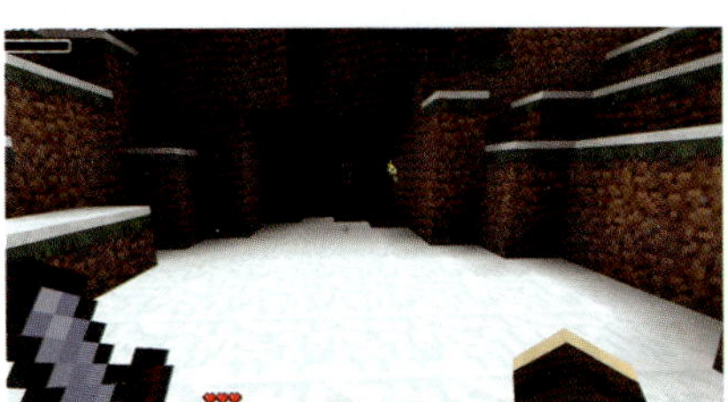

MINECRAFT : ZELDA ADVENTURE | ÉPISODE 1 - UN NOUVEAU HÉROS

La littérature, plus particulièrement d'Heroic Fantasy, a toujours été pour moi une énorme passion. Plus jeune, je pouvais rester des journées entières à enchaîner les livres dans ma chambre. C'était d'ailleurs la seule chose qui pouvait me décoller de mon ordinateur. Alors, tout naturellement, lorsqu'on m'a proposé de réaliser un roman sur l'univers *Minecraft*, j'ai tout de suite sauté sur l'occasion. *Frigiel & Fluffy : Le Retour de l'Ender Dragon* et les romans qui suivront sont coécrits avec l'aide de Nicolas Digard. J'espère transporter chaque lecteur, petit ou grand, dans une aventure extraordinaire, et faire découvrir l'univers *Minecraft* sous un autre œil, l'écriture offrant beaucoup plus de possibilités que ne le propose une simple vidéo !

VIDÉO À NE PAS MANQUER

KINGDOM HEARTS HD | ÉPISODE 1 - LET'S PLAY

Comment organises-tu la vie de ta chaîne ? Tu produis effectivement beaucoup de contenu, à raison de plusieurs vidéos par jour. Cela doit te demander énormément de travail !

Pour la majorité des gens, être YouTuber est un métier ne nécessitant aucun travail, mais c'est loin d'être le cas ! Je tourne en général entre deux et trois vidéos par jour, je dois donc penser à leur contenu, réfléchir à de nouvelles séries, enregistrer et commenter mes *gameplays*, réaliser leurs montages, mettre en ligne les vidéos tout en réalisant miniatures, titres et descriptions. En ajoutant à cela la lecture quotidienne des mails et commentaires aux vidéos, la gestion des réseaux sociaux, des relations avec les marques et éditeurs de jeux vidéo, il m'arrive de travailler jusqu'à douze heures par jour, en semaine comme durant le week-end. Mais peut-on encore appeler ça du travail lorsqu'on adore ça ?

\\ MRLEV12

PUBLICATION QUOTIDIENNE \\ **MULTIGAMING & CALL OF DUTY**

VIDÉOS À NE PAS MANQUER : BEST OF RAGEUX ! ATTENTION ÂMES SENSIBLES S'ABSTENIR… // UN GARS / UNE FILLE SE DÉFIENT SUR CALLOFDUTY MODERN WARFARE #1 // DÉFIS D'UN ABONNÉ! CHALLENGE ACCEPTED ! //

Vidéaste spécialisé dans les FPS, et plus particulièrement dans la licence *Call of Duty* avec *Black Ops 2* et *3*, MrLEV12 est une référence en la matière. Il est souvent accompagné au cours de ses vidéos par une ou plusieurs personnes, généralement connues, à l'image de PinkGeek ou encore de Skyrroz. Très variable, son contenu va des sessions de jeu à des explications plus poussées concernant certains points techniques du *gameplay* ou des mises à jour, sans oublier bien sûr quelques vidéos plus détente.

YANN-CJ23 //

CALL OF DUTY & NBA2K / **PUBLICATION HEBDOMADAIRE**

VIDÉOS À NE PAS MANQUER : SPEAK MY LIFE DE YANN // DUCON ET DUCON LE 1 CONTRE 1 // 1VS1 COUTEAU SUR BO3 //

Yann-Cj23, ou plus souvent CodJordan23, est principalement connu pour les vidéos qu'il réalise sur la licence *Call of Duty*. Il propose également beaucoup de contenu autour des jeux de basket-ball comme *NBA2K*. Pour autant, il lui arrive aussi de jouer occasionnellement à d'autres licences. Greg est assez proche des YouTubers PsyK017 et Waxx, avec lesquels il tourne le plus souvent ses vidéos. Il crée ainsi avec chacun d'entre eux une osmose particulière où l'humour est toujours au rendez-vous.

\\ TONIOO25

PUBLICATION TOUS LES 2 OU 3 JOURS \\ **CALL OF DUTY**

VIDÉOS À NE PAS MANQUER : BLACK OPS 3 - POURQUOI TU RAGE QUIT ! [RAP] // EPIC OUVERTURE DE RAVITAILLEMENT POUR LES NEW ARMES BLACK OPS 3 ! // LE ZAPPING DE TONIO #13 - ESSAYEZ DE NE PAS RIRE ! //

Tonioo25 joue principalement à *Call of Duty: Black Ops 3*. Il réalise de nombreuses vidéos sur ce jeu, le plus souvent avec ses amis. Le vidéaste est bien connu pour les *punchlines* qu'il lance au cours de ses vidéos, notamment sur ses coéquipiers. Tonioo ne se contente pas de proposer uniquement des parties commentées, il réalise aussi « Le Zapping de Tonio », regroupant les extraits les plus drôles de ses parties. Des vidéos réunissent enfin autour d'une thématique précise ses discussions *in game* avec ses amis. Il est présent sur Twitch sous le pseudo Tonioo25YT.

ZRKGLITCHER //

GRAND THEFT AUTO V, CALL OF DUTY // PUBLICATION QUOTIDIENNE

VIDÉOS À NE PAS MANQUER : TUTO | AVOIR UNE ZENTORNO AU STYLE DE TRON SUR GTA 5 ONLINE ! // GLITCH | ETRE INVINCIBLE EN MULTIJOUEUR SUR BLACK OPS 3 ?! PLEASE FIX @TREYARCH // GLITCH | AVOIR TOUTES LES ARMES DU MARCHÉ NOIR GRATUITEMENT SUR BLACK OPS 3 ! //

Comme l'indique son pseudo, c'est sur les glitchs que se concentre ZRKGlitcher. Le glitch consiste en l'exploitation d'une défaillance au sein des jeux afin de réaliser un certain nombre de choses, passer à travers des murs par exemple. Le vidéaste présente la manière d'exploiter ces glitchs sur les jeux *Call of Duty: Black Ops 3* et *Grand Theft Auto V*. Il met un point d'honneur à la réalisation de ses vidéos afin que tout le monde puisse comprendre le fonctionnement des défaillances. Il est par ailleurs le créateur de la Team ArmyGlitching (ARG).

\\ LASALLE

PUBLICATION QUOTIDIENNE \\ GRAND THEFT AUTO V

VIDÉOS À NE PAS MANQUER : 10 CHOSES A SAVOIR SUR GTA 5 //
LES DÉFIS DE LA TEAM LASALLE GTA 5 ONLINE //
SURVIE GTA 5 ONLINE //

La chaîne de LaSalle propose exclusivement des vidéos sur *Grand Theft Auto V*. Le vidéaste suit un rythme de publication assez soutenu avec la mise en ligne de deux vidéos par jour. La majeure partie de ces dernières reposent sur des parties en ligne où LaSalle se retrouve avec des amis sur de nombreuses *maps* créées par la communauté. L'ambiance chaleureuse de ses vidéos donne la véritable impression de passer un moment « entre potes ». Il dispose également d'une chaîne *multigaming* : LaSalle MultiGaming.

BYSANKAH OFFICIEL //

GRAND THEFT AUTO V // PUBLICATION QUOTIDIENNE

VIDÉOS À NE PAS MANQUER : UN DINOSAURE DANS LA VILLE | GTA 5 //
GAGNER DE L'ARGENT EN ILLIMITÉ SUR GTA 5 ONLINE ! (7.000.000$ / 15 MINUTES) //
LA NOUVELLE VOITURE LA PLUS RAPIDE DE GTA 5 ?! //

C'est en spécialisant son contenu sur *Grand Theft Auto V* que bySankah s'est fait connaître. Toutes les facettes du jeu sont explorées, notamment les contenus additionnels disponibles en ligne ou proposés par la communauté. bySankah est la plupart du temps accompagné de ses amis lorsqu'il joue et propose de nombreux conseils et astuces. Trois *playlists* font le succès de la chaîne : « Course WTF », « Mods », qui porte sur les différents *mods* disponibles sur *GTA V*, et « Test de vitesse ».

STUDIOKOCO //

GRAND THEFT AUTO V & MULTIGAMING / **PUBLICATION TOUS LES 2 OU 3 JOURS**

VIDÉOS À NE PAS MANQUER : ▶ MEGA GROS DELIRE SUR GTA 5 (#1) BASTON GÉNÉRAL ! //
▶ SAVIEZ-VOUS QUE ..? #20 : MONSTRE MARIN GTA 5 //
▶ INCROYABLE TROU NOIR !! GTA 5 //

L'ensemble de la chaîne de StudioKoco tourne autour du jeu *Grand Theft Auto V.* Il propose de nombreuses vidéos où il partage ses délires et ses moments les plus fun. StudioKoco réalise également des vlogs sur sa chaîne, il a notamment proposé une visite du célèbre YouTube Space, lieu de rencontre et de création des YouTubers, et diffuse aussi la série « Saviez-vous que », où il donne des anecdotes sur de nombreux sujets. Le vidéaste dispose d'une chaîne secondaire, StudioKoco LIVE, où il publie des vidéos supplémentaires et des bonus.

\\ YOMAX

PUBLICATION TOUS LES 2 OU 3 JOURS \ **FIFA**

VIDÉOS À NE PAS MANQUER : ▶ FIFA 16 - YOMAX VS AXO //
▶ FULL TOTY SQUAD ! - FIFA 16 //
▶ LES MEILLEURS MOMENTS SUR FIFA 15 ! //

La chaîne de YoMax s'est toujours focalisée sur un seul jeu à la fois. Au fil du temps, ce dernier a évolué : au début, il s'agissait de *Call of Duty: Modern Warfare 3*, puis *Grand Theft Auto V* et enfin, toujours d'actualité, *FIFA 16*. YoMax prend beaucoup de plaisir à réaliser ses vidéos et cela se ressent sur l'ensemble de sa chaîne. Il est également actif sous le pseudo YoMax38 sur le site de streaming leveldown.fr, dont les rediffusions sont proposées sur une chaîne YouTube secondaire YoMaxReplays.

MONSIEUR PLOUF //

CRITIQUE & MULTIGAMING / **PUBLICATION HEBDOMADAIRE**

VIDÉOS À NE PAS MANQUER : ▶ CHRONIQUES DE MR. PLOUF #72 - FAR CRY PRIMAL //
▶ CHRONIQUES DE MR. PLOUF #66 - FALLOUT 4 //
▶ CHRONIQUES DE MR. PLOUF #64 – SOMA //

Monsieur Plouf, ancien journaliste suisse spécialisé dans le gaming, consacre sa chaîne à la réalisation de critiques de jeux vidéo. Il reprend le principe de la chaîne anglo-saxonne Zero punctuation, notamment à travers ses animations. Le vidéaste a effectivement la particularité de n'offrir aucune capture des jeux qu'il critique. Il propose cependant un univers qui lui est propre. La plupart des jeux récents sont passés au crible de son analyse acerbe. Humour et professionnalisme sont bien évidemment de la partie.

\\ USUL MASTER

INACTIF \\ ANALYSES

VIDÉOS À NE PAS MANQUER : ▶ BOB LENNON VS JOUEUR DU GRENIER. EPIC RAP BATTLE OF THE INTERNET // ▶ 3615 USUL - LE ROLEPLAY // ▶ 3615 USUL - L'ÉMULATION //

Usul Master est un vidéaste bien connu de l'univers du gaming. C'est sa série *3615 Usul* qui l'a fait connaître – série qui demeure encore aujourd'hui la plus appréciée de son public. Il s'agit d'une émission sur les jeux vidéo qui a été diffusée dans un premier temps sur le site jeuxvideo.com. Avec humour et érudition, Usul aborde dans chacune des vidéos de cette émission un thème en rapport avec le jeu vidéo. Il a par la suite tenté d'autres aventures, telles qu'*Insert Coin*, où il se proposait de jouer à des jeux d'arcade, qui n'ont malheureusement pas été suivies. Ce chevelu moustachu, toujours armé d'une pipe éteinte et d'une verve toute littéraire, est un incontournable.

TORLK ET MARMOTTE //

HEARTHSTONE / PUBLICATION QUOTIDIENNE

La chaîne de Torlk et Marmotte est une chaîne spécialiste du jeu *Hearthstone* où se retrouvent Torlk, surnommé « l'escroc » pour sa chance incroyable, et BestMarmotte, qui connaît la méta sur le bout des doigts. Joueurs professionnels, ils proposent un contenu exclusivement rattaché à Millénium. Plusieurs vidéos sont publiées chaque jour et permettent de comprendre le jeu avec précision. Leur production s'adresse aux joueurs qui souhaitent s'améliorer. Guides, explications des mécaniques, présentations de decks, rediffusions de tournois et vidéos détente en font la chaîne française la plus complète sur ce jeu. Les personnalités des deux vidéastes, un Torlk explosif, surexcité, et un BestMarmotte plus posé, aboutissent à une complémentarité distrayante. Tous deux sont régulièrement présents sur le Twitch de Millénium.

INTERVIEW !

QUI ES-TU ?

Bertrand « BestMarmotte » Fagnoni, jeune homme de 32 ans, joueur professionnel, animateur pour Millenium et YouTuber. Anciennement croupier de mon état.

LE PLUS BEAU JOUR DE TA VIE ?

Ma victoire au championnat d'échecs de Moselle. Ça a récompensé un an d'efforts et pas mal de sacrifices, donc un vrai sentiment de réalisation et de réussite !

Des phobies ? ou des TOC de vidéaste ?

L'avion, comme pas mal de monde, mais c'est malheureusement une obligation au XXIe siècle. En TOC, j'enregistre souvent cinq-six fois les 10 premières secondes jusqu'à trouver l'approche qui me plaît.

Cinq passions qui t'animent ?

Le jeu vidéo – grosse surprise hein ? –, le tennis, seul sport que je suis d'ailleurs – j'aime le côté technique du jeu –, les voyages, le plaisir de découvrir des nouveaux lieux et de nouvelles cultures, l'histoire, mais uniquement médiévale et antique, sinon c'est trop récent et beaucoup moins ludique, et le droit. Oui, c'est bizarre dit comme ça, mais la justice en général et les grandes affaires pénales me passionnent.

VIDÉO À NE PAS MANQUER

COMMENT AVOIR DES GOLDS SUR HEARTHSTONE ?

Ton pire défaut en jeu ?

Le manque de concentration, j'ai beaucoup de mal à rester focalisé sur un seul sujet en même temps.

Si tu n'avais pas été vidéaste ou joueur professionnel, à quoi te destinais-tu ?

J'aurais terminé mes études de droit pour devenir avocat ou magistrat.

Tu es un grand fan de *Hearthstone*, est-ce que tu peux nous dire :

- Quelle est ta carte préférée et pourquoi ?

Sylvanas, pour le pouvoir, voler une carte adverse, *l'artwork* mais aussi l'histoire et tout le background du personnage que je surkiffe.

- Quel est ton héros préféré et pourquoi ?

Garrosh, car grand fan des jeux de type « contrôle » qui donnent des parties longues où la moindre erreur est fatale, un peu comme les échecs, mais qui sont extrêmement plaisantes à jouer car on a une plus grande maîtrise de la variance que dans un jeu agressif.

- L'extension de *Hearthstone* dont tu rêves toutes les nuits ?

Une extension sans cartes aléatoires, qui favoriserait les constructions de jeux originaux et où toutes les classes seraient équilibrées, un rêve, quoi…

Quels sont les vidéastes qui inspirent le plus ton travail ?

Sur *Hearthstone*, pas grand monde, comme il n'y a un peu que nous sur le créneau pro. Sinon, en *let's play*, j'aime beaucoup ce que font Fantasio et Bob Lennon, forcément Joueur du Grenier pour le côté gamer énervé, PV Nova que je trouve énorme en vulgarisation musicale, et MisterJDay pour l'humour irrévérencieux.

As-tu demandé ou suivi des conseils de proches ou de viewers pour faire évoluer ton contenu ?

Oui, c'est très important de ne pas tomber dans le délit d'hubris et de toujours écouter les personnes qui te regardent ou qui t'entourent. Personne n'est infaillible et on peut toujours s'améliorer. Chez nous, on a eu beaucoup de problèmes sonores au début, donc prendre en compte tous les retours nous a beaucoup aidés.

Vous êtes tous les deux très différents : Torlk est un escroc-né, tombé dans la marmite de la chance quand il était petit, tandis que tu es beaucoup plus posé. Comment envisagez-vous le fait de fonctionner en duo ?

C'est justement le fait que nous sommes très différents qui fait que ça fonctionne, si nous étions sur le même créneau et le même fonctionnement, nous aurions déjà changé. Le métier de *YouTuber/streamer* est un métier où l'ego a énormément sa place car extrêmement

VIDÉO À NE PAS MANQUER

COMMENT FAIRE DES TOURNOIS SUR HEARTHSTONE ?

concurrentiel. Il y a également le fait que, comme notre chaîne est une chaîne avec plus de quantité que de qualité, le fait d'être deux permet de se partager le travail et aide pour prendre des vacances.

Vous êtes à l'origine deux joueurs professionnels, et il vous arrive encore de participer à des tournois. Est-ce que tu peux nous parler un peu de ton parcours et de la façon dont tu es arrivé sur YouTube et Millénium ?

Pour Millenium, j'ai commencé en tant que rédacteur sur le portail HS nouvellement créé. Puis, ayant un gros background sur *Magic* et le poker, et mes articles étant appréciés, on m'a proposé de « streamer » sur la chaîne TV HS. Au début, il y avait 150 personnes puis 250 puis 500, pour arriver aux audiences actuelles. Pour le côté joueur pro, c'est Millenium qui m'a proposé de rejoindre leur *team* sur HS après ma victoire à la Gamers Assembly 2014. Pour YouTube, c'est conjointement avec Torlk que l'on a décidé de monter ça ensemble car cela nous semblait indispensable en novembre 2014.

Vous êtes à la fois très présents sur YouTube et sur Twitch. Comment est-ce que vous envisagez ces deux médias ? Est-ce qu'ils vous apportent quelque chose de différent ?

Twitch permet beaucoup plus de proximité de par la présence du chat et également une interaction et une sorte de jeu avec le public que YouTube ne permet pas. YouTube est plus proche d'un stand-up car les retours ne sont pas instantanés, mais après coup.

Quels sont vos projets pour la chaîne ?

Continuer à proposer un contenu au niveau des jeux et des *decklists* pour rester la référence francophone sur ce sujet est important. Pour le reste, on fonctionne vraiment au feeling, on peut ne pas avoir d'idées ou le temps de les faire mûrir en raison d'une grosse actualité autour de *Hearthstone*.

Comment organisez-vous la vie de la chaîne ? Vous concertez-vous ? Votre contenu est-il prévu à l'avance ?

On se fixe juste comme contrainte de faire chacun une vidéo par jour, c'est tout. Après, on fait chacun les choses de notre côté au jour le jour, sauf en cas de grosses compétitions où il y a besoin de faire un stock à l'avance.

Y a-t-il une vidéo que vous souhaitez réaliser depuis longtemps ?

Jouer à *Hearthstone* dans des conditions extrêmes, par 4 000 mètres d'altitude, ou en Antarctique, ou durant un saut en parachute, etc.

Quels sont les vidéastes que vous aimeriez faire découvrir au plus grand nombre ?

Mamytwink, qui était au départ focalisé sur les jeux Blizzard mais qui commence à faire des parodies sur *Hearthstone*, des explorations nocturnes dans des lieux insolites, et je trouve ça carrément cool !

VIDÉO À NE PAS MANQUER

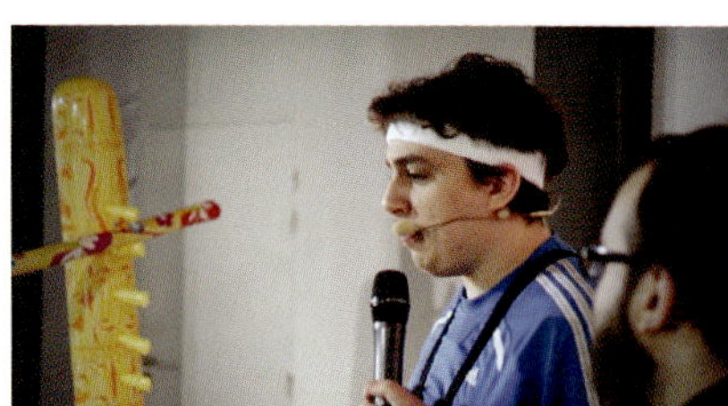

TORLK VS THE WORLD : 6 ADVERSAIRES EN MÊME TEMPS !

\\ SPEED GAME

PUBLICATION TOUS LES 2 OU 3 JOURS \ SPEEDRUN

VIDÉOS À NE PAS MANQUER : ▶SPEED GAME - SKYRIM - FINI EN 41:29. BOB LENNON ET REALMYOP // ▶ SPEED GAME : WR DE TOMB RAIDER 2013 EN 1:03:29 //▶ ULTIME DÉCATHLON S02E01 - TOURNOI #1 (DUCKTALES, SUPER MONKEY BALL & SPELUNKY) //

Speed Game est une émission originellement réalisée par RealMyop et CoeurDeVandale en lien avec la structure NesBlog. Elle se focalise uniquement sur des vidéos de *speedruns*, pratique consistant à terminer un jeu le plus rapidement possible. L'émission avait été proposée durant quatre ans en tant que chronique sur le site jeuxvideo.com. Véritables spécialistes, les deux acolytes commentent des *speedruns* classiques, mais également des *tool assisted speedruns*, qui incluent l'utilisation d'outils particuliers pour la réalisation du *speedrun*. Depuis la fin de leur émission classique, le format de leurs vidéos a légèrement évolué avec notamment « Ultime Décathlon », qui consiste en un grand tournoi de *speedruns*.

EDWARD //

ANALYSES & RÉTROGAMING / PUBLICATION HEBDOMADAIRE

VIDÉOS À NE PAS MANQUER : ▶ RAIL CHASE - RÉTRO DÉCOUVERTE // ▶ L'HISTOIRE DU JEU VIDÉO, DE 1958 À 2000 // ▶ LES 30 PLUS GRANDS JEUX DE TOUS LES TEMPS //

La chaîne d'Edward, c'est un peu un vieil antre poussiéreux, où vous apprendrez l'histoire des jeux vidéo. Chroniqueur sur jeuxvidéo.com, Edward a débuté avec son émission *L'histoire du jeu vidéo*, une aubaine pour tout savoir de cet art à part entière. Un autre concept est présent sur la chaîne « Rétro Découverte », où le vidéaste nous invite à fouiner dans la pièce secrète de feu son grand-père, grand féru de jeux vidéo. Bénéficiant d'une bonne réalisation et d'une écriture soignée, ses vidéos ne manqueront pas de vous enseigner une foule de choses.

\\ MIKOTO XI

PUBLICATION QUOTIDIENNE \ FINAL FANTASY XIV

VIDÉOS À NE PAS MANQUER : ▶ FFXIV HEAVENSWARD - SEPHIROT EXTRÊME GUIDE // ▶ FFXIV HEAVENSWARD - L'ANTITOUR GUIDE // ▶ RÉSUMÉ DE LA LIVELETTER XXVII - FINAL FANTASY XIV : HEAVENSWARD //

Entièrement focalisée sur le MMORPG *Final Fantasy XIV : A Realm Reborn*, la chaîne de Mikoto XI est bien connue de la communauté rattachée à ce jeu. Il propose de nombreux guides pour les métiers, les donjons, les raids ou encore les *crafts*, et analyse également les différentes *live letters* où sont annoncées les mises à jour et les nouveautés du jeu. Ces guides sont très complets et d'une utilité certaine pour les joueurs de haut niveau.

MUSIQUE

LE COMITÉ DES REPRISES //

ÉMISSION, REPRISES & MEDLEYS / PUBLICATION HEBDOMADAIRE

VIDÉOS À NE PAS MANQUER : ▶ CHRISTINE AND THE QUEENS « CHRISTINE » - COMITÉ DES REPRISES - PV NOVA ET WAXX // ▶ SYSTEM OF A DOWN « ROULETTE » COVER - COMITÉ DES REPRISES - PV NOVA & WAXX // ▶ LE FOSSOYEUR DE FILMS - COMITÉ DES REPRISES - PV NOVA & WAXX //

Il paraîtrait que *Le Comité Des Reprises* serait une organisation secrète ultraconfidentielle. Allez savoir. Quoi qu'il en soit, elle est composée de PV Nova et de Waxx, deux artistes aux talents exceptionnels. *Le Comité Des Reprises* est une émission musicale produite par Canal Factory et reposant sur… des reprises musicales – comme c'est étrange ! En invitant des artistes et des figures bien connues – L.E.J, Louane, Julien Josselin, Renan Luce ou encore Christine & The Queens faisant déjà partie de leur palmarès –, les deux acolytes espèrent bien vous conquérir en séduisant vos oreilles.

// PV NOVA

PUBLICATION MENSUELLE \ ANALYSES & EXPLICATIONS

VIDÉOS À NE PAS MANQUER : ▶ EXPÉRIENCE N° 25 - LE TUBE DE L'ÉTÉ 2016 [AVEC CLARA DOXAL] // ▶ EXPÉRIENCE N° 22 - LA CHANSON ENGAGÉE // ▶ MUSIQUE, CERVEAU ET JEUX VIDÉO //

PV Nova est un auteur-compositeur-interprète, mais il est également vidéaste, blogueur et ninja. Il est notamment connu pour son émission *Les Expériences Musicales*, où il est question de musique et de décorticages. « Si vous êtes musicien et que vous voulez vous faire un maximum de thunes en faisant un tube », alors vous avez peut-être frappé à la bonne porte. L'artiste revient effectivement au sein de ses vidéos sur ce qui fait que ledit tube fonctionne. Décryptage en règle, vous pourrez enfin savoir pourquoi David Guetta passe tous les étés dans les bars sur la plage ! Les recettes de succès n'auront plus de secrets pour vous, et vous pourrez par la même occasion découvrir les talents du vidéaste sur de très nombreux instruments ainsi qu'au chant.

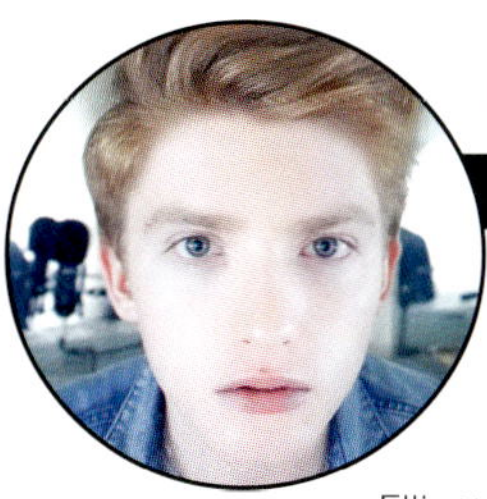

ELLIOTT //

REPRISES & COMPOSITIONS / PUBLICATION MENSUELLE

VIDÉOS À NE PAS MANQUER : ▶ ADELE - HELLO (FRENCH VERSION) // ▶ PLAYLIST À L'HÉLIUM W/ SOURBANGIRL // ▶ NIGHTCALL - KAVINSKY (COVER BY ELLIOTT) //

« Elliott, YouTubeur ? Pas vraiment… Bel et bien chanteur, passionnément. » C'est grâce à *The Voice* saison 3, en 2014, qu'Elliott s'est fait connaître ainsi que ses talents de chanteur. Son interprétation de *Nightcall* de Kavinsky, lors des auditions à l'aveugle, a particulièrement marqué les esprits. Dès ses 7 ans, il s'est initié au chant lyrique grâce à la maîtrise des garçons de Colmar. Par la suite, il est entré au conservatoire où il a appris la guitare et le piano. Sur sa chaîne personnelle, vous pourrez retrouver des reprises, des compositions ainsi que des medleys. Il fait également partie de l'équipe de Cover Garden, à laquelle il apporte son énergie, sa bonne humeur ainsi que sa voix si particulière.

MIOUNE //

REPRISES & JEUX VIDÉO // PUBLICATION BIMENSUELLE

VIDÉOS À NE PAS MANQUER : [FRENCH & JAPANESE] MONONOKE HIME THEME SONG // [FRENCH] PASSION (SANCTUARY) - KINGDOM HEARTS II // [FRENCH] TO ZANARKAND (THE SKIES ABOVE) - FINAL FANTASY X //

Mioune, ou Marion de son vrai prénom, est une passionnée de musique et de JRPG. Travaillant et développant sa voix en autodidacte, elle est parvenue à concilier ses deux passions en effectuant sur YouTube des reprises de morceaux symphoniques ou épiques, généralement tirés de jeux vidéo, de films ou d'animés. En plus d'avoir une très belle voix, la jeune femme se démarque en proposant des adaptations françaises desdits morceaux. Elle affectionne de nombreux compositeurs, et notamment Nobuo Uematsu, à qui l'on doit les excellentes bandes-son des *Final Fantasy*, Yoko Shimomura, pour *Kingdom Hearts*, Jeremy Soule, qui a travaillé sur *Guild Wars* et *The Elder Scrolls*, ou encore Hans Zimmer.

\\ LOLA DUBINI

PUBLICATION BIMENSUELLE \\ MUSIQUE, VLOGS & TUTOS

VIDÉOS À NE PAS MANQUER : TAG #1 | SING MY LIFE // VLOG #2 - JE CHANTE POUR LES SIMS // FACTS #1 | MES INSPIRATIONS //

C'est en 2009 que Lola Dubini a été contactée par la célèbre émission *La France a un incroyable talent* pour venir tenter sa chance lors des auditions. Elle n'a alors que 15 ans. Il s'agit assurément d'un événement majeur puisque, au-delà de confirmer sa passion et son talent pour la musique et le chant, il va lui offrir de nombreuses ouvertures, comme de pouvoir réaliser les premières parties des concerts de Michel Fugain. Lola est une artiste incroyable, pas seulement par sa voix, incontestablement magnifique et maîtrisée, mais également par son caractère. Blindée d'humour, elle est tout simplement rayonnante et transmet avec beaucoup de facilité son énergie et son positivisme.

WAXX //

REPRISES & MEDLEYS // PUBLICATION MENSUELLE

VIDÉOS À NE PAS MANQUER : LEAN ON (MAJOR LAZER & DJ SNAKE COVER) // 2 GUYS - 15 INSTRUMENTS (WAXX & POMME) // ROCK MEDLEY - MASTER CLASH #2 - WAXX FEAT JULIETTE (L.E.J) // UKULELE «ROCK MEDLEY» #2 (AC/DC / METALLICA / RATM / NIRVANA / LED ZEPPELIN…) //

Waxx s'est fait connaître en participant au célèbre Comité Des Reprises au côté de PV Nova. En 2016, il a lancé une chaîne en solo sur laquelle il propose des reprises ainsi que des medleys. Waxx est considéré par beaucoup comme un musicien hors pair, et il faut bien avouer que ses réalisations sont tout bonnement excellentes et enchanteresses. Il joue de tous les instruments, et sa technique est ahurissante et se trouve très bien servie en vidéo par des plans-séquence professionnels. Prenez garde, vous risquez d'écouter ses créations en boucle et de tomber littéralement sous le charme du personnage.

L.E.J //

REPRISES & COMPOSITIONS / PUBLICATION IRRÉGULIÈRE

VIDÉOS À NE PAS MANQUER : L.E.J - SUMMER 2015 //
L.E.J - HIP-HOP MASHUP //
L.E.J - SUMMER 2014 //

Si le trio d'artistes L.E.J est aujourd'hui très connu, il ne faut pas perdre de vue que c'est grâce à YouTube qu'il s'est fait connaître. Lucie, Élisa et Juliette n'étaient alors que trois étudiantes originaires de Saint-Denis usant dans leurs créations de chant, de percussion et de violoncelle. C'est la vidéo « Summer 2015 » qui leur a permis de devenir connues et d'atteindre notamment la première place des ventes de singles en France la semaine du 25 septembre 2015. Ces trois amies d'enfance possèdent un style bien à elles mêlant covers, arrangements musicaux, interprétation et compositions. Une aventure impressionnante tracée grâce à une réunion de talents incontestables.

\\ LORD BIF MUSIC

PUBLICATION BIMENSUELLE \ REPRISES, COMPOSITIONS & JEUX VIDÉO

VIDÉOS À NE PAS MANQUER : FINAL FANTASY VIII : MAYBE I'M A LION - ALL INSTRUMENTS COVER // SILENT HILL 2 : THEME OF LAURA // LORD BIF COVER W/ GUESTS // POKÉMON R/B/Y GYM LEADER BATTLE / JAZZ-ROCK COVER //

Lord Bif Music est une chaîne qui va vous permettre de découvrir tout un lot de reprises de thèmes issus de jeux vidéo. *StarCraft II, Final Fantasy VIII, Dragon Age, Mass Effect* ou encore *Silent Hill 2* ne sont que quelques exemples des jeux sur lesquels le musicien s'est penché. Vous connaissez vos classiques du jeu vidéo ? Excellent ! N'ayez crainte, Lord Bif Music ne violentera pas vos thèmes favoris, bien au contraire. D'une qualité et d'un talent indéniables, ses reprises vous transporteront littéralement et parviendront peut-être même à éveiller en vous un brin de nostalgie.

LA CHANSON DU DIMANCHE //

COMPOSITION & CRITIQUE / PUBLICATION TERMINÉE

VIDÉOS À NE PAS MANQUER : MICHÈLE DORT SOUS LA PLUIE (LA CHANSON DU DIMANCHE) // SUPER POUVOIR D'ACHAT (LA CHANSON DU DIMANCHE S02E11) // JE SUIS UNE FEMME (LA CHANSON DU DIMANCHE S04E10) //

Voilà quelques années maintenant que La Chanson du dimanche s'est arrêtée. Il s'agissait d'un duo de chansonniers français, Clément Marchand et Alexandre Castagnetti, qui ont littéralement marqué la Toile entre 2007 et 2012 grâce à leurs compositions musicales drôles, acerbes et toujours bien trouvées. Clément, à la guitare et au chant, et Alexandre, au synthétiseur et au chant, proposaient chaque semaine une petite musique, généralement jouée dans la rue, abordant divers thèmes de société. Une réserve de vidéos à ne manquer sous aucun prétexte ! « C'est la chanson du dimanche ! La pêche ! »

VLED TAPAS //

ÉMISSIONS, POP CULTURE & ANALYSES / PUBLICATION MENSUELLE

VIDÉOS À NE PAS MANQUER : LE SET BARRÉ - LIBERI FATALI (FINAL FANTASY VIII) // LE SET BARRÉ - TOMB RAIDER 1 MAIN THEME (COVER) // LE SET BARRÉ - SUPER MEAT BOY //

Vled Tapas est le créateur et l'animateur de l'émission *Le Set Barré*, qui se concentre sur la musique, et plus particulièrement la musique liée à la pop culture et aux jeux vidéo. Doctorant en musicologie, le vidéaste est animé d'une véritable volonté pédagogique. Il souhaite avant toute chose démontrer que la musique de jeu vidéo peut, au même titre que la musique de film par exemple, contenir richesse, magnificence et être interprétée lors de concerts. Et puis cela lui permet par la même occasion de faire de la musique et d'arranger les thèmes analysés à sa façon. Les analyses sont d'ailleurs tout à fait passionnantes et proposent des interprétations cohérentes et recherchées. À n'en pas douter, un incontournable ! Vled Tapas est également connu pour être derrière la chaîne de vulgarisation La Tronche en Biais.

\\ COVER GARDEN

PUBLICATION HEBDOMADAIRE \ REPRISES & MEDLEYS

VIDÉOS À NE PAS MANQUER : [MEDLEY 2015] LES CHANSONS QUI ONT MARQUÉ NOTRE ANNÉE - ADELE, JUSTIN BIEBER, KENDJI, THE WEEKND... // [TUTO] BEATBOX AVEC SIDI BIGGY // LES MEILLEURES CHANSONS DE 1930 À 2010 AVEC SANDREA ET LA TEAM COVER GARDEN //

La chaîne Cover Garden, que l'on doit à M6 Web, regroupe les artistes Lola Dubini, Elliott, Inaya, Sidi Biggy et Tiwayo depuis 2015. Ensemble, ils réalisent plusieurs types de vidéos à raison d'une par semaine : covers à plusieurs, battles, medleys et blind tests. Chaque membre de l'équipe possède un domaine de prédilection, qu'il s'agisse du chant ou d'un instrument en particulier, ce qui fait qu'ils se complètent tous très bien. Pour autant, les rôles ne sont pas fixes et les artistes n'hésitent pas à changer d'une vidéo sur l'autre, ce qui est franchement très agréable puisque cela permet de découvrir une nouvelle facette de leurs talents. De nombreux guests, tels que Natoo ou encore Le Golden Moustache ont déjà fait leur apparition sur Cover Garden. Cette chaîne respire une profonde joie de vivre et un désir de partage lié à la musique très présent. Un pur bonheur pour les oreilles et pour le cœur !

MISTERJDAY //

ANALYSES & EXPLICATIONS / PUBLICATION MENSUELLE

VIDÉOS À NE PAS MANQUER : ▸ NABILLA - PARODIE MAITRE GIMS (BELLA) //
▸ LOUANE - AVENIR : L'ANALYSE DE MISTERJDAY (39) //
▸ LA FEMME DANS LA PUB : L'ANALYSE DE MISTERJDAY //

Pour vous faire rire, MisterJDay, ou Jérémy, use d'un concept bien particulier : il analyse des clips musicaux. Lorsqu'on regarde la qualité de certains d'entre eux, on se dit qu'ils tendent parfois des perches. MisterJDay n'en rate aucune et la plupart des chanteurs contemporains y passent. Ses analyses sont bien construites, drôles, et ne manqueront pas de vous faire sourire quand bien même vous êtes des fans. Il ne loupe aucun défaut et passe tout au crible, certes avec un regard très critique, mais aussi une certaine technique. Le vidéaste ne se limite pas uniquement à cela et propose également des analyses de publicités, ainsi que des sketchs.

\\ ENJOY THE NOISE

PUBLICATION HEBDOMADAIRE \ PODCASTS & ANALYSES

VIDÉOS À NE PAS MANQUER : ▸ ENJOY THE NOISE #9 - DEAD CAN DANCE //
▸ [VVV#1.1] TOOL – LATERALUS //
▸ ENJOY THE NOISE #6 - 7 MORTS INSOLITES DE MUSICIENS //

Enjoy The Noise est une émission musicale qui a pour but de revenir en quelques minutes sur la carrière d'un artiste ou d'un groupe. Chaque épisode de l'émission répond à de nombreuses questions avec moult détails : origines, influences, carrière et univers propre à chaque cas notamment. Vous pourrez ainsi retrouver des figures bien connues de l'univers musical comme vous pourrez découvrir des artistes méconnus. La qualité est au rendez-vous, mais surtout la passion étant donné que le créateur réussit à nous intéresser à tout type de musique. Son éclectisme et sa connaissance du sujet sont tout simplement impressionnants. Outre son émission principale, le vidéaste propose de découvrir de nouveaux albums grâce à «Veni Vedi Vinyl», qui s'appuie sur un support – et pas n'importe lequel –, le célèbre vinyle.

INDEX DES YOUTUBERS

MES DÉDICACES

MES DÉDICACES

MES DÉDICACES